Wirtschaft, Umwelt und Raum
Lerntext, Aufgaben mit Lösungen, Glossar und Zusammenfassungen

Norman Backhaus, Giovanni Danielli,
Patrick Laube, Francis Rossé und Andrea Grigoleit

2., überarbeitete Auflage 2014

Wirtschaft, Umwelt und Raum
Lerntext, Aufgaben mit Lösungen, Glossar und Zusammenfassungen
Norman Backhaus, Giovanni Danielli, Patrick Laube, Francis Rossé und Andrea Grigoleit

Grafisches Konzept und Realisation, Korrektorat: Mediengestaltung, Compendio Bildungsmedien AG, Zürich
Druck: Edubook AG, Merenschwand
Coverbild: © 2014 Thinkstock

Redaktion und didaktische Bearbeitung: Andrea Grigoleit

Artikelnummer: 11923
ISBN: 978-3-7155-9941-0
Auflage: 2., überarbeitete Auflage 2014
Ausgabe: K1066
Sprache: DE
Code: XGG 018

Alle Rechte, insbesondere die Übersetzung in fremde Sprachen, vorbehalten. Der Inhalt des vorliegenden Buchs ist nach dem Urheberrechtsgesetz eine geistige Schöpfung und damit geschützt.

Die Nutzung des Inhalts für den Unterricht ist nach Gesetz an strenge Regeln gebunden. Aus veröffentlichten Lehrmitteln dürfen bloss Ausschnitte, nicht aber ganze Kapitel oder gar das ganze Buch fotokopiert, digital gespeichert in internen Netzwerken der Schule für den Unterricht in der Klasse als Information und Dokumentation verwendet werden. Die Weitergabe von Ausschnitten an Dritte ausserhalb dieses Kreises ist untersagt, verletzt Rechte der Urheber und Urheberinnen sowie des Verlags und wird geahndet.

Die ganze oder teilweise Weitergabe des Werks ausserhalb des Unterrichts in fotokopierter, digital gespeicherter oder anderer Form ohne schriftliche Einwilligung von Compendio Bildungsmedien AG ist untersagt.

Copyright © 2009, Compendio Bildungsmedien AG, Zürich

Dieses Buch ist klimaneutral in der Schweiz gedruckt worden. Die Druckerei Edubook AG hat sich einer Klimaprüfung unterzogen, die primär die Vermeidung und Reduzierung des CO_2-Ausstosses verfolgt. Verbleibende Emissionen kompensiert das Unternehmen durch den Erwerb von CO_2-Zertifikaten eines Schweizer Klimaschutzprojekts.

Mehr zum Umweltbekenntnis von Compendio Bildungsmedien finden Sie unter: www.compendio.ch/Umwelt

Inhaltsverzeichnis

	Vorwort zur zweiten Auflage	6
1	**Optimaler Standort – Raum und Wirtschaft**	**8**
1.1	Standortfaktoren	8
1.2	Agglomerationseffekte	10
2	**Einteilung der Wirtschaft in Sektoren**	**14**
2.1	Wirtschaftsstruktur im Wandel der Zeit	14
2.2	Wirtschaftssektoren in der Schweiz und in der Welt	16
3	**Wirtschaft und Ökologie**	**18**
3.1	Vision der Nachhaltigkeit	18
3.1.1	Begriff der nachhaltigen Entwicklung	19
3.1.2	Die drei Dimensionen der Nachhaltigkeit	19
3.1.3	Global denken – lokal handeln	21
3.2	Grundlagen der Umweltökonomie	24
3.2.1	Umweltgüter	24
3.2.2	Externe Kosten	25
3.2.3	Kosten der Umweltschäden	25
3.3	Fallbeispiel Aralsee – eine anthropogen verursachte Katastrophe	27
4	**Landwirtschaft**	**31**
4.1	(Natur)räumliche Voraussetzungen	31
4.2	Bewirtschaftungsformen im Überblick	34
4.2.1	Ackerbau	35
4.2.2	Viehwirtschaft	36
4.2.3	Spezialisierter Marktfruchtanbau	39
4.3	Umweltaspekte in der Landwirtschaft	40
4.3.1	Wirkung von Monokulturen	40
4.3.2	Bodendegradation und Desertifikation	41
4.3.3	Belastung des Grundwassers	41
4.4	Die grüne Revolution in Indien	43
4.5	Gentechnologie	45
4.6	Schweizer Landwirtschaft	48
5	**Schwerpunkt Energie**	**52**
5.1	Energie – Triebfeder der Wirtschaft	52
5.1.1	Was ist Energie?	52
5.1.2	Energietransport	54
5.1.3	Veränderung des weltweiten Energieverbrauchs	55
5.1.4	Energie in der Schweiz	56
5.2	Fossile Energieträger	58
5.2.1	Erdöl	58
5.2.2	Erdgas	59
5.2.3	Kohle	59
5.2.4	Umweltwirkungen der Nutzung fossiler Energieträger	60
5.3	Nutzen und Gefahren der Kernenergie	63
5.3.1	Kernenergie	63
5.3.2	Problematik des Einsatzes der Kernenergie	65
5.3.3	Reaktorunfälle	66
5.4	Umweltfreundliche Energienutzung	67
5.4.1	Begriff der erneuerbaren Energieträger	68
5.4.2	Formen umweltfreundlicher Energienutzung	69
5.4.3	Umweltverträglichkeit erneuerbarer Energiequellen	71

6	**Schwerpunkt Verkehr**	**74**
6.1	Gründe für wachsendes Verkehrsaufkommen	74
6.2	Verschiedene Verkehrsträger im Vergleich	77
6.2.1	Schienenverkehr	79
6.2.2	Strassenverkehr	80
6.2.3	Schiffsverkehr	82
6.2.4	Flugverkehr	82
6.3	Verkehrspolitik	83
6.3.1	Grundzüge der schweizerischen Verkehrspolitik	84
6.3.2	Leistungsabhängige Schwerverkehrsabgabe (LSVA)	85
6.3.3	Modernisierung der Bahninfrastruktur	85
6.3.4	Bahnreform	88
6.3.5	Bilaterales Landverkehrsabkommen Schweiz–EU	88
7	**Globalisierung – Prozesse und Entwicklungen**	**90**
7.1	Eigenschaften der Globalisierung	90
7.2	Widersprüchliche Prozesse	91
7.2.1	Alltagsverständnis und geografisches Verständnis	91
7.2.2	Homogenisierung	93
7.2.3	Fragmentierung	95
7.2.4	Glokalisierung	96
7.2.5	Entwicklungstendenzen	97
7.3	Entwicklungsphasen der Globalisierung im Überblick	98
8	**Bereiche der Globalisierung**	**105**
8.1	Weltwirtschaft	105
8.1.1	«Seichte» und «tiefe» Integration	106
8.1.2	Asiatische Währungskrise und globale wirtschaftliche Vernetzung	108
8.2	Internationale Arbeitsteilung	110
8.2.1	Historische Entwicklung der internationalen Arbeitsteilung	110
8.2.2	Vorteile des Aussenhandels	111
8.3	System der Nationalstaaten	114
8.3.1	Souveränität des Nationalstaats	114
8.3.2	Ist der Nationalstaat am Ende?	115
8.3.3	Transnationale Zusammenarbeit	116
8.4	Militärische Weltordnung	117
8.5	Kultur	119
8.5.1	Was ist Kultur?	119
8.5.2	Kultur als «Hardware» oder «Software»?	120
8.5.3	Unterschiede zwischen den Kulturen	123
8.5.4	Kommunikation	124
8.6	Fallbeispiel Kenia – Tourismus in Entwicklungsländern	126
8.6.1	Geschichte Kenias, Beginn der touristischen Entwicklung	127
8.6.2	Voraussetzungen zur touristischen Entwicklung	127
8.6.3	Wirtschaftliche Bedeutung des Tourismus	128
8.6.4	Einflüsse des Tourismus auf die Kultur Kenias	129
9	**Verflechtungen zwischen Industrie- und Entwicklungsländern**	**130**
9.1	Industrie- und Entwicklungsländer	130
9.2	Auswirkungen der internationalen Arbeitsteilung	132
9.2.1	Auswirkungen der internationalen Arbeitsteilung in den Industrieländern	133
9.2.2	Auswirkungen der internationalen Arbeitsteilung in den Entwicklungsländern	134
9.2.3	Staatlicher Protektionismus	136
9.3	Beschäftigungssituation in den Entwicklungsländern	137
9.3.1	Subsistenzsektor	137
9.3.2	Informeller Sektor	137
9.3.3	Arbeitsmigration	139

10	**Global Players**	**140**
10.1	Transnationale Unternehmen	140
10.1.1	Ausweitung der Macht	141
10.1.2	Veränderung der Unternehmensstruktur	142
10.2	Nichtstaatliche Organisationen (NGO)	143
10.3	Internationale Organisationen	145
10.3.1	Europäische Union (EU)	145
10.3.2	Vereinte Nationen (UNO)	147
10.3.3	Welthandelsorganisation (WTO)	151
10.3.4	Regionale Freihandelsabkommen	153
10.3.5	Gruppe der Acht (G-8) und Gruppe der Zwanzig (G-20)	154
10.4	Wir, die Konsumentinnen und Konsumenten	155
11	**Raumplanung in der Schweiz**	**158**
11.1	Entwicklung der Raumplanung in der Schweiz	158
11.2	Instrumente der Raumplanung	159
11.3	Zweitwohnungsbau	163
11.4	Raumkonzept Schweiz	164
11.5	Verkehrsplanung	166
11.6	Vom Kulturlandschaftswandel zur Umweltplanung	167
11.6.1	Von der Naturlandschaft zur Kulturlandschaft	168
11.6.2	Gefahrenzonen	169
11.6.3	Siedlungsökologie	170
	Gesamtzusammenfassung	**172**
	Lösungen zu den Aufgaben	**184**
	Glossar	**193**
	Stichwortverzeichnis	**201**

Vorwort zur zweiten Auflage

Dieses Lehrmittel richtet sich an Lernende, die sich auf die Passerellen-Prüfung in Geografie vorbereiten. Unsere Lehrmittelreihe für die Passerelle besteht aus folgenden Werken:

- Naturgeografische Bausteine A und B
- Wirtschaft, Umwelt und Raum
- Bevölkerung und Raum
- Regionalgeografie

Inhaltliche Gliederung

Das Lehrmittel «Wirtschaft, Umwelt und Raum» setzt folgende Schwerpunkte:

- Im Kapitel 1 werden Sie erfahren, welcher Standort für die Ansiedlung eines Unternehmens ideal ist, um z. B. Transportkosten zu sparen.
- Im Kapitel 2 geht es um die Einteilung der Wirtschaft in Sektoren, um die Wirtschafts- bzw. Erwerbsstruktur zeitlich und räumlich vergleichen zu können.
- Im Kapitel 3 betrachten wir die Folgen des wirtschaftenden Menschen für die Umwelt und fragen, wie die Anliegen der Umwelt besser berücksichtigt werden könnten.
- Im Kapitel 4 lernen Sie die Vielfalt der landwirtschaftlichen Produktion und die Herausforderungen für die Zukunft kennen.
- Im Kapitel 5 erfahren Sie, welche Vor- und Nachteile die verschiedenen Formen der Energiegewinnung haben.
- Im Kapitel 6 werden Sie die bedeutende Rolle des Verkehrs in der heute global agierenden Wirtschaft erkennen.
- Im Kapitel 7 werden Sie erfahren, was Globalisierung ist und wie sie sich entwickelt hat.
- Im Kapitel 8 geht es um die verschiedenen Bereiche des menschlichen Lebens, in denen die Globalisierung wirkt.
- Im Kapitel 9 sehen Sie, wie Industrie- und Entwicklungsländer über die Globalisierung miteinander verbunden sind.
- Im Kapitel 10 lernen Sie die Akteure der Globalisierung kennen und werden sehen, welchen Einfluss sie nehmen.
- Im Kapitel 11 geht es um die verschiedenen Nutzungsansprüche auf das knappe Gut Boden und wie die Raum- und Umweltplanung dieser Aufgabe gerecht zu werden versucht.

Dieses Lehrmittel enthält Verweise auf Karten aus Atlanten. Sie erkennen diese Hinweise an den Abkürzungen SWA (Schweizer Weltatlas; Lehrmittelverlag Zürich; Ausgaben ab 2008, beachten Sie hierzu auch die interaktive Version http://schweizerweltatlas.ch/) und DWA (Diercke Weltatlas Schweiz; Verlag Westermann; 2008).

Auf der Internetseite http://www.compendio.ch/geografie werden Korrekturen und Aktualisierungen zum Buch veröffentlicht.

Zur aktuellen Auflage

Das Lehrmittel erscheint in einem neuen, zeitgemässen und leserfreundlichen Layout. Die Grafiken und Fotos unterstützen nun in Farbe den bewährten Inhalt, der, wo nötig, aktualisiert wurde.

Im Kapitel Wirtschaft und Ökologie wurde das Fallbeispiel Aralsee zur Darstellung einer nicht nachhaltigen Nutzung von Ressourcen und Umwelt eingefügt.

Im Kapitel Landwirtschaft wurde das Unterkapitel Belastung des Grundwassers stark gekürzt, da diese Thematik ausführlich im Compendio-Buch «Ökologie» besprochen wird.

Im Kapitel Globalisierung – Prozesse und Entwicklungen wurde ein Kapitel zu den widersprüchlichen Prozessen der Globalisierung eingefügt.

Im Kapitel Bereiche der Globalisierung wurde das Unterkapitel Kommunikation stark gekürzt, sodass nun nur noch auf das Medium Internet besonders eingegangen wird. Als ein Fallbeispiel zu den Auswirkungen des Tourismus wurde am Schluss noch ein Kapitel zu Kenia ergänzt.

Das Kapitel Raumplanung in der Schweiz wurde stark umstrukturiert und aktualisiert.

In eigener Sache

Dieses Lehrmittel eignet sich auch für das Selbststudium. Nützliche Tipps dazu erhalten Sie auf www.compendio.ch.

Haben Sie Fragen oder Anregungen zu diesem Lehrmittel? Über unsere E-Mail-Adresse postfach@compendio.ch können Sie uns diese gerne mitteilen. Sind Ihnen Tipp- oder Druckfehler aufgefallen, danken wir Ihnen für einen entsprechenden Hinweis über die E-Mail-Adresse korrekturen@compendio.ch.

Zusammensetzung des Autorenteams

Dieses Lehrmittel wurde von Norman Backhaus, Giovanni Danielli, Patrick Laube, Francis Rossé verfasst und von Helena Egli-Broz bearbeitet. Für die vorliegende zweite Auflage wurde es von Giovanni Danielli, Francis Rossé und der Redaktorin Andrea Grigoleit weiterentwickelt.

Zürich, im Februar 2014

Norman Backhaus, Giovanni Danielli, Patrick Laube, Francis Rossé, Autoren
Andrea Grigoleit, Redaktorin

1 Optimaler Standort – Raum und Wirtschaft

Lernziele Nach der Bearbeitung dieses Kapitels können Sie ...

- für ein beliebiges Unternehmen einen Katalog von mindestens sechs Standortfaktoren erarbeiten, die für die Ansiedlung dieses Unternehmens wichtig sind.
- den Standort eines beliebigen Unternehmens auf Agglomerationseffekte hin untersuchen.
- Lokalisations- und Urbanisationsvorteile für ein Unternehmen identifizieren, um damit eine grobe Prognose über die Eignung des Standorts zu erstellen.

Schlüsselbegriffe Agglomerationseffekte, Lokalisationsvorteile, Standort, Standortfaktoren, Urbanisationsvorteile

Um in der Geologie das Phänomen Steinschlag zu verstehen, sucht man in der Landschaft nach dessen Spuren und versucht, darin die Geschichte seiner Entstehung nachzulesen. Kann dieses Konzept auch in der Wirtschaftsgeografie angewendet werden? Kann auch hier aus den Spuren des wirtschaftenden Menschen auf Prozesse geschlossen werden?

Für die Spuren des wirtschaftenden Menschen in der (Natur)landschaft gibt es unzählige Beispiele. Sie reichen von Tagbau-Erzminen in Brasilien über das von Ihnen am Samstag vielleicht besuchte Einkaufszentrum am Rande der Stadt bis hin zum gepflegten Kartoffelacker im Berner Mittelland: All das ist nichts anderes als in der Landschaft manifestiertes, wirtschaftliches Handeln.

Natürlich interessieren in der Wirtschaftsgeografie nicht nur die Fragen «was?» und «wo?», sondern auch die Ursachenklärung «warum?». Warum wählen die Entscheidungsträger der Wirtschaft bestimmte Standorte für ihr Wirken und andere nicht? Die Frage nach dem Standort ist eine der zentralen Fragen der Wirtschaftsgeografie.

Standort

Die wirtschaftlichen Aktivitäten des Menschen sind nicht willkürlich über die Kulturlandschaft verteilt. Es ist keinesfalls Zufall, dass am Zürcher Paradeplatz so viele Banken ihren Sitz haben und dass Supermärkte für Möbel, Unterhaltungselektronik oder Heimwerkermaterial sehr oft an den Ausfallstrassen am Rande der grossen Städte in unmittelbarer Nachbarschaft zueinander ihre «Konsumtempel» aufgebaut haben. In der Ordnung von Industrie und Handel im Raum spiegeln sich bewusste Entscheidungen von Unternehmen über das «wo» und «warum gerade dort» ihrer Aktivitäten. Für die Schnittstelle zwischen Geografie und Ökonomie ist der Standort das wichtigste Konzept aus dem Werkzeugkasten geografischer Konzepte.

Die Frage nach dem Standort stellt sich im Bestehen eines Unternehmens sehr selten, dann aber hat sie eine kaum zu überschätzende Tragweite. Die Entscheidung für einen neuen Standort erfolgt meist erst nach einer gründlichen Abschätzung der Vor- und Nachteile aller infrage kommender Alternativen.

1.1 Standortfaktoren

Standortfaktoren

Bei der Festlegung eines neuen Standorts gilt es, die Kostenvorteile alternativer Möglichkeiten abzuwägen. Die Entscheidungen werden einerseits durch Fragen des Angebots an Rohstoffen, Arbeitskräften und Infrastruktur auf einen Standort hin geleitet. Auf der Nachfrageseite gilt es, dem räumlichen Verhalten, den Gewohnheiten und Ansprüchen der Kundschaft Rechnung zu tragen. Einflussfaktoren, die die Eignung eines Orts als Standort für ein Unternehmen beschreiben, werden Standortfaktoren genannt.

Kriterien, die bei der Standortwahl eines Unternehmens eine Rolle spielen können, sind in der folgenden Tabelle aufgelistet.

[Tab. 1-1]   Wichtige Standortfaktoren

Standortfaktor	Erläuterung	Fragen des Unternehmens an mögliche Standorte
Naturgegebene Bedingungen	Klima, Wassermenge, -qualität, Rohstoffe	«Sind die benötigten Rohstoffe erhältlich?»
Arbeitskräftepotenzial	Zahl und Qualität vorhandener Arbeitskräfte	«Wohnen in der Umgebung genügend qualifizierte Arbeitskräfte?»
Abgaben und Steuern	Unterschiedliche Steuersätze der Gemeinden; besondere Steuervergünstigungen	«Kommen uns gewisse Gemeinden entgegen und schaffen günstige Steuerbedingungen?»
Herrschende Gesetze	Die Vorschriften zur Betreibung eines Gewerbes können räumlich stark variieren.	«Sind die Umweltauflagen von uns einhaltbar oder erfordern sie zusätzliche finanzielle Aufwendungen?»
Grundstückspreise	Grundstückspreise sind in städtischen Räumen höher als auf dem Land.	«Welche Standorte wollen wir uns überhaupt leisten?»
Transportmöglichkeiten	Strassen, Eisenbahn, Wasserstrassen, Flugverbindungen	«Auf welche Weise und wie schnell kommen Mitarbeitende, Kunden und Geschäftspartner zum neuen Standort?»
Absatzmöglichkeiten	Zahl und Finanzkraft potenzieller Kunden	«Erreichen wir am neuen Standort genügend zahlungskräftige Kunden?»
Agglomerationsvorteile (vgl. Kap. 1.2, S. 10)	Nähe von Zuliefer- bzw. weiterverarbeitenden Betrieben	«Ergeben sich für uns Vorteile durch die Nähe anderer Unternehmen?»

Wirtschaftsgeografische Modellvorstellungen unterscheiden sich nach ihrer Reichweite. Einzelwirtschaftliche Modelle versuchen, den optimalen Standort eines einzelnen Unternehmens zu bestimmen. Gesamtwirtschaftliche Modelle versuchen zu erklären, wie sich aus dem Zusammenwirken aller wirtschaftlichen Aktivitäten bestimmte Raumstrukturen herausbilden:

Einzelwirtschaftliche Perspektive

- Unternehmen benötigen für ihre Tätigkeiten Räume, die relativ gross sein können, wie im Falle von Flughäfen oder Steinbrüchen, oder aber punkthaft klein, wie etwa bei privaten Haushalten oder Coiffeuren und Ärzten. Die unterschiedlichen Nutzungen stellen ganz verschiedene Ansprüche an die Eigenschaften der beanspruchten Räume, wie z. B. die Lage eines geeigneten Baugrunds oder die Bodenqualitäten in der Landwirtschaft. Die Frage nach dem besten Standort stellt sich einem Unternehmen in mehreren räumlichen Massstäben: von der lokalen über die regionale und nationale bis hin zur internationalen Ebene.

Gesamtwirtschaftliche Perspektive

- Die räumliche Ordnung der gesamten Wirtschaft ist die Summe aller ihr zuzurechnenden Standorte aufgrund von rationalen Entscheidungen. Wirtschaftliches Verhalten im Raum ist somit nicht von Willkür, sondern von rationalen Überlegungen abhängig. Fehlentscheidungen werden im Verlauf der Zeit tendenziell korrigiert. Die räumliche Anordnung der Wirtschaft stellt eine gesetzmässig gestaltete Ordnung dar, die sich aus der Grundeinstellung aller Beteiligten ergibt.

Industrielle Standortfrage

Bei den rohstoffverarbeitenden Betrieben der Industrie hat die Frage nach dem besten Standort eine lange Tradition. Der An- und Abtransport schwerer und sperriger Materialien ist kostspielig. Deshalb dreht sich bei industriellen Standortfragen alles um die Minimierung der Transportkosten.

E-Commerce ohne Standorte? Die Standortentscheidung als Fragestellung schien in den letzten Jahrzehnten im Rahmen der Globalisierung mit den rasanten technischen Verbesserungen (Schrumpfung der Verkehrskosten, Siegeszug der Informations- und Kommunikationstechnologie u. a.) wesentlich an Bedeutung zu verlieren. Dem ist zu entgegnen, dass heutige Strukturen mindestens teilweise mit den klassischen Standorttheorien[1] zu erklären sind und dass auch im E-Commerce-Zeitalter[2] die Wirtschaft immer noch mit Menschen funktioniert, die irgendwo wohnen, zur Arbeit anreisen müssen und die letztlich immer noch am liebsten «Face-to-Face»[3]-Geschäfte abwickeln.

Auch wird in Krisenmomenten immer wieder v. a. aus Kreisen der Wirtschaft und Politik die Frage von Einzelstandorten von Unternehmen oder der Besonderheit von Regionen aufgeworfen. Damit bleiben die Standortforschung und Standortberatung als Themen für die Geografie von grosser Bedeutung.

Zusammenfassung Unternehmen und Haushalte benötigen mehr oder weniger grosse Räume für ihre Tätigkeiten. Dabei versuchen sie, verschiedene Bedürfnisse bei der Wahl ihrer Standorte zu befriedigen. In der Regel wird versucht, unter möglichst geringen Kosten den grössten Nutzen zu erreichen. Die Gesamtheit der Standortentscheide vieler Unternehmen führt zur räumlichen Struktur des Wirtschaftsraums.

Aufgabe 1 Welche Standortfaktoren sind für die folgenden Unternehmen besonders wichtig?

A] Landwirtschaftsbetrieb

B] Theater

Aufgabe 2 Was sollten Kantone und Gemeinden sicherstellen, um ihre Attraktivität als Unternehmensstandort zu verbessern?

1.2 Agglomerationseffekte

In diesem Kapitel wollen wir untersuchen, wie sich die räumliche Konzentration wirtschaftlicher Aktivitäten auf einzelne Unternehmen auswirkt. Welche Vor- und Nachteile können sich für ein Unternehmen ergeben, wenn sich auch andere Anbieter für den gleichen Standort entscheiden?

Agglomeration – Vor- oder Nachteil? Es würde keinem Bäcker einfallen, seine neue Bäckerei gerade neben die des Konkurrenten im Dorf zu bauen. Diese räumliche Konzentration zweier Betriebe gleicher Ausrichtung – man spricht von Agglomeration[4] – würde beiden Bäckereien wohl v. a. Nachteile bringen. Anders sieht es aus, wenn der Bäcker seinen neuen Laden neben die Metzgerei und das Käselädeli bauen könnte. Die Bildung eines kleinen Lebensmittelzentrums brächte allen Beteiligten viel Laufkundschaft und dadurch mehr Umsatz. Die Agglomeration wirtschaftlicher Aktivität kann sich also für den einzelnen Betrieb positiv oder negativ auswirken, offenbar gibt es Agglomerationsvorteile und -nachteile. Betrachten wir diesen Zusammenhang etwas genauer.

---

[1] Zu den klassischen Standorttheorien zählen die Thünen'schen Ringe und die Standorttheorie von Weber. Wir gehen hier auf diese Theorien nicht näher ein. Sie können sich bei Interesse in Fachbüchern oder im Internet darüber informieren.
[2] Engl. *electronic* «elektronisch» und engl. *commerce* «Geschäftswelt», «Handel».
[3] Engl. *face* «Gesicht».
[4] Lat. *agglomerare* «fest anschliessen».

Interne Ersparnisse

Hat unser Bäcker seinen Laden einmal erfolgreich etabliert, kann er durch den Anbau einer zweiten Backstube seine Kapazität am gleichen Standort ausdehnen und damit die Stückkosten für ein einzelnes Brötchen senken. Solche innerbetrieblichen Ersparnisse nennen die Ökonomen interne Ersparnisse. Im Fall der sinkenden Stückkosten durch grosse Stückzahlen eines Produkts spricht man auch von Skaleneffekten – und meint damit etwa, «die Masse machts». Kommt der Bäcker aber zum Schluss, dass er am bestehenden Standort keine Kapazitätserweiterung erreichen kann, wird er sich für einen Zweigbetrieb an einem neuen, räumlich getrennten Standort entscheiden.

Externe Ersparnisse

Ersparnisse, die nicht das Ergebnis der inneren Organisation und Produktionsweise des Betriebs sind, werden externe Ersparnisse genannt. Externe Ersparnisse ergeben sich, wenn durch äussere Rahmenbedingungen die Kosten für Rohstoffbeschaffung und Produktion vermindert, Absatz und Erlös gesteigert oder die Informationsangebote für die Firma erhöht werden können.

Agglomerationsvorteile sind Fühlungsvorteile

Aus räumlicher Sicht sind dabei natürlich v. a. Kostenvorteile interessant, die sich durch die Ansiedlung mehrerer Unternehmen an einem gemeinsamen Standort ergeben. Man spricht in diesem Zusammenhang auch von Fühlungsvorteilen.

Lokalisations- und Urbanisationsvorteile

- Lokalisationsvorteile ergeben sich durch die räumliche Anhäufung mehrerer Betriebe derselben Branche. Während für zwei benachbarte Bäcker der Nachteil der Konkurrenz überwiegt, kann es für grosse Betriebe ähnlicher Branchen durchaus Sinn machen, sich räumlich zu konzentrieren. Wenn ein Branchenschwerpunkt eine bestimmte Grösse erreicht hat, lohnt es sich für Zuliefer- und Servicebetriebe, sich auch dort anzusiedeln. Ähnliches gilt für die Arbeitskräfte: Durch die Konzentration der chemischen Industrie im Raum Basel entstanden in der Region führende Forschungszentren in Chemie und Biotechnologie. Diese wirken nun ihrerseits positiv auf das regionale Reservoir an qualifizierten Facharbeitskräften, auf die die Industrie angewiesen ist.
  Lokalisationsvorteile ergeben sich im Detail durch
    - einen gemeinsamen grösseren Arbeitsmarkt als Folge der räumlichen Konzentration,
    - einen grösseren Arbeitsmarkt mit ausgebildeten Facharbeitern für verschiedene Berufsrichtungen und vielseitige Ausbildungsmöglichkeiten,
    - vorhandene Zulieferbetriebe, Reparaturbetriebe oder Dienstleistungsunternehmen,
    - die örtliche Anwesenheit von Beratungsinstitutionen und Forschungseinrichtungen.
- Urbanisationsvorteile[1] entstehen durch die räumliche Konzentration mehrerer Betriebe verschiedener Branchen an demselben Ort. Ein Ballungsraum ist für ein Unternehmen interessant, weil es dort bereits auf etablierte Absatzmärkte und ein ausgebautes Angebot an öffentlicher Infrastruktur (Strassen-, Bahnanschluss), anderen Dienstleistern, kulturellen Einrichtungen trifft. Der Begriff Urbanisationsvorteile geht darauf zurück, dass eine derartige Konzentration von Vorteilen meist in der Nähe von Städten zu finden ist. Urbanisationsvorteile ergeben sich im Detail durch
    - ein ausgebautes Verkehrsnetz und bestehende öffentliche Versorgungsbetriebe,
    - entsprechende Serviceleistungen der Städte und Gemeinden,
    - die Möglichkeit der Zusammenarbeit mehrerer Unternehmen.

Agglomerationsnachteile

Allerdings wirken solche Agglomerationsvorteile nur bis zu einem gewissen Grad der räumlichen Konzentration. Danach führt eine weitere Verdichtung zu Agglomerationsnachteilen z. B. durch Bodenverknappung, Luftverschmutzung u. a. m. Wann allerdings das Agglomerationsoptimum erreicht und überschritten wird, vermag niemand überzeugend zu belegen. Auch fehlen unstrittige Nachweise darüber, wie Agglomerationsvorteile für die Unternehmen und ihre Standortwahl wirken.

---

[1] Lat. *urbanus* «städtisch» bzw. lat. *urbs* «Stadt».

Raumrelevanz von Agglomerationseffekten

Verdient sich ein Ballungsraum den Ruf von Produktivität und wirtschaftlichem Elan, werden sich immer weitere Firmen dort ansiedeln wollen, die wirtschaftliche Aktivität rückt zusammen. Agglomerationsvorteile wirken zentralisierend. Genau das Gegenteil gilt bei Agglomerationsnachteilen. Ein aufstrebendes Unternehmen wird es sich zweimal überlegen, bevor es sich in einer Region mit hoher Umweltbelastung, übertreuerten Bodenpreisen und abwandernden Arbeitskräften niederlässt. Agglomerationsnachteile wirken dezentralisierend.

[Abb. 1-1]   Agglomerationseffekte

Agglomerationsvorteile
wirken zentralisierend

Bezeichnung	Interne Ersparnisse	Externe Ersparnisse («Fühlungsvorteile»)	
		 Lokalisationsvorteile	 Urbanisationsvorteile
Funktion	Sinkende Stückpreise bei Kapazitätsausweitung	Räumliche Häufung von Zuliefer- und Servicebetrieben, grosses Reservoir an Facharbeitern, gemeinsame Ausbildungsstätten.	Gute Infrastruktur (Strassen, Kommunikation) und intensive wirtschaftliche Verflechtungen am Ort, viele Face-to-Face-Kontakte.
Beispiel	Druckerei erstellt an angestammtem Standort neue Produktionsstrasse und stellt auf Mehrschichtbetrieb um.	Konzentration der chemischen Industrie im Grossraum Basel: wichtiger Forschungsplatz für Chemie und Biotechnologie, viele qualifizierte Arbeitskräfte, viele Zulieferer.	Zürich City: Die Häufung von Anwaltskanzleien, Banken, Versicherungen und Beraterfirmen erlauben ein intensives Beziehungsgeflecht.

Agglomerationsnachteile
wirken dezentralisierend

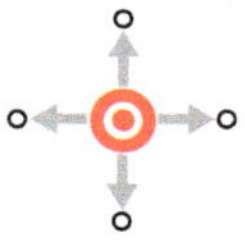

Bezeichnung	Externe Nachteile («Fühlungsnachteile»)
Funktion	Räumliche Verdichtung der wirtschaftlichen Aktivität wirkt sich negativ auf das einzelne Unternehmen aus.
Beispiel	Bodenverknappung, erhöhtes Lohnniveau, Steuerlast, Umweltprobleme, Lärmbelastung

Fokus

Geomarketing

Längst hat die Privatwirtschaft die Geografie als Werkzeug zur effizienten Marktbearbeitung entdeckt. Das Stichwort heisst Geomarketing. Die einfache Idee von Geomarketing ist das gezielte raumbezogene Vermarkten von Produkten. Mithilfe geografischer Standortanalysen versuchen Marketingverantwortliche folgende Fragen zu beantworten: «Wo befinden sich meine Kunden? In welchen Gebieten hat die Firma den Markt noch nicht ausgeschöpft? Welches wären gute neue Standorte für zusätzliche Verkaufsstellen unserer Firma?»

Zunächst gilt es, ein möglichst genaues Profil der eigenen Kunden zu erstellen. Sind unsere Kunden eher Familien oder Singles? Wie sind ihre Einkommensverhältnisse? Kaufen sie mit dem Auto, mit dem Tram oder zu Fuss ein? Wo wohnen unsere bisherigen Kunden? Anschliessend wird der Wirtschaftsraum nach Regionen abgesucht, die möglichst viele neue Kunden versprechen und von der eigenen Firma noch nicht als Markt besetzt sind. Für die räumliche Analyse kommen i. d. R. Geografische Informationssysteme (GIS) zum Einsatz. Mit dieser Mischung aus räumlicher Datenbank und digitaler Landkarte gelingt es, offene Marktpotenziale im Raum aufzuspüren und mögliche neue Standorte zu lokalisieren (vgl. Abb. 1-2).

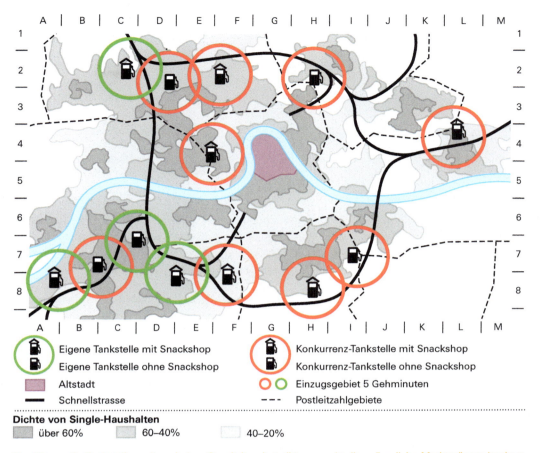

[Abb. 1-2] Geomarketing

Eigene Tankstelle mit Snackshop
Eigene Tankstelle ohne Snackshop
Altstadt
Schnellstrasse
Konkurrenz-Tankstelle mit Snackshop
Konkurrenz-Tankstelle ohne Snackshop
Einzugsgebiet 5 Gehminuten
Postleitzahlgebiete

Dichte von Single-Haushalten
über 60%   60–40%   40–20%

Eine Firma, die Tankstellen mit und ohne Snackshop betreibt, versucht, ihre räumliche Marktpräsenz in einer Grossstadt zu optimieren. Aus der Marketingabteilung weiss die Firma, dass v. a. einkaufsfaule Singles gerne in Snackshops an Tankstellen einkaufen, dass sie dazu oft das Auto nehmen und selten weiter als fünf Minuten zu Fuss gehen. Durch die Verschneidung der Dichte von Singlehaushalten mit den Einzugsgebieten bereits besetzter Standorte der eigenen Filialen und der Konkurrenz lassen sich geeignete neue Standorte ermitteln.

| Zusammenfassung | Die räumliche Ballung ähnlicher wirtschaftlicher Aktivität bietet für ein einzelnes Unternehmen Vor- und Nachteile (Agglomerationsvorteile und -nachteile). |

- Lokalisationsvorteile ergeben sich aus der Ansiedlung vieler Betriebe einer ähnlichen Branche an einem Ort durch die Konzentration von geeigneten Arbeitskräften, Ausbildungsstätten, Zuliefer- und Servicebetrieben.
- Urbanisationsvorteile entstehen durch die Ansiedlung vieler Betriebe unterschiedlicher Branchen, durch den Ausbau der Infrastruktur (Ver- und Entsorgungsnetz, Verkehrsnetz etc.).

Ab einer gewissen räumlichen Dichte wirtschaftlicher Aktivität kann die Agglomeration infolge erhöhter Umweltbelastung, chronischen Verkehrsstaus und zunehmender Gesundheitsgefährdung zu einem Nachteil werden.

Aufgabe 3 — Welche Agglomerationsvorteile bestehen für einen Betrieb in Zürich oder Basel, der sich auf Spezialfragen im Bereich der Gentechnik spezialisiert hat? Welches sind Lokalisationsvorteile, welches die Urbanisationsvorteile?

Aufgabe 4 — Welche Nachteile könnten für eine neue Bank in einem Wirtschaftszentrum entstehen?

2 Einteilung der Wirtschaft in Sektoren

Lernziele Nach der Bearbeitung dieses Kapitels können Sie …

- die vier Wirtschaftssektoren definieren sowie mindestens je drei Branchen oder Berufsgruppen als Beispiele nennen.
- den Strukturwandel der Beschäftigungsanteile nach der Theorie von Fourastié in einer einfachen Skizze grafisch aufzeichnen.
- die Entwicklung der drei Wirtschaftssektoren in der Schweiz aufzeigen.

Schlüsselbegriffe primärer Sektor, quartärer Sektor, sekundärer Sektor, tertiärer Sektor

Alle Waren, die wir konsumieren, werden als Rohstoffe aus der Natur gewonnen, zu Zwischen- und Endprodukten verarbeitet und am Ende dem Verbraucher zugeführt und gehandelt. Um die Wirtschafts- bzw. Erwerbsstruktur verschiedener Räume beschreiben und vergleichen zu können, unterscheidet man die drei klassischen Sektoren[1].

Drei klassische Sektoren

- Der *primäre Sektor* umfasst die direkte Nutzung der Ressourcen. Zu ihm zählen die Landwirtschaft, die Forstwirtschaft, der Bergbau und die Fischereiwirtschaft.
- Der *sekundäre Sektor* verarbeitet die Rohstoffe des primären Sektors. Ihm werden Industrie, Gewerbe und Bauwirtschaft zugeteilt.
- Der *tertiäre Sektor* beinhaltet alle Dienstleistungen, die in eigenständigen Unternehmen oder durch den Staat sowie in anderen öffentlichen Einrichtungen erbracht werden. In diesen Sektor gehören Banken und Versicherungen, aber auch der Tourismus und die Verkehrsdienstleistungen.

Quartärer Sektor

Die zweite Hälfte des 20. Jahrhunderts sah einen rasanten Anstieg der Beschäftigung in Forschung und Entwicklung, Informationsverarbeitung und -verwaltung. In jüngster Zeit werden diese klassischen drei Sektoren deshalb um einen vierten ergänzt.

- Der *quartäre Sektor* schafft und tauscht Informationen und Wissen. Er umfasst Berufsgruppen wie Softwareentwickler, Webdesignerinnen oder Anbieter von Telekommunikationsdiensten. Natürlich bieten diese Branchen in den meisten Fällen Dienste an und könnten im weitesten Sinne auch dem tertiären Sektor zugerechnet werden.

2.1 Wirtschaftsstruktur im Wandel der Zeit

Die Verteilung der Erwerbstätigen auf die Wirtschaftssektoren hat sich während der wirtschaftlichen Entwicklung der meisten Industriestaaten ähnlich verändert. Zu Beginn der Industrialisierung tritt der industrielle Sektor neben die Landwirtschaft und das Handwerk. Im produzierenden Gewerbe erfolgt bald ein grosser Teil der Herstellung mit Maschinen, die gefertigten Stückzahlen erhöhen sich rapide und die Beschäftigtenzahl im sekundären Sektor steigt stark an.

Durch industrielle Methoden in der Landwirtschaft kann die gleiche Arbeit von immer weniger Arbeitskräften erledigt werden, die Beschäftigung im primären Sektor geht zurück. Mit immer besseren Maschinen braucht auch die Industrie bald weniger Arbeitskräfte. Die «frei werdenden» Arbeitskräfte werden dagegen im aufkommenden Dienstleistungssektor dringend gebraucht. Die Güter müssen ja nicht nur produziert, sondern auch entwickelt, verkauft und gelagert werden. Die Bereiche Handel, Verwaltung, Gastgewerbe sowie die Banken und Versicherungen laufen der Industrie den Rang ab. Wiederum verlagert sich der Schwerpunkt der Beschäftigten, diesmal vom sekundären in den tertiären Sektor und bald in den quartären Sektor.

[1] Lat. *sector (circuli)* «(Kreis)ausschnitt».

Sektor-Theorie nach Fourastié

Vielfach wurde versucht, aus dieser Abfolge eine allgemeine Gesetzmässigkeit über die Entwicklung der Wirtschaftsstruktur abzuleiten. Die Sektor-Theorie nach Fourastié ist die berühmteste. Sie besagt, dass wirtschaftliches Wachstum zwangsläufig von einer Verschiebung der Gewichte der einzelnen Sektoren begleitet ist. Fourastié unterscheidet drei Phasen:

- In der vorindustriellen Phase dominiert der primäre Sektor. Etwa 80% der Beschäftigten arbeiten in der Landwirtschaft, nur je ca. 10% im sekundären und tertiären Wirtschaftsbereich.
- Die Mechanisierung und Spezialisierung in der Agrarwirtschaft, bei gleichzeitiger Ausweitung der Industrie, bewirkt während der industriellen Phase eine Verlagerung der Beschäftigten auf den sekundären Sektor. Dies ist nach der Vorstellung Fourastiés nur eine Übergangsphase.
- Die Rationalisierung und die Automatisierung der Fertigung im produzierenden Gewerbe verlagert die Beschäftigten schliesslich in den tertiären Sektor. In der nachindustriellen Phase erreicht die Gesellschaft in der «tertiären Zivilisation» ihren Abschluss. Etwa 80% der Beschäftigten arbeiten im Dienstleistungssektor, je ca. 10% im sekundären und primären Sektor.

[Abb. 2-1] Veränderung der Wirtschaftsstruktur nach Fourastié

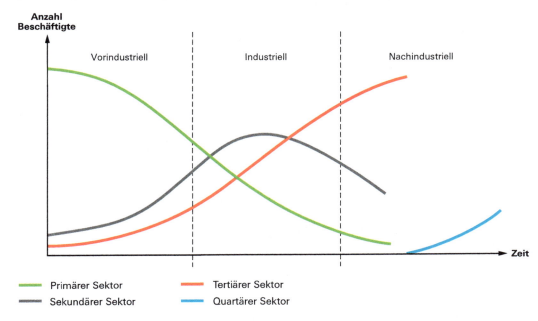

Das Sektor-Modell skizziert die Veränderung der Erwerbsstruktur einer Volkswirtschaft während ihrer wirtschaftlichen Entwicklung. Auf die landwirtschaftlich geprägte vorindustrielle folgt die industrielle Phase. Die nachindustrielle Phase entwickelt die Dienstleistungsgesellschaft. Aus heutiger Perspektive muss das Sektor-Modell mit dem quartären Sektor ergänzt werden.

Zusammenfassung

Die Wirtschaftssektoren dienen zur Ordnung und zum Vergleich der Wirtschaftsentwicklung bestimmter Räume über längere Zeit. Es wird zwischen dem primären (Land-, Forst-, Fischereiwirtschaft und Bergbau), dem sekundären (im Wesentlichen Industrie und Gewerbe), dem tertiären (Dienstleistungen) und dem quartären Sektor (Forschung, Entwicklung, Informationsverarbeitung) unterschieden.

Aufgabe 5

A] Was versteht man unter Wirtschaftssektoren?

B] Nennen Sie zu jedem Wirtschaftssektor zwei wichtige Branchen.

2.2 Wirtschaftssektoren in der Schweiz und in der Welt

Die Abbildung 2-2 zeigt die Entwicklung der Wirtschaftssektoren in der Schweiz zwischen 1850 und 2008. Noch im 18. Jahrhundert arbeiteten in der Schweiz weit über 60% in der Landwirtschaft. Darauf ging der Anteil der in der Landwirtschaft Beschäftigten stetig zurück und fiel nach dem Zweiten Weltkrieg noch deutlicher. Aktuell sind nur noch etwa 4% der arbeitstätigen Bevölkerung in der Landwirtschaft beschäftigt.

Der sekundäre Bereich nahm bis vor dem Ersten Weltkrieg stetig zu und betrug um 1910 über 45%. Nach einem leichten Einbruch zwischen 1920 und 1945 nahm der Anteil nochmals bis 1960 zu. In der Folge ging jedoch der Anteil der in der Industrie Beschäftigten rasch zurück und betrug 2008 nur noch ca. 23%. Der tertiäre Sektor entwickelte sich nach 1880 stetig und nahm insbesondere nach 1950 fast exponentiell zu, sodass der Anteil heute bei 73% liegt. Die Entwicklung in der Schweiz scheint die Vorstellung von Fourastié zu bestätigen.

[Abb. 2-2]   Entwicklung der Wirtschaftssektoren in der Schweiz 1850 bis 2008

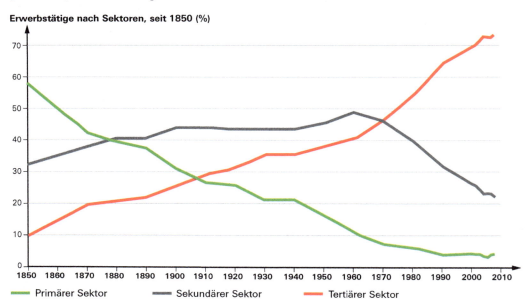

Die Beschäftigungsstruktur der Schweizer Wirtschaft hat sich in den letzten 160 Jahren drastisch gewandelt. Im späten 19. Jahrhundert löste die Industriegesellschaft die Landwirtschaftsgesellschaft ab, im 20. Jahrhundert lief die Dienstleistungsgesellschaft den beiden anderen den Rang ab. Quelle: Bundesamt für Statistik, 1999 und Statistisches Lexikon der Schweiz – online, Januar 2009.

Neben eigentlichen Dienstleistungsstaaten, wie z. B. Deutschland und den USA (dritter Sektor über 70%), gibt es auch Staaten, insbesondere Entwicklungsländer, in denen über 50% der Bevölkerung in der Landwirtschaft beschäftigt sind (z. B. Bangladesh, Mosambik).

[Tab. 2-1]   Erwerbsstruktur ausgewählter Länder

Land	Erwerbstätige je Wirtschaftssektor (%)		
	I	II	III
Bangladesh	52.0	14.0	34.0
Deutschland	2.1	25.4	72.5
Japan	4.4	28.8	66.8
Mosambik	80.0	*	*
Nepal	93.0	*	*
USA	1.6	20.7	77.7
Thailand	43.0	20.0	37.0

* Hierzu gibt es keine zuverlässigen Daten.
Quelle: Der Fischer Weltalmanach 2009, ergänzt.

Fokus

Die Wirtschaftssektoren in der offiziellen Statistik

Die Tabelle 2-2 zeigt die Veränderungen der Beschäftigten nach Grossregionen und Wirtschaftssektoren. Bitte beachten Sie: Der Bergbau wird in der offiziellen Schweizer Statistik nicht wie in diesem Lehrmittel dem primären, sondern dem sekundären Sektor zugerechnet.

[Tab. 2-2]   Beschäftigte nach Grossregion und Wirtschaftssektor

Region	Wirtschaftssektor (%)								
	1985			1998			2008		
	I	II	III	I	II	III	I	II	III
Schweiz	8.9	34.4	56.7	6.4	27.6	66.0	4.1	22.4	73.5
Genferseeregion	9.4	26.4	64.2	6.3	20.4	73.3	3.4	16.3	80.3
Mittelland	12.2	35.5	52.3	8.9	29.3	61.8	5.7	24.2	70.1
Nordwestschweiz	5.3	41.2	53.5	3.8	33.0	63.1	2.6	20.8	76.6
Ostschweiz	12.2	40.2	47.6	9.0	34.4	56.5	5.9	28.5	65.6
Zentralschweiz	13.6	35.5	50.9	9.5	30.0	60.5	4.3	27.4	68.3
Tessin	4.8	36.1	59.1	3.0	28.4	68.6	2.6	16.7	80.7

Quelle: Statistisches Jahrbuch der Schweiz, 2001 und Statistisches Lexikon der Schweiz – online, Januar 2009.

Die Tabelle 2-2 zeigt, dass die Beschäftigungsstruktur auch räumlich variieren kann. Während das Tessin eine ausgeprägte Dienstleistungsregion ist, zeigt die Ostschweiz einen recht starken primären Sektor, die Innerschweiz hingegen einen recht starken sekundären Sektor.

Es gilt festzuhalten, dass der in vielen Dienstleistungsstaaten gefundene Übergangsprozess mit drei Phasen kein allgemeingültiges Gesetz darstellt. Es gibt durchaus Staaten, die von einer agrarischen Wirtschaft direkt den Sprung zur Dienstleistungsgesellschaft gemacht haben. In der Entwicklung Kanadas zu einer Dienstleistungsgesellschaft mit heute über 75% Beschäftigten im tertiären Sektor fehlt die industrielle Phase.

Als vereinfachende Faustregel zur heutigen Erwerbsstruktur der Welt halten wir fest: Je komplizierter und vernetzter eine Wirtschafts- und Gesellschaftsstruktur ist, desto mehr Personen befassen sich mit Verwaltungs-, Forschungs- und Bildungsaufgaben.

Zusammenfassung

Das Sektor-Modell von Fourastié besagt, dass sich die Gewichtung der drei Wirtschaftssektoren mit fortschreitender wirtschaftlicher Entwicklung zwangsläufig verändert. Der primäre und sekundäre Sektor verliert rasch an Bedeutung, der Dienstleistungssektor schwingt oben auf. Die Entwicklung in der Schweiz bestätigt die Annahmen von Fourastié.

Aufgabe 6

Erstellen Sie eine Liste von 20 Freundinnen und Freunden. Bestimmen Sie zu jeder Person den Erwerbssektor ihrer Anstellung (also nicht den Beruf des Beschäftigten, sondern die Tätigkeit der Firma) und halten Sie das Resultat in einer Strichliste fest. Stimmt die Verteilung mit derjenigen für die gesamte Schweiz überein (vgl. Tab. 2-2)?

3 Wirtschaft und Ökologie

Lernziele Nach der Bearbeitung dieses Kapitels können Sie ...

- das Nachhaltigkeitsdreieck aufzeichnen und jeder Dimension mindestens zwei Ziele zuordnen.
- erklären, weshalb Umweltgüter als öffentliche Güter bezeichnet werden.
- verstehen, was man in der Ökonomie meint, wenn man von externen Effekten spricht.
- die grundsätzlichen Instrumente der staatlichen Umweltpolitik beschreiben.
- verschiedene umweltpolitische Massnahmen an Umsetzungsbeispielen erklären.
- am Beispiel des Strassenverkehrs aufzeigen, was getan werden muss, damit Kostenwahrheit erreicht wird.

Schlüsselbegriffe Agenda 21, externe Kosten, nachhaltige Entwicklung, öffentliche Güter, Raumplanung, Umweltabgaben, Umweltökonomie

3.1 Vision der Nachhaltigkeit

Nehmen wir an, an zwei benachbarten fischreichen Seen leben zwei Fischer. Der eine fängt jeden Morgen so viel Fisch, wie sein Boot fassen kann, und verkauft die Ware mit viel Gewinn auf dem nahen Markt. Mit der Zeit werden die Fische in seinem See immer kleiner, die Fangmenge bescheidener und eines Tages bleibt sein Netz leer. Der zweite hingegen achtet sorgsam darauf, nur so viele Fische aus dem Wasser zu ziehen, dass genügend Fische übrig bleiben, damit sich der Bestand immer wieder vermehren kann. So erhält sich der zweite Fischer eine unerschöpfliche Nahrungsquelle und blickt einer gesicherten Zukunft in bescheidenem Wohlstand entgegen.

Bestände schonen

In diesem überzeichneten Beispiel ist offensichtlich, welcher Fischer sich selbst und der Natur den grösseren Dienst erweist. Während der erste Fischer aus kurzsichtiger Profitgier seine Substanz, die Fischbestände, angreift, schöpft der zweite nur jeweils die Zinsen ab und pflegt die Substanz. Der zweite Fischer handelt nachhaltig. Seine wegweisende und zukunftsfähige Bewirtschaftung der Umwelt illustriert ein Prinzip, das heute aus keiner Diskussion über das Zusammenspiel von Wirtschaft und Umwelt mehr wegzudenken ist. Dieses Kapitel beschäftigt sich mit dem Konzept der Nachhaltigkeit.

Begriff aus der Forstwirtschaft

Das Prinzip der nachhaltigen Entwicklung – kurz Nachhaltigkeit – ist nichts Neues. Im 18. Jahrhundert stand die Menschheit vor einem Energieproblem, weil die grossflächigen Rodungen die langfristige Holzversorgung infrage stellten und die gerodeten Flächen Lawinen und Überschwemmungen förderten. Es wurde erkannt, dass der Wald als erneuerbare Ressource nicht unbeschränkt verfügbar und nutzbar ist. Aus dieser Not heraus wurde das Prinzip der nachhaltigen Nutzung des Walds abgeleitet.

Hans Carl von Carlowitz

1713 schrieb Hans Carl von Carlowitz, ein kursächsischer adeliger Forstmann, in Sorge um den Wald im Erzgebirge:

«Wird derhalben die grösste Kunst, Wissenschaft, Fleiss und Einrichtung hiesiger Lande darinne beruhen, wie eine sothane Conservation und Anbau des Holzes anzustellen, dass eine continuierliche, beständige und nachhaltige Nutzung gebe; weilen es eine unentbehrliche Sache ist, ohne welche das Land in seinem Esse nicht bleiben mag.»

Von Carlowitz trieb allerdings weniger die Sorge um die Umwelt als vielmehr die Sicherstellung der Holzversorgung für den Bergbau. Gleichwohl sollte fortan nur noch so viel Holz geschlagen werden, wie durch Wiederaufforstung nachwachsen konnte. Dieses Prinzip widerspiegelt sich übrigens auch im Schweizer Forstgesetz.

3.1.1 Begriff der nachhaltigen Entwicklung

Brundtland-Kommission

Knapp 300 Jahre nach von Carlowitz sind uns die Wälder in Mitteleuropa dank der nachhaltigen Bewirtschaftung erhalten geblieben, die «Energiekrise» ist allerdings in neuen Dimensionen auferstanden. Vor 30 Jahren ist das Bewusstsein wiedererwacht, dass die Rohstoffvorräte der Erde begrenzt sind. Heute beschäftigten uns neben der Sorge über die Endlichkeit der Rohstoffe auch die mit ihrem Verbrauch verbundenen Auswirkungen auf die Umwelt. Aus dieser neuen Not heraus hat im Jahr 1987 die Weltkommission für Umwelt und Entwicklung unter dem Vorsitz der damaligen norwegischen Ministerpräsidentin Gro Harlem Brundtland das Prinzip der Nachhaltigkeit der Forstwirtschaft entlehnt und in seiner Bedeutung erweitert.

2012 jährte sich der «Weltgipfel» von Rio de Janeiro zum zwanzigsten Mal. Die Weltgemeinschaft vereinbarte 1992 u. a. das entwicklungs- und umweltpolitische Aktionsprogramm Agenda 21, das als Meilenstein auf dem Weg zu mehr Nachhaltigkeit gilt. Die dritte Nachfolgekonferenz «Rio + 20» (neben «Rio + 5» 1997 in New York und «Rio + 10» 2002 in Johannesburg), fand vom 20.06. bis 22.06.2012 erneut in der brasilianischen Metropole Rio de Janeiro statt.

Definition

Nachhaltige Entwicklung oder kurz Nachhaltigkeit (engl. sustainable development) steht für eine Entwicklung, die gewährleistet, dass die Bedürfnisse der heutigen Generation befriedigt werden, ohne die Möglichkeiten künftiger Generationen zur Befriedigung ihrer eigenen Bedürfnisse zu beeinträchtigen.

Tragfähig und haushälterisch

Nachhaltigkeit ist ein vielschichtiger Begriff. Das Wort «nachhaltig» sagt selbst wenig über seinen Inhalt aus. Deshalb werden immer wieder neue Begriffe herangezogen, die anschaulicher sein sollen, aber den gleichen Inhalt haben. Darunter fallen z. B. die Begriffe dauerhaft, zukunftsfähig, durchhaltbar, ökologisch tragfähig oder haushälterisch.

Von den Zinsen leben

Alle Definitionen für Nachhaltigkeit lassen sich auf einen gleichen Nenner bringen: Es geht grundsätzlich um Regeln der Nutzung unserer Umwelt mit ihren Ressourcen, damit diese auch unseren Kindern und Kindeskindern in der gleichen Vielfalt und Fülle erhalten bleibt. Oder vereinfacht ausgedrückt: Nachhaltigkeit ist nichts anderes, als von den Zinsen zu leben und nicht von der Substanz – von den Zinsen, die uns die Erde mit ihren reichhaltigen Schätzen zur Verfügung stellt.

3.1.2 Die drei Dimensionen der Nachhaltigkeit

Nachhaltigkeit beschränkt sich nicht ausschliesslich auf die ökologische Komponente. Massnahmen und Konzepte zur Lösung der weltweiten Umweltprobleme müssen ökonomische und soziale Fragestellungen ebenso miteinbeziehen. Nur dadurch lassen sich Lösungsstrategien entwickeln, die von möglichst vielen Leuten getragen werden können und auch für unsere Nachkommen verträglich sind. Mit dem Prinzip der Nachhaltigkeit ist also die Einsicht verbunden, dass die ökologischen Probleme nicht isoliert von der wirtschaftlichen und sozialen Entwicklung betrachtet werden dürfen.

Nachhaltigkeitsdreieck

Nachhaltigkeit ist die Vision einer Balance zwischen Umwelteinflüssen, wirtschaftlichem Wachstum und sozialer Gerechtigkeit. Umwelt, Wirtschaft und Gesellschaft bilden die drei Dimensionen der Nachhaltigkeit. Die drei Dimensionen sind gleichberechtigt, sie bilden die drei Ecken des Nachhaltigkeitsdreiecks (vgl. Abb. 3-1).

- **Umweltziele:** Die Hauptanliegen der ökologischen Dimension der Nachhaltigkeit sind die langfristige Erhaltung des Lebensraums für die Menschen, Tiere und Pflanzen sowie der schonende Umgang mit den Ressourcen. Im Detail zielt Nachhaltigkeit auf den Erhalt der Artenvielfalt, auf den vermehrten Einsatz erneuerbarer Ressourcen und die Abkehr vom kurzsichtigen Aufbrauchen nicht erneuerbarer Ressourcen zum Schutz des Klimas sowie auf eine Verminderung der Umweltschäden durch Schadstoffe und Abfälle.
- **Wirtschaftliche Ziele:** In der ökonomischen Dimension bedeutet Nachhaltigkeit die Erhaltung des Wohlstands und der Entwicklungs- und Leistungsfähigkeit der Wirtschaft. Eine nachhaltige Wirtschaft ist darum besorgt, Einkommen und Beschäftigung zu erhalten. Sie soll wettbewerbsfähig und innovativ sein sowie die Benutzung und den Verbrauch der Umweltgüter selbst bezahlen.
- **Gesellschaftliche Ziele:** Die soziale Dimension der Nachhaltigkeit sucht für alle Menschen, ein Leben und eine Entwicklung in Solidarität[1] und Wohlbefinden zu erreichen. Dazu gilt es, die Gesundheit und die Sicherheit des Einzelnen zu gewährleisten, Mann und Frau gleichzustellen, Minderheiten zu schützen sowie die Menschenrechte zu respektieren. Die Forderung nach gerechten Lebenschancen für alle beinhaltet auch den Zugang zu Bildung und Kultur für alle.

[Abb. 3-1]   Nachhaltigkeitsdreieck

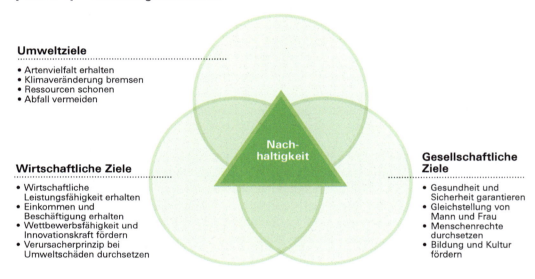

Für die Vision einer Balance zwischen ökologischer Verantwortung, wirtschaftlicher Leistungsfähigkeit und gesellschaftlicher Solidarität müssen die Anliegen aller drei Dimensionen in Einklang gebracht werden.

Grundsätzlich sind die drei Dimensionen Umwelt, Wirtschaft und Gesellschaft gleichberechtigt. Leider wurde aber die ökologische Komponente in den letzten Jahrzehnten stark vernachlässigt, weshalb heute ein grosser Nachholbedarf besteht. Mit der Gleichberechtigung der drei Komponenten von Nachhaltigkeit ist das Prinzip, zunächst ökonomischen Wohlstand zu erreichen und die sozialen und ökologischen Probleme später anzugehen, hinfällig geworden. Das ganzheitliche Denken erfordert es, ökologische, soziale und ökonomische Probleme gleichzeitig und gleichberechtigt anzugehen.

[1] Franz. *solidarité* «unbedingtes Zusammenhalten mit jemandem aufgrund gleicher Anschauungen und Ziele».

3.1.3 Global denken – lokal handeln

Das Prinzip der Nachhaltigkeit wirkt am stärksten, wenn grenzüberschreitend nach Lösungen gesucht wird. Darum bekräftigt die internationale Staatengemeinschaft an regelmässig wiederkehrenden Umwelt- und Entwicklungskonferenzen ihren Willen immer wieder aufs Neue, die Vision der Nachhaltigkeit auch wirklich umzusetzen.

Auf Hoffnung ...

Am Erdgipfel 1992 in Rio de Janeiro haben sich mehr Regierungschefs zusammen an einen Tisch gesetzt als jemals zuvor. Die anstehenden Umweltprobleme hatten die Staatsoberhäupter zusammengebracht und sie einen weltweiten Aktionsplan – die sog. Agenda 21 – zur Lösung der anstehenden Probleme der Umwelt- und Entwicklungspolitik ausarbeiten lassen. Wichtigster Inhalt der Agenda 21 ist das Prinzip der nachhaltigen Entwicklung (vgl. Fokus S. 21).

... folgt Ernüchterung

An den grossen Nachfolgekonferenzen des Umweltgipfels von Rio (1997, 2002 und 2012) wurde Bilanz gezogen. Und diese fiel auf den ersten Blick ernüchternd aus. Trotz des Bekenntnisses zur nachhaltigen Entwicklung hatte sich der Zustand der Umwelt weiter verschlechtert. Zu gross sind die Differenzen zwischen Industrie- und Entwicklungsländern. Auf der einen Seite versuchen die Industriestaaten, sich Schlupflöcher offenzuhalten, und verwässern einmal getroffene Abmachungen. Auf der anderen Seite fällt es den Entwicklungsländern schwer, zu akzeptieren, dass sie heute strengen Umweltauflagen gehorchen sollen, während sich die Industriestaaten ihren Wohlstand während ihrer Industrialisierung auf Kosten der Natur erarbeitet haben.

Bildung für nachhaltige Entwicklung

Die Staatengemeinschaft ist sich der Bedeutung der Nachhaltigkeit für die Zukunft unseres Planeten durchaus bewusst. In der Überzeugung, dass Nachhaltigkeit in den Köpfen der Menschen beginnt, erklärte die UNESCO (UNO-Organisation für Erziehung, Wissenschaft und Kultur) das Jahrzehnt 2005–2014 zur Dekade der Bildung für nachhaltige Entwicklung. Unter anderem unterstützt sie im Rahmen dieser Dekade Projekte ideell und finanziell, die das Bewusstsein für die Bedeutung der Nachhaltigkeit fördern.

Auf allen Massstabsebenen

Die Umsetzung einer nachhaltigen Umweltpolitik muss allerdings nicht nur auf der globalen Ebene geschehen. Damit die Idee der Nachhaltigkeit sich weiter in der Gesellschaft verankern kann, braucht es Anstrengungen auf der globalen, regionalen und lokalen Ebene. Deshalb streben Regionen und Gemeinden unter dem Stichwort lokale Agenda 21 in vielen speziellen Programmen den Interessenausgleich im Sinne der Nachhaltigkeit an.

Fokus

Agenda 21 und lokale Agenda 21

Anlässlich der Umwelt- und Entwicklungskonferenz 1992 in Rio de Janeiro wurde die Agenda 21, ein weltweiter Aktionsplan zur Lösung aller wichtigen Umwelt- und Entwicklungsprobleme, verabschiedet. Sie wurde von 179 Staaten, u. a. auch von der Schweiz, unterschrieben. In 40 Kapiteln sind Strategien und Lösungsansätze formuliert zur Armutsbekämpfung, Bevölkerungspolitik, zu Handel und Umwelt, zur Abfall-, Chemikalien-, Klima- und Energiepolitik, zur Landwirtschaftspolitik sowie zur finanziellen und technologischen Zusammenarbeit zwischen Entwicklungs- und Industrieländern u. a. m.

Die Agenda 21 betont als erstes Aktionsprogramm die Wichtigkeit der Zusammenarbeit aller gesellschaftlichen Kräfte (Staat, Wirtschaft, nichtstaatliche Organisationen und Bevölkerung) für die Entwicklung. Sie fordert speziell auch Städte und Gemeinden auf, auf lokaler Ebene ihren Beitrag zur nachhaltigen Entwicklung zu leisten.

Gemeinden und Städte haben eine Schlüsselfunktion für die nachhaltige Entwicklung. In der Schweiz haben sie aufgrund des föderalistischen Systems besonders grosse Entscheidungs- und Handlungskompetenzen und damit weite Gestaltungsmöglichkeiten. Verschiedenste gesellschaftliche Kräfte, wie z. B. Behörden, Unternehmen, Vereine, Basisinitiativen und Bevölkerung, bilden auf lokaler Ebene ein einmaliges Netz mit einem riesigen Fundus an Fähigkeiten und Ideen. Durch eine Zusammenarbeit dieser Kräfte und die Integration von ökologischer Nachhaltigkeit, ökonomischer Verträglichkeit und sozialer Gerechtigkeit entsteht neuer Schwung für die Zukunft.

Im Rahmen von lokalen Agenda-21-Prozessen oder einzelnen Projekten können aktuelle Fragen beantwortet und gemeinsame Ziele und Pläne für die langfristige Sicherung der Lebensqualität geschmiedet werden, die von allen getragen werden. Die Bevölkerung und die einzelnen Gruppierungen halten besser zusammen und identifizieren sich stärker mit der Gemeinde oder der Stadt. Sie interessieren sich für die Anliegen der Gemeinde oder der Stadt und arbeiten stärker mit. Die Chancen der Verwirklichung von tragfähigen Schritten für eine nachhaltige Entwicklung erhöhen sich wesentlich.

Quelle: www.agenda-21.ch, © Amt für Raumentwicklung, ARE.

Lokale Agenda 21 Rheinfelden CH und D

Betrachten wir nun noch ein ganz konkretes Beispiel für die Umsetzung nachhaltiger Ideen auf der lokalen Ebene. Die beiden Schwesterstädte Rheinfelden (AG) und das badische Rheinfelden (D) haben zusammen eine grenzüberschreitende lokale Agenda 21 ausgearbeitet. Auf der Grundlage einer breiten Beteiligung der Bevölkerung und regionaler Interessengruppen entstanden u. a. folgende Projekte:

- Ausbau des Angebots des grenzüberschreitenden öffentlichen Verkehrs
- Errichtung von Anlagen zur Nutzung erneuerbarer Energien und die ökologische Optimierung des Wasserkraftwerks am Rhein
- Integrationsmassnahmen für ausländische Mitbürgerinnen und Mitbürger

Die ausgearbeiteten Projekte tangieren alle Dimensionen der Nachhaltigkeit. Durch das gemeinsame Engagement von Verwaltung, Wirtschaft, Verbänden und der Bevölkerung soll der Gedanke der Nachhaltigkeit langfristig im Bewusstsein aller Beteiligten verankert werden.[1]

Bundesratsstrategie

Im Zentrum der vierten Strategie des Bundesrats seit 1997 steht ein erneuerter Aktionsplan. Dieser sieht eine Reihe von Massnahmen vor, der zehn Schlüsselherausforderungen für die nachhaltige Entwicklung in der Schweiz zugeordnet sind. Die Strategie zieht Bilanz über die Umsetzung der Politik der nachhaltigen Entwicklung in den vergangenen 20 Jahren und greift – ganz im Sinne der Kontinuität – die in der Vorgängerversion definierten Leitlinien auf.

Im Hinblick auf die Realisierung der in der Strategie genannten Ziele werden ausserdem bereichsübergreifende Massnahmen skizziert, etwa ein Nachhaltigkeitsmonitoring, Nachhaltigkeitsbeurteilungen, die Förderung von lokalen Nachhaltigkeitsprozessen und -projekten sowie die Zusammenarbeit mit weiteren Akteurgruppen.

---

[1] Quellen: UMWELT, 2/2002 und www.agenda21local.ch, 2002.

Beispiel   Nachhaltigkeitsbeurteilungen

In der Europäischen Union sind Nachhaltigkeitsbeurteilungen (NHB, strategische Umweltverträglichkeitsprüfung) bei grösseren Projekten oder Plänen Pflicht. In der Schweiz besteht noch keine gesetzliche Grundlage. Die NHB ist eine Beurteilungs- und Optimierungsmethode mit dem Ziel, die nachhaltige Entwicklung integral und sektorenübergreifend in politischen Planungen und Entscheiden zu stärken. In der Schweiz wurde eine Methodik für eine Nachhaltigkeitsbeurteilung (NHB) von Vorhaben des Bunds entwickelt.

Die NHB zielt auf strategische, programmatische und konzeptionelle Geschäfte und Vorhaben des Bunds (Gesetze, Programme, Strategien, Konzepte) ab. Sie hilft, transparente Entscheidungsgrundlagen für den politischen Prozess zur Verfügung zu stellen. Dabei steht weniger die Frage im Zentrum, ob ein Vorhaben per se nachhaltig ist oder nicht, sondern es geht vielmehr darum, Vorhaben und Geschäfte vor dem Hintergrund der nachhaltigen Entwicklung zu optimieren. Eine Prüfung muss sich nach übergeordneten Nachhaltigkeitszielen und Kriterien für die verschiedenen Nachhaltigkeitsdimensionen richten.

Um die Ziele, Grundsätze und Prioritäten des Bunds im Verkehrsbereich mit den Zielen der nachhaltigen Entwicklung zu koordinieren, wurde der Sachplan Verkehr einer Nachhaltigkeitsbeurteilung unterzogen. Die Beurteilung hat es ermöglicht, Ungleichgewichte und Defizite zwischen den Dimensionen Umwelt, Gesellschaft und Wirtschaft zu identifizieren und Optimierungsmöglichkeiten aufzuzeigen. Wichtigste Erkenntnis ist, dass die NHB zur Verbesserung des Vorhabens beiträgt und insbesondere auch Vorgaben für die nachfolgenden Verfahren aufzeigt. Die Beurteilung hat gezeigt, dass sich eine NHB in den Erarbeitungsprozess eines komplexen Vorhabens einbinden lässt. Eine Gegenüberstellung von verschiedenen Varianten erleichtert eine NHB wesentlich, da Konflikte und Vor- und Nachteile der Varianten hervorgehoben und vor dem Hintergrund der nachhaltigen Entwicklung gewürdigt werden können.

Quelle: http://www.are.admin.ch/themen/nachhaltig/00262/00528/index.html?lang=de (31.10.2013).

Zusammenfassung

Der Begriff der nachhaltigen Entwicklung entstammt der Forstwirtschaft und beschreibt das Prinzip, nur so viel Holz zu schlagen, wie durch Wiederaufforstung nachwachsen kann.

Nach der heute weit verbreiteten Definition ist eine Entwicklung dann nachhaltig, wenn den Bedürfnissen der heutigen Generationen entsprochen werden kann, ohne die Möglichkeiten künftiger Generationen zu gefährden, deren eigene Bedürfnisse zu befriedigen.

Die nachhaltige Entwicklung hat drei gleichberechtigte Dimensionen. Sie strebt nach ökologischer Rücksichtnahme und Verantwortung, wirtschaftlicher Leistungsfähigkeit und gesellschaftlicher Solidarität.

Eine globale Verbesserung der Lebensbedingungen unter Wahrung der Lebenschancen der künftigen Generationen kann von einzelnen Ländern alleine nicht erreicht werden. In der Agenda 21 – einem weltweiten Aktionsprogramm zur nachhaltigen Entwicklung – bekräftigt die Weltgemeinschaft ihren Willen, in den Bereichen Umweltschutz, Klimaveränderung und Armutsbekämpfung am gleichen Strang zu ziehen.

Derartig global gedachte Initiativen müssen von den einzelnen Ländern regional und lokal umgesetzt werden. Im Rahmen von lokalen Agenda-21-Prozessen werden Lösungen für eine langfristige Sicherung der Lebensqualität erarbeitet, die von allen getragen werden. Dieser Prozess des Interessenausgleichs wird von den lokalen Behörden, Einwohnerverbänden, Wirtschaftsvertretern sowie Umwelt- und anderen Interessenvertretern bestritten.

Aufgabe 7 Bestimmen Sie die drei Dimensionen der nachhaltigen Nutzung eines fischreichen Sees wie etwa dem im einleitenden Beispiel. Welche Ziele muss die nachhaltige Nutzung des Sees anstreben? Nennen Sie ein Umweltziel, ein wirtschaftliches Ziel und ein gesellschaftliches Ziel.

Aufgabe 8 Welche der folgenden Punkte verdienen wohl die Bezeichnung «nachhaltig», welche nicht?

A] Verwendung von Treibstoffen aus fossilen Brennstoffen; B] Betreiben von Monokulturen in der Landwirtschaft; C] Energie aus Wasserkraftwerken.

3.2 Grundlagen der Umweltökonomie

Die Umweltökonomie ist ein Zweig der Wirtschaftswissenschaften, der einerseits die Entstehung von Umweltproblemen aus einem ökonomischen Blickwinkel erklärt und andererseits vornehmlich marktwirtschaftliche Lösungen für die Umweltprobleme anbietet.

3.2.1 Umweltgüter

Die Welt ist nicht vollständig mit Eigentumsrechten belegt, sodass viele Ressourcen, die für uns Menschen lebenswichtig sind, Gemeinschaftseigentum aller Nutzer sind: Die Umweltgüter, wie die frische Luft, das saubere Wasser, die intakte Landschaft, der gesunde Wald oder die fischreichen Meere ausserhalb der Hoheitsgewässer, stehen allen zur Verfügung. Definitionsgemäss werden solche Güter als öffentliche Güter bezeichnet, weil niemand von der Nutzung ausgeschlossen werden kann und weil die Nutzung durch den einen die Nutzung durch andere auch nicht beeinträchtigt. Man sagt: Die Nutzung öffentlicher Güter ist nicht exklusiv.

Private Güter

Das unterscheidet sie von privaten Gütern, bei denen die Eigentumsrechte bei einem Privaten liegen; er kann andere von der Nutzung ausschliessen. Wenn Sie in Ihrer Wohnung einen neuen Teppich verlegen, so profitieren nur Sie von diesem Teppich und dafür bezahlen Sie. Für andere entstehen aus diesem privaten Gut weder Nutzen noch Kosten.

Trittbrettfahrer

Bei privaten Gütern kann man davon ausgehen, dass der private Nutzer mit seinem Eigentum pfleglich umgeht und er für den Erhalt der Nutzungsmöglichkeit tätig wird. Sie werden zu Ihrem neuen Teppich Sorge tragen. Das ist bei öffentlichen Gütern nicht so. Zwar werden öffentliche Güter von allen oder vielen genutzt, aber nur wenige Personen werden aus eigener Kosten-Nutzen-Abwägung in die Erhaltung oder die Wiederherstellung von öffentlichen Gütern investieren. Sie nutzen das öffentliche Gut gratis – als Trittbrettfahrer.

Verantwortung und Pflege

Das Dilemma besteht nun darin, dass jeder öffentliche Güter nutzen will, aber niemand für ihre Her- und Bereitstellung bezahlen möchte. So entsteht ein Zustand, in dem die öffentlichen Güter so genutzt werden, als wären sie in Überfülle existierende und unzerstörbare freie Güter. Die Überfischung der Weltmeere ist genau so ein Fall. Weil die Ozeane allen unentgeltlich als Fischgründe zur Verfügung stehen, wird gefischt, was das Netz hält, als wären die Bestände unerschöpflich. Niemand fühlt sich für den Erhalt und die Pflege der Bestände verantwortlich. Resultat: Das öffentliche Gut «Fischbestände» wird übernutzt.

Allmende-Problem

Diesen Mechanismus nennen die Ökonomen das Allmende-Problem. Im Mittelalter befand sich ein beträchtlicher Teil der Gemeindeflur im Besitz aller. Auf dieser Wiese, der Allmende, konnten alle Bauern ihr Vieh weiden lassen. Wenn alle Bauern so viel Vieh wie möglich auf die Allmende trieben, wuchs bald zu wenig Gras auf der Allmende. Jeder einzelne Bauer, der sich darauf nobel zurückhielt, musste mit ansehen, wie die anderen Bauern umso mehr Vieh auf die Allmende trieben. Deshalb wurden die Allmenden häufig übernutzt. Einzig die Reglementierung des Zugangs ermöglichte die langfristige, nachhaltige Nutzung der Allmende.

3.2.2 Externe Kosten

Umweltgüter, die frei zur Verfügung stehen, werden übernutzt und verschwendet. Wer bezahlt letztlich die offene Rechnung? Betrachten wir ein Beispiel: Eine Fabrik leitet ihr Abwasser ungefiltert und verschmutzt in den nächsten Fluss. Aus den Augen, aus dem Sinn! Wer in der Nähe dieser Fabrik wohnt, wird vom Gestank des verschmutzten Flusses geschädigt, ohne dafür entschädigt zu werden. Gleichzeitig erscheinen aber auch die Kosten für die Reinigung des Abwassers nicht im Preis der von der Fabrik produzierten Güter. Der Konsument dieser Güter kommt deshalb nicht für sämtliche Kosten auf, die durch seinen Kaufentscheid der Allgemeinheit und der Umwelt entstehen. Daher werden diese Produkte zu günstig und deshalb wohl auch stärker nachgefragt, als es für die Allgemeinheit gut wäre. Diese beim Konsum und bei der Produktion anfallenden Kosten heissen externe Kosten.

Externalisierung von Kosten

Für Unternehmer, die unter Konkurrenzdruck produzieren, haben nun öffentliche Güter eine besondere Bedeutung. Sie können eigene Kosten sparen, wenn sie möglichst intensiv öffentliche Güter nutzen, denn die entstehenden Kosten trägt nicht das Unternehmen selbst, sondern Dritte, die Allgemeinheit oder die Natur. Man spricht hier von der Externalisierung von Kosten, d. h., die Unternehmen haben ihre Kosten dafür externalisiert[1]. Aussenstehende tragen nun die Belastung.

3.2.3 Kosten der Umweltschäden

Besonders eindrücklich lassen sich die externen Kosten am Beispiel des Verkehrs aufzeigen. Heute kostet der Strassen- und Schienenverkehr die schweizerische Volkswirtschaft pro Jahr über 60 Milliarden Franken. Ein grosser Teil der Summe wird durch die Verkehrsbenützer selber getragen, aber ein grosser Teil wird als externe Kosten auf die Allgemeinheit und die Umwelt abgewälzt:

- Unfälle verursachen Kosten durch medizinische Fürsorge und körperliche Schäden.
- Die Luftverschmutzung schädigt unsere Gesundheit, den Wald, Böden und Gebäude.
- Durch den Ausstoss von Treibhausgasen ist der Verkehr beteiligt an der anthropogenen[2] Verstärkung des Treibhauseffekts.
- Verkehrslärm stört, verursacht Stress und kann Gesundheitsschäden bewirken.
- Staus machen den Verkehr ineffizient und kosten durch die verlorene Arbeits- oder Freizeit. Die Verkehrsteilnehmer fügen sich gegenseitig externe Kosten zu.

Wohlfahrtsverlust

Die von der Allgemeinheit getragenen Kosten sind im Mobilitätspreis, den der einzelne Verkehrsteilnehmer zu entrichten hat, meist nicht inbegriffen. So entsteht für die Volkswirtschaft ein Wohlfahrtsverlust. Die externen Kosten des Verkehrs in der Schweiz betrugen im Jahr 2009 etwa 9 Mia. CHF, wobei davon über 90% auf den Strassenverkehr entfielen (vgl. Tab. 3-1). Weil derjenige, der ins Auto steigt und von A nach B fährt, nicht alle Kosten trägt, die er verursacht, ist seine Autofahrt viel zu günstig. Daraus folgt, dass wir alle zu viel Mobilität und damit zu viele Ressourcen nachfragen, als volkswirtschaftlich sinnvoll wäre.

---

[1] Lat. *externus* zu *exter* «aussen befindlich», hier zu verstehen als «etwas nach aussen verlegen».
[2] Griech. *ánthrópos* «Mensch» und griech. *-genés* «verursacht».

[Tab. 3-1] Externe Kosten des Verkehrs in der Schweiz (2009, Sicht Verkehrsträger)

Bereich externer Kosten, Mio. CHF pro Jahr	Strasse	Schiene
Unfälle	2 076	24
Lärm	1 262	85
Gesundheitskosten der Luftverschmutzung	1 970	141
Gebäudeschäden der Luftverschmutzung	298	19
Klima	1 210	3
Natur und Landschaft	747	121
Ernteausfälle	49	1
Waldschäden	37	1
Bodenschäden	119	36
Zusatzkosten in städtischen Räumen	87	23
Vor- und nachgelagerte Prozesse	604	41
Total	**8 459**	**494**

Quelle: Bundesamt für Raumentwicklung (ARE).

Nutzen des Verkehrs

Neben den Studien über externe Kosten des Verkehrs gaben die Bundesämter für Raumentwicklung und Strassen auch eine Studie über den Nutzen des Verkehrs in Auftrag. Diese Studie besteht aus vier Teilprojekten und wurde im Jahr 2006 beendet. Die wichtigsten Erkenntnisse:

Der Verkehr und die Verkehrsinfrastrukturen generieren grosses Wirtschaftswachstum sowie bedeutende direkte und indirekte Wertschöpfung. Der schweizerische Wachstumsbeitrag des Strassen- und Schienenverkehrs wird auf rund 2.6 Mia. CHF pro Jahr geschätzt. Im Jahr 2001 verzeichnete dieser knapp 3.3 Mia. CHF direkte Wertschöpfung. Rechnet man die indirekte Wertschöpfung dazu, resultiert daraus eine Gesamtwertschöpfung von rund 52 Mia. CHF, was ca. 12% des BIP ausmachte. Davon kamen 46 Mia. CHF vom Strassenverkehr und 6 Mia. vom Schienenverkehr.

Des Weiteren ist der Verkehr ein wichtiger Arbeitgeber. 263 000 Personen (Vollzeitäquivalente) waren dazumal im Verkehrsbereich tätig, was 7.8% aller Beschäftigten ausmachte. Davon arbeiteten ca. 18% im Schienenverkehr und 82% im Strassenverkehr.

Zusammenfassung

Umweltgüter stehen meist allen zur Verfügung, niemand kann von ihrer Nutzung ausgeschlossen werden. Umweltgüter wie die frische Luft, das saubere Wasser oder die intakte Landschaft sind öffentliche Güter. Weil sich niemand für ihre Pflege und ihren Erhalt verantwortlich fühlt, werden sie übernutzt und verschwendet.

Externe Kosten entstehen in der Produktion und beim Konsum von Gütern, werden aber im vom Nutzer bezahlten Preis nicht berücksichtigt und liegen damit ausserhalb des Markts. Durch die Benützung öffentlicher Umweltgüter können Unternehmen eigene Kosten auf die Allgemeinheit und die Umwelt abwälzen – bzw. Kosten externalisieren. Durch die zu tiefen Preise werden öffentliche Umweltgüter zu stark genutzt.

Der Verkehr verursacht durch Gebäudeschäden, luftverschmutzungsbedingte Gesundheitsschäden, Unfälle, Lärm und Schäden in Natur und Landschaft allein in der Schweiz jährlich etwa 9 Mia. CHF an externen Kosten.

Aufgabe 9 Sind die folgenden Aussagen richtig oder falsch?

A] Unternehmen und Aussenstehende erleiden Nachteile aus externen Kosten. *(r)*

B] Externe Kosten entstehen nur bei der Produktion von Waren und Dienstleistungen. *f*

C] Der Einsatz von Umweltgütern ist zu billig, weil die externen Kosten von Umweltschäden nicht in ihren Preis einfliessen. *r*

3.3 Fallbeispiel Aralsee – eine anthropogen verursachte Katastrophe

Der Aralsee, ein See mit ursprünglich fast 70 000 km² Fläche im «Tiefland von Turan», angrenzend an die Länder Kasachstan und Usbekistan, wurde einstmals als das «viertgrösste Binnenmeer» bezeichnet.

Mit nur 149 mm Jahresniederschlag liegt der See in einem kontinentalen Wüstenklima (vgl. Tab. 3-2).

[Tab. 3-2]   Klimadaten von Kzyl-Orda am Nordufer des Aralsees

	J	F	M	A	M	J	J	A	S	O	N	D	Jahr
Temperatur (°C)	−8.4	−7.5	1.3	12.5	19.9	25.2	27.5	24.4	17.8	8.6	1.1	−4.8	9.8
Niederschlag (mm)	16	14	20	19	14	7	5	6	3	11	15	20	149

Quelle: www.klimadiagramme.de (17.12.2013).

Der See hat zwei Zuflüsse, die Amudarja und die Syrdarja (vgl. Abb. 3-2). Ein Abfluss existiert nicht (seit der letzten Eiszeit), die Regulierung des Wasserstands geschieht über die Verdunstung.

Im Laufe des 20. Jahrhunderts wurden in der Region – auf Betreiben der ehemaligen Sowjetunion – riesige Bewässerungsflächen für Baumwollplantagen und Reisfelder (!) geschaffen. Als Quelle für die Bewässerung diente das Wasser der beiden Zuflüsse des Aralsees. Zusätzlich wurde an der Amudarja ein 1 600 km langer Kanal, der Kara-Kum-Kanal, in Richtung Kaspisches Meer gebaut, der mit einer jährlichen Wasserabfuhr von 12–13 km³ der grösste Kanal der Welt ist.

[Abb. 3-2]   Region Aralsee 2008

Für den Aralsee selbst bleibt somit nichts mehr übrig. Die Syrdarja erreicht den See bereits seit 1976 nicht mehr und von der Amudarja erreichen bei günstigen Bedingungen noch 10% des ursprünglichen Volumens den See – der See trocknet langsam aus (vgl. Tab. 3-3). Bereits Ende der 1980er-Jahre zerfiel der See in zwei Teile, einen nördlichen (kleinen) und einen südlichen (grossen) Aralsee (vgl. Abb. 3-3).

[Tab. 3-3]   Veränderungen der hydrologischen Bedingungen des Aralsees (1960–2010)

	1960	1989	2003	2010
Maximale Tiefe (m)	53.4	38.6	31	im nördl. Aralsee wieder steigend
Oberfläche (km^2)	68 000	36 900	18 240	13 900
Volumen (km^3)	1 090	330	112.8	im nördl. Aralsee wieder steigend
Salzgehalt (g/lt)	10	30.1	bis 150	im nördl. Aralsee wieder sinkend

Quelle: http://de.wikipedia.org/wiki/Aralsee (3.2.2014).

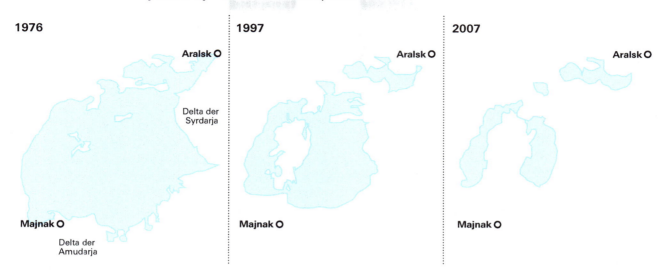

[Abb. 3-3]   Der Aralsee 1976, 1997 und 2007

Die Folgen dieser Entwicklung sind vielgestaltig:

- Klima: Die thermische Ausgleichswirkung eines ehemals so grossen Gewässers wie des Aralsees fehlt nun deutlich: Die Kontinentalität nimmt zu. Dazu zählen grössere tägliche und jährliche Temperaturschwankungen, eine Verkürzung der Vegetationsperiode, Verstärkung der Winde durch Verstärkung der Druckunterschiede. Die Winde tragen aus den nun trockengelegten ehemaligen Seegebieten ein stark mit Salz und Pestiziden belastetes Sandgemisch heraus.
- Böden: starke Versalzungsprobleme. Durch die Klimaänderung und die Verschlechterung der Bodenqualität sind immer grössere Dünge- und Pestizidgaben nötig, damit die Ernte rechtzeitig vor dem Einbrechen des Winters eingebracht werden kann.
- Ökosystem See: Ein solches Ökosystem existiert praktisch nicht mehr. Der Salzgehalt im See hat sich verdreifacht, die meisten Fischarten sind ausgestorben, die verbliebenen unfruchtbar, missgebildet und nicht geniessbar.
- Mensch: Trinkwasser ist knapp, es muss auf pestizidverseuchte Vorräte zurückgegriffen werden. Schwerwiegende Erkrankungen wie Krebs, Typhus, Hepatitis, Missbildungen bei Neugeborenen etc. kommen gehäuft vor. Ausserdem sind die Atemorgane durch die häufigen Staub- und Sandstürme stark belastet.
- Wirtschaft: Die Gebiete um den See leben von der Landwirtschaft, Industrie kommt praktisch keine vor. Die Erträge sinken laufend, die Rückstände der Pestizide in den Produkten übersteigen die Grenzwerte.

Kann der Aralsee gerettet werden? – Als sinnvoller Rettungsversuch erscheint die Wiederaufnahme der Speisung des Aralsees, d.h., die Flüsse sollten wieder vermehrt Wasser in den See leiten. So konnte Kasachstan ab 2005 durch Bau von Dämmen und Schleusen den Zufluss der Syrdarja erhöhen und damit zumindest den nördlichen See wieder stabilisieren, sodass sein Zustand deutlich gebessert wurde und sich der Fischbestand auch wieder leicht erholte. Die Rettung des südlichen Sees jedoch erscheint kaum möglich. Mehrere 10 Mia. USD würde ein entsprechendes Projekt kosten, Beträge, die die Anrainerstaaten niemals aufbringen könnten. Das Wasser der Flüsse wird weiterhin zur Bewässerung der Felder benötigt – die einzige Einnahmequelle der Bevölkerung. Auf diese Weise könnte beim Bewässerungsfeldbau Wasser gespart werden:

- Unrentable landwirtschaftliche Gebiete aufgeben
- Anspruchslosere Pflanzen, z. B. Weizen, Hirse, anpflanzen, die nicht bewässert werden müssen
- Neue Verfahren der Bewässerung, z. B. Tropfbewässerung, einführen
- Kein weiterer Ausbau der bewässerten Fläche
- Verbesserung der Infrastruktur für die Bewässerung

Zusammenfassung Traurige Berühmtheit erlangt hat der Aralsee, der wegen massiven Bewässerungsfeldbaus kaum noch Wasser erhält und langsam austrocknet. Die Anrainerstaaten stehen den ökologischen Problemen hilflos gegenüber, da eine Sanierung Kosten in Milliardenhöhe verursachen würde, die sie nicht aufbringen können.

Aufgabe 10 Der Aralsee, dieser einzigartige See inmitten von Halbwüsten- und Wüstengebieten, droht für immer zu verschwinden. Dabei stellt man sich eine Rettung gar nicht so schwierig vor – man müsste nur aufhören, übermässig Wasser aus den beiden Zuflüssen zu entnehmen. Warum sehen das die Menschen der Anrainerstaaten nicht ein?

Nehmen Sie in einigen Sätzen Stellung zu dieser Aussage.

4 Landwirtschaft

Lernziele

Nach der Bearbeitung dieses Kapitels können Sie ...

- (natur)räumliche Voraussetzungen für die landwirtschaftliche Nutzung aufzählen.
- die vier wichtigsten Formen der Landwirtschaft aufzählen und Beispiele nennen.
- die Umweltproblematik der modernen Landwirtschaft darstellen.
- erklären, was für Folgen die grüne Revolution hatte.
- die Hauptfunktionen der Schweizer Landwirtschaft aufzählen.

Schlüsselbegriffe

Bewirtschaftungsform, Biolandbau, Biotechnologie, Bodendegradation, Desertifikation, Direktzahlung, extensive Landwirtschaft, Gentechnologie, grüne Revolution, integrierte Produktion, intensive Landwirtschaft, Label, Landwirtschaft, Massentierhaltung, Monokultur, Nomadismus, primärer Sektor

Bis jetzt konnte die weltweite Landwirtschaft die rasant zunehmende Weltbevölkerung mit genügend Kalorien versorgen. Während in historischer Zeit Ertragssteigerungen v. a. mit Neulanderschliessungen erfolgten, ist das heute kaum mehr möglich. In den dicht besiedelten asiatischen Räumen ist das Potenzial für Neulanderschliessungen schon lange ausgeschöpft. Bei jährlich an die 80 Millionen mehr Menschen auf dieser Erde heisst das für die globale Landwirtschaft: Wirtschaften an der Kapazitätsgrenze.

Was ist Landwirtschaft?

Die Landwirtschaft ist neben der Forstwirtschaft und der Fischerei die wichtigste Wirtschaftsform des primären Sektors. Sie umfasst die Bewirtschaftung des Bodens und die Viehzucht. Ihre Produkte sind pflanzliche und tierische Nahrungsmittel, Futtermittel sowie nachwachsende Rohstoffe für Gewerbe und Industrie.

Globalisierte Landwirtschaft

Die Landwirtschaft hat sich in den letzten vierzig Jahren stark verändert. In vielen Regionen der Erde hat die Produktion für den Weltmarkt die Selbstversorgung abgelöst. Der Agrarsektor ist wie der Industrie- und Dienstleistungssektor komplexe, weltweite Verflechtungen eingegangen. Das Resultat der globalisierten Landwirtschaft sehen Sie jeden Tag im Gemüseregal im Supermarkt. Tomaten aus Marokko liegen neben Spargeln aus Mexiko und Äpfeln aus Neuseeland. Mit der Veränderung der Landwirtschaft geht eine Veränderung der Lebensräume und Lebensumstände vieler Millionen Menschen einher – Grund genug, den Landwirtschaftssektor aus wirtschaftsgeografischer Perspektive zu betrachten.

Dieses Kapitel untersucht zunächst die naturräumlichen Voraussetzungen und die Formenvielfalt der weltweiten Landwirtschaft. Die anschliessenden Abschnitte über die grüne Revolution und die Einflüsse der Landwirtschaft auf die Umwelt zeigen auf, wie der Mensch immer wieder auf die Agroökosysteme Einfluss nimmt. Ein Einblick in die schweizerische Landwirtschaft beschliesst das Kapitel.

4.1 (Natur)räumliche Voraussetzungen

Die weltweite Vielfalt landwirtschaftlicher Betriebsformen ist sehr eindrücklich. Alle Formen brauchen in unterschiedlichem Ausmass Boden, Kapitalgüter sowie Arbeitskräfte. Je nach der Intensität der jeweiligen Bodennutzung ist die Fläche des Betriebs verschieden. Für die Weidewirtschaft ist eine ungleich grössere Fläche nötig als etwa für Obstanlagen oder Rebbaugebiete, die einen viel höheren Ertrag pro Fläche abwerfen.

Neben dem nötigen Einsatz von Arbeitskräften und von Betriebsmitteln sind die naturräumlichen Gegebenheiten die eigentlichen Schlüsselvoraussetzungen für die landwirtschaftliche Tätigkeit. Faktoren wie Lage und Topografie, Bodeneigenschaften und klimatische Verhältnisse bestimmen die Möglichkeiten der Landwirtschaft eines Raums.

Topografie

Vergleicht man die Möglichkeiten eines landwirtschaftlichen Betriebs im Berner Seeland mit einem Bergbauernhof im Oberwallis, wird schnell klar, dass die Topografie eine entscheidende Rahmenbedingung für die Landwirtschaft bildet. Neben der Steilheit des Geländes führt die Topografie aber auch zur Entstehung von Luv- und Leelagen, was klimatische Folgen (Exposition, Niederschlagsmengen) hat.

Böden

Ein landwirtschaftlich nutzbarer Boden ist ebenfalls eine Grundvoraussetzung für die Landwirtschaft. Obwohl bodenfreie Produktionsformen bestehen (Hors-sol-Produktion), die meist einen hohen Energieeinsatz erfordern, werden weltweit nach wie vor über 90% aller Nahrungs- und Futtermittel auf Böden erzeugt.

Sehr geeignet für die Landwirtschaft sind die tiefgründigen Schwarzerden in Osteuropa, Westasien und in den Prärien Nordamerikas und die Braun- und Parabraunerden Mitteleuropas. Die nährstoffarmen Roterden unter dem tropischen Regenwald hingegen sind für die Landwirtschaft kaum geeignet; zu schnell ist die dünne Humusschicht aufgebraucht, ausgewaschen oder weggespült. Je nach Bodentyp und Nutzung variiert die Eignung für die Landwirtschaft. Durch Bewässerung und Dünger kann noch manchem, an sich unfruchtbarem Boden eine Ernte abgetrotzt werden. So können an sich ungünstige sandige Böden z. B. für die Produktion von Spargeln genutzt werden (SWA, S. 176).

Klima

Die klimatischen Zonen der Erde haben zu sehr unterschiedlichen Nutzungen des Bodens geführt. Denken Sie z. B. an die Zuckerrohrplantagen in den Tropen, an die Reisanbaukulturen Ostasiens oder an die Getreideanbaugebiete im Mittleren Westen der USA. In Gebieten mit grossen Höhenunterschieden können auch innerhalb kleinräumiger Gebiete die mikroklimatischen Unterschiede so gross sein, dass unterschiedlichste Formen der Landwirtschaft nahe beieinander betrieben werden. So treffen Sie im Bündner Rheintal auf intensive Obst- und Weinbaubetriebe, während Sie nur wenige Kilometer weiter in den Hochtälern Mittelbündens (z. B. Avers) reinen Viehweidegebieten begegnen.

[Abb. 4-1] Anbaugrenzen in Europa

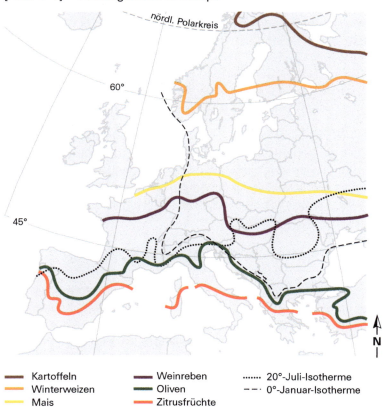

Die Anbaugrenzen verschiedener Feldfrüchte in Europa zeigen die Klimaabhängigkeit der Landwirtschaft. Zum Atlantik hin vermag der warme Golfstrom einige Anbaugrenzen deutlich nach Norden zu verlagern (vgl. 0°-Januar-Isotherme). Gegen Osten schwanken die Temperaturen im Jahresverlauf viel stärker (infolge höherer Kontinentalität), was zu einer Verschiebung der Anbaugrenzen nach Süden führt. Quelle: DWA, 2008.

Einfluss von Klimaänderungen

Wie Untersuchungen zeigen, können sich schon recht kleine Klimaänderungen auf die landwirtschaftliche Produktion auswirken. Die in den nächsten Jahrzehnten zu erwartenden Änderungen werden demnach einen nachhaltigen Einfluss auf die Landwirtschaft haben: So wird z. B. in subtropischen Gebieten wie dem Mittelmeer für einige Kulturpflanzen die Temperaturobergrenze überschritten, was die Gefahr von Missernten erhöhen wird. Dagegen wird es z. B. in Nordeuropa u. U. möglich sein, dank einer wärmeren und längeren Vegetationsperiode ein breiteres Spektrum von Kulturpflanzen anzubauen. Es werden sich also die heutigen Anbaugrenzen (vgl. Abb. 4-1) verschieben.

Wasser

Einer der wichtigsten Einflussfaktoren für die landwirtschaftliche Tätigkeit ist das Wasser. Der weltweite Wasserverbrauch ist am Steigen. Er hat sich zwischen 1960 und 2000 fast verdoppelt. Beispielsweise hat die Wasserentnahme aus Flüssen wie dem Colorado in den USA, dem Ganges in Indien oder dem Nil in Ägypten bereits ein solches Ausmass erreicht, dass kaum oder nur mehr geringfügige Wassermengen ins Meer gelangen.

Eingriffe in den regionalen Wasserhaushalt können ausserdem das Klima verändern, Böden schädigen, den Grundwasserspiegel absenken, die biologische Vielfalt vermindern und die Folgen ungewöhnlich heftiger Regenfälle verstärken. Werden Flüsse begradigt und Wälder abgeholzt, sinkt die Fähigkeit der Landschaft, Starkniederschläge zurückzuhalten – die Gefahr von Hochwassern und Überschwemmungen steigt.

[Abb. 4-2] Wasser – Schlüsselfaktor der Landwirtschaft

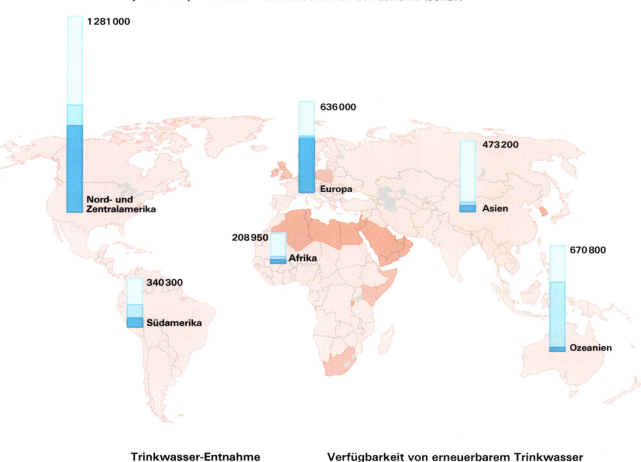

In Regionen, wo nicht genügend erneuerbares Wasser vorhanden ist, werden immer häufiger jahrtausendealte Trinkwasserreservoirs angezapft, auch um landwirtschaftliche Felder zu bewässern. Quelle: The World's Water, Pacific Institute, www.worldwater.org (2001).

Wasser als Politikum

Die Wassermengen sind mittlerweile in verschiedenen Weltgegenden so knapp (vgl. Abb. 4-2), dass regionale oder sogar überregionale Konflikte entstehen. In Afrika, aber auch im Nahen Osten, ist die ungeheuer knappe Wassersituation Auslöser bewaffneter Konflikte. Die Wasserknappheit wird sich bis ins Jahr 2025 nach Schätzungen der UNO noch verstärken, indem dann zwei Drittel der Weltbevölkerung in Ländern mit akutem Wassermangel leben werden. Im Jahre 2010 waren es ein Drittel der Weltbevölkerung.

Zusammenfassung

Die Landwirtschaft umfasst die Bewirtschaftung des Bodens und die Viehzucht zur Produktion von pflanzlichen und tierischen Lebensmitteln, Futtermitteln und nachwachsenden Rohstoffen für Industrie und Gewerbe. Die wichtigsten (natur)räumlichen Voraussetzungen der Landwirtschaft sind Topografie, Bodenbeschaffenheit und Klima. In Bezug auf das Wasser entsteht auf der Erde immer deutlicher eine Mangelsituation, die sogar bewaffnete Konflikte auslöst.

Aufgabe 11

Wenn der Colorado River nach seinem 2 300 km langen Weg durch den Südwesten Nordamerikas in den Golf von Kalifornien mündet, ist er kaum mehr als ein schwaches Rinnsal. Erklären Sie diesen Umstand.

4.2 Bewirtschaftungsformen im Überblick

Die Idee, Pflanzen und Tiere zum eigenen Nutzen zu hegen und pflegen, ja sie zu bewirtschaften, revolutionierte das menschliche Leben und das Erscheinungsbild der Erde von Grund auf. Seit der Jungsteinzeit vor 6 000 Jahren überzog der Mensch fast die ganze Erde mit Ackerbau und Viehwirtschaft. Die Formenvielfalt der Landwirtschaft, die sich seither entwickelt hat, ist eindrücklich.

Wie Sie aus dem vorherigen Abschnitt wissen, sind die (natur)räumlichen Bedingungen der Landwirtschaft äusserst vielfältig. Als Anpassung an die Gegebenheiten unterschiedlicher Räume hat die Menschheit eine beeindruckende Vielfalt verschiedenster landwirtschaftlicher Betriebssysteme entwickelt.

Intensiv versus extensiv

Ein wesentliches Unterscheidungsmerkmal landwirtschaftlicher Nutzung ist die Intensität[1] der Bewirtschaftung des Raums. Eine intensive Bewirtschaftung zeichnet sich durch einen hohen Aufwand an Arbeitskraft und Kapitalgütern aus. Der Einsatz von Maschinen, Dünger oder Futtermitteln sind Zeichen einer intensiven Landwirtschaft, die versucht, mit viel Aufwand das Maximum aus dem Boden herauszuholen. Wird der Boden mit wenig Arbeitskraft- und Kapitalgüteraufwand bewirtschaftet, wie etwa bei der Alpwirtschaft, spricht man von einer extensiven Bewirtschaftung. Für die gleichen Erträge benötigt eine extensive Bewirtschaftung weit mehr Raum als die intensive.

Marktorientierte versus Subsistenzwirtschaft

Weiter unterscheiden sich die Bewirtschaftungsformen darin, ob die Landwirte ausschliesslich für ihre eigene Versorgung oder für einen regionalen oder gar globalen Markt produzieren. Im ersten Fall spricht man von Subsistenzwirtschaft[2] (engl. Food Crops[3]), im zweiten von marktorientierter Landwirtschaft. Die für den Markt bestimmten Erzeugnisse werden Marktfrüchte (engl. Cash Crops[4]) genannt.

---

[1] Lat. *intensus* «gespannt», «aufmerksam», «heftig».
[2] Lat. *subsistentia* «Bestand», hier zu verstehen als «das Bestehen durch sich selbst».
[3] Engl. *food* «Nahrung» und engl. *crops* «Feldfrüchte».
[4] Engl. *cash* «bar» und engl. *crops* «Feldfrüchte».

Die folgenden Abschnitte bieten Ihnen einen Überblick über die drei dominierenden Bewirtschaftungsformen der Landwirtschaft der Erde:

- Ackerbau, z. B. Weizen- und Reisanbau
- Viehwirtschaft, z. B. Nomadismus, Weidewirtschaft, Massentierhaltung
- Spezialisierter Marktfruchtanbau, z. B. Plantagenwirtschaft der Tropen

Neben diesen reinen Typen gibt es natürlich viele Mischformen. Im Atlas (SWA, S. 178) finden Sie eine Weltkarte mit einer detaillierten Aufschlüsselung obiger Bewirtschaftungsformen. Benützen Sie die Atlaskarte als Vergleichsbasis während der Lektüre der folgenden Abschnitte.

4.2.1 Ackerbau

Betrachten wir zunächst einige wichtige Formen des Ackerbaus. Von Ackerbau spricht man, sobald Nutzpflanzen systematisch auf kultiviertem[1] Boden angebaut werden.

Wanderfeldbau

Eine sehr flächenintensive Form des Ackerbaus ist der Wanderfeldbau, der v. a. in den Feuchtsavannen und Regenwäldern der Tropen verbreitet ist. Durch Brandrodung werden kleine Flecken des Walds urbar[2] gemacht und durch die Asche der abgebrannten Vegetationsdecke gedüngt. Im Allgemeinen zerstört die Brandrodung aber nur das Unterholz. Die hohen Bäume bleiben als Schattenspender stehen. Gepflanzt werden vorwiegend Knollenfrüchte wie Yams oder Maniok.

Die Fruchtbarkeit tropischer Böden ist gering und auch mit der Aschedüngung nach spätestens fünf Jahren erschöpft. Sobald die Fruchtbarkeit der Felder abnimmt, werden sie verlassen und das ganze Dorf bricht zu einem neuen Stück Wald auf. Die verlassenen Felder liegen in der Folge lange Zeit brach, verwildern und erholen sich, bis die Siedler wieder zurückkommen und die Waldstücke wieder roden.

Wenn die Dichte der Bevölkerung gering ist, handelt es sich um eine nachhaltige Nutzung des Bodens. Je mehr Menschen aber durch den Wanderfeldbau ernährt werden müssen, desto weniger Raum und Zeit bleibt, um Gebiete brachliegen zu lassen. Die einzelnen Felder müssen häufiger bestellt werden. Der Boden kann sich in der kürzeren Brache nicht mehr erholen und verliert seine Fruchtbarkeit (vgl. Abb. 4-3).

[Abb. 4-3] Wanderfeldbau bei geringer und hoher Bevölkerungsdichte

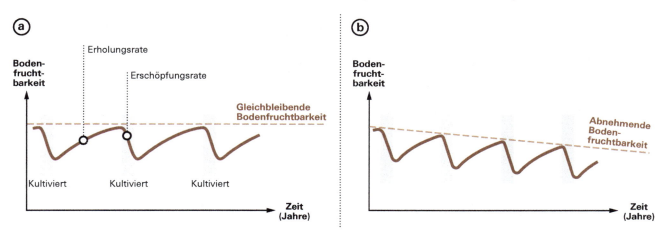

(a) Bei tiefer Bevölkerungsdichte und grossen Landreserven erholen sich die Felder in der Brachezeit vollständig von der Bewirtschaftung, die Bodenfruchtbarkeit bleibt konstant. (b) Bei hoher Bevölkerungsdichte verkürzt sich die Brachezeit und die Felder erholen sich nur noch teilweise von der Nutzung. Mit jedem Nutzungszyklus sinkt ihre Bodenfruchtbarkeit. Quelle: Haggett, P.: Geography, A Global Synthesis, Harlow, England, Pearson Education Limited, 2001, vereinfacht.

---

[1] Lat. *cultivare* «bebauen», «pflegen».
[2] Lat. *urbarium* «Grundbuch», hier zu verstehen als «anbaufähig», «pflügbar machen».

Getreideanbau

Von allen der Ernährung dienenden Kulturpflanzen macht Getreide fast 80% aus. Neben einer ausgewogenen Mischung aus Kohlehydraten, Eiweissen und Vitaminen bietet Getreide eine ganze Reihe weiterer Vorteile. Neben grossen Flächenerträgen ist es auch äusserst geeignet für die Lagerung und den Transport, beinhaltet es doch bedeutend weniger Wasser als etwa Kartoffeln. Die wichtigsten Getreidearten sind Weizen, Reis und Mais.

Während Nordamerika, Australien und Europa Überschüsse produzieren, ist die Getreideversorgung der steigenden Bevölkerung in Asien, Afrika und weiten Teilen Südamerikas schon heute nur mit Getreideimporten zu sichern.

Reis

Eine sehr wichtige Form des Getreideanbaus ist der Reisanbau, der v. a. in Süd- und Ostasien verbreitet ist. Diese Gebiete stellen über 80% der Reisproduktion der Erde. Reis wird auf zwei Arten angebaut: als Trocken- und als Nassreisanbau.

- Trockenreis wird auf nicht bewässerten Feldern angebaut und ist damit auf Niederschläge angewiesen. Da Trockenreis aber tiefe Temperaturen und Trockenheit erträgt, kann er bis in Höhen von 2 000 m ü. M. angepflanzt werden.
- Der weitaus häufigere Nassreisanbau wird auf Feldern betrieben, die während der Pflanz- und Wachstumszeit wasserbedeckt gehalten werden. Diese arbeitsintensive Anbauart hat den Vorteil, dass mehrere Ernten pro Jahr möglich sind. Beim Nassreisanbau werden die Felder, v. a. in China, zusätzlich für die Fischzucht verwendet.

In den Tropen finden sich vielfältige traditionelle, an kleine Betriebe gebundene Ackerbausysteme, die vorwiegend zur Selbstversorgung und für die lokalen Märkte produzieren. Ihre Produkte sind Zuckerrohr, Kaffee, Tee, Jute u. a. Die Betriebsgrössen solcher Betriebe unterschreiten oftmals 1 ha, erfordern jedoch einen enorm hohen Arbeitsaufwand.

4.2.2 Viehwirtschaft

Die Viehwirtschaft dominiert auf etwa drei Vierteln des gesamten Agrarraums der Erde. Produziert werden hauptsächlich Nahrungsmittel, Rohstoffe wie z. B. Felle, aber auch Dünger sowie Brennmaterial aus Dung. Von wirtschaftlicher Bedeutung sind nur wenige Tierarten. Die Wahl der Nutztiere hängt in erster Linie von den Klimaverhältnissen ab (z. B. Kamel, Lama, Yak). Daneben beeinflussen auch kulturelle, meist religiöse Normen und Wertvorstellungen die Nutztierwahl. Das Fehlen des Schweins in muslimischen Staaten ist das bekannteste Beispiel religiös geprägter Nutztierwahl.

Fokus

Salami oder Brot?

Während sich die Weltbevölkerung seit 1960 etwas mehr als verdoppelt hat, hat sich der Appetit der Menschheit auf Fleisch seither verfünffacht. Für die dafür benötigten Zuchttiere reichen die vom Menschen ohnehin ungenutzten Pflanzen schon lange nicht mehr, immer mehr Vieh ernährt sich von Futtermitteln aus dem Getreideanbau. Weltweit wird fast die Hälfte der Getreideproduktion an Mastvieh verfüttert.

Die Umwandlung von Getreide zu Fleisch ist allerdings sehr ineffizient, zur Produktion von 1 kg Rindfleisch braucht es ca. 8 kg Getreide und ca. 20 000 Liter Wasser (vgl. Abb. 4-4).

[Abb. 4-4]   Tierische oder pflanzliche Nahrung?

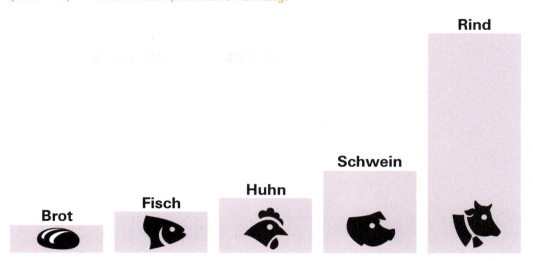

Die Balken entsprechen der Menge Getreide (in kg), die benötigt wird für 1 Kilogramm Lebendgewicht der abgebildeten Nutztiere. Um 1 kg Rind zu erhalten, müssen 8 kg Getreide aufgebracht werden. Quelle: Greenpeace.

Während sich viele Industriestaaten – und zunehmend auch Schwellenländer – diesen Luxus leisten (können), fehlt die dem Mastvieh verfütterte pflanzliche Nahrung der Bevölkerung in vielen Entwicklungsländern. Der Fleischverbrauch pro Kopf ist weltweit sehr unterschiedlich verteilt: in Burundi sind es 3.5 kg/Jahr, in Brasilien 82, in Europa 92 und in den USA gar über 120. Wobei zu erwähnen ist, dass v. a. in den Industrieländern ca. ein Drittel des Verbrauchs gar nicht auf den Teller kommt, weil es als Abfall wegfällt.

Und wie sieht die Zukunft aus? Der Trend zu höherem Verbrauch hält an. Gemäss Schätzungen der Welternährungsorganisation FAO soll sich der Fleischkonsum in den Entwicklungs- und Schwellenländern bis 2030 fast verdoppeln, in den Industrieländern noch um ein Fünftel steigen.

Es gibt verschiedene Formen der Viehhaltung. Die in der Folge aufgelisteten Viehwirtschaftsformen unterscheiden sich vorab in ihrem Raumanspruch und in der Intensität, mit der sie betrieben werden (vgl. Abb. 4-5). Welche Form in einem Raum gewählt wird, hängt von kulturellen Traditionen und von äusseren Faktoren wie dem Klima oder dem Futterangebot ab.

Nomadismus

Der Nomadismus[1] ist eine Viehhaltungsform, bei der die Hirtenfamilien mit ihren Herden und dem gesamten Hausrat ganzjährig zu den guten Futterplätzen wandern. Meist sind die Viehherden gemischt, die häufigsten Tierarten sind das Schaf und die Ziege.

Nomadismus findet sich in Savannen und Steppen in Afrika, im Mittleren Osten und in Zentralasien. In verschiedenen Entwicklungsländern hat der Nomadismus noch eine beherrschende Rolle inne, so sind noch etwa 40% der Gesamtbevölkerung des Horns von Afrika (Somalia, Eritrea) Nomaden. Auch in Europa gibt es noch Überbleibsel von nomadischen Wirtschaftssystemen, etwa vereinzelt im Mittelmeergebiet oder auch im Kanton Wallis (Val d'Anniviers).

Extensive stationäre Viehwirtschaft

Eine andere Form der Viehhaltung ist die extensive stationäre Weidewirtschaft, oft Ranching[2] genannt. Sie ist an feste Siedlungen gebunden und v. a. in Nordamerika, Südamerika, Australien und Neuseeland weit verbreitet. Die häufigste Tierart ist das Rind. Da es sich um die Beweidung von meist futterarmen Trockengebieten handelt, sind grosse Flächen pro Rind erforderlich. Als Eckwerte gelten zwischen 10 und 40 Hektaren pro Rind.

[1] Griech. *nomos,* Gen. *nomodos* «der mit weidendem Vieh umherzieht».
[2] Engl. *ranch* «Viehfarm».

Es verwundert deshalb wenig, dass die Betriebe zuweilen beachtliche Grössen erreichen. Betriebe mit der Grösse des Kantons Thurgau (ca. 1 000 km^2) sind keine Seltenheit.

[Abb. 4-5]   Formen der Viehwirtschaft

Intensität →
Boden-/Raumbedarf ←

Nomadismus	Extensive, stationäre Weidewirtschaft, «Ranching»	Intensive Viehwirtschaft auf Grünlandbasis	Massentierhaltung
Ganzjährige Wanderungen der Hirtenfamilien (inkl. Hausrat) mit ihren Herden	Feste Siedlungen, riesige marktorientierte Betriebe. Extensive Beweidung meist futterarmer Trockengebiete	Marktorientierte, reine Milchviehbetriebe, reine Mastbetriebe und vielerlei Mischformen	Sehr hohe Tierbestände, bodenunabhängig durch Futtermitteleinsatz, hoher Kapitaleinsatz
Savannen und Steppen in Afrika, im Mittleren Osten und in Zentralasien	Prärien und Grasländer Nordamerikas, Südamerikas, Australiens und Neuseelands	Mittel- und Nordeuropa, Nordamerika (Nordosten), weit verbreitet in der Schweiz	Niederlande, Nordamerika und Mitteleuropa, auch in der Schweiz (BE, LU, SG, TG)

Die wichtigsten Viehwirtschaftssysteme unterscheiden sich v. a. hinsichtlich Raumbedarf und Intensität. Je höher die Intensität der Bewirtschaftung, desto geringer der Raumbedarf, und umgekehrt. Bilder: © Stephen Mcsweeny – Dreamstime.com, © Dario Sabljak – Fotolia.com

Intensive Viehwirtschaft auf Grünlandbasis

Die in Mitteleuropa häufigste Form ist die intensive Viehwirtschaft auf Grünlandbasis. Neben reinen Milchviehbetrieben und reinen Mastbetrieben gibt es auch vielerlei Mischformen. Da im Verbreitungsgebiet der intensiven Viehwirtschaft das Futterangebot recht gross ist, sind die Betriebe deutlich kleiner als bei den extensiven Formen der Viehhaltung. Die Mischbetriebe sind in der Schweiz sehr häufig.

Massentierhaltung

Viehwirtschaft mit der Konzentration von sehr hohen Tierbeständen auf engem Raum wird als Massentierhaltung bezeichnet. Der menschliche Arbeitskrafteinsatz wird mit einem hohen Kapitalgütereinsatz auf ein Minimum reduziert. Solche Betriebe sind weitgehend bodenunabhängig und verlangen einen hohen Energie- und Fremdfuttermittel-Einsatz. Sie haben oft einen industriellen Charakter. Die grössten Dichten der Massentierhaltung finden sich in den Niederlanden, die grössten Farmen in den USA. Auch in der Schweiz gibt es die Massentierhaltung, besonders in den Kantonen Bern, Luzern, St. Gallen und Thurgau.

Die bodenunabhängige Massentierhaltung verursacht viele ökologische Probleme. Werden die riesigen Mengen anfallender Jauche auf die Felder ausgebracht, verschmutzen sie das Grundwasser, übersäuern den Boden und überdüngen die Gewässer (vgl. Kap. 4.3.3, S. 41).

4.2.3 Spezialisierter Marktfruchtanbau

Diese Produktionsform, auch spezialisierte Dauerkulturen genannt, nimmt weltweit wenig Fläche ein, wirft aber hohe Erträge ab. Bei den Erzeugnissen handelt es sich oft um Marktfrüchte, in Englisch Cash Crops genannt. Dies sind hauptsächlich Obstbau-, Weinbau- und andere Dauerkulturen, wie z. B. Hopfen. In der Schweiz konzentrieren sich diese Kulturen auf die klimatisch begünstigten Gebiete entlang der Nordufer der Mittellandseen, aber auch auf klimabegünstige Alpentäler des Wallis, des Tessins und Graubündens.

Plantagen

In den Tropen und Subtropen sind aus den Kolonialzeiten hervorgegangene Plantagen[1] eine sehr bedeutende Form des spezialisierten Marktfruchtanbaus. Plantagen sind arbeits- und kapitalgüterintensive Grossbetriebe, die für den Weltmarkt hochwertige landwirtschaftliche Produkte, wie Bananen, Ananas, Kaffee, Tee, Zuckerrohr, Gewürze u. a. herstellen. Typisch für Plantagen sind einförmige Kulturlandschaften mit mehrjährigen Nutzpflanzen. Diese Monokulturen bergen grosse ökologische Risiken (vgl. Kap. 4.3.1, S. 40).

Vereinzelte Volkswirtschaften haben sich stark auf eine Marktfrucht spezialisiert. So exportiert Kuba fast ausschliesslich Rohrzucker, Kolumbien fast nur Kaffee. Veränderungen des Weltmarkts oder Missernten können in solchen einseitigen Volkswirtschaften grossen Schaden anrichten.

Zusammenfassung

Intensive Bewirtschaftungsformen zeichnen sich durch einen hohen Arbeitskraft- und Kapitalgüteraufwand aus. Bei extensiven Bewirtschaftungsformen ist das Verhältnis umgekehrt.

Die Subsistenzwirtschaft produziert nur für die eigene Versorgung, die marktorientierte Landwirtschaft hingegen für die regionalen oder globalen Märkte.

Ackerbau wird definiert als systematischer Anbau von Nutzpflanzen auf kultiviertem Boden. Beim in den Tropen verbreiteten Wanderfeldbau werden kleine Waldstücke durch Brandrodung urbar gemacht und nach der Nutzung einer langen Brache überlassen. Der Anbau der Getreide Weizen, Reis und Mais stellt 80% der Welternährung.

Extensive Formen der Viehwirtschaft wie der Nomadismus oder das Ranching bewirtschaften futterarme Räume und brauchen deshalb viel Platz. Viel kleinere Betriebsgrössen braucht die in Europa verbreitete, intensive Viehwirtschaft auf Grünlandbasis. Weitgehend bodenunabhängig ist die kapitalgüterintensive Massentierhaltung. Sie zeichnet sich aus durch hohe Energie- und Fremdfuttereinsätze und grosse Jauchemengen.

Der spezialisierte Marktfruchtanbau produziert in Dauerkulturen zum Verkauf und Export bestimmte Produkte wie etwa Obst, Wein, Kaffee oder Zuckerrohr (Cash Crops). In einförmigen Kulturlandschaften stellen die arbeits- und kapitalgüterintensiven Plantagen hochwertige Produkte für den Weltmarkt her.

Aufgabe 12 — Weisen Sie die Klassen der detaillierten Karte «Landnutzung und marine Primärproduktion» (SWA, S. 178) jeweils einer der drei obigen Bewirtschaftungsformen zu.

Aufgabe 13 — Die intensive Landwirtschaft dehnt sich unter dem ständig steigenden Bevölkerungsdruck immer mehr in den Randbereich des menschlichen Siedlungsraums aus. Welche Auswirkungen hat das auf die traditionelle Lebensweise der Nomaden?

---

[1] Franz. *planter* «(an)pflanzen», hier zu verstehen als «Pflanzung in grossem Umfang».

4.3 Umweltaspekte in der Landwirtschaft

Die Weltlandwirtschaft steht vor der Herausforderung, bis ins Jahr 2050 an die 10 Mia. Menschen zu ernähren. Bei so grossem Erntedruck droht die Weitsicht im Umgang mit der Umwelt auf der Strecke zu bleiben. Aufgrund unsachgemässer Bodennutzung sind bereits heute ca. ein Sechstel der landwirtschaftlich genutzten Böden der Welt sehr stark geschädigt oder nicht mehr nutzbar.

Je intensiver der Mensch seine Umwelt nutzt oder nutzen muss, desto stärker zwingt er dem Lebensraum aller Lebewesen auf der Erde seinen Willen auf. Dieses Kapitel zeigt anhand der Schwerpunkte Monokulturen, Bodendegradation und Grundwasser, in welche Umweltkonflikte die herausgeforderte Landwirtschaft vermehrt geraten wird.

4.3.1 Wirkung von Monokulturen

Eine Monokultur[1] ist eine Nutzungsform, bei der der Boden über Jahre durch dieselbe Kulturpflanzenart genutzt wird. Als Nutzpflanzen kommen sowohl einjährige (Tabak, Weizen, Reis, Mais) als auch mehrjährige Dauerkulturen infrage (Hopfen, Wein, Fichten in der Forstwirtschaft). In der Schweiz sind viele Mais-, Weizen- und Roggenfelder Monokulturen.

Bananen in Costa Rica

In der Plantagenwirtschaft sind Monokulturen weit verbreitet, z. B. die Bananenplantagen in Costa Rica. Das mittelamerikanische Land ist der zweitgrösste Bananenexporteur der Welt. Wo früher der artenreiche tropische Regenwald wuchs, stehen heute Millionen von Bananenbäumen in Reih und Glied. Die ursprüngliche Tier- und Pflanzenwelt wird verdrängt und z. T. vernichtet, die Banane entzieht ihr die Lebensgrundlage.

Einseitige Bodennutzung

Weil dem Boden von den immer gleichen Pflanzen die immer gleichen Nährstoffe entnommen werden, verliert er rasch an Fruchtbarkeit. Erst der Einsatz von teurem Mineraldünger schafft Abhilfe. Durch die räumliche Konzentration einer Art in der Monokultur haben Schädlinge und Krankheiten ein leichtes Spiel. Um nicht einen Drittel der Ernte an den Fadenwurm zu verlieren, müssen die Plantagenbauern in Costa Rica so viel Pflanzenschutzmittel einsetzen, dass immer wieder Bauern erkranken.

Cash Crops für den Weltmarkt

Den Ausschlag zugunsten von Monokulturen geben meist wirtschaftliche Überlegungen. Grosse Erntemengen, tiefe Produktionskosten und der einfache Einsatz von Maschinen machen diese Anbauweise rentabel. Vielfach werden Cash Crops speziell für den Export angebaut (Bananen, Kaffee, Kakao, Erdnüsse u. a.). Diese Produkte konkurrieren in vielen Entwicklungsländern den Anbau heimischer Nahrungsmittel und machen diese Staaten von Preisschwankungen des Weltmarkts abhängig (vgl. Kap. 4.2.3, S. 39).

Ökologische Alternativen

Der Anbau in Fruchtfolgen oder Mischkulturen und der gezielte Einsatz von Unkräutern im Getreide sind einfache Mittel, um die Anfälligkeit von Monokulturen zu reduzieren. Auch in Costa Rica ginge es ohne Pestizide, wenn die Konsumenten in Europa bereit wären, Bananen mit braunen Flecken zu kaufen.

---

[1] Griech. *monos* «allein», «einzeln», «einzig» und aus lat. *cultura* «Landbau».

[Abb. 4-6] Monokultur oder Mischkultur?

Im Mittleren Westen der USA sind Monokulturen weit verbreitet. Auf riesigen Feldern ernten von Satelliten gesteuerte Mähdrescher v. a. Weizen und Mais (links). Die Bewirtschaftung einer artenreichen Kulturlandschaft ist wohl aufwendiger, dafür bietet sie einer Vielzahl von Tier- und Pflanzenarten einen Lebensraum (rechts). Bilder: © Orientaly – Dreamstime.com, © rsester – Fotolia.com

4.3.2 Bodendegradation und Desertifikation

Verliert ein Boden durch menschliche Eingriffe seinen typischen Aufbau und seine typischen Eigenschaften, spricht man von Bodendegradation[1]. Die häufigste Form der Bodendegradation stellt die Erosion durch Wasser und Wind dar. Bleibt z. B. ein Feld während der Bearbeitung längere Zeit unbewachsen, kann fruchtbarer Humus bei Regen ausgeschwemmt oder bei Dürre vom Wind ausgeblasen werden.

Bei anhaltender Degradation werden der Boden und sein Wasserhaushalt unwiederbringlich geschädigt. Der Boden verödet. Diesen Prozess der Verwüstung nennt man Desertifikation[2]. Wüstenbildung kann aber auch andere Ursachen haben wie z. B. Klimaveränderungen (natürliche und anthropogen bedingte).

Die FAO schätzt, dass jedes Jahr weltweit 5 bis 7 Mio. Hektar landwirtschaftlich genutzte Fläche durch Bodendegradation verloren gehen. Jährlich werden durch Wassererosion 25 Mia. Tonnen fruchtbarer Humus weggespült.[3]

Schadstoffe im Boden

Eine weitere, noch weitgehend unterschätzte Form der Bodenbeeinträchtigung stellen die Schadstoffe im Boden dar, die sich durch die Tätigkeiten des Menschen im Boden anreichern. In der Schweiz sind die Bodenbelastungen weiter am Steigen und haben örtlich dramatische Ausmasse angenommen.

4.3.3 Belastung des Grundwassers

Die Beeinträchtigungen und Verunreinigungen des Grundwassers nehmen in der Schweiz und anderswo immer noch zu, obwohl seit einigen Jahren Gegenmassnahmen getroffen werden. Die Landwirtschaft trägt dazu wesentlich bei. In Tabelle 4-1 sind Ursachen von Grundwasserbeeinträchtigungen aufgeführt. Aus der Landwirtschaft sind es v. a. Jauche, Mineraldünger und Pflanzenbehandlungsmittel, die die Qualität des Grundwassers senken.

---

[1] Lat. *degradare* «das (Zurück)versetzen in eine niedere Position».
[2] Lat. *desertus* «verlassen» und aus lat. *facere* «machen».
[3] Quelle: FAO, http://www.fao.org/docrep/u8480e/u8480e0d.htm (3.7.2013).

[Tab. 4-1]   Ursachen von Grundwasserbeeinträchtigungen

Verursacher	Landwirtschaft	Industrie, Gewerbe, Haushalt	Verkehr (Bahn und Strasse)
Emissionen in den Boden	Pflanzenbehandlungsmittel, Jauche, Mineraldünger	Versickern von wassergefährdenden Flüssigkeiten	Pflanzenbehandlungsmittel, Strassensalzung
Emissionen in die Atmosphäre	Ammoniak (eine flüchtige Stickstoffverbindung), saurer Regen, Pflanzenbehandlungsmittel	Abgase (saurer Regen), Verdunstung von flüchtigen Kohlenwasserstoffen	
Entsorgung (Abfälle, Abwasser) und Altlasten		Lecks in Deponien und in der Kanalisation	Tunnelreinigungen, Altschotter
Physische Eingriffe in den Wasserhaushalt	Bodenbearbeitung und -bewirtschaftung, Drainage, erhöhte Nutzung durch Erschliessungsstrassen und Güterzusammenlegung	Bodenversiegelung, Einbauten ins Grundwasser, Grundwasserentnahme	
Unfälle, Störfälle	Lecks in Jaucheverschlauchungen und -gruben	Ausfliessen wassergefährdender Flüssigkeiten, verunreinigtes Löschwasser bei Bränden	

Nicht nur die Landwirtschaft belastet das Grundwasser, auch die Industrie, das Gewerbe, die Haushalte und der Verkehr tragen zur Verunreinigung bei. Die Emissionen in die Atmosphäre gelangen durch die Niederschläge wieder in den Boden und in die Gewässer. Quelle: BUWAL.

Zusammenfassung

Monokulturen sind Nutzungsformen, bei denen der Boden über Jahre nur durch dieselben Kulturpflanzenarten genutzt wird. Die Einseitigkeit führt zu ökologischen Problemen und zu einem hohen Betriebsrisiko, weil eine Krankheit oder ein Schädlingsbefall die gesamte Ernte zerstören kann.

Unsachgemässe landwirtschaftliche Bodennutzung führt zu Bodendegradation (Veränderung der Bodeneigenschaften), in Trockenräumen bei anhaltender Misswirtschaft gar zu Desertifikation (Wüstenbildung). Die Schadstoffanreicherung in den Böden stellt für die Zukunft ein ernsthaftes Problem dar.

Die Art der Landwirtschaft hat einen wesentlichen Einfluss auf die Qualität des Grundwassers. Nitrate, aber auch andere Stoffe, wie z. B. Pflanzenbehandlungsmittel, führen zu einer Verschlechterung der Grundwasserqualität. Die griffigste Massnahme zur Verbesserung des Grundwassers im Bereich der Landwirtschaft ist eine Produktionsweise mit angepasstem Düngereinsatz.

Aufgabe 14   Der Sempachersee ist umgeben von vielen Hektaren intensiver Landwirtschaft. Welche Probleme in Bezug auf die Wasserqualität erwarten Sie für den Sempachersee?

Aufgabe 15   Studieren Sie die Karten «Agrarpotenzial und Naturrisiken» (SWA, S. 179) und «Potenzielle Vegetation» (SWA, S. 176). Welchen räumlichen Zusammenhang stellen Sie zwischen den von der Desertifikation bedrohten Räumen und den Vegetationszonen fest?

4.4 Die grüne Revolution in Indien

In der zweiten Hälfte des 20. Jahrhunderts erkannte man die enorme Herausforderung, die mit der ständig wachsenden Weltbevölkerung auf die Bauern der Welt zukommen würde. Die folgende Grossoffensive von Forschern und Regierungen zur Lösung des drohenden Welthungerproblems kennen wir heute unter dem Begriff der grünen Revolution. Der Begriff bezeichnet die nach 1965 v. a. in den Entwicklungsländern einsetzende zeitweilige Ertragssteigerung in der Landwirtschaft durch Einführung neuer Hochertragssorten und neuer landwirtschaftlicher Produktionstechniken.

Aufgrund von unerwünschten Nebeneffekten folgte dem anfänglichen Optimismus bald eine Phase der Ernüchterung. Angesichts der anstehenden Diskussionen um mögliche landwirtschaftliche Fortschritte durch die Gentechnologie lohnt es sich heute, die Erfolgsbilanz der grünen Revolution kritisch unter die Lupe zu nehmen.

Vier Massnahmen

Den Kern der grünen Revolution bildeten in Forschungslabors entwickelte Hochertragssorten der Getreide Weizen und Reis. Durch den Einsatz von Hochertragssorten allein konnten allerdings keine spektakulären Ertragssteigerungen erreicht werden. Erst eine Kombination von pflanzenbaulichen Massnahmen, wie eine angepasste Düngemittelzufuhr, Pflanzenschutz für die krankheitsanfälligeren Züchtungen und eine kontrollierte Bewässerung, führte zu den gewünschten Ernteleistungen.

Erfolgsbilanz

Die Ertragssteigerungen der grünen Revolution sind eindrücklich. Von Mitte der 1960er- bis Mitte der 1980er-Jahre stieg die gesamte Reisproduktion in Asien um zwei Drittel. Konnten Dank der Bewässerung mehrere Ernten pro Jahr eingefahren werden, waren in einigen Regionen gar Ertragssteigerungen von bis zu 500% möglich. Innert weniger Jahre entwickelte sich Indien von einem Hungerland zu einem Getreide exportierenden Agrarstaat.

Ökonomische Folgen

Derartige Ertragssteigerungen waren allerdings mit hohen Kosten verbunden. Die Landwirte mussten Dünge- und Pflanzenschutzmittel kaufen und in Bewässerungsanlagen und landwirtschaftliche Maschinen investieren. Kunstdünger, Pflanzenschutzmittel und Treibstoffe für Maschinen und Wasserpumpen mussten aus dem Ausland zugekauft werden. Die Hochertragssorten konnten nicht selbst gezüchtet werden, das Saatgut musste deshalb jedes Jahr für viel Geld neu gekauft werden. So wurde zwar das Ziel des Abbaus der Abhängigkeit von Nahrungsmittelimporten in Indien weitgehend erreicht, doch hatte sich Indien diese Freiheit mit neuen Abhängigkeiten vom Ausland erkauft.

Die Abhängigkeit von gekauftem Dünger und Pflanzenschutzmitteln wurde besonders deutlich, als die grüne Revolution durch die Ölkrise der 1970er-Jahre ins Stocken geriet. Mit dem Anstieg der Rohölpreise verteuerte sich auch der Düngemittelimport und der Betrieb der Maschinen und Dieselpumpen für die Bewässerung. Indien, wie die meisten Entwicklungsländer, konnte diese vier- bis fünffach höheren Preise nicht mehr bezahlen und musste erhebliche Ertragsminderungen hinnehmen.

Soziale Folgen

Viele Experten erhofften sich vom Einsatz der neuen Hochertragssorten v. a. für die Landbevölkerung ein Leben ohne Hunger und Armut. Genau das Gegenteil trat ein: Nur die reicheren Bauern konnten es sich leisten, in Bewässerungsanlagen und Traktoren zu investieren und ständig Saatgut, Dünger und Pflanzenschutzmittel zu kaufen. Vielen Kleinbauern blieb nur die nicht mehr konkurrenzfähige, traditionelle Anbauweise, andere verschuldeten sich beim Versuch, mit der Entwicklung mitzugehen.

Auch das räumliche Entwicklungsgefälle zwischen den Regionen verschärfte sich im Zuge der grünen Revolution. Die erforderlichen massiven Investitionen konnten nicht flächendeckend durchgeführt werden. Der indische Staat förderte deshalb v. a. die Gebiete, die schon Bewässerungsinfrastruktur hatten und rascher von der grünen Revolution profitieren konnten. Viele wasserarme Regionen gingen leer aus.

Die fehlende Kaufkraft grosser Bevölkerungsteile führte deshalb zu der Situation, dass zwar grundsätzlich genügend Nahrungsmittel produziert wurden, aber das ärmste Drittel der Bevölkerung konnte sich diese einfach nicht leisten. Darum kam es immer wieder dazu, dass Indien Getreide exportierte, aber ein grosser Teil der Bevölkerung gleichzeitig hungerte.

Ökologische Folgen

Durch die Bewässerung mit zu salzhaltigem Wasser ohne ausreichende Entwässerung kam es vielerorts zur Bodenversalzung und zur Versumpfung. Fruchtbares Ackerland wurde unfruchtbar und konnte nur mit hohem Aufwand und grossen Kosten wieder landwirtschaftlich nutzbar gemacht werden. Zusätzlich laugten die neuen Getreidesorten den Boden aus. Unzureichende Fruchtfolgen und unsachgemässe Düngung führten dazu, dass die Bodenfruchtbarkeit sank. Heute liegen die Erträge z. T. unter den Ergebnissen der Zeit vor der grünen Revolution.

Tiefbrunnen senkten den Grundwasserspiegel und gruben den bisherigen Brunnen das Grundwasser ab. Gleichzeitig führten übermässige Düngung und überhöhter Einsatz von gefährlichen Pflanzenschutzmitteln zu einer Belastung der Nahrung und des Grund- und Oberflächenwassers, sodass diese teilweise nicht mehr für den menschlichen Gebrauch geeignet waren.

Durch die Einführung der Hochertragssorten wurden die einheimischen jahrtausendealten Getreidesorten von wenigen neuen Arten verdrängt. Teilweise sind die alten bereits ganz verschwunden und damit auch ihr genetisches Potenzial. Diese genetische Vielfalt würde aber dringend benötigt für die Weiterzüchtung und die Anpassung der neuen Sorten an die regionalen Gegebenheiten.

Der Einsatz von Motorpumpen für die künstliche Bewässerung, das Ausbringen von chemischen Düngemitteln und Pestiziden sowie die fortschreitende Mechanisierung erhöhten die Nachfrage Indiens nach Energie enorm. Das Verhältnis von aufgewendeter Energie und Ertrag verschlechterte sich mit den modernen Methoden im Vergleich zu traditionellen Anbaumethoden.

[Abb. 4-7]   Reisanbau in Indien

Bild: © webartworks.de – Fotolia.com

Aus heutiger Sicht

In den 1990er-Jahren stellten die Hochertragssorten der grünen Revolution fast drei Viertel des Reisanbaus in Asien. Man schätzt, dass 40% aller Bauern der Entwicklungsländer die Hochertragssorten einsetzen, allen voran in Asien. Bei aller berechtigter Kritik gilt es festzuhalten, dass es heute mehr Hunger auf der Welt gäbe, wenn es die grüne Revolution nicht gegeben hätte. Ausserdem profitiert die Landwirtschaft nicht nur in den Entwicklungsländern von den Erkenntnissen, die aus den Erfolgen, Misserfolgen und Nebenwirkungen der grünen Revolution gewonnen wurden.

Zusammenfassung

Die grüne Revolution beschreibt die Ertragssteigerung der Getreideproduktion ab den 1960er-Jahren durch den konsequenten Einsatz von Hochertragssorten, Kunstdünger, Pflanzenschutzmitteln und Bewässerungstechniken. Wohl vermochten die Massnahmen der grünen Revolution die Erträge v. a. der Weizen- und Reisproduktion erheblich zu steigern, allerdings zum Preis der Abhängigkeit von teurem Saatgut, Kunstdünger und Pflanzenschutzmitteln.

Viele Kleinbauern konnten sich den Anschluss an die grüne Revolution nicht leisten, das soziale Gefälle vergrösserte sich. Falscher Umgang mit Dünger und Pflanzenschutzmitteln sowie unsachgemässe Bewässerung führte vielerorts zu einer anhaltenden Schädigung des Bodens.

Aufgabe 16 Welches sind die Vor- und Nachteile der grünen Revolution aus heutiger Sicht?

Aufgabe 17 Wie betrifft der Erdölpreis die Reisbauern Thailands?

4.5 Gentechnologie

Die gezielte Veränderung von Lebewesen hat in der Landwirtschaft eine lange Tradition. Lange bevor Gregor Mendel im 19. Jahrhundert den Grundstein der modernen Genetik legte, förderten die Bauern gewünschte Eigenschaften von Pflanzen durch geschickte Züchtungen.

Biotechnologie

Die Ausnützung biochemischer Prozesse hat in den Bierfässern der mittelalterlichen Mönche zu gären begonnen und dient heute der Herstellung von Antibiotika, Hormonen oder Impfstoffen. Die gezielte Nutzung von Lebewesen oder ihrer Bestandteile in der Medizin, der Landwirtschaft und zur Lebensmittelherstellung ist heute weit verbreitet und wird Biotechnologie genannt.

Gentechnologie

Was die herkömmliche Biotechnologie nicht konnte, ist mit der Gentechnologie möglich geworden: die gezielte Veränderung des Erbguts von Lebewesen. Nutzpflanzen und -tiere können heute so verändert werden, dass sie Eigenschaften haben, die unter natürlichen Bedingungen oder durch Zucht undenkbar sind: Maispflanzen können Stoffe herstellen, die sonst nur in Bakterien vorkommen, Bakterien erzeugen menschliche Hormone wie etwa Insulin für Diabetiker.

Was kann die Gentechnik, was nicht?

Es ist wichtig aufzuzeigen, was die Gentechnik kann und was sie nicht kann.

- Die Gentechnik kann
    - einzelne Gene im Erbgut aufstöbern und isolieren,
    - isolierte Gene von einem Organismus auf einen anderen übertragen und
    - Gene gezielt ändern.
- Sie kann aber nicht
    - Leben und Lebewesen von Grund auf erschaffen und
    - genau voraussagen, was ein fremdes Gen im neuen Organismus bewirken kann.

Fokus

Nutzpflanzen nach dem Baukastensystem: der B. t.-Mais

In jeder Zelle befindet sich die Erbinformation in den Molekülen der Desoxyribonucleinsäure (DNS, engl. DNA). Eine bestimmte Abfolge von DNS-Bausteinen wird Gen genannt. Die Gene bestimmen z. B., wie ein Lebewesen aussieht, welche Umweltbedingungen es bevorzugt und welche Stoffe es herstellen kann. Die Gene sind aufgereiht in den Chromosomen wie Perlen auf einer sehr langen Schnur.

Die Gentechnik macht es möglich, diejenigen Abschnitte dieser «Perlenkette» zu finden, die eine bestimmte Eigenschaft bewirken. Solche Genfolgen können mittels «molekularer Scheren» ganz genau ausgeschnitten werden. Die isolierten Gene können anschliessend mittels «molekularer Kleber» zielgenau im Erbgut anderer Lebewesen eingebaut werden. Weil die molekulare Sprache für alle Lebewesen die gleiche ist, können auf diese Weise Eigenschaften zwischen ganz unterschiedlichen Lebewesen ausgetauscht werden.

[Abb. 4-8]   Herstellung von B. t.-Mais

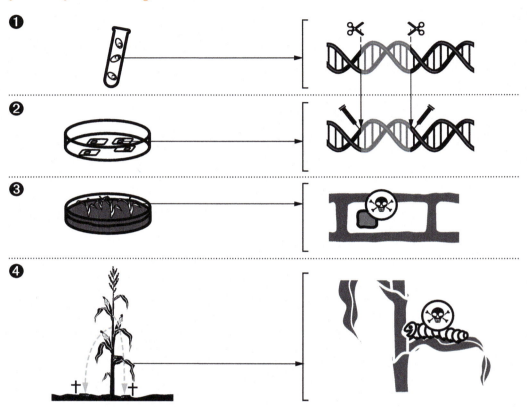

Bereits vor Jahren ist es gelungen, eine Maissorte herzustellen, die das Gift gegen ihren Fressfeind, die Larve des Maiszünslers, selbst herstellt. Benutzt wurde dazu eine Eigenschaft des Bodenbakteriums Bacillus thuringensis (B. t.). Das Bakterium stellt ein giftiges Eiweiss her, das für viele Insekten tödlich ist. Der genetische Trick besteht nun darin, genau diejenigen Gene, die für die Produktion des Gifts zuständig sind, aus dem Erbgut des Bakteriums auszuschneiden (1) und ins Erbgut der Maispflanze zu übertragen (2). Der so geschaffene B. t.-Mais stellt nun selbst Abwehrstoffe gegen den Maiszünsler her (3). Frisst der Schädling vom B. t.-Mais, stirbt er (4).
Quelle: Kugler, A.: Die Erde unser Lebensraum, Lehrmittelverlag St. Gallen, 2006, verändert.

Biotech in der Landwirtschaft

Für die Landwirtschaft eröffnen sich durch die Gentechnologie ganz neue Produktionsweisen. Nutzpflanzen können so manipuliert werden, dass sie die Pflanzenschutzmittel gegen ihre Fressfeinde gerade selbst herstellen (vgl. Fokus S. 45). Eine andere Technik macht Nutzpflanzen gegen Pflanzenschutzmittel resistent[1]. Wird der Acker nun mit dem Pflanzenschutzmittel besprüht, sterben alle Pflanzen – nur die Nutzpflanze nicht. Von Tomaten, die nicht matschig werden, bis zum «aufvitaminisierten» Wunderreis – die Möglichkeiten für gentechnisch veränderte Organismen (GVO) scheinen grenzenlos.

Resistenzen

Gegner der Gentechnik befürchten unkontrollierbare Nebenwirkungen bei der Freisetzung von genveränderten Nutzpflanzen. Gegen Unkrautvernichtungsmittel resistente Mais- und Soja-Pflanzen wurden in den USA schon im Jahr 1998 schätzungsweise auf 30–40% der Fläche der jeweiligen Kulturen angebaut. Durch die grossflächige Verbreitung von B. t.-

[1]   Lat. *resistere* «stehen bleiben», «widerstehen».

Insektengift in gentechnisch veränderten Kulturpflanzen könnten die Schädlinge resistent werden gegen das Gift – das altbewährte, ökologische Insektengift des Bacillus thuringensis (B. t.) würde seine Wirksamkeit verlieren.

Horizontaler Gentransfer

Eine andere befürchtete Folge der Freisetzung gentechnisch veränderter Pflanzen ist der horizontale Gentransfer, der Austausch zwischen Genen verwandter Arten. Tauschen genetisch veränderte Nutzpflanzen über den Pollenflug mit ihren Wildarten die Gene aus, könnten sog. Superunkräuter entstehen, die selbst Insektengifte produzieren und gegen Pflanzenschutzmittel resistent sind. Diese Superunkräuter könnten sich unkontrollierbar ausbreiten und Nutz- und Wildarten verdrängen.

Pro und Contra

Zwischen Befürwortern und Gegnern der Gentechnik ist seit Jahren ein heftiger Streit im Gange. Die folgende Liste zeigt Ihnen die wichtigsten Argumente der Befürworter und Gegner.

[Tab. 4-2]   Pro und Contra Gentech in der Landwirtschaft

Die Befürworter versprechen	Die Gegner befürchten
• Der Anbau von GVO braucht weniger Pflanzenschutzmittel. • GVO haben höhere Erträge, sind widerstandsfähiger und günstiger im Anbau. GVO leisten damit einen Beitrag gegen den Hunger in der Welt. • GVO sind besser lagerbar und verderben weniger rasch.	• Der Anbau von GVO braucht eher mehr Pflanzenschutzmittel, weil die Natur mit Resistenzen auf die grossflächige Verbreitung bestimmter Stoffe reagieren wird. • Die Patentierung von GVO verhindert den freien Zugang zum Saatgut. Davon profitieren die Gentechfirmen, die Bauern armer Länder werden ausgeschlossen oder abhängig von den Grosskonzernen. • Unkontrollierte Ausbreitung von GVO nach Freisetzung mit ungeahnten Nebenwirkungen (Superunkräuter, Lebensmittelallergien).

Risikoabwägung

Noch ist nicht klar, ob bei der Freisetzung gentechnisch veränderter Nutzpflanzen die Vorteile oder die Risiken überwiegen. Strenge staatliche Auflagen für die Freisetzung verhindern unbedachten Umgang mit GVO-Nutzpflanzen. In der Schweiz bestimmt das Bundesamt für Umwelt BAFU über Freisetzungen. Seit 2007 sind in der Schweiz drei Freisetzungsversuche mit GVO zu Forschungszwecken durchgeführt worden. Ende 2010 wurden sie abgeschlossen.[1]

Bisher werden in der Schweiz keine GVO-Nutzpflanzen kommerziell angebaut. In der Abstimmung vom 27.11.2005 wurde eine Volksinitiative angenommen, die ein fünfjähriges Moratorium für den kommerziellen Einsatz der Gentechnologie verlangte. Es wurde bis Ende 2017 verlängert. In der Schweiz ist also vorerst der Anbau von Pflanzen oder die Haltung von Tieren verboten, die gentechnisch verändert wurden.

Zusammenfassung

Mithilfe der Gentechnologie können Eigenschaften von Lebewesen gezielt verändert werden. In der Landwirtschaft lassen sich mithilfe von Gentech Getreidesorten herstellen, die sich mit Giften selbst gegen ihre Fressfeinde schützen oder gegen Herbizide resistent sind, besonders viele Vitamine enthalten oder besser und länger haltbar sind.

Gegner der Gentechnologie in der Landwirtschaft warnen vor ungeahnten Nebenwirkungen bei der Freisetzung gentechnisch veränderter Organismen (GVO), vor neuen Resistenzen und Superunkräutern sowie davor, sich in eine gefährliche Abhängigkeit von den Biokonzernen zu begeben.

---

[1]   Quelle: Bundesamt für Umwelt BAFU, http://www.bafu.admin.ch/umwelt/status/05154/index.html?lang=de (3.7.2013).

Aufgabe 18 Vergleichen Sie die grüne Revolution mit den Umwälzungen der Landwirtschaft im Zuge der Gentechnologie.

A] Welche Grossräume sind betroffen?

B] Wer entwickelt die neuen Sorten und besitzt die Rechte an den Neuschöpfungen?

C] In welche Abhängigkeiten begeben sich Bauern, wenn sie die neuen Sorten anpflanzen?

D] Welche Umweltfolgen haben die beiden Technologien?

4.6 Schweizer Landwirtschaft

In der Schweizer Landwirtschaft wurde in den letzten Jahrzehnten viel verändert. Die Schweizer Bauern und Bäuerinnen produzieren längst nicht mehr nur Lebensmittel, sie erfüllen zusätzliche, gemeinwirtschaftliche Aufgaben zum Wohle aller. Mit ihrer Arbeit leisten sie zunehmend einen Beitrag zum Schutz der Umwelt und zur Erhaltung unseres Lebensraums und zur Pflege des Landschaftsbilds.

Eckwerte

Im Jahr 2011 betrug die Zahl der in der Schweizer Landwirtschaft beschäftigten Personen rund 164 000. Mit ca. 57 600 Betrieben bewirtschaften die Schweizer Bäuerinnen und Bauern haupt- und nebenberuflich ungefähr einen Drittel der Landesfläche. Ein Durchschnittsbetrieb ist im internationalen Vergleich mit rund 18.3 ha klein.[1] In Deutschland liegt der Durchschnittswert bei 44 ha in Frankreich mit 49 ha noch höher. In Österreich allerdings ist er mit 19 ha in etwa gleich.

[Tab. 4-3] Landwirtschaftliche Nutzfläche nach Nutzungsart 2011

Nutzfläche	Hektaren	Prozent
Getreide	145 271	13.8
Kartoffeln und Zuckerrüben	30 628	2.9
Andere Ackergewächse (ohne Silomais)	35 088	3.3
Freilandgemüse	10 008	1.0
Kunstwiesen u. Ackerfutterbau (Futterrüben u. Silomais)	182 055	17.3
Naturwiesen, Weiden	612 398	58.2
Reben	13 027	1.2
Übrige landwirtschaftliche Nutzfläche (Obstanlagen, Streueland und übriges Kulturland)	23 390	2.2

Quelle: Bundesamt für Statistik, Landwirtschaftszählung, Statistisches Lexikon der Schweiz – online, Juli 2013.

Strukturwandel

Seit 1965 hat die Zahl der Landwirtschaftsbetriebe in der Schweiz um zwei Drittel abgenommen und die einzelnen Betriebe sind bedeutend grösser geworden. Die Konzentration auf weniger, dafür grössere Betriebe ist ein markanter Strukturwandel, der nicht nur für die Schweizer Landwirtschaft typisch ist. Für den Strukturwandel in der Schweizer Landwirtschaft gibt es mehrere Gründe. Zunächst benötigt eine stark gesteigerte Leistungsfähigkeit in der Landwirtschaft immer weniger Arbeitskräfte zur Bewirtschaftung immer grösserer Flächen. Andererseits zwingen immer tiefere Produktepreise viele kleine Höfe zur Betriebsaufgabe. Immer weniger junge Menschen entscheiden sich für den beschwerlichen Bauernberuf, kehren den ländlichen Regionen den Rücken und wandern in die grossen Städte ab.

---

[1] Quelle: Bundesamt für Statistik, Landwirtschaftszählung, Statistisches Lexikon der Schweiz – online, 2013.

Multifunktionalität

Natürlich hat die Schweizer Landwirtschaft vorab die Aufgabe, die Versorgung der Bevölkerung mit Nahrungsmitteln sicherzustellen. Daneben erfüllt sie aber weitere wichtige Aufgaben zum Wohle aller:

- Durch die geregelte Bewirtschaftung unserer natürlichen Lebensgrundlage Boden soll sie dafür Sorge tragen, dass diese sensible Ressource langfristig erhalten bleibt.
- Gleichzeitig pflegt und hegt sie die Kulturlandschaft, sodass sie in ihrer Vielfalt erhalten bleibt. Magerwiesen und Ackerbrachen, Hecken und Obstbäume bieten der einheimischen Tier- und Pflanzenwelt einen Lebensraum und sollen erhalten werden.
- Die flächendeckende Landwirtschaft sorgt nicht zuletzt auch dafür, dass die ländlichen Gegenden besiedelt und belebt bleiben und nicht von den städtischen Regionen abgekoppelt werden.

Landwirtschaftspolitik

All diese Aufgaben machen den Bäuerinnen und Bauern viel Arbeit und werfen u. U. wenig Ertrag ab. Damit die Landwirtschaft ihre gemeinwirtschaftlichen Funktionen gleichwohl erfüllen kann, wird sie von der öffentlichen Hand gefördert. Während Jahrzehnten hat der Bund die Landwirte mit produktgebundenen Beiträgen, den Subventionen[1]. Wer mehr Milch, Gemüse und Fleisch produzierte, erhielt mehr Beiträge. Dies führt mit den Jahren zur Überproduktion von Nahrungsmitteln, zu überhöhten Preisen und zu einer zunehmenden Umweltbelastung z. B. durch die Überdüngung der Felder.

Die 1992 eingeleitete Reform der Agrarpolitik sorgt für eine ökologischere Landwirtschaft, die sich mehr am Markt orientiert. Sie verfolgt drei Ziele:

- Trennung von Einkommens- und Preispolitik
- Mehr Wettbewerb und weniger staatliche Markteingriffe
- Ökologisierung der Landwirtschaft durch Anreize

Direktzahlungen statt Produktsubventionen

Die neue Agrarpolitik strebt nach einer Trennung von Einkommens- und Preispolitik. Einerseits wird der staatliche Schutz von Produktepreisen schrittweise abgebaut. Andererseits sichert der Staat den Landwirten ein geregeltes Einkommen durch Direktzahlungen. Umweltfreundlich wirtschaftende und ökonomisch leistungsfähige Betriebe sollen im Durchschnitt mehrerer Jahre ein mit der übrigen erwerbstätigen Bevölkerung vergleichbares Einkommen erzielen können. In hügeligen Regionen und in Berggebieten sind die Direktzahlungen höher, weil es dort auch Zuschläge für die Steilheit des Geländes gibt.

Mehr Markt

Mit der Trennung von Preis- und Einkommenspolitik engagiert sich der Staat weniger im Marktbereich. Eine im Auftrag des Bundesamts für Landwirtschaft durchgeführte Studie beziffert den Nutzen der ökologischen Leistungen für die Gesellschaft auf 2 Mia. CHF pro Jahr. Die neue Agrarpolitik bietet mehr Spielraum für unternehmerisches Verhalten am Markt. Die Landwirtschaft arbeitet sehr eng mit Grossverteilern zusammen, die die landwirtschaftlichen Produkte zu den Konsumenten bringen. Viele Bäuerinnen und Bauern vermarkten ihre Produkte direkt ab Hof und pflegen einen persönlichen Kundenstamm. Die Landwirtschaftsbetriebe entwickeln sich zunehmend hin zu wettbewerbsfähigeren Einheiten.

Mehr Ökologie dank Anreizen

Neben strengeren Auflagen und Gesetzen ermuntern wirtschaftliche Anreize die Landwirte, auf umwelt- und tierfreundlichere Produktionsmethoden umzusteigen. Landwirte, die biologischen Landbau betreiben (vgl. Fokus S. 50), besonders tierfreundliche Stallungen bauen oder viele Hecken und Magerwiesen pflegen, erhalten zusätzliche Beiträge. Diese Anreizstrategie wirkt.

Die ökologischen Leistungen der Landwirtschaft haben stark zugenommen und der Einsatz umweltbelastender Stoffe wie Pflanzenschutzmittel und Kunstdünger ist zurückgegangen. Wie sich diese positiven Entwicklungen auf die Boden- oder Wasserqualität, auf das Tierwohl oder die Artenvielfalt auswirken werden, ist Gegenstand laufender Untersuchungen. Da die Zusammenhänge im ökologischen Bereich komplex sind und Ursache

---

[1] Lat. *subventio* «Hilfeleistung».

und Wirkung nicht immer eindeutig identifiziert werden können, sind Auswirkungen oft erst nach Jahren zu beobachten.

Weiterentwicklung der Agrarpolitik

Seit 1992 ist in mehreren Schritten die Reform der Agrarpolitik weiterentwickelt worden mit dem gleichbleibenden Ziel einer konsequenten Trennung von Preis- und Einkommenspolitik und der Verwirklichung der ökologischen Anliegen durch ökonomische Anreize. Im Zentrum der aktuellen Agrarpolitik steht die Verbesserung der Wettbewerbsfähigkeit der Schweizer Land- und Ernährungswirtschaft. Eine der wichtigsten Änderungen war in diesem Zusammenhang die Aufhebung der öffentlich-rechtlichen Milchkontingentierung auf den 1.5.2009.

Der nächste Schritt in der Weiterentwicklung der Agrarpolitik stellt die Agrarpolitik 2011 dar. Kernelemente sind darin u. a. die starke Reduktion der heute zur Preisstützung eingesetzten Mittel und deren Umlagerung in produktunabhängige Direktzahlungen und die Lockerung strukturerhaltender Bestimmungen im Boden- und Pachtrecht, damit sich der unternehmerische Spielraum der Landwirte erhöht.

Fokus

Biolandbau und Biolabels

Der Biolandbau verfolgt ein ganzheitliches Denken. Er betrachtet Nutzpflanzen und -tiere, Menschen und die Umwelt als ein ökologisches System. Nicht der maximale Ertrag, sondern die beste Qualität ist das Ziel. Diese Qualität erfahren die Konsumentinnen und Konsumenten in Form von Nahrungsmitteln, die frei sind von gesundheitsschädigenden Rückständen.

Für den Biolandbau gibt es vielfältige Gründe. Ein ökologischer Beweggrund bildet das Ziel der Erhaltung der Ressourcen. Daneben gibt es die ethische Motivation für den Biolandbau, wie etwa die Forderung nach einer artgerechten Tierhaltung. Aber auch aus wirtschaftlicher Sicht kann sich der Entscheid zugunsten der Alternative Biolandbau für eine Bauernfamilie durchaus lohnen. 2011 wurden in der Schweiz 11% der landwirtschaftlichen Nutzfläche nach Regeln des Biolandbaus bewirtschaftet.[1] Das ist mehr als doppelt so viel wie vor 15 Jahren (1996: 5.0%). Die Schweiz nimmt damit bei der umweltschonenden Bewirtschaftung auf der Basis des Gesamtbetriebs und bei der Entwicklung des Biolandbaus weltweit eine Spitzenposition ein.

Labels

Labels[2] sind freiwillige Kennzeichnungen von Produkten. Sie informieren die Konsumenten über bestimmte, vom Hersteller gewährleistete Qualitätsmerkmale der Produkte. Mit Biolabels werden Erzeugnisse aus der biologischen Landwirtschaft gekennzeichnet.

Was ist «bio»?

In der Schweiz bestimmt der Staat, was als Mindestanforderung einzuhalten ist, um die Begriffe «bio» und «öko» in der Vermarktung von Lebensmitteln verwenden zu dürfen. Der Staat beaufsichtigt auch die Arbeit der Kontroll- und Zertifizierungsstellen. Chemisch-künstliche Hilfsstoffe sind genauso verboten wie der Einsatz der Gentechnologie. Die Anzahl Nutztiere muss der Hofgrösse genau angepasst werden, Massentierhaltung wird so ausgeschlossen. Die Tiere müssen artgerecht gehalten und mit biologisch angebautem Futter gefüttert werden. Trotz dieser Mindestanforderungen gibt es eine Vielfalt von Labels, die unterschiedlich strikte Anforderungen an die unter ihrem Label hergestellten Produkte stellen. Dies macht es für die Konsumierenden schwierig, sich zurechtzufinden und ihre Wahl zu treffen.

Integrierte Produktion (IP)

Produkte aus der integrierten Produktion (IP) genügen hingegen nur einem Katalog von Minimalanforderungen. Chemischer Dünger und Pflanzenschutzmittel dürfen eingesetzt werden, aber nur in zurückhaltenden Mengen. Das Motto lautet: So wenig Hilfsstoffe wie möglich und gerade so viel wie nötig.

---

[1] Quelle: Bundesamt für Statistik, http://www.bfs.admin.ch/bfs/portal/de/index/news/medienmitteilungen.html?pressID=8192 (31.10.2013).
[2] Engl. *label* «Beschriftung», «Marke», «Etikett».

[Tab. 4-4] Auswahl einiger Biolabels landwirtschaftlicher Produkte in der Schweiz

Label	Anforderungen, Vergabekriterien, Transparenz	Vermarktung
BIO SUISSE Knospe	Biologischer Landbau (keine synthetischen Spritz- und Düngemittel), aus mindestens 90% in der Schweiz angebauten Rohstoffen. Gute Transparenz, unabhängige Kontrollinstanz.	Coop, vis-à-vis, primo, Bioläden, Reformläden, Direktvermarktung, 5 000 Produzenten
Migros Bio	Biologischer Landbau (BIO SUISSE Knospe). Schweizer Produkte sind gleichwertig zu BIO SUISSE, Produkte aus der EU unterliegen EU-Richtlinien.	Migros-Filialen, 1 000 Produzenten
Coop Naturaplan	Bei pflanzlichen Produkten und Milchprodukten biologischer Landbau (BIO SUISSE Knospe). Tierische Produkte nur teilweise biologisch. Unabhängige Kontrollinstanz.	Coop-Filialen
kagfreiland	Richtlinien für die artgerechte Haltung von Nutztieren, die strenger sind als diejenigen für Biobetriebe (BIO SUISSE Knospe). Der ganze Betrieb muss biologisch bewirtschaftet werden. Sämtliche Tiere müssen mit Biofutter gefüttert werden, Tiermehl und Gentechnologie sind verboten.	Detailhandel, Direktvermarktung
fidelio	Label für Fleisch aus kontrollierter biologischer Produktion (BIO SUISSE). Garantiert wird eine tiergerechte Haltung mit viel Bewegungsfreiheit im Stall und im Freien, gute Pflege und eine möglichst stressfreie Schlachtung.	Lizenzierte Metzgereien, Coop, Reformhäuser und Bioläden, direkt ab Hof, Wochenmärkte
IP Suisse	IP-Richtlinien für Pflanzenbau, Tierhaltung und Spezialkulturen, im Allgemeinen transparent.	Manor, Migros, Coop, Detailhandel

Die Liste zeigt Ihnen eine Reihe strenger Biolabels. Daneben gibt es viele andere Labels, die weniger einschränkende Auflagen erfüllen. Ausführliche Informationen unter www.labelinfo.ch.

Zusammenfassung

In der Schweiz hat die seit 1992 laufende Agrarreform zu einer Verbesserung der Wettbewerbsfähigkeit der Landwirtschaft und zu Innovationen im Marktbereich geführt. Ökologische Leistungen haben stark zugenommen und von der Landwirtschaft verursachte Umweltbelastungen sind zurückgegangen. Der Strukturwandel wickelt sich nach wie vor weitgehend im Rahmen des Generationenwechsels ab. Die Landwirtschaft befindet sich auf dem Pfad der Nachhaltigkeit.

Aufgabe 19 Welches sind die wichtigsten Vor- und Nachteile des biologischen Landbaus aus Ihrer Sicht als Konsument oder Konsumentin?

Aufgabe 20 Die heutige Schweizer Landwirtschaftspolitik unterscheidet sich beträchtlich von der vor 1992 betriebenen. Welches ist der zentrale Unterschied?

Aufgabe 21 In den Obst- und Gemüseabteilungen der Supermärkte herrscht heute das ganze Jahr über Frühling, Sommer, Herbst und Winter zugleich. Auf welche grundlegende Veränderung der Weltlandwirtschaft lässt sich diese Aussage zurückführen?

5 Schwerpunkt Energie

Lernziele Nach der Bearbeitung dieses Kapitels können Sie ...

- die gängigsten Energieformen, die Ihnen im Alltag begegnen, den Begriffen Primärenergie, Sekundärenergie, Endenergie und Nutzenergie zuordnen.
- wiedergeben, wer in der Welt welche Vorräte an fossilen Energieträgern besitzt.
- das Prinzip des Treibhauses Erde in wenigen Sätzen erklären.
- das Prinzip der Kernenergienutzung in eigenen Worten beschreiben.
- mindestens zwei Vor- sowie zwei Nachteile der Kernenergienutzung auflisten.
- die erneuerbaren Energieformen aufzählen und beurteilen, in welchen Räumen ihr Einsatz sinnvoll ist.

Schlüsselbegriffe Energieträger, erneuerbare Energien, fossile Energieträger, graue Energie, Kernenergie, nicht erneuerbare Energien, Primärenergie, Treibhauseffekt

Jeden Morgen trinken wir einen heissen Kaffee oder Tee, dann fahren wir mit dem öffentlichen Verkehrsmittel oder mit dem Auto zur Schule oder zur Arbeit. Dort schalten wir den Computer ein, schreiben eine E-Mail, verschicken ein Fax oder machen einen Telefonanruf. Für all diese Tätigkeiten brauchen wir Energie. Energie ist für das Funktionieren unserer Gesellschaft und unserer Wirtschaft eine unabdingbare Voraussetzung. Während Jahrzehnten war der Energieverbrauch der Industrieländer direkt an die wirtschaftliche Entwicklung gekoppelt.

Wo welche Energieträger in welchem Umfang gefunden wurden, hat die heutige Raumstruktur der Weltwirtschaft stark beeinflusst. Ein grundlegendes Verständnis der Energiewirtschaft ist deshalb ein weiterer Schlüsselfaktor zum Verständnis wirtschaftsgeografischer Zusammenhänge. Dieses Kapitel beschäftigt sich zunächst mit einigen grundlegenden Eigenschaften der Energie als Triebfeder der Wirtschaft und untersucht anschliessend Potenziale, Umweltaspekte und Risiken verschiedener Energieträger.

5.1 Energie – Triebfeder der Wirtschaft

5.1.1 Was ist Energie?

Die Menschheit hat seit Jahrhunderten davon geträumt, ein System zur Energieproduktion zu erfinden, das keinen dauernden zusätzlichen Energieinput benötigt. Ein solches System wird Perpetuum mobile[1] genannt – bis heute liess es sich nie realisieren und auch in Zukunft wird es nicht gelingen, eine solche Maschine zu erfinden. Der Satz von der Erhaltung der Energie bildet die Schranke für eine solche Konstruktion: Energie kann nicht aus nichts entstehen. Soll sich eine Maschine bewegen, muss Energie zugeführt werden. Die folgende Zusammenstellung liefert Definitionen von wichtigen Fachbegriffen der Energie.

Definitionen

Energie

Unter Energie versteht man die Fähigkeit eines Körpers, Arbeit zu verrichten. Diese Arbeit kann z. B. darin bestehen, ein Auto anzutreiben (Bewegungsenergie = kinetische Energie) oder einen Raum zu heizen (Wärmeenergie). Eine gespannte Feder trägt Spannungsenergie und leistet als Arbeit den Antrieb eines mechanischen Uhrwerks. Der Radfahrer auf der Passhöhe hat sich Lageenergie (potenzielle Energie) erarbeitet, die bei der Abfahrt wie-

---

[1] Lat. *perpetuum mobile* «das sich ständig Bewegende».

derum in kinetische Energie umgewandelt wird. Letztlich liegen alle genutzten Energien in Form von Wärme vor!

Energie wird weder erzeugt noch vernichtet. Sie tritt lediglich in immer anderen Formen auf. So wandeln Rapspflanzen mittels Fotosynthese die Strahlungsenergie der Sonne in chemische Energie um. Das aus Raps erzeugte Öl kann Motoren antreiben, die die verwendete Energie in mechanische Energie (Fahrzeugantrieb), aber auch in Wärmeenergie (Heizung) oder in elektrische Energie (Licht) umwandeln.

Der Begriff Energieverbrauch ist also im Grunde nicht zutreffend, wird aber ständig benützt, um die Energiemenge zu beschreiben, die vom Verbraucher genutzt wird. Beachten Sie aber, dass die Energieträger wie das Erdöl oder die Steinkohle bei der Energienutzung sehr wohl verbraucht werden.

Masseinheiten der Energie

Die physikalische Einheit für Energie ist Joule. In vielen energiewirtschaftlichen Statistiken und Tabellen finden Sie aber auch Kilowattstunde und Steinkohleeinheiten.

- Die Masseinheit für Energie ist Joule (J). Joule ersetzt die veraltete Kalorie (cal, $1 J = 0.239\, cal$; $1 J = 1$ Newtonmeter $[Nm] = 1$ Wattsekunde $[Ws]$).
- Der Verbrauch elektrischer Energie wird gewöhnlich in Kilowattstunden (kWh) angegeben und verrechnet ($1\, kWh = 3.6 \cdot 10^6\, J = 3\,600\,000\, J$; $1\, W = 1\, Nm\,/\,1\,s = 1\, J\,/\,1\,s$).
- Für Vergleiche zwischen verschiedenen Energieträgern eignet sich die Grösse Steinkohleeinheiten (SKE). 1 kg SKE entspricht dem Energiegehalt eines Kilogramms Steinkohle ($2.93 \cdot 10^7\, J = 29\,300\,000\, J$ oder $8.14\, kWh$). 1 kg Erdöl entspricht 1.5 kg SKE, 1 kg Holz ist 0.5 kg SKE.

Satz von der Erhaltung der Energie

Die Gesamtenergie eines energetisch abgeschlossenen Systems bleibt erhalten. Sie kann weder vermehrt noch vermindert werden.

Primärenergie

Die Primärenergie bezeichnet die in den natürlich vorkommenden Energieträgern Kohle, Erdöl und Erdgas sowie in Naturkräften wie Wasser und Wind enthaltene Energie.

Sekundärenergie

Bei den meisten Primärenergien muss eine Umwandlung in eine Sekundärenergie erfolgen, damit sie vom Verbraucher verwendet werden können. Bei dieser Energieumwandlung müssen Verluste in Kauf genommen werden. Wichtige sekundäre Energieträger sind Elektrizität, Benzin oder Fernwärme.

Endenergie

Beschreibt die Menge an Sekundärenergie, die nach Leitungs- und Transformationsverlusten tatsächlich beim (End)verbraucher ankommt.

Nutzenergie

Die Energie, die ganz zuletzt für den eigentlichen Nutzen umgesetzt wird. Beispiele sind die Lichtenergie von Beleuchtungskörpern, die Wärmeenergie einer Heizung oder die mechanische Energie des Mixers.

Erneuerbare und nicht erneuerbare Energien

Als erneuerbar werden solche Energieträger bezeichnet, deren verbrauchte Vorräte sich ständig wieder ersetzen oder die in vom Menschen überschaubaren Zeiträumen vermehrbar sind. Sie werden auch regenerative[1] Energien genannt. Brennholz, Windenergie, Solarenergie und Wasserkraft sind erneuerbare Energien. Nicht erneuerbare Energieträger wie Erdöl, Erdgas und Kernbrennstoffe entstehen erst wieder in sehr langen Zeiträumen und sind daher aus menschlicher Sicht erschöpflich.

Wirkungsgrad

Mit jeder Energieumwandlung geht ein Verlust einher. Die eingesetzte Energie (z. B. Benzin) wird beim Auto nicht vollständig in die gewünschte Form umgesetzt (Bewegungsenergie). Ein Teil der Energie geht verloren, meistens als Wärme. Der Wirkungsgrad beschreibt das Verhältnis zwischen abgegebener und aufgenommener Energiemenge. Er zeigt, wie effizient die Energieumwandlung erfolgt. Beim Auto beträgt der Wirkungsgrad für Benzin gerade mal 30%, bei Kohlekraftwerken 25–50%.

Das System Erde ist voller Energie

Die Sonne ist der Ursprung und der Motor aller Lebensvorgänge auf der Erde. Die Sonnenenergie kann mittels Solarzellen oder Sonnenkollektoren direkt in Strom oder Wärmeenergie umgewandelt und genutzt werden. Auch der Wasserkreislauf wird durch die Sonne in Gang gehalten und treibt Flusskraftwerke an. Durch den pflanzlichen Stoffwechsel wird mittels Fotosynthese die eingestrahlte Sonnenenergie chemisch in der Biomasse gespeichert.

Wenn wir Holz verbrennen, so erschliessen wir uns wiederum Sonnenenergie. Wenn wir heute Kohle und Erdöl benützen, so verwenden wir letztlich Energie, die vor Millionen von Jahren von der Sonne auf die Erde eingestrahlt wurde. Dabei werden die damals gebundenen Mengen an Stoffen, wie etwa Schwefel und Kohlenstoff, freigesetzt. Jede Nutzung dieser Energieträger ist somit ein Eingriff in den Stoffhaushalt der Biosphäre. Die befürchtete anthropogene Verstärkung des Treibhauseffekts oder die Luftbelastung in den Ballungsgebieten sind die Folgen.

5.1.2 Energietransport

Jede Energie muss vor der Nutzung zum Verbraucher transportiert werden. Dies erfolgt für den Strom in Hochspannungsleitungen, für die Kohle per Schiff oder Bahn, bei Öl und Gas auch über Pipelines. Beim Transport treten z. T. erhebliche Verluste auf. Diese Verluste können physikalisch bedingt sein (Widerstandsverluste beim Stromtransport in Leitungen) oder sie können rein technische Ursachen haben (Ölverluste aus lecken Pipelines).

Strom als wichtige Sekundärenergie

Eine besonders grosse Bedeutung für den Transport von Energie hat der elektrische Strom. Er wird aus verschiedenen Primärenergieträgern erzeugt. Die wichtigsten Stromlieferanten sind Wasserkraftwerke und thermische[2] Kraftwerke. Bei Letzteren wird durch die Verbrennung von Erdöl, Erdgas oder Kohle oder in einem Kernreaktor Hitze erzeugt und über Dampfturbinen elektrischer Strom erzeugt.

Hochspannungsnetze

Strom eignet sich besonders gut für die Feinverteilung. Er wird über ein dichtes Leitungsnetz von den Kraftwerken zu den Verbrauchern transportiert. Je höher die elektrische Spannung ist, desto geringer sind die Übertragungsverluste. Deshalb verwendet man für den Transport über grössere Distanzen Höchstspannungsnetze von 380 oder 220 Kilovolt (kV). Das entspricht der tausendfachen Spannung der Steckdose.

---

[1] Lat. *re-* «zurück-», «wieder-» und lat. *generare* «zeugen», «hervorbringen».
[2] Griech. *thermós* «warm».

Alle Netze der Anbieter sind miteinander verknüpft und bilden so ein flexibles Instrument zur Energieverteilung. Bei Ausfall oder ungenügender Kapazität ermöglicht die internationale Verflechtung einen weiträumigen Stromaustausch über Grenzen.

5.1.3 Veränderung des weltweiten Energieverbrauchs

Mit der industriellen Revolution im 19. Jahrhundert stieg die Nachfrage nach fossilen Energien markant an. Bis in die Mitte des 20. Jahrhunderts wurde in den europäischen Industrieländern v. a. Kohle verwendet. In der Folge übernahm das Erdöl rasch die Schlüsselrolle.

Erschöpfung fossiler Energieträger

Bald wurde sich die Weltgemeinschaft des Problems der Erschöpfbarkeit der fossilen Energieträger bewusst. Da der Verbrauch immer weiter zunimmt, können bereits heute Erschöpfungsszenarien für diese Energieträger berechnet werden. Da immer noch neue Vorkommen entdeckt und die Abbautechniken verbessert werden, können diese Szenarien vorläufig noch den neuen Gegebenheiten angepasst werden.

Die Abbildung 5-1 zeigt die Entwicklung des Weltenergieverbrauchs zwischen 1880 und 2005. Der enorme Anstieg charakterisiert sich insbesondere durch das starke Wachstum des Erdölverbrauchs. Die zwei kurzen Phasen des Verbrauchsrückgangs 1973 und 1979/80 sind auf die beiden Ölkrisen zurückzuführen. Markant ansteigende Ölpreise führten damals in den Industriestaaten zu schweren Rezessionen.

Heute wird die Energienachfrage der Weltbevölkerung zumeist aus nicht erneuerbaren Energiequellen gedeckt. Neben den fossilen werden auch nukleare Brennstoffe eingesetzt. Hinzu kommen kleinere Mengen an erneuerbaren Energiequellen wie Sonne, Wind, Wasser und Erdwärme.

[Abb. 5-1]   Entwicklung des Weltenergieverbrauchs 1880–2005

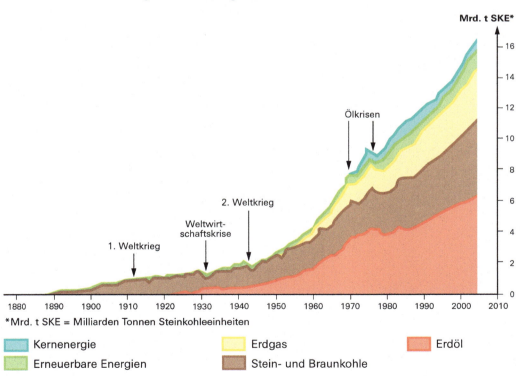

*Mrd. t SKE = Milliarden Tonnen Steinkohleeinheiten

Der Weltenergieverbrauch hat tendenziell seit 1900 – mit kleineren Einbrüchen während der Weltkriege, der Weltwirtschaftskrise der 1930er-Jahre und der Ölkrisen der 1970er- und 1980er-Jahre – immer schneller zugenommen. Der Anteil von Erdöl und Erdgas ist seit 1960 überproportional angestiegen. Quelle: http://www.internal-audit.de/energiekosten/allgemeine_vorbemerkungen.html (4.9.2013).

Verbrauch von Primärenergieträgern

Erdöl ist mit fast 36% an der weltweiten Energiebereitstellung mit Abstand der wichtigste Energieträger, gefolgt von Kohle mit etwa ca. 28% und Erdgas mit ca. 24%. Die Wasserkraft ist mit ca. 6% an der Energieerzeugung beteiligt. Die Verwendung der Energieträger ist räumlich sehr ungleich verteilt. Kernenergie wird mehrheitlich in Industriestaaten eingesetzt, Kohle vorwiegend auf der Nordhalbkugel. Auch die Energienachfrage bzw. der Energieverbrauch ist auf der Welt sehr ungleich verteilt. Seit 1850 hat sich die Nachfrage verzwanzigfacht, seit 1950 vervierfacht. Die ärmeren Länder verbrauchen trotz der mehrfachen Bevölkerung der reichen Industrieländer bei Weitem weniger Energie. Der stärkste Zuwachs der Energienachfrage erfolgt jedoch dort.

[Tab. 5-1]   Einsatz von Primärenergieträgern 2011

Primärenergieträger	Welt	Schweiz	Deutschland
Erdöl	33.1%	44.1%	34.0%
Erdgas	23.7%	10.0%	20.4%
Stein- und Braunkohle	30.3%	0.5%	24.3%
Kernenergie	4.9%	24.9%	8.8%
Wasserkraft	6.4%	10.9%	12.5%*
Erneuerbare Energien	1.6%	9.6%**	

*   Dieser Wert umfasst die Anteile von Wasserkraft, Wind und sonstigen Energieträgern.

** Im Statistischen Lexikon der Schweiz sind Holz und Holzkohle, Müll und Industrieabfälle und die übrigen erneuerbaren Energien separat aufgeführt. Hier wurden alle diese Werte zusammengenommen.

Die Tabelle macht den relativ hohen Anteil der Wasser- und der Kernkraft der Schweiz im internationalen Vergleich deutlich sichtbar. Quellen: Der neue Fischer Weltalmanach 2013; Statistisches Lexikon der Schweiz – online, 2013.

Energie und Wohlstand

Mit steigendem Wohlstand nimmt der Energieverbrauch i. d. R. zu. Ab einem gewissen Niveau jedoch wirken Energiesparmassnahmen im Sinne einer verbesserten Effizienz und die Verbrauchskurve der Energie flacht etwas ab. Für Entwicklungsländer mit aufstrebenden Volkswirtschaften sind hingegen stark ansteigende Energieverbräuche zu verzeichnen. In ihrem Streben nach Wirtschaftswachstum erhalten Umweltanliegen oft wenig Gewicht – übrigens genauso wie während der Industrialisierung Europas und Nordamerikas.

5.1.4   Energie in der Schweiz

Primärenergie

Die Schweiz ist stark auf den Import von Energieträgern angewiesen, da sie neben der Wasserkraft nur über bescheidene Energiequellen verfügt. Vier Fünftel der Primärenergie werden in die Schweiz eingeführt, hauptsächlich Erdöl (in Form von Brenn- und Treibstoffen, also schon als verarbeitet) sowie Erdgas und Kernenergie-Brennstoffen. Als Folge der gewässerreichen Gunstlage der Schweiz ist der Anteil der Wasserkraft an den Primärenergieträgern ungewöhnlich hoch (vgl. Tab. 5-1).

Energieverbrauch

Seit 1950 hat sich der Energieverbrauch bei einer Zunahme der Bevölkerung von knapp über 50% in etwa versechsfacht. Holz und Kohle machten Mitte des letzten Jahrhunderts noch in etwa die Hälfte des Verbrauchs aus, heute noch wenige Prozente. Der enorme Nachfragezuwachs seit 1950 wird hauptsächlich durch Erdölprodukte gedeckt (vgl. Abb. 5-2).

Hauptverursacher für die enorme Nachfrage ist der motorisierte Strassenverkehr, der etwa einen Drittel des Endenergieverbrauchs verursacht. Der Verbrauch an Energie ist trotz abnehmender Umwandlungsverluste und sparsameren Elektrogeräten weiterhin wachsend. Der Pro-Kopf-Verbrauch in der Schweiz an Energie ist mit demjenigen anderer Industrieländer vergleichbar.

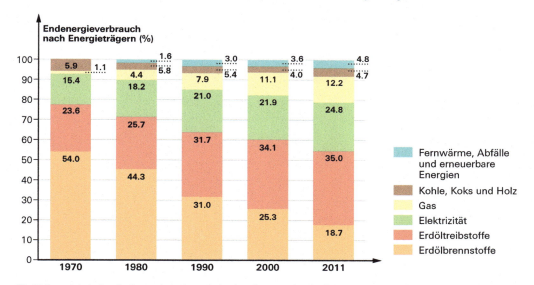

[Abb. 5-2]   Endenergieverbrauch in der Schweiz nach Energieträgern

Wohl hat sich beim Endenergieverbrauch in den letzten vierzig Jahren die Aufteilung zwischen Erdöl- und Erdgas verschoben. Die grundsätzliche Abhängigkeit der Schweiz von importierten fossilen Brennstoffen blieb aber bestehen. Quelle: Bundesamt für Statistik, http://www.bfs.admin.ch/bfs/portal/de/index/themen/08/02/blank/key/verbrauch/energietraeger.html (31.10.2013).

Stromerzeugung

55% der inländischen Stromproduktion werden durch Wasserkraftwerke erzeugt. Die fünf Kernkraftwerke tragen mit 41% der Erzeugung wesentlich zur Stromversorgung bei. Dieser Anteil ist im internationalen Vergleich sehr hoch. Die Produktion aus erneuerbaren Energiequellen macht immer noch nur wenige Prozente aus.

Energie sparen

Von 1990 bis 2000 förderte das Aktionsprogramm «Energie 2000»

- die Reduktion des Verbrauchs von nicht erneuerbaren Energien,
- die Reduktion der CO_2-Emissionen,
- die Reduktion des Elektrizitätsverbrauchs und
- die Förderung der erneuerbaren Energien.

Dabei wurde auf freiwillige Massnahmen, energiepolitische Dialoge mit den Betroffenen und auf finanzielle Unterstützung vom Bund gesetzt. Um diese Ziele zu erreichen, benötigt das Aktionsprogramm trotz einiger Wirkung stärkere Massnahmen.

«EnergieSchweiz», das ähnliche Ziele verfolgte wie sein Vorläuferprogramm «Energie 2000», lief von 2000 bis 2010 und wird bis 2020 weitergeführt. Im Laufe dieses Programms soll die Umsetzung der genannten Ziele verstärkt angegangen werden. Mithilfe des Energie- und des CO_2-Gesetzes soll die Zusammenarbeit zwischen Staatsorganen und Konsumenten verstärkt werden. Da besonders das Energiebewusstsein in der Bevölkerung wachsen soll, wird der Fokus nicht so sehr auf den technischen als vielmehr auf den wirtschaftlichen und politischen Bereich gerichtet.

Zusammenfassung

Energie ist die Fähigkeit, Arbeit zu verrichten. Die physikalische Einheit der Energie ist Joule. In einem geschlossenen System kann Energie weder neu erschaffen werden noch geht sie verloren: Sie ändert nur ihre Form. Nicht erneuerbare Energieträger wie Erdöl und Kohle werden bei der Energienutzung verbraucht, ihre Ressourcen sind beschränkt. Erneuerbare Energieträger wie die Solarenergie, die Windenergie und die Wasserkraft werden bei der Energieerzeugung nicht aufgebraucht und stehen immer wieder zur Verfügung.

Beim Energietransport vom Erzeuger zum Verbraucher geht Energie an die Umgebung verloren.

> Die industrielle Revolution war der Beginn eines starken Wachstums der weltweiten Energienachfrage. Dieses Wachstum dauert bis heute an. Vor allem die nicht regenerierbaren Energieträger Kohle und Öl wurden und werden immer noch in riesigen Mengen verbraucht.
>
> Die Schweiz importiert den grössten Teil der Energieträger, hauptsächlich Erdöl, aus dem Ausland. Bei der Stromerzeugung beträgt der Anteil der Wasserkraftwerke 55%, die Kernenergie macht etwa 40% aus. Seit 1950 hat sich der gesamte Energieverbrauch in der Schweiz versechsfacht. Seit einigen Jahren wird der Einsatz von erneuerbaren Energiequellen gefördert.

Aufgabe 22 Studieren Sie nochmals die Energieformen in den Definitionen S. 52. Welche Energieformen sind im Spiel, bis endlich die Energiesparlampe über Ihrem Pult leuchtet? Beginnen Sie beim Wasser im Grimselstausee.

5.2 Fossile Energieträger

Der Begriff fossile Energieträger fasst Erdöl, Erdgas, Steinkohle und Braunkohle zusammen. Fossile Energieträger sind nicht erneuerbar, ihre Ressourcen sind beschränkt. Für die industrielle Revolution waren die Entdeckung und der Einsatz von fossilen Brennstoffen die zentralste technologische Neuerung.[1]

5.2.1 Erdöl

Grosse Abhängigkeit vom Öl

Der weltweite Anteil des Erdöls an den Primärenergieträgern beträgt heute 33% (vgl. Tab. 5-1, S. 56). Damit ist die Weltwirtschaft bis auf Weiteres stark vom Erdöl abhängig. Doch nach wie vor ist die Nutzung alternativer Energiequellen zu teuer, um dem Erdöl ernsthaft den Rang abzulaufen. Es besteht deshalb eine enge Verflechtung zwischen Erdölpreis und Weltwirtschaft. Der Preisschock der 1970er-Jahre (Verdreifachung der Erdölpreise in wenigen Monaten) führte zu einer weltweiten Rezession, während ein Überangebot Ende der 1990er-Jahre den Erdölpreis stark sinken liess; die Preise rutschten zeitweise unter 10 USD pro Fass. Eine Berg-und-Tal-Fahrt erfuhr der Ölpreis 2008: im Juli 147 USD pro Fass (Allzeithoch), Mitte Dezember 47 USD pro Fass.

OPEC

Die Vorkommen fossiler Energieträger sind höchst ungleichmässig über die Erde verteilt. Die grössten Erdölförderer sind (2011) Saudi-Arabien, Russland, die USA, Iran, China und Kanada. Die mit Abstand grössten Ressourcen finden sich im Nahen Osten (SWA S. 113). Bereits 1960 haben sich die Länder Saudi-Arabien, Iran, Irak und Kuwait zusammen mit Venezuela zur *Organisation Erdöl exportierender Länder (OPEC)* zusammengeschlossen. Seither sind auch Algerien, Angola, Ecuador, Katar, Libyen, Nigeria und die Vereinigten Arabischen Emirate OPEC-Mitglieder geworden. Im Untergrund der OPEC-Länder lagern rund 80% der weltweiten Erdölreserven. Die Länder der OPEC versuchen, ihre Fördermengen aufeinander abzustimmen und beeinflussen kartellartig die Weltmarktpreise für das Erdöl, denn 42% der Weltproduktion stammen aktuell aus OPEC-Ländern.

Die Schweiz importiert Erdöl zu zwei Dritteln als Fertigprodukte v. a. aus EU-Staaten. Ein Drittel wird als Rohöl eingeführt (stammt v. a. aus Nord- und Westafrika) und in den zwei Schweizer Raffinerien (Cressier / NE und Collombey / VS) zu Heizöl und Treibstoffen verarbeitet.

---

[1] Über die Entstehung von Erdöl, Erdgas und Kohle können Sie sich in unserem Buch «Geologie» informieren.

5.2.2 Erdgas

Der weltweite Erdgasverbrauch hat sich zwischen 1980 und 2011 verdoppelt und das Wachstum wird sich gemäss Prognosen weiter fortsetzen. Die grössten Erdgasproduzenten sind (2006): Russland, die USA, Kanada, Iran, Katar, Norwegen und China. Auch die Erdgaspreise schwanken, die Ausschläge sind aber nicht so gross wie beim Erdöl.

Die Schweiz ist seit 1974 ins internationale Erdgas-Transportnetz eingebunden. Heute verfügt das Netz über zwölf grenzüberschreitende Einspeisepunkte. 95% des importierten Erdgases stammt aus den Niederlanden, Russland, Norwegen, Deutschland und Algerien, wobei der Anteil des russischen Erdgases je nach Quelle und Rechenweise bedeutend schwankt.

Die Frage der Versorgungssicherheit ist für die Kunden in den letzten Jahren zu einem Thema geworden, weil Auseinandersetzungen Russlands mit der Ukraine und Weissrussland über Erdgaslieferungen immer wieder mediales Interesse gefunden haben. Die meisten Experten sind aber der Meinung, dass Russland kein Interesse daran haben kann, seine Erdgasexporte nach Westeuropa einzuschränken, denn die Einnahmen spielen für das Land eine lebenswichtige Rolle.

Gaskombikraftwerke

Wie sich der Erdgasverbrauch in der Schweiz entwickeln wird, hängt u. a. davon ab, ob, und falls ja, in welchem Umfang, Erdgas in den nächsten Jahren zur Stromerzeugung eingesetzt wird. Der Bundesrat erwägt zurzeit den Bau von Gaskombikraftwerken (also Kraftwerke mit einer Gas- und einer Dampfturbine) als Übergangslösung, um die ab 2020 erwartete Versorgungslücke bei der Elektrizität zu schliessen. Weil diese Art der Elektrizitätserzeugung aber mit CO_2-Emissionen verbunden ist, möchten ein Teil der Parteien und viele Umweltorganisationen den Bau solcher Kraftwerke in der Schweiz verhindern oder mit hohen Auflagen verunmöglichen, der Bundesrat möchte dieser Problematik hingegen mit einer Kompensationspflicht entgegenwirken.

Fracking

Unter Fracking wird die Förderung von Gas und Öl verstanden, indem Wasser, Sand und Chemikalien unter hohem Druck in tief liegende Gesteinsschichten gepresst werden. Die eingesetzten Chemikalien können zur Verunreinigung des Trinkwassers führen, die Bohrungen können Erdbeben auslösen und die Entsorgung des verunreinigten Abwassers ist problematisch.

5.2.3 Kohle

Bedeutung der Kohle als Energieträger

Kohle ist der fossile Energieträger mit den grössten Vorräten. Dort, wo Kohle günstig abgebaut werden kann, wird sie trotz grosser Umweltbeeinträchtigungen nach wie vor zur Energieproduktion eingesetzt. Dies gilt z. B. für die USA (56% der Stromerzeugung) oder auch für Deutschland (51% der Stromerzeugung). In vielen Entwicklungs- und Schwellenländern ist dieser Anteil mit 75% bis 80% noch deutlich höher.

Der Heizwert[1] und damit die Eignung zur Energieproduktion variiert stark unter den verschiedenen Kohlearten. Braunkohle enthält weniger Kohlenstoff und mehr Wasser als Steinkohle und hat deshalb einen tieferen Heizwert als Steinkohle. Um unnötige Transportkosten zu vermeiden, wird Braunkohle deshalb meist gerade am Fundort für die Stromproduktion eingesetzt. Kohle wird ausserdem zu flüssigem Treibstoff oder zu Kohlegas zum Kochen verarbeitet.

---

[1] 1 kg Anthrazit (Reinheitsgrad 90%) setzt $3.2 \cdot 10^7$ J Energie frei. Gleichzeitig werden 3.3 kg CO_2 freigesetzt, was einem Volumen von $1.68 \, m^3$ entspricht.

5.2.4 Umweltwirkungen der Nutzung fossiler Energieträger

Der Abbau sowie die Verarbeitung fossiler Energieträger führen zu massiven Eingriffen in die Landschaft. In Kohleabbaugebieten kommt es zum grossräumigen Verlust der Kulturlandschaft, zu Bodenerosion sowie zu Bodenverschmutzung durch Gifte und Säuren.

Beim Transport von Erdöl gibt es immer wieder Unfälle mit erheblicher Schädigung der Ökosysteme. Obwohl die Presse über spektakuläre Ölkatastrophen auf den Weltmeeren sofort berichtet, stammt lediglich ein sehr kleiner Teil des ins Meer fliessenden Öls aus solchen Havarien. Die grössten Einträge erfolgen schleichend über Abwässer sowie aus Deponien. Die Umweltgefahren der rasch zunehmenden Erdgasnutzung sind geringer. Allerdings birgt die Erdgasnutzung ein nicht unerhebliches Explosionsrisiko.

Treibhauseffekt

Durch das Verbrennen von Kohle, Heizöl und Kraftstoffen gelangen Schadstoffe in die Erdatmosphäre[1]. Bei der Verbrennung fossiler Brennstoffe entsteht namentlich CO_2, das wesentlich zur Verstärkung des Treibhauseffekts beiträgt (vgl. Fokus S. 60). Zudem werden Feinstäube wie PM10 erzeugt (allerdings nicht bei der Verbrennung von Erdgas und Benzin, dafür aber bei Holz), die durch ihre Lungengängigkeit für die Gesundheit der Menschen gefährlich werden können (vgl. Fokus S. 80).

Verglichen mit den anderen fossilen Energieträgern hat Erdgas allerdings den kleinsten Gehalt an Kohlenstoff und den höchsten Anteil an Wasserstoff. Bei der Verbrennung von Erdgas entstehen deshalb etwa 25% weniger CO_2 als bei der Verbrennung von Heizöl gleichen Energiegehalts. Dies ist eines der wichtigsten Argumente der Befürworter eines Umstiegs von Erdöl- auf Erdgasheizungen.

Fokus

Treibhauseffekt

Das Treibhaus der Erde und das eines Gemüsebauern basieren auf dem gleichen Prinzip: Ungehindert einfallendes Licht wird in Wärme umgewandelt, die den Innenraum nicht mehr verlassen kann. Beim Treibhaus lässt das Glas die kurzwellige Lichtstrahlung ungehindert passieren, die langwellige Wärmestrahlung hingegen wird teilweise zurückgehalten.

Natürlicher Treibhauseffekt

Die Atmosphäre lässt die kurzwelligen Lichtstrahlen der Sonne zunächst ungehindert durch. Die Lichtstrahlen erwärmen die Erdoberfläche, die Wärme steigt als langwellige Wärmestrahlung in die Atmosphäre auf. Treibhausgase wie Kohlendioxid (CO_2) und Wasserdampf fangen die Wärmestrahlung teilweise auf und erwärmen so die Atmosphäre. Nur dank diesem natürlichen Treibhauseffekt beträgt die durchschnittliche Temperatur auf der Erde +15 °C, ohne ihn wären es kalte −18 °C.

[Abb. 5-3] Das Treibhaus Erde

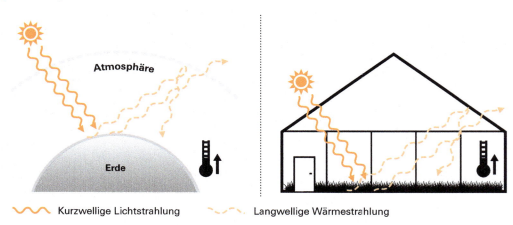

[1] Aus 12 g Kohlenstoff (C) entstehen 44 g Kohlendioxid (CO_2), dies entspricht bei Normdruck einem Volumen von 22.4 Litern.

[Abb. 5-4] CO_2 in der Atmosphäre und globaler Temperaturanstieg

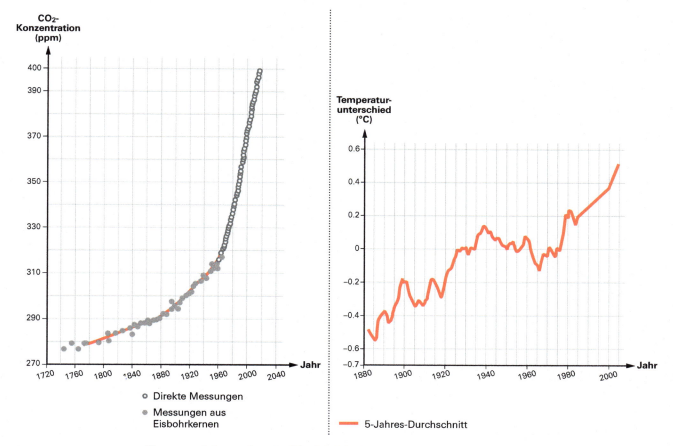

Messungen belegen, dass der CO_2-Gehalt in der Atmosphäre stetig zunimmt. Seit den 1960er-Jahren werden die Werte in der freien Atmosphäre gemessen. Die früheren Werte wurden durch die Analyse von Luftblasen aus Eisbohrkernen erhalten. Quelle: Amt für Umwelt des Kantons Solothurn und http://commons.wikimedia.org/wiki/File:Satellite_Temperatures.png (31.10.2013).

Anthropogene Verstärkung des Treibhauseffekts

In den letzten Jahren hat die Menge der Treibhausgase so stark zugenommen, dass zu viel Wärme in der Atmosphäre gespeichert wird und die Temperatur seit 1880 um 0.8 °C gestiegen ist. Der Anstieg der Treibhausgase ist hauptsächlich der Nutzung fossiler Brennstoffe zuzuschreiben. Durch die Verbrennung dieser Stoffe wird u. a. CO_2 freigesetzt. Der wirtschaftende Mensch verstärkt durch seinen Energieverbrauch den natürlichen Treibhauseffekt.

Meeresspiegel und verrücktes Wetter

Wenn der Treibhausgas-Ausstoss auf der Erde nicht vermindert wird, könnte der Treibhauseffekt die Weltdurchschnittstemperatur in den nächsten 100 Jahren um 2 bis 6 °C ansteigen lassen (vgl. Abb. 5-4, S. 61). Für den Zeitraum von 1880 bis 2050 rechnet man mit einer Zunahme von 2.5 °C. Dadurch könnten die Eiskappen der Pole schmelzen und den Meeresspiegel so hoch ansteigen lassen, dass viele Küstenregionen der Erde überschwemmt würden. Ausserdem könnte sich die Verteilung des Niederschlags so weit ändern, dass z. B. eine Wüste von schweren Regenfällen heimgesucht oder ein Regenwald austrocknen würde. Auch Naturkatastrophen würden häufiger auftreten.

Auswirkungen des Klimawandels in der Schweiz

Was der Klimawandel für die Schweiz bedeuten kann, wurde im Rahmen des Nationalen Forschungsprogramms «Klimaänderungen und Naturkatastrophen» ermittelt. Die Forscher rechnen mit einer winterlichen Schneegrenze, die 300 bis 500 m höher liegt als heute.[1] Dies würde das Aus für voralpine Skigebiete bedeuten. Dramatisch wird auch das Abschmelzen der Gletscher sein. Die Zahl der Überschwemmungen und Murgänge[2] wird weiter zunehmen.

Die in den letzten Jahren festgestellte Verlangsamung des Effekts stellt keinen Grund zur Entwarnung dar, da die Ursachen dafür komplex und noch nicht geklärt sind.

[Tab. 5-2] Auswirkungen der Klimaänderungen für die Schweiz; Jahre 2030 bis 2050

Bereiche	Wahrscheinlichkeit des Eintretens	Ausmass Wirkungen (Schäden und Nutzen)	Betroffenheit
Schneegrenze +300 bis +500 m	***	− − −	Voralpen, Jura
Schneedauer −20 bis −40%	**	− − −	Tourismus, v. a. Wintertourismus
Gletscherzahl −80%	***	−	Tourismus, Gesellschaft, Umwelt, Wasserressourcen
Gletscherfläche −70%	***	−	
Permafrostgrenze +200 bis +700 m	***	−	Hochalpin (ab 2400 m ü. M.), Infrastrukturen, Seilbahnen, evtl. Siedlungen
Murgänge hochalpin	*	−	Gebäude, Fahrzeuge, Infrastrukturen, Landschaften
Murgänge randalpin	*	−	
Hochwasser, v. a. alpin	*	− − −	Personen, Gebäude, Fahrzeuge, Infrastrukturen
Überschwemmungen	**	− − −	
Grundwasser	*	− −	Wasserressourcen, Wasserversorgung, Landwirtschaft
Trockenheit	**	−	
Sommerstürme / Hagel	**	−	Gebäude, Fahrzeuge, Infrastrukturen, Land- und Forstwirtschaft
Winterstürme	*	− −	
Landwirtschaft (Pflanzenbau)	**	+ −	Ertrag, Einkommen
Waldgrenze +100 bis +300 m	*	+	Erhöhte Schutzfunktion
Biodiversität	*	(−)	Umwelt, Flora im Berggebiet

Je mehr Sternchen (*) eine Auswirkung hat, desto wahrscheinlicher ist sie. Schäden sind durch Minuszeichen (−), Nutzen durch Pluszeichen (+) gekennzeichnet. Die Anzahl Plus- und Minuszeichen steht für das Ausmass des Schadens bzw. Nutzens. Quelle: R. Meier, Klimaänderung – ökonomische Fragestellungen. Arbeitsbericht Nationales Forschungsprogramm 31 «Klimaänderungen und Naturkatastrophen», Bern, 2000.

Anlässlich der Konferenz von Rio 1992 haben sich die Industrieländer verpflichtet, zuerst ihren CO_2-Ausstoss zu stabilisieren und in der Folge zu senken. Voraussetzung für die Erfüllung dieser Verpflichtung ist es, genaue Kenntnisse über den Ausstoss von CO_2 zu erhalten. Daher ist auch der Einbezug von sog. grauer Energie wichtig.

CO_2 in grauer Energie

Unter grauer Energie werden vorgelagerte Energieverbräuche bezeichnet, die für die Herstellung und die Bereitstellung von Waren und Dienstleistungen benötigt werden, z. B. beim Bau von Häusern, der Produktion von Maschinen u. a.

---

[1] Pro 0.65 °C Temperaturzunahme verschieben sich die temperaturabhängigen Höhenlinien, z. B. die Schneegrenze, Baumgrenze, Rebanbaugrenze, um 100 m.
[2] Murgänge bezeichnen von heftigen Regenfällen ausgelöste Schuttströme aus Gesteinsmaterial und Wasser.

Graue Emissionen

Warum ist es wichtig, auch den Ausstoss des «grauen CO_2» in die Betrachtungen einzubeziehen? Die Wirkung von CO_2 auf das globale Klima bleibt immer gleich, unabhängig vom Emissionsort. Beachten Sie: Sogar die Produktion von Brennstäben für Atomkraftwerke ist mit einer bedeutenden CO_2-Emission verbunden, für die gesamte Schweiz sind es vermutlich mehr als 1 Mio. Tonnen!

Zusammenfassung

Die fossilen Brennstoffe Erdöl, Erdgas, Steinkohle und Braunkohle spielen die überragende Rolle bei der Weltenergieversorgung. Mit 33% Anteil ist Erdöl der wichtigste Primärenergieträger und wird es auf absehbare Zeit auch bleiben. Erdgas hat in den letzten Jahren an Bedeutung gewonnen. Die Förderung und Verbrennung fossiler Brennstoffe schädigt die Umwelt.

Graue Energie bezeichnet alle Energie, die zur Herstellung oder zum Transport einer Ware oder einer Dienstleistung aufgewendet wurde. Die Erzeugung der grauen Energie kann mit CO_2-Emissionen verbunden sein. Diese vorgelagerten Emissionen werden in CO_2-Buchhaltungen gern übersehen.

Aufgabe 23

Bestimmen Sie mit der Karte im Atlas (SWA, S. 180) mindestens vier wichtige Erdölproduzenten, die nicht zur OPEC gehören.

Aufgabe 24

Oft wird behauptet, dass Atomkraftwerke CO_2-neutral seien. Zu Unrecht, wie Sie nun wissen. Begründen Sie, weshalb.

5.3 Nutzen und Gefahren der Kernenergie

In der Ölkrise der 1970er-Jahre und zu Beginn der Klimakrise in den 1990er-Jahren wurde die Kernenergie als die wirtschaftlich sichere und ökologisch saubere Alternative der globalen Energieversorgung hochstilisiert. Diese Euphorie ist nach einer Reihe von Unfällen und wachsenden Sicherheitsbedenken in der Bevölkerung einer allgemeinen Ernüchterung gewichen, die einige Jahre andauerte. Allerdings gibt es in neuerer Zeit vermehrt Stimmen, die die Kernenergie im Hinblick auf die vorrangige Senkung der CO_2-Emmissionen wieder ins Gespräch bringen.

5.3.1 Kernenergie

Kettenreaktion der Kernspaltung

Die Energiegewinnung eines Kernkraftwerks beruht auf der Spaltung von Atomkernen durch Neutronen. Dieser Prozess gibt der «Kernenergie» oder «Atomenergie» ihren Namen. Neutronen sind Bausteine der Materie, sie bilden zusammen mit den Protonen die Atomkerne. Trifft ein einzelnes Neutron von aussen auf einen spaltbaren Atomkern des Metalls Uran, so zerfällt dieser in zwei kleinere Kerne. Dieser Spaltvorgang setzt zwei bis drei Neutronen frei, die unverzüglich die Spaltung weiterer Atome auslösen. Dadurch werden vier oder mehr zusätzliche Neutronen frei und es beginnt eine sich selbst erhaltende Folge von Kernspaltungen, Kettenreaktion genannt. Bei diesem Vorgang werden ständig Wärme und radioaktive Strahlung freigesetzt.

Thermisches Kraftwerk

Genau gleich wie bei einem Kohlekraftwerk auch, wird nun die Wärme zur Erzeugung von Wasserdampf genutzt. Mithilfe des Dampfs werden Turbinen angetrieben und auf diese Weise elektrischer Strom gewonnen. Deshalb sind auch Kernkraftwerke thermische Kraftwerke.

Riesige Energien

Die Energie pro Kernspaltung ist sehr gross. Die Spaltung von 1 Kilogramm Uran 235 z. B. setzt etwa 20 Mio. Kilowattstunden Energie frei. Zur Erzeugung der gleichen Energiemenge müssen 2000 t Kohle verfeuert werden.

Kernenergie in der Welt ...

Der Anteil der Kernenergie an der weltweiten Stromproduktion ist seit 1973 von ca. 3% auf ca. 12% (2011) gestiegen. Die Anzahl der Kernkraftwerke ist seit Jahren weltweit in etwa stabil: 31 Länder betreiben total 435 Kraftwerke. Am meisten Kernkraftwerke stehen (2012) in den USA (104), Frankreich (58), Japan (50) und Russland (33). In Europa liegt der Wert mit einem Drittel deutlich höher. Nach dem Schock der Ölkrise haben v. a. viele europäische Staaten die Kernenergie stark gefördert. Frankreich z. B. erzeugt heute drei Viertel seines Stroms durch Kernkraftwerke.[1]

[Abb. 5-5]   Verteilung der Kernkraftwerke in Europa 2012

Die Verteilung zeigt die unterschiedlichen Antworten der Länder Europas zur kontroversen Frage nach dem Einsatz der Kernenergie. Während Länder wie Frankreich oder Grossbritannien Kernenergie bevorzugen, verzichten Italien, Norwegen und Österreich auf ihren Einsatz. Beachten Sie aber, dass Norwegen über ein grosses Wasserkraft-Potenzial verfügt.
Frankreich ist mit 58 Kernreaktoren nach den USA die Nummer zwei in der Welt.
Quelle: http://www.kernenergie.de/kernenergie-wAssets/docs/service/056kernkraftwerke_europa_2012_12.pdf (31.10.2013).

... und in der Schweiz

In der Schweiz bestreiten die fünf Kernkraftwerke von Beznau (zwei Reaktoren), Mühleberg, Gösgen und Leibstadt 41% der Stromerzeugung.[2] Nach dem zehnjährigen Moratorium gegen den Neubau von Kernkraftwerken und den heftigen Debatten um einen Standort für ein Lager radioaktiver Abfälle in den 1990er-Jahren galt der Ausbau des Kernenergieanteils in der Schweiz lange Zeit als unwahrscheinlich.

[1] Quelle: Der neue Fischer Weltalmanach 2013, S. 666.
[2] Stand 2012, Quelle: Der neue Fischer Weltalmanach 2013, S. 666.

Da allerdings ab 2020 die ersten der heutigen Kernkraftwerke stillgelegt werden müssen (weil sie dann ihre Lebensdauer erreicht haben werden) und es dadurch zu Versorgungsengpässen bei der Elektrizität kommen würde, stand die Frage des Neubaus von Kernkraftwerken in der Schweiz wieder zur Diskussion. Doch nach dem Reaktorunfall von Fukushima im März 2011 wird nun v. a. der Ausstieg aus der Atomenergie diskutiert (vgl. Kap. 5.4.3, S. 71).

5.3.2 Problematik des Einsatzes der Kernenergie

Radioaktiver Abfall

Die Brennstoffe, die in Kernreaktoren verwendet werden, sind wegen ihrer Strahlung gefährlich. Ein durchschnittlicher 1 000-Megawatt-Reaktor[1] besitzt etwa 200 Brennelemente, von denen jedes Jahr etwa ein Drittel wegen Erschöpfung des Brennstoffs ersetzt wird. Nach seiner Nutzung im Reaktor ist der Brennstoff aufgrund der in ihm enthaltenen Spaltprodukte stark radioaktiv. Die entnommenen Brennelemente werden mindestens ein Jahr lang in Wasserbecken auf dem Reaktorgelände gelagert. Danach müssen sie zwischen- und endgelagert werden. Sie können aber auch recycelt, sog. «wiederaufbereitet» werden.

Wiederaufbereitung

Abgebrannter Kernbrennstoff ist eine Mischung aus hochradioaktivem Abfall, weiterhin spaltbarem Uran und Plutonium. Das Uran und das Plutonium können in spezialisierten Chemiefabriken zu Kernbrennstoff recycelt, werden. Diesen Vorgang nennt man Wiederaufbereitung. Die grossen Wiederaufbereitungsanlagen Europas liegen in La Hague (Frankreich) und in Sellafield (Grossbritannien).

Das bei der Wiederaufbereitung entstehende Plutonium kann auch für die Produktion von Atombomben verwendet werden, weswegen die Wiederaufbereitung politisch umstritten ist. Die Wiederaufbereitung von Brennstoffen stellt eine Kombination von verschiedenen Strahlungsrisiken dar. Ein Risiko ist das Entweichen von Spaltprodukten im Fall eines Lecks in der Anlage. Ein weiteres Problem ist die routinemässige Freisetzung geringer Mengen radioaktiver Stoffe wie etwa der strahlenden Edelgase Xenon und Krypton.

Endlagerung radioaktiver Abfälle

Der letzte Schritt der Brennstoffentsorgung ist die Endlagerung der hochradioaktiven Abfälle, die noch über Tausende von Jahren Strahlung abgeben und deshalb für Lebewesen gefährlich bleiben. Der wichtigste Gesichtspunkt ist dabei nicht so sehr die derzeitige Gefahr, sondern die Gefahr für zukünftige Generationen. Für die endgültige unterirdische Lagerung sind nur geologisch langfristig stabile Formationen mit sicherem Abschluss geeignet. Das Problem besteht darin, dass für keinen Ort in der Erdkruste absolute Stabilität sicher vorhersagbar ist.

Radioaktive Abfälle oder Treibhauseffekt?

Eine objektive Wertung der Vor- und Nachteile der Kernenergie und auch ein Vergleich mit anderen Methoden der Energieerzeugung führen zu keinem eindeutigen Resultat. Die CO_2-Emission eines Erdöl- oder Kohlekraftwerks kann mit den radioaktiven Abfällen eines Kernkraftwerks genauso wenig objektiv verglichen werden wie das Risiko einer Klimaveränderung mit dem Risiko einer Kernkraftwerkskatastrophe. Wir beschränken uns deshalb an dieser Stelle darauf, die möglichen Beeinträchtigungen des Lebensraums durch die Kernenergie anhand eines Beispiels (vgl. Kap. 5.3.3) aufzuzeigen.

---

[1] Das ist die Reaktorgrössenordnung, wie sie in der Schweiz in Gösgen oder Leibstadt stehen. Mühleberg und die beiden in Beznau erbringen nur ca. einen Drittel dieser Leistung.

5.3.3 Reaktorunfälle

Tschernobyl

GAU und Super-GAU

Die schwerste Panne, die mit den Sicherheitssystemen eines Reaktors gerade noch beherrscht werden kann, nennen die Techniker einen Grössten Anzunehmenden Unfall, kurz einen GAU. Kann der Reaktor nicht mehr kontrolliert werden, spricht man von einem Super-GAU. Der Vorfall von Tschernobyl war ein Super-GAU.

Reaktorbrand

Am 26. April 1986 geschah im Atomkraftwerk Tschernobyl der bisher schwerste Unfall in der Geschichte der Nutzung der Kernenergie. Der vierte Reaktorblock des Kraftwerks wurde durch eine Explosion vollständig zerstört, die Reaktorhülle schmolz unkontrollierbar und radioaktive Stoffe wurden freigesetzt. Als Unfallursache gelten heute menschliches Versagen gepaart mit gravierenden Mängeln in der Konstruktion dieses Reaktortyps.

Radioaktive Wolke

Eine Wolke aus Rauch und Dampf zog nach dem Unfall über die westlichen Teile der Sowjetunion hinweg in Richtung Mitteleuropa. Schliesslich breitete sie sich über die ganze nördliche Erdhalbkugel aus. Mit dieser Wolke wurde die rund 200-fache Menge an Radioaktivität freigesetzt wie bei den Atombombenabwürfen von Hiroshima oder Nagasaki zusammen. Besonders betroffen waren die Menschen in Weissrussland, in der Ukraine und in Russland. Allein in der Ukraine wurden offiziell über 3 Mio. Menschen als Tschernobyl-Betroffene eingestuft. Über 100 000 Menschen mussten umgesiedelt werden.

Unmittelbare Folgen

Unmittelbar nach dem Unfall starben laut offiziellen Angaben 31 Menschen an Verbrennungen und akuter Strahlenkrankheit. 200 bis 300 weitere schwere Krankheitsfälle wurden gemeldet. Insgesamt wurden nach dem Unfall etwa 800 000 Personen zu Aufräumarbeiten am zerstörten Reaktorblock eingesetzt. Von diesen Helfern, im sowjetischen Sprachgebrauch «Liquidatoren» genannt, sind bis heute schätzungsweise 50 000 verstorben.

Langzeitfolgen

Nach einem Bericht der UNO erkranken die Bewohner der strahlenbelasteten Regionen in der Ukraine insgesamt um 30% häufiger als ihre Landsleute in unbelasteten Gebieten. Die Zahl der Frühinvaliden liegt um das Sechsfache höher. Es ist ein Anstieg, insbesondere bei Lungen- und Magenkrebs, festzustellen. Unter den Heranwachsenden in Weissrussland haben Erkrankungen des Blutkreislaufs seit 1988 um über 40% zugenommen, Knochen- und Muskelkrankheiten um 60%, bösartige Tumore um 40%. Zudem wird von häufigen Missbildungen bei Neugeborenen berichtet.

Fukushima

Am 11. März 2011 begann im Atomkraftwerk von Fukushima im Norden von Tokio eine verheerende Unfallserie. Ausgelöst durch ein Erdbeben kam es in vier von sechs Reaktorblöcken gleichzeitig zu schweren Störfällen. Durch Kernschmelzen wurden grosse Mengen an radioaktivem Material freigesetzt. Luft, Böden, Wasser und Nahrungsmittel in der land- und meerseitigen Umgebung wurden kontaminiert. An die 150 000 Einwohner mussten das Gebiet vorübergehend oder dauerhaft verlassen. Hunderttausende Tiere, auf landwirtschaftlichen Betrieben zurückgelassen, verendeten.

Aufgrund einer Abschätzung der Gesamtradioaktivität der freigesetzten Stoffe ordnete die japanische Atomaufsichtsbehörde die Ereignisse auf der Internationalen Bewertungsskala für nukleare Ereignisse einige Tage nach der Katastrophe mit der Höchststufe 7 («katastrophaler Unfall») ein.

Vier von sechs Reaktorblöcken des Kraftwerks wurden durch die Unfälle zerstört. Nach einer Erklärung der japanischen Regierung vom 20. März 2011 soll das Kraftwerk ganz aufgegeben werden. Die Entsorgungsarbeiten werden voraussichtlich 30 bis 40 Jahre dauern.

Die Berichterstattung über die Katastrophe führte in vielen Ländern zu einer grösseren Skepsis oder einem Stimmungsumschwung zulasten der zivilen Nutzung der Kernenergie.[1]

Unterschiedliche Sicherheitsstandards

Tschernobyl und Fukushima haben gezeigt: Die Sicherheitsanforderungen an Kernkraftwerke in unterschiedlichen Staaten haben einen grossen Einfluss auf die Eintretenswahrscheinlichkeit eines Unfalls. In diesem Sinne ist für das Gefahrenpotenzial einer Region neben der Verteilungsdichte von Kernkraftwerken auch deren Sicherheitsstandard entscheidend.

Zusammenfassung

Kernkraftwerke nutzen die bei der Kernspaltung entstehende Wärmeenergie zur Produktion des elektrischen Stroms. Weltweit stammen 12% der Stromerzeugung aus der Kernenergie, wobei sich dieser Anteil beträchtlich von Land zu Land unterscheidet.

Kernkraftwerke belasten die Umwelt im Normalbetrieb v. a. indirekt durch die Emission radioaktiver Stoffe bei der Brennstoffversorgung und bei der Entsorgung abgebrannter Brennelemente. Auch die sichere Lagerung der radioaktiven Abfälle kann nicht für Jahrtausende garantiert werden.

Beim Super-GAU von Tschernobyl wurde die 200-fache Menge an Radioaktivität frei wie bei den Atombombenabwürfen von Hiroshima und Nagasaki. Der radioaktive Ausfall verseuchte riesige Gebiete in der Ukraine, in Weissrussland und in Russland und erreichte weite Teile Mitteleuropas.

Aufgabe 25

Italien erscheint als kernenergiefreie Insel in der Abbildung 5-5, S. 64. Mutmassen Sie, wie sich Italien den Verzicht auf die Kernenergie leisten kann und welchen Preis es dafür an die Umwelt zahlen muss.

Aufgabe 26

Ist der Anteil der Kernenergie an der Stromerzeugung in der Schweiz im internationalen Vergleich eher klein, durchschnittlich oder eher gross?

Aufgabe 27

Betrachten Sie die Abbildung 5-5, S. 64. Welche Grundaussagen können Sie über die Verteilung der Kraftwerke machen und welche Risiken könnten sich daraus für die Schweizer Wohnbevölkerung ergeben?

5.4 Umweltfreundliche Energienutzung

Die begrenzten Vorräte, aber v. a. die bekannte Umweltbelastung durch das Verbrennen fossiler Energieträger sowie die Bedenken gegenüber der Kernenergie zwingen uns zur Suche nach Alternativen für unsere Energieversorgung. Dabei wird es oft einfacher sein, den Energieverbrauch generell zu vermindern und den Wirkungsgrad der Energiegewinnung zu erhöhen.

Bereits heute wird vielerorts Energie aus Wasser-, Solar- und Windkraftwerken gewonnen. Der weltweite Anteil dieser umweltfreundlichen Energiequellen ist allerdings noch unbedeutend. Welche der Formen umweltfreundlicher Energienutzung wo sinnvoll und erschwinglich sind, hängt zudem von regionalen wirtschaftlichen Besonderheiten und von klimatischen Gegebenheiten ab.

Der weitaus grösste Teil der regenerativen Energien stammt direkt oder indirekt von der Sonnenstrahlung. Die grössten Beiträge leisten die Wasserkraftwerke.

[1] Gekürzt nach: http://de.wikipedia.org/wiki/Nuklearkatastrophe_von_Fukushima (31.10.2013).

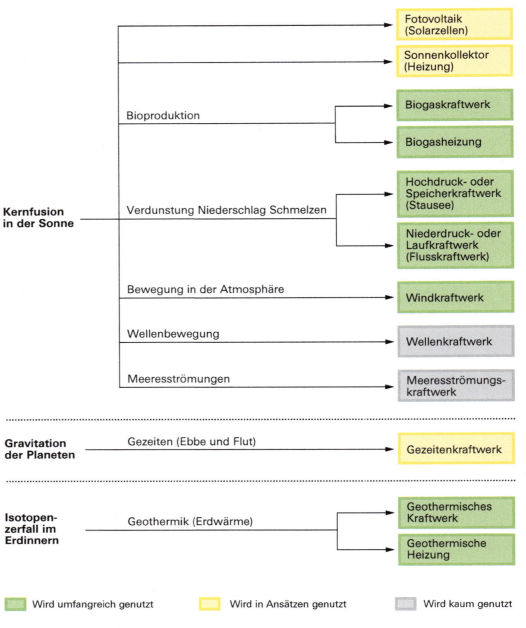

[Abb. 5-6]   Nutzung erneuerbarer Energiequellen

Quelle: Der neue Fischer Weltalmanach 2013.

5.4.1   Begriff der erneuerbaren Energieträger

Erneuerbare Energien

Energien sind dann erneuerbar, wenn sie mit oder ohne Zutun des Menschen immer oder immer wieder zur Verfügung stehen. Dies im Unterschied zu nicht erneuerbaren Energieträgern, wie etwa die fossilen Energieträger Erdöl und Erdgas, die bei der Energienutzung verbraucht werden.

Sonnenenergie

Fast alle erneuerbaren Energien gehen direkt oder indirekt auf die Sonnenenergie zurück (vgl. Abb. 5-6). Die jährlich von der Sonne auf die Erde eingestrahlte Energie entspricht 15 000-mal dem gesamten jährlichen Energieverbrauch der Erde. Das grosse Problem besteht nun darin, dass die Nutzung dieser enormen Energiequelle bisher deutlich teurer und schwieriger war als die Nutzung der anderen Energieträger.

Problem der Wirtschaftlichkeit

Techniken zur Nutzung der erneuerbaren Energien sind nur teilweise ausgereift und im Allgemeinen noch immer sehr kostenintensiv, besonders bei der Sonnenenergie. Dennoch leistet die Nutzung regenerativer Energien einen wichtigen Beitrag zum schonenden Umgang mit der Umwelt und an ihrer weiteren Entwicklung wird gearbeitet.

5.4.2 Formen umweltfreundlicher Energienutzung

Die Formen rationeller Energienutzung versuchen, mit raffinierten technischen Neuerungen den Wirkungsgrad der Energienutzung zu erhöhen. Alternativen zu den konventionellen Energieträgern wie Erdöl, Erdgas und Kernenergie werden alternative[1] Energiequellen genannt. Wasserkraft gehört auch zu den umweltfreundlichen, weil erneuerbaren Energien, kann in der Schweiz aber kaum als alternativ bezeichnet werden, ist sie doch bei uns in verschiedener Form schon seit Jahrhunderten in Gebrauch. Wir besprechen folgende alternative Energiequellen:

- Wärmepumpen
- Wärme-Kraft-Koppelung
- Solarkraftwerke
- Windkraftwerke
- Biogasanlagen
- Wasserkraftwerke

Wärmepumpen

Einen immer grösseren Dienst zur rationellen Energienutzung leisten die Wärmepumpen. Sie nutzen Wärme aus Sonnenkollektoren, Erdwärme und die Abwärme von Kühlwasser grosser industrieller Anlagen v. a. zum Heizen. Das Prinzip der Wärmepumpe ist genau das gleiche wie beim Kühlschrank: Während der Kühlschrank seinem Innenraum Wärme entzieht und an seiner Hinterseite ungenutzt an die Umgebungsluft abgibt, entzieht die Wärmepumpe einer Wärmequelle die Wärme und gibt sie konzentriert als Heizwärme an den Raum ab. Wie der Kühlschrank braucht auch die Wärmepumpe dafür Energie. Dennoch ist es eine sinnvolle Nutzung latent vorhandener Wärme.

Wärme-Kraft-Koppelung

Eine andere rationelle Energienutzung bietet die Wärme-Kraft-Koppelung. Hier wird Strom erzeugt und gleichzeitig Abwärme zum Heizen genutzt. Kernstücke einer solchen Anlage sind herkömmliche Motoren, die mit Gas betrieben werden und über einen angekoppelten Generator elektrische Energie erzeugen. Gleichzeitig wird dem Motoröl, dem Kühlwasser und den Abgasen Wärme entzogen und über Wärmetauscher an Heizungsanlagen weitergegeben. Der erzeugte Strom wird ins Netz eingespeist und vergütet.

Rationell dank hohem Wirkungsgrad

Weil aus dem Primärenergieträger Gas nicht nur Strom erzeugt wird, sondern auch noch die Abwärme genutzt wird, bietet die Wärme-Kraft-Koppelung eine besonders rationelle Energienutzung. Durch die Doppelnutzung lässt sich ein hoher Wirkungsgrad erzielen. Die Wärme-Kraft-Koppelung bringt einen Nutzungsgrad der eingesetzten Primärenergie von ca. 90% und senkt dadurch die Umweltbelastung. Vor allem Abnehmer mit hohem Wärmeverbrauch wie z. B. Krankenhäuser profitieren stark von einer Wärme-Kraft-Koppelung.

---

[1] Lat. *alternare* zu *alternus* «abwechselnd», hier zu verstehen als «andere Möglichkeit».

Solarkraftwerke

Solarkraftwerke wandeln Sonnenlicht in Strom um. Hierfür gibt es zwei Prinzipien:

- **Solarthermisch:** In solarthermischen Anlagen wird die Sonnenstrahlung in Kollektoren oder Spiegeln konzentriert, mit der Hitze Wasser verdampft und auf Turbinen geleitet.
- **Solarelektrisch (Fotovoltaik):** Solarzellenkraftwerke arbeiten mit vielen einzelnen Solarzellen, die zusammengeschaltet werden. Solarzellen können Sonnenstrahlung durch das fotovoltaische Prinzip direkt in elektrische Energie umwandeln.

Umweltfreundlich, aber noch nicht rentabel

Solarkraftwerke sind sehr umweltverträglich. Die im Vergleich zu konventionellen Kraftwerken hohen Erzeugungskosten sind jedoch ein Nachteil. Solarkraftwerke brauchen viel Sonnenstrahlung. Die für gross angelegte Solarkraftwerke klimatisch geeigneten Standorte finden sich selten in der Nähe der Stromabnehmer.

Solarenergie in der Schweiz

In der Schweiz liegen die besonders geeigneten Gebiete für Solarenergie in den nebelarmen Alpentälern und in der Südschweiz. Für abgelegene Bauten, wie etwa Alphütten oder Bergrestaurants, bieten kleine Solarzelleneinheiten die ideale Stromversorgung. Die Installation eines Solarpanels auf dem Dach ist viel günstiger als der Leitungsbau zur nächsten Stromleitung.

Frei stehende Fotovoltaik-Anlagen machen aus der Warte der Energieproduktion nur Sinn, wenn sie sehr grosse Vorteile zu den Anlagen auf bestehenden Bauten bringen. Ein solcher Vorteil könnte darin bestehen, dass sie auch in den Wintermonaten eine gute Stromproduktion garantieren. Dies ist v. a. in höheren Lagen der Fall. Dort sind aber die Konflikte mit dem Natur- und Landschaftsschutz häufig gross und es fehlt oft die Erschliessungsinfrastruktur. Solche Nutzungen sind deshalb namentlich aus ökonomischen, ökologischen, aber auch aus der Sicht einer raschen Realisierbarkeit meist problematisch.[1]

Windkraftwerke

Wind entsteht durch Druckunterschiede zwischen Gebieten unterschiedlicher Lufttemperatur. So gesehen ist Windenergie also eine indirekte Form der Sonnenenergie.

Windkraftwerke bestehen aus einem Mast, auf dem der Rotor und die Maschinenkammer sitzen. Die Flügelzahl wird entsprechend dem Windangebot ausgewählt. Einflügler nutzen starke Winde, während Dreiflügler auch geringen Wind optimal ausnutzen können. Das Maschinenhaus enthält ein Getriebe, das die niedrige Rotordrehzahl in hohe Generatordrehzahlen übersetzt. Die erzeugte Energiemenge ist in der dritten Potenz von der Windgeschwindigkeit abhängig, d. h., eine doppelte Windgeschwindigkeit verursacht achtfache Leistung. Man baut Masten daher möglichst hoch, da der Wind mit zunehmender Höhe stärker wird. Ausserdem ermöglichen hohe Masten längere Rotorblätter, was die bestrichene Fläche und damit die Energieausnutzung erhöht.

Der Vorteil der Umwandlung von Wind in elektrische Energie liegt in der emissionsfreien Erzeugung. Ein Nachteil ist die Wetterabhängigkeit, an windstillen Tagen kann keine elektrische Energie erzeugt werden.

Windkraft in der Schweiz?

Um Wind optimal zu nutzen, muss die durchschnittliche Jahreswindgeschwindigkeit etwa 7 Meter pro Sekunde betragen. In der Schweiz liegen solche Gebiete auf den Jurakämmen und auf den Voralpengipfeln. Der Jura wäre besonders gut für Windenergieanlagen geeignet, da die Winde regelmässig aus West und Südwest wehen. Alpentäler, aber auch viele Lagen in den Alpen haben rasch wechselnde Winde, was die Windenergienutzung erschweren kann. Als nachteilig werden die optischen Auswirkungen auf das Landschaftsbild und die lokal auftretenden Lärmemissionen gross angelegter Windfarmen empfunden.

---

[1] Vgl. Positionspapier frei stehende Fotovoltaik-Anlagen des Bunds 2012, http://www.are.admin.ch/themen/raumplanung/00242/01413/index.html?lang=de (31.10.2013).

Biogasanlagen

Biogas oder Faulgas (Methan CH_4) entsteht durch Vergären von organischen Abfällen, z. B. von Faulschlamm in Kläranlagen oder von Jauche aus Landwirtschaftsbetrieben. Biogas kann für Heizwecke, zum Kochen und sogar als Antriebsenergie von Gasmotoren oder einer Wärme-Kraft-Koppelungs-Anlage verwendet werden. Der Bau und Betrieb lohnt sich in Bauernbetrieben erst ab etwa 30–40 Grossvieheinheiten.

Wasserkraftwerke

Fliessendes Wasser bedeutet kinetische Energie. Über das Laufrad einer Turbine treibt es direkt einen Generator an. Die dabei umgewandelte Energiemenge hängt von der Fallhöhe des Wassers und der Wassermenge ab.

Nieder- und Hochdruckkraftwerke

Je nach Fallhöhe unterscheidet man zwischen Nieder- und Hochdruckanlagen. Das Laufwasserkraftwerk gehört zu den Niederdruckanlagen. Es verarbeitet bei geringer Fallhöhe relativ grosse Wassermengen. Zu den Hochdruckkraftwerken zählen die Speicherkraftwerke, die die potenzielle Energie des Wassers in hoch gelegenen Seen oder Talsperren nutzen.

Pumpspeicherwerk

Eine besondere Art von Speicherkraftwerken ist das Pumpspeicherkraftwerk. Hier wird in Zeiten tiefer Netzbelastung und daher günstiger Strompreise – z. B. nachts – Wasser in ein höher gelegenes Sammelbecken gepumpt. Zur Hochlastzeit, also wenn viel Strom benötigt wird, lässt man das Wasser über die Turbine wieder ab und erzeugt so wertvollen Spitzenstrom.

Erneuerbar, aber nicht alternativ

Die Nutzung der Wasserkraft hat in der Schweiz eine lange Tradition. Mit 55% liefert sie den Grossteil des Schweizer Stroms. Deshalb ist die Wasserkraft wohl für die Schweiz eine erneuerbare, aber keine alternative Energieform. Norwegen erreicht fast 100% der Stromversorgung mit der Wasserkraft.

5.4.3 Umweltverträglichkeit erneuerbarer Energiequellen

Assuanstaudamm

Wasserkraftwerke haben mit dem Bau riesiger Staumauern von oft mehr als 100 m Höhe und mit der Überflutung weiter Landschaften eine enorme Auswirkung auf die Umwelt. Berühmt geworden sind die Folgen des Baus des Assuanstaudamms in Ägypten. Durch das Ausbleiben der jährlichen Überflutung des Niltals wurde die Landwirtschaft z. T. ihrer natürlichen Nährstoffquelle beraubt und musste fortan für viel Geld grosse Mengen Kunstdünger zukaufen.

Drei Schluchten

Ungeachtet grosser ökologischer und sozialer Vorbehalte wurden auch in jüngster Zeit noch riesige Staudämme gebaut. In 13 Jahren Bauzeit (1993–2006) entstand am chinesischen Jangtse-Fluss eine 185 m hohe und 2 300 m breite Staumauer, die einen 600 km langen See aufstaut. Für das höchstumstrittene «Drei-Schluchten-Projekt» am Jangtse wurden über 1.3 Mio. Einwohner aus 100 Ortschaften umgesiedelt. Es stellt sich allerdings die Frage, ob die Umwelt mit der Alternative unzähliger Kohlekraftwerke besser bedient wäre.

Schutz der Greina-Ebene

In den 1980er-Jahren wehrten sich Umweltverbände mit Erfolg gegen den Bau einer Staumauer vor der Greina-Hochebene im Kanton Graubünden. Dieses einzigartige Gebiet – eine «Tundra-Landschaft» in Mitteleuropa mit einer grossartigen Schwemmebene – konnte dank einer finanziellen Abgeltung an die Standortgemeinde Vrin in ihrem ursprünglichen Zustand erhalten werden. Ähnliche Konflikte zwischen den Interessen der Stromerzeuger und der Landschaftserhaltung spielten sich in den letzten Jahrzehnten sehr oft ab.

[Abb. 5-7] Greina-Ebene

Die Greina-Ebene wurde zum Symbol des Interessenkonflikts zwischen der Nutzung der erneuerbaren Energie Wasserkraft und dem Landschaftsschutz in der Schweiz. Bild: © oceanica – Fotolia.com

[Tab. 5-3] Umweltauswirkungen verschiedener erneuerbarer Energiequellen

Energienutzung	Energieaufwand und Umweltbelastung bei der Erstellung	Umweltbelastung durch Betrieb					
		Boden-/ Raumverbrauch	Landschaftsbild	Fauna / Flora	Wasser	Luft	Lärm
Wärme-Kraft-Koppelung	Mässig	Mässig	Mässig	Gering	Gering	Erheblich	Gering
Windkraftwerk	Gering	Mässig	Mässig	Mässig	Keine	Keine	Gering
Solarkraftwerk	Gering	Gering	Mässig	Mässig	Keine	Keine	Keine
Wasserkraftwerk	Erheblich	Erheblich	Erheblich	Erheblich	Erheblich	Keine	Gering

Die Darstellung zeigt, dass Wind- und Solarenergie die geringsten Auswirkungen auf den Raum haben. Die Auswirkungen auf den Raum und die Umwelt hängen aber stark von der Grösse und auch der Produktionskapazität von Energie ab. Wasserkraftanlagen haben bei Weitem die grössten räumlichen Auswirkungen. Quelle: eigene Darstellung G. Danielli.

Energiestrategie der Schweiz 2050

Der Bundesrat will in der Schweiz weiterhin eine hohe Stromversorgungssicherheit garantieren – mittelfristig jedoch ohne Kernenergie. Das hat er am 25. Mai 2011 beschlossen. Die bestehenden Kernkraftwerke sollen am Ende ihrer Betriebsdauer stillgelegt und nicht durch neue Kernkraftwerke ersetzt werden. Um die Versorgungssicherheit zu gewährleisten, setzt der Bundesrat im Rahmen der neuen Energiestrategie 2050 auf verstärkte Einsparungen (Energieeffizienz), den Ausbau der Wasserkraft und der neuen erneuerbaren Energien sowie wenn nötig auf fossile Stromproduktion (Wärme-Kraft-Koppelungs-Anlagen, Gaskombikraftwerke) und Importe. Zudem sollen die Stromnetze rasch ausgebaut und die Energieforschung verstärkt werden.

Die Vernehmlassung dauerte vom 28. September 2012 bis zum 31. Januar 2013. Die Stellungnahmen werden nun vom BFE ausgewertet und die Vorlage entsprechend bereinigt.

Zusammenfassung

Energien sind dann erneuerbar, wenn sie mit oder ohne Zutun des Menschen immer oder immer wieder zur Verfügung stehen. Die wichtigsten erneuerbaren Energien bietet die Sonne, sei es direkt in Form von Strahlung oder indirekt durch die Energie des fliessenden Wassers und des Winds.

Die Wärmepumpe und die Wärme-Kraft-Koppelung sind rationelle Formen der Energienutzung. Erstere nützt Sonnenenergie und Abwärme zum Heizen, Letztere erzeugt Strom und nützt gleichzeitig die Abwärme zum Heizen. Solar- und Windkraftwerke werden noch nicht flächendeckend eingesetzt. Noch ist der Strom, den sie produzieren, zu teuer. Die weitaus am stärksten genutzte erneuerbare Energieform ist die Wasserkraft. In Ländern mit vielen Fliessgewässern, wie der Schweiz oder Norwegen, leistet die Wasserkraft grosse Beiträge an die Stromversorgung.

Auch erneuerbare Energiequellen sind nicht vorbehaltlos umweltfreundlich. Die Wasserkraftnutzung greift erheblich in die Landschaft ein, dies mit Auswirkungen für die Menschen und die Tier- und Pflanzenwelt. Werden Solar- und Windkraftwerke im grossen Stil eingesetzt, verbrauchen sie beträchtliche Flächen und verändern das Landschaftsbild.

Aufgabe 28

In den 1980er-Jahren verhinderten Umweltschützer die Anlage eines Stausees auf der Greina-Ebene. Überlegen Sie sich, welche Argumente die Gegner wohl gegen den Bau der Staumauer ins Feld führten.

Aufgabe 29

Bestimmen Sie die Fläche, die benötigt würde, um die von den Schweizer Kernkraftwerken gelieferte Energie (26 000 Mio. KWh pro Jahr) mit einem Solarkraftwerk der Bauart Mont-Soleil zu ersetzen.

6 Schwerpunkt Verkehr

Lernziele Nach der Bearbeitung dieses Kapitels können Sie ...

- erklären, weshalb das Verkehrsaufkommen in vielen Industriestaaten stark anwächst.
- die Entwicklungen in der Verkehrswirtschaft der Schweiz schildern.
- die verschiedenen Verkehrsmittel bezüglich Energieverbrauch, Raumverbrauch und Schadstoffausstoss vergleichen.
- die Ziele der schweizerischen Verkehrspolitik erläutern.

Schlüsselbegriffe Kostenwahrheit, leistungsabhängige Schwerverkehrsabgabe (LSVA), Mobilität, Neue Eisenbahn-Alpentransversale (NEAT), Verkehrspolitik

Mobilität

Die Mobilität ist eines der auffälligsten Kennzeichen der modernen Zeit. In der arbeitsteiligen und zunehmend globaler agierenden Wirtschaft spielen gut funktionierende Verkehrswege und -mittel eine grosse Rolle, um Menschen, Waren und Nachrichten immer rascher von einem Ort zum andern zu verschieben. Mobilität heisst für den einzelnen Menschen, beweglich zu sein, Distanzen zu überwinden und Orte frei aufsuchen zu können. Viele von uns verbinden mit der Möglichkeit der persönlichen Mobilität auch ein Freiheitsgefühl. Sei es, dass wir am Wochenende kurz zum Skifahren in die Berge fahren oder eine Woche Ferien auf den Kanarischen Inseln buchen, Mobilität ist ein Stück Lebensqualität.

Allerdings müssen wir uns die Vorzüge der Mobilität immer teurer erkaufen. Der Verkehr frisst uns die Rohstoffe weg, verschmutzt unsere Luft, macht uns krank und verursacht deshalb grosse Kosten (vgl. Kap. 3.2.3, S. 25). In diesem Kapitel werden Sie den Vor- und Nachteilen einzelner Verkehrsträger begegnen und erfahren, wie der Schweizer Staat mit seiner Verkehrspolitik auf die Entwicklung der Verkehrswirtschaft Einfluss nimmt.

6.1 Gründe für wachsendes Verkehrsaufkommen

Was ist Verkehr?

Verkehr bezeichnet die Raumüberwindung durch Personen, Waren und Nachrichten. Die Raumüberwindung erfolgt mit Verkehrsmitteln, die mit Muskelkraft (Velo, zu Fuss) angetrieben werden oder mithilfe von Tieren, Kraftfahrzeugen, Schienenfahrzeugen, Schiffen oder Flugzeugen. Bestimmte Produkte lassen sich über spezielle Leitungen, wie z. B. Pipelines, befördern oder der Transport erfolgt immateriell, wie z. B. in der modernen Informationstechnologie.

Wieso entsteht Verkehr?

Für die Entstehung von Verkehr gibt es viele Gründe. Wir wollen uns auf zwei beschränken:

- **Verteilung der Rohstoffe und Güter im Raum:** Bereits in ihren Anfängen war der Güter- und Warentransport ein Schlüsselfaktor der Wirtschaft. An der Verkehr verursachenden Notwendigkeit, Rohstoffe zu beschaffen und Güter auf den Markt zu transportieren, hat sich bis heute trotz E-Mail und Internet nichts verändert. Es entsteht Arbeits- und Wirtschaftsverkehr.
- **Räumliche Trennung:** In der heutigen Gesellschaft wohnt kaum jemand am Arbeitsort und auch die Orte, an denen wir uns bilden, einkaufen und uns erholen, sind vielfach räumlich getrennt. Weil wir zwischen diesen Orten hin und her wechseln müssen, ergeben sich Pendlerverkehr und Einkaufsverkehr.

Ursachen der Verkehrszunahme

Für die Zunahme des Verkehrsaufkommens werden v. a. vier Gründe genannt:

- Tertiärisierung: Mit der rasanten Zunahme des Dienstleistungssektors steigt auch die Nachfrage nach beruflicher Mobilität. Geschäftsleute verursachen viel Personenverkehr.
- Arbeitsteilige Produktion: Waren werden heute kaum mehr von A bis Z am gleichen Ort hergestellt. In der internationalen Arbeitsteilung werden Arbeitsschritte dort erledigt, wo sie am günstigsten sind. Das erzeugt wiederum Arbeits- und Wirtschaftsverkehr, weil die halbfertigen Produkte ständig kreuz und quer durch den Wirtschaftsraum transportiert werden müssen (vgl. Abb. 8-2, S. 106). Gleichwohl macht der Arbeits- und Wirtschaftsverkehr nur rund 10% des Verkehrsaufkommens der Schweiz aus. Es muss also noch andere, bedeutendere Gründe für Verkehr geben.
- Höhere Einkommen und mehr Freizeit: Wenn auch nicht alle Menschen in den Industrieländern über mehr Einkommen frei verfügen können, so haben doch die meisten viel mehr Freizeit als noch vor wenigen Jahrzehnten. Mobilität ist ein bedeutender Spassfaktor in der heutigen Freizeitgesellschaft: Rund 40% der im Inland absolvierten Tagesdistanzen gehen auf das Konto von Freizeitaktivitäten. Dieser Anteil hat zwischen 2005 und 2010 jedoch um 5 Prozentpunkte abgenommen. In umgekehrter Richtung verlief die Entwicklung beim Verkehrszweck Nummer Zwei, der Arbeit: Der Anteil der Pendlerwege an den Tagesdistanzen hat leicht zugenommen und betrug 2010 rund 24%. Deutlich kürzer sind die Strecken, die für den Einkauf (13%), für geschäftliche Tätigkeiten (7%), für die Ausbildung (5%) sowie für Service- und Begleitwege und andere (11%) zurückgelegt wurden.
- Massenmotorisierung: Diese wurde durch Henry Ford eingeleitet und kann durch die weiterhin relativ günstigen Treibstoffpreise aufrechterhalten werden. 2012 gab es in der Schweiz 4.3 Mio. Personenwagen bei ca. 8 Mio. Einwohnern.[1]

Fokus

Weniger Verkehr dank Internet und E-Commerce?

Neueste Untersuchungen zeigen auf, dass die modernen Telekommunikationsmittel wie E-Mail, Internet oder Videokonferenzen das Verkehrsaufkommen unter dem Strich nicht etwa verkleinern, sondern im Gegenteil vergrössern.

Dieses scheinbare Paradoxon ist erstaunlich leicht erklärbar. Aufgrund der Verknüpfung von immer mehr Computern in der globalisierten Welt können mehr Kunden rascher miteinander in Kontakt treten und Bestellungen aufgeben. Dies führt dazu, dass der Güteraustausch in ebenso raschem Ausmass zunimmt und Verkehr erzeugt.

Ausserdem kann der Bildschirm «Face-to-Face»-Kontakte nicht ersetzen. Die neuen Geschäftspartner, die man übers Internet gewonnen hat, müssen bald besucht werden, und schon sind neue Verkehrsnachfragen entstanden. Quelle: UMWELT, 1/2001 und A7/A8 NFP41.

Verkehr ist nicht gleich Verkehr

Alle Menschen nehmen in irgendeiner Form am Verkehrsgeschehen teil, sei es als nicht motorisierte oder als motorisierte Teilnehmer. Und auch als Konsumenten nehmen wir Transportleistungen in Form von Warentransporten in Anspruch. Deshalb wird zwischen Personen- und Güterverkehr unterschieden. Eine weitere Unterteilung betrifft das Verkehrsmittel und die Verkehrsart, wobei zwischen nicht motorisiertem Verkehr (Velo, zu Fuss) und motorisiertem Individualverkehr MIV (Mofa, Motorrad, Auto) unterschieden wird. Unter dem öffentlichen Verkehr öV versteht man die Benützung von Tram, Stadtbahn, Eisenbahn, Bus, Seilbahn oder Schiff.

Verkehrsmittel

Anteilsmässig ist das Auto das wichtigste Verkehrsmittel in der Schweiz, mit dem etwa 70% der Distanzen zurückgelegt werden. Für ca. 20 von 100 km wird das öffentliche Verkehrsmittel benutzt. Der Rest wird zu Fuss, mit dem Velo oder Mofa zurückgelegt. Die sog. langsamen Verkehrsmittel LV (zu Fuss, Velo) haben vorwiegend beim Einkaufen grössere

---

[1] Quelle: Bundesamt für Statistik, http://www.bfs.admin.ch/bfs/portal/de/index/themen/11/22/press.html (31.10.2013).

Bedeutung. Der Anteil des Autos ist besonders hoch beim Freizeitverkehr, v. a. an Sonntagen, und beim Arbeitsweg.

Dichtes Verkehrsnetz in der Schweiz

Die Schweiz besitzt ein sehr dichtes Verkehrsnetz, das die Erschliessung des ganzen Lands und auch die Verbindung zum Ausland sicherstellt. Das innerhalb der Schweiz mit Abstand längste Verkehrsnetz (Daten 2010) ist das Strassennetz mit einer Länge von über 71 000 km. Davon entfallen rund 1 800 km auf Nationalstrassen[1]. Das Bahnnetz weist eine Länge von ca. 5 100 km auf. Seine Länge hat sich seit 1950 kaum verändert, ganz im Gegensatz zum Nationalstrassennetz, das seit den 1960er-Jahren stark ausgebaut wurde. Im Weiteren besitzt die Schweiz drei Landesflughäfen, eine ganze Reihe von Regionalflugplätzen sowie die Basler Rheinhäfen als Tor zur Welt im Schiffsverkehr.

Personenverkehr versus Güterverkehr

Die Nachfrage im schweizerischen Personenverkehr wuchs zwischen 1970 und 2000 um mehr als zwei Drittel auf etwa 109 Mia. Personenkilometer an.[2] Bis zum Jahr 2011 hat sich die Zahl Personenkilometer nochmals erhöht und erreichte 122 Mia. Im Gegensatz zum Güterverkehr ist jedoch beim Personenverkehr seit etwa 1985 das Wachstum im öffentlichen Verkehr deutlicher gewesen als beim privaten Strassenverkehr, was insbesondere auf ein verbessertes Angebot im öffentlichen Verkehr zurückzuführen ist. Heute machen Bahn und öffentlicher Strassenverkehr rund 20%, der private Strassenverkehr rund 80% aus.[3]

Die Nachfrage im Güterverkehr stieg zwischen 1970 und 2000 in der Schweiz um über 70% an. In diesem Zeitraum ist – anders als beim Personenverkehr – die Bedeutung der Schiene stark zurückgegangen. Auf die Strasse entfallen etwa 50%, auf die Schiene ca. 35% der beanspruchten Tonnenkilometer. 1970 waren die Anteile noch umgekehrt.

Aus der Abbildung 6-1 wird deutlich, dass bis in die 1980er-Jahre v. a. der Strassenbau Priorität hatte. In der Folge hat der Schienenverkehr aufgeholt.

[Abb. 6-1] Investitionen in die Verkehrsinfrastruktur

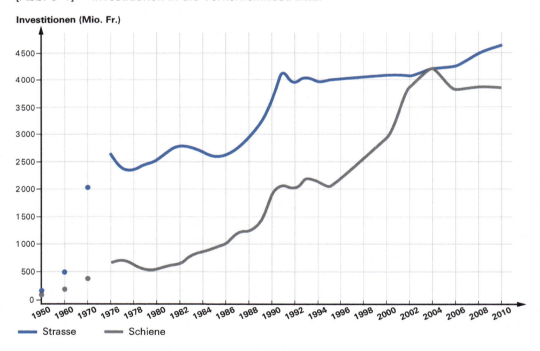

Quelle: Bundesamt für Statistik und LITRA, Verkehrszahlen, Ausgabe 2012, S. 37.

---

[1] Die Nationalstrassen, sechsspurig gerechnet, würden nur für die Hälfte aller Personenwagen der Schweiz als Parkplatz reichen.
[2] 109 Mia. km entsprechen bei einer Einwohnerzahl von 7.2 Mio. ca. 15 200 km pro Person und Jahr.
[3] Quelle: Bundesamt f. Statistik, http://www.bfs.admin.ch/bfs/portal/de/index/themen/11/05/blank/04.html (31.10.2013).

Binnen- vs. Transitverkehr

Etwa die Hälfte der in der Schweiz gefahrenen Tonnenkilometer dient dem Binnenverkehr, dem Gütertransport innerhalb der Schweiz. Ein Sechstel sind Transporte zwischen der Schweiz und anderen Ländern und zwei Sechstel Transitverkehr durch die Schweiz. Anders als beim Binnengüterverkehr dominiert beim Transitgüterverkehr die Bahn. Der Anteil des Transitverkehrs auf der Schiene beträgt zurzeit (Daten 2011) 64%, was v. a. aufgrund der Massnahmen in der Verkehrspolitik erreicht wurde (vgl. Kap. 6.3, S. 83). Im Vergleich dazu liegt der Anteil der Schiene in Österreich und Frankreich bei nur 32% bzw. 14%.[1]

Zusammenfassung

Verkehr bezeichnet die Raumüberwindung durch Personen, Waren und Nachrichten. Verkehr entsteht durch die ungleiche Verteilung von Rohstoffen und Gütern im Raum, die arbeitsteilige Produktion, das Verkehrsbedürfnis des Dienstleistungssektors, die räumliche Entmischung der Alltagstätigkeiten sowie den Mobilitätsdrang der Freizeitgesellschaft.

Grundsätzlich wird zwischen motorisiertem Individualverkehr (MIV) und öffentlichem Verkehr (öV) unterschieden. Der Freizeitverkehr macht über 40% der jährlich zurückgelegten Personenkilometer in der Schweiz aus. Beim Verkehrsmittel dominiert das Auto.

Die Schweiz hat eines der dichtesten Verkehrsnetze der Welt. Von diesem Angebot machen die mobilen Schweizer auch überdurchschnittlich Gebrauch. In der Schweiz ist der öffentliche Personenverkehr in den letzten Jahren überproportional gewachsen. Beim Güterverkehr verhält es sich genau umgekehrt – bei anhaltendem Wachstum nahm der Anteil der Schiene stetig ab.

Aufgabe 30

Was entgegnen Sie Kritikern, die sich gegen die aktuellen Investitionen in die Bahninfrastruktur wie etwa gegen den Basistunnel Gotthard und Lötschberg äussern?

6.2 Verschiedene Verkehrsträger im Vergleich

Seit der Zeit der ersten Saumtiere hat sich eine beträchtliche Vielfalt verschiedener Verkehrsträger entwickelt. Mit immer ausgefeilteren Techniken hat der Mensch das Festland, das Wasser und schliesslich auch die Luft als Verkehrsraum erschlossen. Wenngleich der Strassen-, Schienen-, Schiffs- und Luftverkehr bezüglich Verbreitung und Wirtschaftlichkeit grosse Unterschiede aufweist, so haben sie alle doch eines gemeinsam: Sie wirken in der einen oder anderen Weise auf unseren Lebens- und Wirtschaftsraum. Das Verhältnis der verschiedenen Verkehrsträger zu Umwelt und Raum steht deshalb im Mittelpunkt des folgenden Vergleichs.

Raumfressende Verkehrsanlagen

Für die Abwicklung des Verkehrs sind Verkehrsanlagen notwendig, wie Autobahnen für den Schnellverkehr, Wege und Trottoirs für die Fussgänger, Strassen und Busspuren für die Busse und Taxis, Trassen für Tram und Eisenbahnen u. a.

[1] Quelle: Bundesamt f. Statistik, http://www.bfs.admin.ch/bfs/portal/de/index/themen/11/05/blank/04.html (31.10.2013).

Die Verkehrsinfrastruktur braucht grosse Räume und schliesst sie weitgehend von anderen Nutzungen aus. In der Schweiz beansprucht der Verkehr rund 900 km² oder 2.2% der Landesfläche, Tendenz weiter steigend. Rechnerisch entspricht die versiegelte Verkehrsfläche der Fläche des Kantons Schwyz. Auf den einzelnen Einwohner entfallen 127 m² Verkehrsfläche. In städtischen Gebieten nimmt die Verkehrsfläche über 30% ein. Von den etwas über 900 km² Verkehrsflächen in der Schweiz entfallen rund 90% auf die Strasse, ca. 8% auf die Schiene und 2% auf Flugplatzareale (vgl. Abb. 6-2).

Ein weiteres Problem der Verkehrsanlagen ist die Zerschneidung von Landschaften, was zum Rückgang naturnaher Räume und damit zum Artenrückgang beiträgt. Pro Jahr werden ca. 50 ha Flächen den Verkehrsanlagen in der Schweiz geopfert.

[Abb. 6-2]   Verkehrsanlagen verändern die Landschaft

Die Landschaft rund um den Flughafen Zürich-Kloten hat sich in den letzten Jahrzehnten stark gewandelt. Das Bild links zeigt die Region 1949; das Bild rechts stammt aus dem Jahr 2011. Bilder: © Schweizer Luftwaffe

Energieverbrauch

Beim Energieverbrauch des Verkehrs wird die dominierende Stellung des Strassenverkehrs deutlich. Der rasch wachsende Luftverkehr legt allerdings kräftig zu, während der Energieverbrauch bei den Eisenbahnen sogar rückläufig ist (vgl. Abb. 6-3).

[Abb. 6-3]   Energieverbrauch Wirtschaftssektoren (links) und nach Verkehrs-Verbrauchergruppen (rechts) 2011

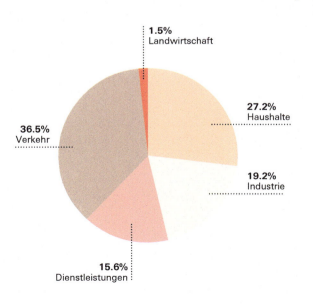
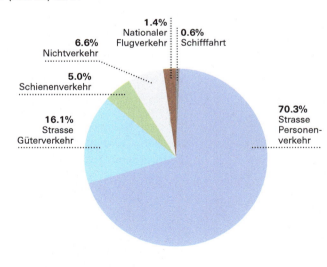

Der Verkehr verbrauchte ca. ein Drittel der in der Schweiz konsumierten Energie. Dabei verbrauchte der Strassenverkehr 86% der Energie im Verkehr! Der Schienenverkehr hingegen nur 5%. Quelle: Bundesamt für Statistik, 2013.

6.2.1 Schienenverkehr

Die Eisenbahn war für die frühe Industrialisierung die entscheidende Transporttechnologie. Sie ermöglichte es Regionen, fernab von Küste und schiffbaren Flüssen, ins industrielle Zeitalter einzusteigen. Der Bau der Bahninfrastruktur prägte deshalb die Ausbildung der heutigen Struktur des Siedlungs- und Wirtschaftsraums. Mit dem Bau von Eisenbahnlinien entstanden im 19. Jahrhundert bedeutsame Zentren aufgrund der gewachsenen Standortgunst. Heute übernimmt die Bahn in den meisten Teilen der Erde wichtige Transportfunktionen im Güter- und Personenverkehr.

Personenverkehr

In dicht besiedelten Wirtschaftsräumen, wie Mitteleuropa oder Japan, bieten dichte Eisenbahnnetze mit Hochgeschwindigkeitszügen schnelle Verbindungen zwischen den Grossstädten und ins Umland. Im Nahverkehr decken U- und S-Bahnen die Verkehrsnachfrage der Pendler ab.

Güterverkehr

Speziell beim Güterverkehr wird die Schiene zunehmend von der Strasse konkurrenziert. Um diesem Trend entgegenzuwirken, verbindet der kombinierte Verkehr die umweltfreundliche Eisenbahn mit den unbestrittenen Vorteilen der Strasse bei der Feinverteilung. Unter dem Stichwort «rollende Landstrasse» werden Frachtcontainer (genormte Behältnisse, Container) oder ganze Lastwagen für die langen Distanzen auf Bahnwagen «gepackt» («huckepack»). Die Feinverteilung erfolgt dann wieder auf dem dichteren Strassennetz.

Umwelt

Bahnfahren ist die wohl umweltfreundlichste Art der schnellen Fortbewegung. Die Bahn ist sehr sparsam im Raumkonsum. In der Schweiz beansprucht sie gerade 8% der gesamten Verkehrsfläche. Auch beim Energieverbrauch und dem Schadstoffausstoss liegen die Schweizer Bahnen vorne: Während Strassen- und Luftverkehr zu 95% von fossilen Energieträgern angetrieben werden, fährt die elektrisierte Bahn hauptsächlich mit Strom aus regenerierbaren Energiequellen (v. a. Wasserkraft). Sie belastet damit die Luft nur mit wenigen Schadstoffen. In vielen anderen Ländern fährt die Bahn allerdings mit Diesel oder mit Strom aus Kohle- oder Atomkraftwerken, wodurch sich sowohl die Energie- als auch die Schadstoffbilanz der Bahn verschlechtert.

In der Schweiz

Seit 1950 blieb das schweizerische Schienennetz fast unverändert. Erst mit den Neubaustrecken der Projekte BAHN 2000, Neue Eisenbahn-Alpentransversale (NEAT) und weiteren Projekten wie beispielsweise der Durchmesserlinie in Zürich kam es zu wichtigen Ergänzungen (vgl. Kap. 6.3.3, S. 85).

Europameister im Bahnfahren

Die Schweizer sind im internationalen Vergleich sehr mobil. Während sie mit dem Personenwagen nur unbedeutend mehr fahren als die anderen Europäer, liegen sie bei den zurückgelegten Bahnkilometern weit vorne: Die Schweiz nutzt ihren öffentlichen Verkehr europameisterlich. Herr und Frau Schweizer waren 2010 durchschnittlich 50-mal im Jahr mit der Eisenbahn unterwegs. Erst mit deutlichem Abstand folgen Luxemburg und Dänemark mit je 36 bzw. 35 Fahrten je Einwohner und Jahr. Auf den weiteren Plätzen folgen Österreich (26 Fahrten), Deutschland (24), Grossbritannien (22) und Belgien (20). Im weltweiten Vergleich liegt einzig Japan mit 69 Fahrten pro Einwohner und Jahr vor der Schweiz.

Weltmeister ist die Schweiz in der mit der Bahn zurückgelegten Reisedistanz (zurückgelegte Kilometer pro Einwohner und Jahr). Sie steht an der Spitze der Länderliste mit 2 258 km, vor Dänemark (1 322 km), Frankreich (1 320 km), Österreich (1 227 km), Belgien (972 km) und Deutschland (961 km). Nebst den europäischen Staaten kann die Schweiz in der Reisedistanz selbst Japan auf den zweiten Platz verweisen, das einen Wert von 1 910 km aufweist.[1]

---

[1] Quelle: LITRA, Informationsdienst für den öffentlichen Verkehr, 2013.

6.2.2 Strassenverkehr

Personenverkehr

Mit dem Wachstum der Wirtschaft und dem zunehmenden Wohlstand der Bevölkerung nahm nach dem Zweiten Weltkrieg der Motorisierungsgrad wesentlich zu und führte zum «Siegeszug» des Automobils. Über eine Milliarde[1] Personenwagen sind derzeit weltweit unterwegs, mehr als ein Neuwagen läuft pro Sekunde vom Band. Drei Viertel dieser Pkws fahren auf den Strassen der Industrieländer. In den Entwicklungsländern und den Ländern des Ostens verhinderten bisher die tiefen Einkommen die Massenmobilisierung. In den Schwellenländern Ostasiens sind allerdings markante Anstiege des Personenverkehrs festzustellen.

Güterfernverkehr

Der Güterfernverkehr gehört zu den am stärksten wachsenden Bereichen der Verkehrswirtschaft. Durch die neuen arbeitsteiligen Produktionsverfahren müssen mehr Güter transportiert werden. Weil der Verkehr geringere Kosten als die Lagerung verursacht, kommt es gar zu einem «rollenden Lager» auf der Strasse.

Umwelt

Da der motorisierte Strassenverkehr nicht alle von ihm verursachten Kosten trägt, sind Waren- und Personentransporte viel zu günstig und es kommt zu unsinnigen Warentransporten und Verkehrsbewegungen. Die gravierendsten Auswirkungen des Strassenverkehrs sind der Energieverbrauch (vgl. Abb. 6-3, S. 78) und die Luftbelastung. Obschon sich die Luftqualität wegen der technischen Massnahmen im Autoverkehr in Bezug auf die Schadstoffe Stickoxide und Schwefeldioxid in den letzten Jahrzehnten gebessert hat, bleibt die Schadstoffbelastung aufgrund der mengenmässigen Zunahme des Verkehrs hoch (vgl. Fokus unten).

Fokus

Luftbelastung durch Feinstäube

Die Ergebnisse zahlreicher epidemiologischer Studien haben gezeigt, dass feine Schwebestaubteilchen eine schädigende Wirkung auf die Gesundheit haben. Als besonders bedenklich gelten Partikel, die einen Durchmesser von weniger als 10 Mikrometer aufweisen. Dieser Teil des Schwebestaubs wird PM10[2] genannt. Während gröbere Teilchen nicht eingeatmet werden, kann ein Teil der PM10 in die Lunge gelangen, wo sie ihre schädlichen Wirkungen entfalten. In der Luftreinhalteverordnung wurde ein Grenzwert von 20 Mikrogramm pro Kubikmeter Luft ($\mu g/m^3$) als Jahresmittelwert festgelegt. Mit zunehmenden PM10-Jahresmittelwerten treten vermehrt Atemnot, Husten, Auswurf und Atemweginfektionen auf. Weiter gibt es einen Zusammenhang zwischen Feinpartikel-Immissionen und Sterblichkeit.

Feinstäube werden hauptsächlich durch Dieselmotoren (nicht durch Benzinmotoren!) verursacht. Daher werden für Dieselmotoren Russpartikelfilter verlangt. Aber auch die Verbrennung von Holz produziert Feinstaub.

Mit dem 2006 vom Bundesrat beschlossenen Aktionsplan Feinstaub soll die PM10-Konzentration bei allen wesentlichen Feinstaubquellen reduziert werden. Massnahmen dazu sind z. B. Partikelfilter für Dieselmotoren und strengere Emissionsgrenzwerte für Holzheizungen.

---

[1] Quelle: Wikipedia, http://de.wikipedia.org/wiki/Wirtschaftszahlen_zum_Automobil (31.10.2013).
[2] Die Abkürzung stammt aus dem engl. *particulate matter* und bedeutet «Partikelgrösse».

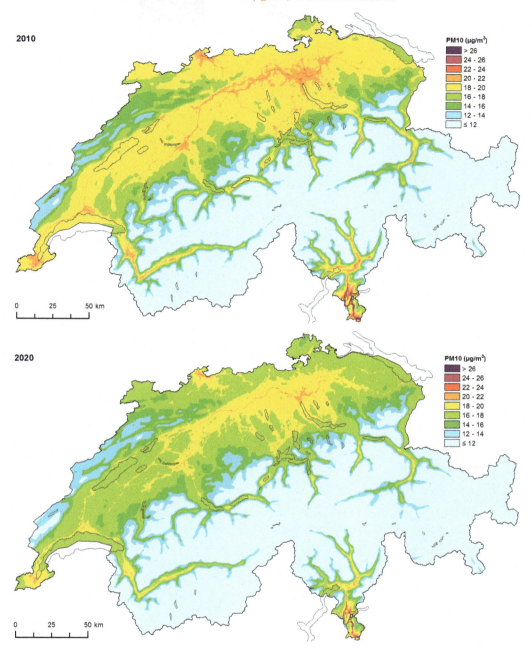

[Abb. 6-4] PM10-Konzentrationen 2010 (oben) und geschätzte PM10-Konzentrationen 2020 (unten). Grenzwert: 20 µg/m³; Gitterweite 200 m

Aus der Abbildung ist die räumliche Verteilung der PM10-Belastung entlang der Verkehrsachsen deutlich sichtbar. Quelle: Meteotest / Infras im Auftrag des BAFU.

Sicherheit im Strassenverkehr

2010 starben im Strassenverkehr weltweit über 1.2 Mio. Menschen[1]. 2012 waren es in der Schweiz 301 Tote und 3 867 Schwerverletzte.[2] Diese immer noch beängstigenden Zahlen werden von Verkehrsteilnehmern gerne verdrängt. Geschwindigkeitslimiten und Alkoholgrenzen sind keine Beschneidung des persönlichen Rechts auf Mobilität, sondern vor dem Hintergrund der Verkehrsopfer eine Notwendigkeit. Weitere Gründe der Erhöhung der Verkehrssicherheit sind eine verbesserte Fahrausbildung, technische Fortschritte im Fahrzeugbau sowie Vorschriften wie etwa das Gurtenobligatorium.

[1] Oder alle 26 Sekunden 1 Mensch. Quelle: Neue Zürcher Zeitung, 14.3.2013,
http://www.nzz.ch/aktuell/panorama/12-millionen-verkehrstote-weltweit-1.18046730 (31.10.2013).
[2] Quelle: Bundesamt für Statistik,
http://www.bfs.admin.ch/bfs/portal/de/index/themen/11/06/blank/01/aktuel.html (31.10.2013).

In der Schweiz

1950 zirkulierten erst knapp 150 000 Autos auf den Strassen in der Schweiz, im Jahr 2012 waren es mit gut ca. 5.6 Mio. Fahrzeugen über 37-mal mehr. Die Personenwagendichte nahm seit 1960 mit 0.1 Auto pro Person stetig auf über 0.7 Autos pro Person im Jahr 2012 zu.[1] Mit der steigenden Anzahl Personenwagen wurden gleichzeitig auch immer mehr Kilometer pro Jahr zurückgelegt.

6.2.3 Schiffsverkehr

Die Binnenschifffahrt spielte v. a. vor dem Eisenbahn- und Strassenzeitalter eine wichtige Rolle im Gütertransport. Heute ist sie mit wenigen Ausnahmen nur noch von geringer Bedeutung. Eine Ausnahme bildet die Binnenschifffahrt auf den drei grossen europäischen Wasserstrassen Rhein, Donau und Wolga. Die Seeschifffahrt hingegen transportiert entlang bestimmter Wasserstrassen grosse Mengen von Industriegütern in Containern (vgl. Fokus S. 107). Um im Konkurrenzkampf des Seefrachtgeschäfts Kosten zu sparen, fahren viele Schiffe unter Billigflaggen wie etwa Liberia, Panama, Zypern oder Malta. Tiefere Versicherungen und Sicherheitsstandards sowie billige ausländische Seeleute senken die Kosten – allerdings auf dem Buckel der Beschäftigten und der bei Tankerunglücken verschmutzten Umwelt.

In der Schweiz

Die Schweiz besitzt mit den Basler Rheinhäfen einen der wichtigen europäischen Binnenschifffahrtshäfen. In Basel machen Rheinkähne Halt und die Ladungen werden gelöscht. Diese enthalten im flussaufwärts gerichteten Bergverkehr v. a. Massengüter wie Erdölprodukte, Steinkohle, Metalle, Sand, aber auch Getreide. Im flussabwärts gerichteten Talverkehr handelt es sich vorwiegend um Maschinen und Fahrzeuge.

Die Binnenschifffahrt ist stark von der Wasserführung der Flüsse abhängig. Hochwasser- oder Niedrigwasserstände können zur Einstellung der Schifffahrt zwingen. Die Binnenschifffahrt ist für den Transport rasch verderblicher Produkte ungeeignet. Diese Transportart ist v. a. im Vergleich zum Transport auf der Strasse sehr umweltfreundlich.

6.2.4 Flugverkehr

Personenverkehr

Der Luftverkehr befindet sich (nach einem Rückgang als Folge der Anschläge auf das World Trade Center in New York am 11. September 2001 und weiteren negativen Ereignissen Anfang des neuen Jahrtausends seit 2004 wieder im Aufwind. Viele unserer Zeitgenossen benützen das Flugzeug immer öfter und für immer grössere Distanzen. Es ist «trendig», ein Wochenende in London zu verbringen oder vor Weihnachten sogar in New York zu shoppen. Die Ferien werden immer öfter in der Karibik, in Indonesien oder im Nahen Osten verbracht. Herr und Frau Schweizer fliegen jährlich privat oder beruflich bereits mehr als 5 200 km[2]. Betrachtet man die Prognosen im Luftverkehr, so scheint kein Ende des Flugverkehr-Booms in Sicht.

Güterverkehr

Auch der Frachtflugbereich wächst. So werden Spargeln aus Mexiko oder Äpfel aus Neuseeland nicht mehr nur als Beiladefracht bei Passagierflügen zugeladen, sondern mit reinen Frachtflügen transportiert.

Umwelt

Aus ökologischer Sicht ist diese Entwicklung äusserst bedenklich, denn der Flugverkehr ist der mit Abstand umweltschädlichste Verkehrsbereich. Ein einziges eingeflogenes Kilo Spargeln aus den USA belastet die Umwelt gleich stark wie eine Autofahrt von 40 km Länge!

---

[1] Quelle: Bundesamt für Statistik,
http://www.bfs.admin.ch/bfs/portal/de/index/themen/11/22/press.html?pressID=8529 (31.10.2013).

[2] Quelle: Bundesamt für Raumentwicklung ARE,
http://www.are.admin.ch/themen/verkehr/00256/00499/index.html?lang=de (31.10.2013).

Nicht besser steht es beim Personenverkehr. Ein einziger Flug Schweiz–Australien verpufft pro Person über 2500 l Kerosin und belastet damit die Umwelt genau gleich stark wie fünf Jahre Autofahren.

Der Flugverkehr heute trägt bereits über 10% des CO_2-Ausstosses des Verkehrs. Dabei sind die von den Düsenjets in einer Höhe von 10 bis 12 km ausgestossenen Treibhausgase zwei- bis viermal «klimawirksamer» als am Boden. Auf dieser Höhe gibt es kein Wetter mehr und damit auch keine Niederschläge. Die sich rasch anreichernden Schadstoffe können nicht mehr auf die Erde ausgewaschen werden.

In der Schweiz

Der Flughafen Zürich-Kloten wurde massiv ausgebaut, weil die Kapazitätsgrenzen Ende der 1990er-Jahre erreicht waren. Die volkswirtschaftliche Bedeutung des Flughafens ist für die Region Zürich sehr gross. Mit dem Anwachsen des Flugverkehrs steigt jedoch die Lärmbelastung für das Umland weiter an und entsprechend sind die ablehnenden Reaktionen aus der Bevölkerung, besonders nach der Änderung des Anflugregimes (Südanflug), nicht überraschend. Neben den Interkontinentalflügen hat der regionale Flugverkehr eine grössere Bedeutung erlangt. Mit dem europaweiten Hochgeschwindigkeitsbahnnetz wird mittels Anbindung der Flughäfen versucht, diesen Trend möglichst rasch zu brechen.

Zusammenfassung

Der Bau der Eisenbahnlinien im 19. Jahrhundert hat die heutigen Siedlungsstrukturen stark beeinflusst. Die Schweiz weist heute eines der dichtesten Bahnnetze der Welt auf.

Beim Strassenverkehr kann von einem eigentlichen Siegeszug des Automobils seit dem Zweiten Weltkrieg gesprochen werden. Die rasche Zunahme der Motorisierung führte in der Schweiz zu einem zügigen Ausbau des nationalen Strassennetzes.

Der Schiffsverkehr eignet sich v. a. für den Transport von unverderblichen Massengütern und ist im Vergleich etwa zum Strassenverkehr sehr umweltfreundlich. Basel ist für den Schiffsverkehr der Schweiz das «Tor zur Welt».

Der Flugverkehr weist von allen Verkehrsarten das schnellste Wachstum auf. Obwohl für die Flughafenstandorte von erheblicher ökonomischer Bedeutung, ist das schnelle Wachstum des Flugverkehrs wegen seiner Umweltauswirkungen äusserst problematisch.

Aufgabe 31

Weshalb ist aus ökologischer Sicht ein Veltliner einem kalifornischen Cabernet Sauvignon vorzuziehen?

Aufgabe 32

Ein Geschäftsmann pendelt seit Jahren jeden Tag 10 km mit seinem Personenwagen vom Vorort in die Stadt. Seine umweltbewusste Tochter fährt die gleiche Strecke aus Überzeugung mit dem Velo. In den letzten Ferien erfüllte sich die Naturfreundin einen lang gehegten Wunsch und besuchte das Naturwunder der Galapagosinseln. Wessen Verkehrsverhalten ist umweltverträglicher? Das des Vaters oder das der Tochter?

6.3 Verkehrspolitik

Die Verkehrspolitik sucht den Interessenausgleich zwischen der Befriedigung von Verkehrsbedürfnissen und der Erhaltung der Lebensqualität im Lebens- und Wirtschaftsraum. Dazu darf der Verkehr nicht zu stark anwachsen. Wenn gleichwohl neue Verkehrswege und -mittel gebaut werden, sorgt die Verkehrspolitik dafür, dass die Vorteile der einzelnen Verkehrsträger gut kombiniert und aufeinander abgestimmt werden und dass der Ausbau möglichst umweltschonend erfolgt.

6.3.1 Grundzüge der schweizerischen Verkehrspolitik

Aufgrund der Nachteile des öffentlichen Verkehrs (z. B. geringe Flexibilität, eingeschränkte zeitliche Verfügbarkeit) konzentriert sich die schweizerische Verkehrspolitik auf die Verbesserung der Rahmenbedingungen des öffentlichen Verkehrs. Wichtiger Grundsatz beim öffentlichen Verkehr ist die flächendeckende Erschliessung mit Schiene, Bus und anderen Verkehrsmitteln – kurz Grundversorgung genannt. Weiter ist es ein zentrales Anliegen der schweizerischen Verkehrspolitik, dass alle Bevölkerungsgruppen und Landesteile Zugang zu einem funktionierenden Verkehrssystem haben.

Ziele

Die schweizerische Verkehrspolitik orientiert sich an den folgenden drei Zielen[1]:

- Der Verkehr soll umweltgerecht bewältigt werden: Der Verkehr wird auch in Zukunft wachsen. Damit dies für Mensch und Natur verkraftbar bleibt, muss der öffentliche Verkehr zulasten des Individualverkehrs gestärkt werden. Das bedeutet insbesondere, so viel Güterverkehr als möglich von der Strasse auf die Schiene zu verlagern.
- Das Verkehrssystem muss finanzierbar und effizient sein: Infrastruktur und Rahmenbedingungen des öffentlichen Verkehrs müssen für die Herausforderungen der Zukunft gerüstet werden. Dazu braucht es die Modernisierung unseres Schienennetzes und mehr Wettbewerb zwischen den Bahnen.
- Die Verkehrspolitik muss in den europäischen Rahmen eingebettet werden: Die Schweiz liegt mitten in Europa und spielt im Nord-Süd-Transit eine wichtige Rolle. Unsere Verkehrspolitik muss daher die europäischen Entwicklungen berücksichtigen.

Massnahmen

Dazu stützt sich die schweizerische Verkehrspolitik auf fünf Hauptpfeiler[1]:

- Leistungsabhängige Schwerverkehrsabgabe (LSVA): Seit dem 1. Januar 2001 bezahlt der Schwerverkehr die LSVA. Sie setzt das Verursacherprinzip und damit die Kostenwahrheit im Schwerverkehr durch: Wer viel fährt, bezahlt auch viel.
- Modernisierung der Bahninfrastruktur: Mit der BAHN 2000, dem NEAT-Netz mit zwei neuen Basistunnels am Gotthard und Lötschberg, dem Anschluss der Ost- und Westschweiz an das europäische Hochgeschwindigkeitsbahnnetz sowie der Lärmsanierung soll die Bahn gegenüber der Strasse konkurrenzfähig gemacht werden. Die zweite Etappe von BAHN 2000 wird heute unter dem Titel «Zukünftige Entwicklung der Bahninfrastruktur» (ZEB) diskutiert. Teile dieser Projekte, wie die erste Etappe der Bahn 2000, der Lötschberg-Basistunnel oder zahlreiche Sanierungen im Bereich des Lärmschutzes, sind bereits realisiert und in Betrieb.
- Bahnreform: Sie bringt den Bahnen mehr Flexibilität und unternehmerische Freiheit, sodass sie produktiver werden und attraktivere Angebote bereitstellen können. Das zweite Paket der Bahnreform ist zurzeit unter dem Titel «Revision der Erlasse über den öffentlichen Verkehr» (RöVE) in Diskussion.
- Bilaterales Landverkehrsabkommen Schweiz-EU: Es sichert die umweltgerechte schweizerische Verkehrspolitik gegenüber Europa ab und bringt eine koordinierte Politik zum Schutz des gesamten Alpenraums.
- Verlagerungsgesetz und flankierende Massnahmen: Sie steuern die Verlagerung des Güterverkehrs auf die Schiene.

Und die Pkws?

Und welche Verkehrspolitik vertritt die Schweiz gegenüber dem motorisierten Personenverkehr, der stattliche 80% des Verkehrsaufkommens ausmacht? Bis ins Jahr 2025 wird das 1960 beschlossene Nationalstrassennetz durch die Schliessung letzter Lücken vollendet sein. Bis dahin gilt es, die bestehenden Strassen optimal zu nutzen, instand zu halten und örtlich den neuen Erfordernissen anzupassen. «Intelligente Strassen» mit Verkehrsleitsystemen sollen helfen, Staus in Flaschenhälsen zu vermeiden. Daneben bildet auch die Erhöhung der Verkehrssicherheit im Strassenverkehr eine Daueraufgabe.

Auf den folgenden Seiten betrachten wir die ersten vier Hauptpfeiler der schweizerischen Verkehrspolitik genauer, als Beispiel zum fünften studieren Sie den Fokus S. 88.

[1] Bundesamt für Verkehr (BAV), 2002.

6.3.2 Leistungsabhängige Schwerverkehrsabgabe (LSVA)

Den Schwerverkehr zur Kasse gebeten

Der Schwerverkehr auf der Strasse mit Lastwagen und Reisebussen verursacht der Allgemeinheit besonders hohe Kosten. Neben den Infrastrukturkosten (v. a. für Bau und Unterhalt der Strassen) entstehen auch grosse finanzielle Aufwendungen für die Folgen von Unfällen, Luftverschmutzung, Lärm etc. Nach einer Volksabstimmung hat die Schweiz deshalb 2001 die leistungsabhängige Schwerverkehrsabgabe (LSVA) eingeführt.

Verursacherprinzip

Die LSVA zielt in Richtung Kostenwahrheit. Der Schwerverkehr soll jene Kosten bezahlen, die er auch tatsächlich verursacht. Die LSVA setzt im Strassenverkehr das Verursacherprinzip durch: Wer viel fährt, soll auch mehr bezahlen. Die LSVA bemisst sich nach den in der Schweiz gefahrenen Kilometern und dem Gesamtgewicht der Fahrzeuge. Sie ist sowohl von schweizerischen als auch von ausländischen Fahrzeughaltern zu bezahlen.

Verlagerung auf die Schiene

Die LSVA ist ein wichtiges verkehrspolitisches Instrument. Durch die markante Verteuerung des Strassentransports schafft die LSVA einen marktwirtschaftlichen Anreiz, vermehrt die Schiene zu benutzen. Die angestrebte Verlagerung von möglichst viel Schwerverkehr auf die Schiene ist unabdingbar, um das auch in Zukunft wachsende Verkehrsaufkommen möglichst umweltgerecht bewältigen zu können.

Verwendung der Einnahmen

Die LSVA bringt Einnahmen von rund 1.5 Mia. CHF jährlich. Ein Drittel geht an die Kantone, die dieses Geld in erster Linie für den Unterhalt und Bau von Strassen verwenden. Zwei Drittel gehen an den Bund, der diese Einnahmen zur Finanzierung der NEAT und der übrigen grossen Infrastrukturvorhaben im öffentlichen Verkehr einsetzt.

6.3.3 Modernisierung der Bahninfrastruktur

Wohl hat die Schweiz mit einer Länge von ca. 5 100 km ein sehr dichtes Schienennetz. Allerdings hat das Schienennetz im 20. Jahrhundert wenig grundsätzliche Neuerungen erfahren. Mit der Modernisierung der Bahninfrastruktur wird die Bahn als moderne und wirtschaftlich attraktive Alternative zum Strassenverkehr gefördert.

Neue Eisenbahn-Alpentransversale (NEAT)

Zwei Basistunnel

Eines der zentralen Elemente des Ausbaus der Infrastruktur ist die Neue Eisenbahn-Alpentransversale (NEAT). Kernstück der NEAT sind die zwei neuen Basistunnel am Gotthard und am Lötschberg. Sie bringen dem Personen- und dem Güterverkehr kürzere und schnellere Nord-Süd-Verbindungen durch die Alpen. Von Basistunnel spricht man, weil sie den Gebirgszug der Alpen an dessen Basis durchfahren. Der neue Gotthard-Basistunnel von Erstfeld (472 m ü. M.) nach Biasca (301 m ü. M.) wird die Alpen auf einer Höhe von unter 550 m ü. M. durchqueren!

Grossprojekt in Bauetappen

Die NEAT wird in Etappen realisiert. So bleiben die Kosten unter Kontrolle und das Schienenangebot kann auf die wachsende Verkehrsnachfrage abgestimmt werden. Die Hauptelemente der NEAT sind (vgl. Abb. 6-5, S. 87):

- Ausbau der Lötschberg-Simplon-Achse: Zwischen Frutigen BE und Raron VS entstand der 34.6 km lange Lötschberg-Basistunnel; der Bau wurde Ende 1999 begonnen und Ende 2007 dem Verkehr übergeben.
- Ausbau der Gotthard-Achse: Zwischen Erstfeld und Biasca entsteht der 57 km lange Gotthard-Basistunnel; der Bau hat ebenfalls Ende 1999 begonnen und soll 2016 eröffnet werden. Zum Ausbau der Gotthard-Achse gehört auch der Bau des Ceneri-Tunnels zwischen Bellinzona und Lugano.
- Integration der Ostschweiz: Mit Ausbauten auf der Strecke St. Gallen–Arth-Goldau sowie mit dem Zimmerbergtunnel (Bau ist momentan aus finanziellen Gründen sistiert) und dem Hirzeltunnel soll die Ostschweiz an die NEAT angeschlossen werden.

Personenverkehr Im Personenverkehr integriert die NEAT in Kombination mit BAHN 2000 die Schweiz in das entstehende europäische Hochgeschwindigkeitsbahnnetz. Damit wird unser Land enger an die europäischen Zentren angebunden. Die Reisezeiten sinken; in die umliegenden Metropolen betragen die Zeitersparnisse 20–30% (vgl. Tab. 6-1, S. 87). Zudem werden die Kantone Tessin und Wallis dank der NEAT mit der BAHN 2000 verbunden und es ergeben sich Reisezeitersparnisse von einer halben bis zu einer ganzen Stunde.

Güterverkehr Im Güterverkehr bringt das NEAT-Netz mit zwei neuen Basistunnel durch die Alpen neue Transportkapazität und -qualität sowie tiefere Betriebskosten für die Bahnen. Die Wettbewerbsposition der Bahn im Güterverkehr wird deutlich gestärkt. Damit kann mehr Verkehr von der Strasse auf die Schiene verlagert werden, womit die Umsetzung des Alpenschutzartikels möglich wird (vgl. Fokus S. 88).

BAHN 2000

Knotenprinzip Die BAHN 2000 ist eines der vier Grossbauvorhaben der Bahn, die von Volk und Ständen am 29. November 1998 angenommen wurden. BAHN 2000 bringt einen Quantensprung an Attraktivitätsverbesserung im öffentlichen Verkehr, und zwar mithilfe von Ausbauten und modernster Technologie.

Zentraler Punkt der BAHN 2000 ist das Knotenprinzip: Die Züge kommen in den wichtigen Verkehrsknoten im Stunden- oder Halbstundentakt gleichzeitig an und fahren wenig später weiter. Die Fahrzeiten zwischen den wichtigsten Knoten sollen auf unter eine Stunde gedrückt werden. Für die Reisenden heisst das maximale Anschlüsse und minimale Umsteigezeiten. Der Fahrplan wird einfach und benutzerfreundlich. Auch der Regionalverkehr kann optimal in den Intercity- und Schnellzugsverkehr eingebunden werden.

In zwei Etappen Die erste Etappe (= BAHN 2000) umfasste jene Streckenausbauten, die für die Attraktivitätssteigerung am meisten bringen sollten. Die Bahnen investieren gleichzeitig in modernstes Rollmaterial (z. B. Neigezüge und Doppelstockwagen). Die zweite Etappe, die Zukünftige Entwicklung der Bahninfrastruktur (ZEB), umfasst neue Angebotssegmente und verfeinert das Knotenkonzept.

Der Ausbau der Bahninfrastruktur soll nun schrittweise erfolgen, im Rahmen des «Strategischen Entwicklungsprogramms» (STEP). Der Bundesrat wird zur Umsetzung von STEP dem Parlament im Abstand von vier bis acht Jahren einzelne Ausbauschritte vorlegen, was eine flexiblere und besser finanzierbare Realisierung der anstehenden Ausbauvorhaben ermöglicht. Das zeitlich etappierte STEP ist auf eine Langfristperspektive ausgerichtet. Es umfasst Infrastrukturmassnahmen für rund 42 Mia. CHF in einem Zeithorizont von etwa 40 Jahren, die in zwei Dringlichkeitsstufen eingeteilt sind.

Lärmsanierung der Schweizer Eisenbahnen

Auch der Bahnverkehr verursacht Emissionen, so z. B. Lärm. Rund 265 000 Menschen sind in der Schweiz Lärmbelästigungen durch die Eisenbahn ausgesetzt, die über den Grenzwerten liegen. Mit der Lärmsanierung der Schweizer Eisenbahnen wird dem im Umweltschutzgesetz und in der Lärmschutzverordnung verankerten Anrecht der Anwohner auf Schutz vor lästigem oder schädlichem Lärm entsprochen.

Der von den Bahnen verursachte Lärm lässt sich auf drei Arten beseitigen oder reduzieren: durch die Lärmsanierung des Rollmaterials, mit Lärmschutzwänden oder durch den Einbau von Schallschutzfenstern. Gemäss Sanierungskonzept soll rund zwei Dritteln der von übermässigem Lärm betroffenen Anwohner mit den ersten beiden Massnahmen geholfen werden, dem verbleibenden Drittel mit der letzten Massnahme.

Europäisches Hochgeschwindigkeitsbahnnetz

Durch den Anschluss der Schweiz an das europäische Hochgeschwindigkeitsbahnnetz sollen die Reisezeiten zwischen den europäischen Grosszentren um rund 25% kürzer werden. Damit wird die Schiene auf mittlere Distanzen wieder zu einer konkurrenzfähigen Alternative zu Strasse und Flugzeug. Im Güterverkehr kann die NEAT als schnelle Flachbahn durch die Alpen ihren vollen Nutzen aber nur erbringen, wenn die Zuläufe im Norden und Süden über die nötigen Kapazitäten verfügen (vgl. Abb. 6-5).

[Abb. 6-5] Anbindung an den europäischen Hochgeschwindigkeitsverkehr (HGV)

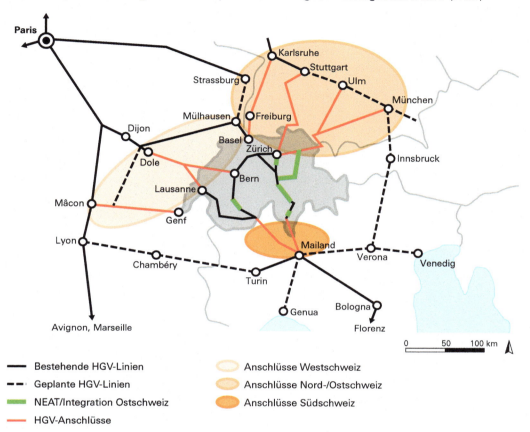

— Bestehende HGV-Linien
--- Geplante HGV-Linien
— NEAT/Integration Ostschweiz
— HGV-Anschlüsse

○ Anschlüsse Westschweiz
○ Anschlüsse Nord-/Ostschweiz
○ Anschlüsse Südschweiz

Quelle: Bundesamt für Verkehr und Wikipedia, http://de.wikipedia.org/wiki/Schnellfahrstrecke (31.10.2013).

[Tab. 6-1] Reisezeitziele

	2012	Ziel bis 2020
Genf–Paris	3 h	2 h 30 min
Lausanne–Paris	3 h 30 min	3 h
Bern–Paris	4 h	3 h 50 min
Basel–Paris	3 h	2 h 15 min
Zürich–Mailand	4 h 15 min	2 h 30 min

Die Angaben stammen aus zwischenstaatlichen Vereinbarungen für die Anschlüsse der Schweiz an die Hochgeschwindigkeitsbahnstrecken in Frankreich und Deutschland. Mit der Einbindung der Schweiz ins Hochgeschwindigkeitsbahnnetz Europas werden die Fahrzeiten in die Grosszentren wesentlich reduziert.
Quelle: Bundesamt für Verkehr und www.neat.ch, 2013.

6.3.4 Bahnreform

Die Strukturen des öffentlichen Verkehrs sind historisch gewachsen. Heute sind aber grosse Effizienzsteigerungen möglich. Dafür müssen die Rahmenbedingungen für den öffentlichen Verkehr umfassend modernisiert werden. Diesen grundlegenden Wandel bringt die Bahnreform, die auf den 1. Januar 1999 in Kraft getreten ist. Sie bringt mehr Wettbewerb und unternehmerische Freiheit auf die Schiene. Sie ist damit eine der wichtigsten Voraussetzungen dafür, dass der öffentliche Verkehr in der Schweiz stärker wird und Marktanteile hinzugewinnen kann.

Hauptziele der Bahnreform sind die Effizienzsteigerung im öffentlichen Verkehr und die Sicherung eines leistungsfähigen Bahnsystems durch ein verbessertes Kosten-Nutzen-Verhältnis beim Einsatz öffentlicher Mittel. Zudem wird mit der Bahnreform der grenzüberschreitende Verkehr erleichtert und der Einsatz von Sicherheitsdiensten im öffentlichen Verkehr geregelt.

Abschied von der Staatsbahn

Die auffälligste Neuerung ist sicher der Abschied von der Staatsbahn. Durch die klare Trennung von politischen und unternehmerischen Funktionen gewinnt die Bahn mehr unternehmerische Verantwortung, allerdings zum Preis der finanziellen Verantwortung. Defizitgarantien gibt es für die Bahn keine mehr. Eine weitere Neuerung ist der freie Netzzugang im Güterverkehr und in Teilen des Personenverkehrs. Das bedeutet, dass auch weitere Anbieter auf dem Netz der Bahn Züge anbieten können – allerdings gegen Entgelt.

6.3.5 Bilaterales Landverkehrsabkommen Schweiz–EU

Grenzüberschreitende Verkehrspolitik

Ein grosser Teil des Personen- und Güterverkehrs ist grenzüberschreitend. Die Koordination ihrer Verkehrspolitik mit jener Europas ist für die Schweiz daher eine Notwendigkeit. Das Landverkehrsabkommen ist eines der sieben bilateralen Abkommen zwischen der Schweiz und der Europäischen Union (EU), die auf den 1. Juni 2002 in Kraft traten (Bilaterale I). Die bilateralen Abkommen verstärken die Integration der Schweiz in Europa und verbessern den Zugang unserer Bevölkerung und unserer Wirtschaft zum europäischen Binnenmarkt.[1]

Ziele

Das Landverkehrsabkommen sichert die umweltgerechte schweizerische Verkehrspolitik gegenüber Europa ab. Mit diesem Abkommen hat die Schweiz erreicht, dass die Europäische Union die Ziele und Instrumente unserer Verkehrspolitik ausdrücklich anerkennt. Dank diesem Abkommen kann die Verlagerung von möglichst viel alpenquerendem Güterschwerverkehr von der Strasse auf die Schiene mit unseren Nachbarstaaten koordiniert werden.[1]

Massnahmen

Im Mittelpunkt des Landverkehrsabkommens steht die Harmonisierung des europäischen Strassenverkehrs. Hier musste die Schweiz die bittere Pille der Aufhebung der 28-Tonnen-Limite und die Zulassung von 40-Tönnern schlucken. Im Gegenzug hat die Schweiz allerdings die LSVA eingeführt. Daneben wurde der Marktzugang im Strassen- und Schienenverkehr wesentlich freier. Das bedeutete neue Marktchancen für das schweizerische Transportgewerbe und stärkte die Attraktivität und Konkurrenzfähigkeit des Wirtschaftsstandorts Schweiz. Das Landverkehrsabkommen ist zudem, als aussenpolitischer Pfeiler der schweizerischen Verkehrspolitik, für die Erfüllung des Alpenschutz-Artikels der Bundesverfassung unverzichtbar.

Fokus

Alpenschutz-Artikel in der Bundesverfassung

Im Jahre 1994 hat das Schweizer Stimmvolk die Alpeninitiative angenommen. Seither steht der folgende Alpenschutz-Artikel in der Bundesverfassung der Schweizerischen Eidgenossenschaft und muss von Parlament und Regierung umgesetzt werden.

---

[1] Bundesamt für Verkehr (BAV), 2002.

Art. 84 Alpenquerender Transitverkehr

¹ Der Bund schützt das Alpengebiet vor den negativen Auswirkungen des Transitverkehrs. Er begrenzt die Belastungen durch den Transitverkehr auf ein Mass, das für Menschen, Tiere und Pflanzen sowie ihre Lebensräume nicht schädlich ist.

² Der alpenquerende Gütertransitverkehr von Grenze zu Grenze erfolgt auf der Schiene. Der Bundesrat trifft die notwendigen Massnahmen. Ausnahmen sind nur zulässig, wenn sie unumgänglich sind. Sie müssen durch ein Gesetz näher bestimmt werden.

³ Die Transitstrassen-Kapazität im Alpengebiet darf nicht erhöht werden. Von dieser Beschränkung ausgenommen sind Umfahrungsstrassen, die Ortschaften vom Durchgangsverkehr entlasten.

Zusammenfassung	Mit der Umweltabgabe der leistungsabhängigen Schwerverkehrsabgabe (LSVA) bezahlt der Schwerverkehr jene Kosten, die er auch tatsächlich verursacht. Die LSVA setzt daher die Kostenwahrheit durch. Sie soll Anreize schaffen zur Verlagerung des Schwerverkehrs von der Strasse auf die Schiene. Die beiden alpenquerenden Basistunnel der NEAT am Gotthard und am Lötschberg sind für die Verlagerung von möglichst viel alpenquerendem Güterverkehr unentbehrlich. Die NEAT ist ein wesentliches Element zur Einbindung der Schweiz ins europäische Hochgeschwindigkeitsbahnnetz. BAHN 2000 und ZEB zielen auf eine markante Attraktivitätssteigerung des öffentlichen Verkehrs durch gezielte Streckenausbauten, die Realisierung des Knotenprinzips, Taktfahrpläne mit kurzen Reise- und Umsteigezeiten sowie modernstes Rollmaterial. Die Integration des europäischen Hochgeschwindigkeitsbahnnetzes macht die Bahn auf mittleren Distanzen gegenüber Flugzeug und Auto wieder konkurrenzfähig. Die Bahnreform führt – v. a. mit dem freien Netzzugang im Güterverkehr – Wettbewerbselemente in das System des öffentlichen Verkehrs ein. Die Bahnen sind keine Staatsbahnen mehr, sie sollen vermehrt unternehmerisch handeln, das Marktpotenzial ausschöpfen und kundengerechte Angebote bereitstellen. Das Landverkehrsabkommen setzt die vom Schweizer Volk mehrfach beschlossene umweltgerechte Verkehrspolitik konsequent fort und sichert sie gegenüber Europa ab.

Aufgabe 33	Welche Vorteile ergeben sich für die Schweiz aus der Einbindung ins europäische Hochgeschwindigkeitsbahnnetz?
Aufgabe 34	Im heutigen Waren- und Güterverkehr wird u. a. Gemüse und Obst quer durch Europa transportiert. Zum Beispiel werden Kartoffeln von Deutschland nach Italien gefahren, um dort Pommes frites herzustellen. Betriebswirtschaftlich gesehen geht eine solche Rechnung nur auf, weil der Schwerverkehr nicht seine vollen Kosten decken muss. A] Welcher Missstand besteht hier? Was ist beim Schwerverkehr nicht gewährleistet? B] Welche verkehrspolitische Massnahme schiebt nach welchem Prinzip dem beschriebenen Missstand einen Riegel vor?

7 Globalisierung – Prozesse und Entwicklungen

Lernziele Nach der Bearbeitung dieses Kapitels können Sie …

- die verschiedenen Eigenschaften der Globalisierung nennen.
- erklären, was homogenisierende und fragmentierende Prozesse sind.
- wichtige Unterschiede zwischen traditionellen und modernen Gesellschaften nennen.
- die sechs Entwicklungsphasen der Globalisierung charakterisieren.

Schlüsselbegriffe Fragmentierung, Fundamentalismus, Gesellschaft, globales Dorf, Globalisierung, Glokalisierung, Homogenisierung, Kalter Krieg, Kultur, McWorld, Peripherie und Semiperipherie, Tradition, Triade

7.1 Eigenschaften der Globalisierung

Wörtlich genommen beschreibt der Begriff Globalisierung[1] so viel wie einen Prozess, bei dem etwas zu einer Kugel, einem Globus geformt wird, oder die Ausbreitung eines Phänomens über den gesamten Globus hinweg. An Letzteres lehnt sich die im Alltag und in der Wissenschaft gebräuchliche Verwendung des Begriffs an. Allerdings gibt es nur wenige Prozesse, bei denen sich ein Phänomen wirklich gleichmässig und flächendeckend über den Erdball ausbreitet. Demzufolge kann es Ansichts- oder Definitionssache sein, ob man bei einem beobachteten Prozess von Globalisierung sprechen kann oder nicht.

[Tab. 7-1] Eigenschaften der Globalisierung

Eigenschaften der Globalisierung	Beispiele
Globalisierung bezieht sich auf die Vielfältigkeit von Verbindungen zwischen Gesellschaften und Staaten, aus denen das heutige Weltsystem besteht.	Der Welthandelsorganisation WTO gehören 159 Länder an (Stand März 2013).
Ereignisse, Aktivitäten und Entscheidungen in einem Teil der Welt können bedeutende Folgen für Individuen und Gemeinschaften in weit entfernten Teilen der Welt haben.	Durch den Kauf von Bananen in der Schweiz beeinflussen wir das Leben von Plantagenarbeitern in Mittelamerika und Afrika.
Die Prozesse der Globalisierung zeichnen sich durch eine grosse Reichweite bzw. Ausbreitung aus, durch die sie weite Teile des Planeten umfassen.	Interkontinentale Flüge verbinden Menschen und Wirtschaftsräume in aller Welt.
Neben der räumlichen (und zeitlichen) Ausbreitung von Prozessen beobachten wir auch eine Intensivierung derselben, die Prozesse erfahren also eine Vertiefung.	Durch global tätige Medien können wir weltweit die gleichen Informationen und Bilder empfangen. Dies wurde bei den Terroranschlägen des 11. Septembers 2001 deutlich oder bei den friedlichen Ereignissen wie Olympiaden oder anderen sportlichen Grossanlässen.
Die Globalisierung ist nichts Abstraktes, das ausserhalb unseres Alltags steht, vielmehr ist sie ein Charakteristikum modernen Alltagslebens.	Unsere Kleider werden zumeist an verschiedenen Orten der Welt gefertigt, das Internet führt uns Informationen der an verschiedensten Orten stationierten Server zu und Kinofilme bringen uns amerikanische, chinesische und afrikanische Kultur näher.
Die Globalisierung bedeutet nicht, dass die Welt durch ihre Prozesse automatisch einheitlicher, ausgeglichener, politisch geeinter oder kulturell homogener würde. Denn ihre Prozesse sind hochgradig widersprüchlich, sowohl bezüglich ihrer Reichweite als auch ihrer Konsequenzen.	Der Export westlicher Popkultur in Schwellen- und Entwicklungsländer führt zu einer Veränderung der dortigen Musik. Dadurch gelingt es aber auch afrikanischen Künstlern, ihre Musik im Westen zu verkaufen und global zu verbreiten.
Obwohl die allermeisten Menschen in die Globalisierung eingebunden sind, haben nicht alle die gleichen Möglichkeiten zu ihrer Mitgestaltung. Denn diese hängen von der Machtausstattung von Individuen und Gruppen ab.	Der Chef von Microsoft hat durch die Marktposition von Microsoft unglaublich grosse Möglichkeiten zu bestimmen, mit welcher Software wir auf unseren Computern arbeiten, während eine Kassierin eines Warenhauses, die mit ihrem Lohn knapp über die Runden kommt, keinen Einfluss nehmen kann.

[1] Lat. *globus* «Kugel», hier zu verstehen als «die Erdkugel».

Zusammenfassung Durch Prozesse der Globalisierung können Aktivitäten und Entscheidungen an einem Ort der Welt Auswirkungen in weit entfernten Orten haben, z. B. durch verstärkte Handelsverflechtungen oder die gleichförmigere Berichterstattung durch die Medien.

Aufgabe 35 Nennen Sie die zwei Stichworte, durch die sich Prozesse der Globalisierung auszeichnen.

Aufgabe 36 Beurteilen Sie, ob die folgende Aussage richtig oder falsch ist: «Die Globalisierung ist ein Prozess, dem wir hilflos ausgeliefert sind.»

7.2 Widersprüchliche Prozesse

Der Begriff «Globalisierung» tauchte zum ersten Mal 1962 im englischen Webster's Dictionary auf, doch seine Ursprünge reichen sehr viel weiter zurück, wie wir noch sehen werden. Erst seit den 1980er-Jahren wird der Begriff häufiger verwendet und seit den 1990er-Jahren ist er in aller Munde. Doch was sich jeder unter Globalisierung vorstellt, unterscheidet sich oft grundlegend voneinander.

7.2.1 Alltagsverständnis und geografisches Verständnis

Alltagsverständnis

Im Alltag und in der Tagespresse wird unter Globalisierung v. a. die weltweite wirtschaftliche Verflechtung und Vereinheitlichung verstanden, für die nationale Grenzen kaum mehr ein Hindernis darstellen.

Möglich wurde diese Verflechtung einerseits durch günstigere, schnellere und zuverlässigere Transportverbindungen und anderseits durch verbesserte Kommunikationsmöglichkeiten. Dadurch konnten Produkte oder Produktionsbestandteile kostengünstig und termingerecht geliefert werden sowie Kapital und Information in Sekundenschnelle verschoben und verfügbar gemacht werden. So wird z. B. taiwanesisches Kapital in nicaraguanische Textilfabriken investiert, wo T-Shirts für die brasilianische Fussballnationalmannschaft hergestellt werden, die wiederum von Fans auf der ganzen Welt getragen werden (vgl. Abb. 7-1).

Ein Hauptgrund für diese Investitionen in Nicaragua sind die geringen Lohnkosten in Mittelamerika. Sobald diese – z. B. durch gewerkschaftliches Engagement für angemessenere Löhne – steigen, ist es möglich, das Kapital sehr schnell abzuziehen und andernorts zu investieren.

Segen oder Bedrohung?

Durch die grössere wirtschaftliche Verflechtung vergrössern sich auch der Wettbewerb und der Konkurrenzdruck. Als Konsumenten und Konsumentinnen erfahren wir dies oft als Verbesserung oder Verbilligung von Produkten, als Arbeitnehmende häufig als Belastung oder Bedrohung. Denn der Konkurrenzdruck erfordert eine Produktionssteigerung, sodass wir schneller, effizienter oder billiger arbeiten müssen, oder er führt dazu, dass Firmen Konkurs machen, was zu Entlassungen führt.

Freilich ermöglichen es diese Prozesse auch, neue Waren und Dienstleistungen herzustellen und auf dem Weltmarkt zu verkaufen. So gelang es z. B. einem Innerschweizer Hersteller von innovativen Schafschergeräten, den in der Schweiz auf wenige Schafzüchter beschränkten Markt durch seinen Internetauftritt auf Australien und Neuseeland auszudehnen. Die Medien vermitteln uns oft aber v. a. die negative Seite dieser Prozesse, weswegen wir Globalisierung oft nur als etwas Bedrohliches wahrnehmen, das von «aussen» auf uns hereinbricht. Globalisierung kann so gleichsam zum Schimpfwort werden.

[Abb. 7-1] Globalisierte Fussball-T-Shirts

Die T-Shirts der brasilianischen Fussballnationalmannschaft geben ein schönes Beispiel für die Globalisierung der Wirtschaft: Mit taiwanesischem Kapital werden in Nicaragua Textilfabriken betrieben, die T-Shirts der brasilianischen Nationalmannschaft für die ganze Welt herstellen. Wirtschaftliche Verflechtungen sind allerdings nur ein Aspekt der Globalisierung. Bild: © Santamaradona – Dreamstime.com

Geografisches Verständnis

Das geografische Verständnis versucht, das Bündel der Prozesse, die die Globalisierung ausmachen, in seiner Widersprüchlichkeit und Vernetztheit zu fassen sowie einzelne Bereiche herauszugreifen und zu analysieren. Das Beispiel des Tourismus auf der indonesischen Insel Bali soll dies verdeutlichen:

- Die kleine Insel wird jährlich von rund 3 Mio. mehrheitlich westlichen Touristen besucht. Sie ermöglichen eine florierende Tourismusindustrie, von der verschiedene Bevölkerungskreise wirtschaftlich profitieren: Geldgeber, die in Hotels investieren; Bäuerinnen, deren Land eine rasante Wertsteigerung erfährt; Fischer, die Taucher zu vorgelagerten Riffs transportieren, und andere (vgl. auch Kap. 9, S. 97).
- Besonders einschneidend äussert sich die Vernetzung der Weltwirtschaft bei der internationalen Arbeitsteilung. Sie greift dort, wo viele Reisende nach einer Infrastruktur verlangen, die sog. internationalen Standard hat, und wo Hotels dementsprechend eingerichtet und oft von ausländischem Management geführt werden.
- Dies ist alles nur möglich in einem Nationalstaat, der als politisch stabil gilt.
- Indonesien spielte während des Kalten Kriegs eine wichtige Rolle als «Bollwerk gegen den Kommunismus», weswegen das durchaus repressive Regime innerhalb der militärischen Weltordnung den westlichen Staaten – allen voran den USA – als Garant für Stabilität in Südostasien galt und dementsprechend unterstützt wurde. Die 1998 einsetzende innenpolitische Instabilität sowie die Terroranschläge 2002 und 2005 hatten drastische Auswirkungen auf die Anzahl der touristischen Ankünfte in Bali.
- Der letzte Aspekt, der von der Globalisierung tangiert wird, ist die Kultur, die sich durch den Tourismus stark verändern kann. Moderne Lebensweisen treffen auf eine Gesellschaft, die noch stark traditionell geprägt ist. Durch das Verhalten der Touristen werden in der Bevölkerung neue Wünsche nach westlichen Konsum- und Luxusgütern geweckt. Ausserdem wurden die fotogenen religiösen Rituale von vielen Fremden besucht, fotografiert und gefilmt. In vielen touristischen Destinationen erfährt die lokale Kultur drastische Veränderungen, Rituale verkommen so zum devisenbringenden Brauchtum, zu einer «Theateraufführung», die der Bevölkerung nichts mehr bedeutet. Doch dies ist nicht überall der Fall. In Bali machten es gerade Gewinne aus dem Tourismus möglich, mehr in Rituale zu investieren und dadurch die traditionelle Kultur zu stärken und besser im Volk zu verankern.

Jeder der im Beispiel angesprochenen Aspekte ist Teil der Globalisierung. Will man genau erfahren, wer ökonomisch profitieren kann, wen politische Veränderungen am stärksten betreffen oder wie sich die Kultur verändert, muss man eingehende wissenschaftliche Untersuchungen durchführen. Dabei wird man entdecken, dass die untersuchten Prozesse entweder zur Vereinheitlichung (Homogenisierung) von Gesellschaften beitragen oder zur Fragmentierung oder zu beidem gleichzeitig.

Fokus **Bali**

Begegnungen zwischen Touristen und Besuchten werden durch die Globalisierung leichter gemacht; sie können bereichernd oder belastend für eine oder beide Seiten sein. Die Abbildung 7-2 zeigt eine hinduistische Begräbniszeremonie auf Bali, die von Touristen beobachtet (und teilweise gefilmt) wird. Würden die Touristen dies in Europa oder Amerika tun, würden ihnen womöglich böse Blicke zugeworfen, da es sich nicht schickt, eine Trauergemeinde zu filmen oder touristisch zu beobachten.

In Bali werden die Reisenden jedoch mit Bussen zu Begräbniszeremonien gebracht. Die Zeremonien sind farbenfroh und von Trauer ist wenig zu spüren, ja man hat das Gefühl einem Fest beizuwohnen. Was die Touristen allerdings nicht bemerken, ist, dass auch hier die Trauergemeinde – die in der Tat trauert, dies aber nicht zeigt – das Begräbnis lieber unbeobachtet durchführen würde. Die Touristen haben also in ihrem Unwissen die Gefühle der beobachteten Menschen verletzt, was durch bessere Aufklärung hätte vermieden werden können.

[Abb. 7-2]   Tourismus in Bali

Bild: © Piero Cruciatti – Dreamstime.com

7.2.2 Homogenisierung

Durch die Globalisierung findet Vereinheitlichung oder Homogenisierung[1] auf vielen Ebenen statt. Homogenisierung bedeutet auf gesellschaftlicher Ebene, dass verschiedene Menschen, die weit voneinander entfernt leben, aufgrund von Informationen, die sie nutzen, ähnliche Aussichten haben oder ähnlich handeln. Homogenisierung steht für vereinheitlichte Produktionsprozesse, die es erlauben, serienmässig einen japanischen Automotor in Mexiko in ein amerikanisches Auto einzubauen. Homogenisierung steht aber auch für TV-Programme, die weltweit ausgestrahlt werden, sodass die verschiedensten Menschen die gleichen Informationen erhalten.

[1]   Griech. *homós* «gleich», «gleichartig» und lat. *generare* «zeugen», «hervorbringen».

Gemeinsame Sprache

Betrachten wir einmal den immer besser und schneller werdenden weltweiten Austausch von Informationen etwas genauer, so realisieren wir, dass dies nur funktioniert, wenn die Informationen auch verstanden werden. Wir müssen also jeweils eine gemeinsame Sprache sprechen, um uns zu verstehen. Die meisten Informationen, die uns auf dem Internet zugänglich gemacht werden, sind in englischer Sprache abgefasst, was zu seiner weiteren Verbreitung und Etablierung beiträgt.

Doch um überhaupt zu diesen Internetseiten gelangen zu können, werden weitere Homogenisierungen benötigt. Wir brauchen Maschinen, die so konstruiert sind, dass sie Form und Inhalt von Internetseiten aufbereiten und darstellen können, die Seiten müssen so erstellt worden sein, dass sie von den Computern gelesen werden können, die Informationen müssen zu Transportzwecken in Nullen und Einsen – die Maschinensprache – übersetzt werden und die Transportmedien müssen diese Informationen übertragen können.

[Abb. 7-3]   Computer und Vereinheitlichung

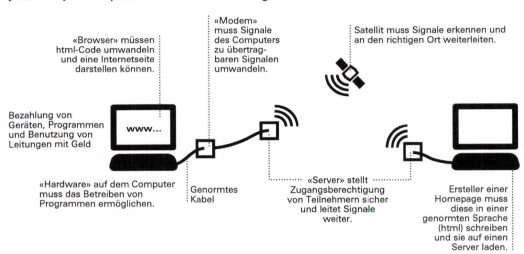

In der Computerwelt ist Vereinheitlichung eine unverzichtbare Voraussetzung. Nur wenn internationale Standards eingehalten werden, verstehen sich die Maschinen – und damit auch ihre Benutzerinnen und Benutzer rund um den Globus.

Vereinheitlichung auf vielen Ebenen

Das Beispiel zeigt, dass Produzierende und Benutzerinnen und Benutzer von Hardware und Software sich an Standards halten, die für diese Zwecke etabliert worden sind. Ein Computer mit ganz anderen Standards hätte kaum Chancen auf dem Markt.

Aber auch auf anderen Ebenen finden diese Vereinheitlichungen statt. Fast-Food-Ketten bieten weltweit die gleichen Gerichte an, die Jugend hört überall die gleiche Musik und sieht sich die gleichen Filme an, Politiker organisieren ihre Gipfel auf ähnliche Weise und Kriegsparteien benutzen die gleichen Waffen, um ihre Konflikte auszutragen.

«McWorld»

Das Phänomen der Homogenisierung wird auch mit dem Ausdruck «McWorld» umschrieben, der auf die Allgegenwart von McDonald's oder Facebook anspielt und deren standardisierte Verbreitung über den Erdball Sinnbilder für Vereinheitlichungen sind.

[Abb. 7-4]   McDonald's in China

Ein McDonald's-Restaurant in Chengdu, der Hauptstadt der chinesischen Provinz Sichuan. Die weltweite Ausbreitung der bekannten Fast-Food-Kette ist Sinnbild für den homogenisierenden Aspekt der Globalisierung.
Bild: © Hupeng – Dreamstime.com

7.2.3   Fragmentierung

Nicht alle Prozesse der Globalisierung wirken homogenisierend, es gibt auch Gegenbewegungen, die zur Fragmentierung[1] und Abgrenzung führen.

Fragmentierung

So ist die politische Welt in Nationalstaaten gegliedert, die sich durch scharfe Grenzen voneinander abtrennen. Die Bedeutung dieser Art von Fragmentierung erkennt man u. a. an heftig ausgetragenen Grenzkonflikten. Im kulturellen Bereich wehren sich z. B. französische Kulturschaffende und Politiker gegen die Anglisierung ihrer Sprache durch das Einfliessen von englischen, global verwendeten Begriffen. Deswegen heisst ein französischer Computer «Ordinateur» und eine E-Mail ist eine «Mél». Der Verbreitung von amerikanischer Esskultur wird – nun auch in den USA – durch das Aufleben lassen typisch lokaler Speisen begegnet und religiöse Fundamentalisten fordern angesichts drohender Verwestlichung die Rückbesinnung auf alte Traditionen.

Diese Fragmentierungen gehen mit homogenisierenden Prozessen einher. Oft sind sie Reaktionen auf vereinheitlichende Prozesse und sie sind auch ein Teil der Globalisierung, die man sich als eine Münze mit den beiden Seiten Homogenisierung und Fragmentierung vorstellen kann.

[1] Lat. *fragmentum* «Bruchstück».

7.2.4 Glokalisierung

Das Globale und das Lokale

Weil das «Globale» – das weltweit Vorzufindende – und das «Lokale» – das an einen bestimmten Ort Gebundene – in Bezug auf die Globalisierung oft fälschlicherweise als Gegensätze betrachtet werden, wurde der Begriff Glokalisierung geprägt, mit dem vermeintliche Gegensätze verbunden werden. Glokalisierung – also eine Mischung zwischen Globalisierung und Lokalisierung – kann sich auf mehrere Arten äussern.

- **Wenn globale Konzepte oder Ideen lokal umgesetzt werden.** Betrachten wir als Beispiel die Anpassung global vermarkteter Produkte an lokale Gegebenheiten (vgl. Fokus S. 96). So werden weltweit die gleichen japanischen Autos verkauft, doch wird für ein bestimmtes Auto in verschiedenen Ländern unterschiedlich geworben. In der Tourismusbranche werden Hotelzimmer mit internationalem Standard mit lokalen Bildern, Stoffen oder Kunstwerken ausgestattet, um ihnen damit einen «lokalen Touch» zu geben. Ein anderes Beispiel sind «Schweizer Käsewochen» mit McFondue, McVacherin, McRaclette, McGruyere in der Fast-Food-Kette mit dem Doppelbogen. Dieser Aspekt der Glokalisierung trägt zur Homogenisierung bei.

- **Wenn etwas Lokales zum globalen Begriff oder Allgemeingut wird.** Gerade das Umgekehrte illustrieren die Begriffe «Mekka» oder «Silicon Valley». Beides sind klar lokalisierbare Orte in Saudi Arabien respektive in Kalifornien, die jedoch eine weit breitere Verwendung finden. So wird z. B. Florenz als Mekka für Kunstfreunde oder Flims-Laax als Mekka für Snowboarder bezeichnet. Dort, wo man versucht, Technologieparks einzurichten, spricht man schnell vom Silicon Valley des Ruhrgebiets oder der Innerschweiz.

- **Wenn etwas Lokales erst über globale Ideen seine besondere Bedeutung gewinnt.** Durch die Konfrontation mit anderen Werten und Normen, die durch die Prozesse der Globalisierung verbreitet werden, besann man sich in Europa und den USA vermehrt auf lokale Gerichte, die heute weit häufiger in Restaurants anzutreffen sind als noch vor zehn Jahren. Auch die Argumentation, dass der Walfischverzehr als japanische kulturelle Eigenheit zu verstehen sei, die man nicht zugunsten globaler tierschützerischer Ideale aufgeben will, kann so interpretiert werden. Denn die Anerkennung, dass es überhaupt kulturelle Eigenheiten gibt, die man als solche bezeichnet, ist ein globales Phänomen. Dieser Aspekt der Glokalisierung kann fragmentierend wirken.

Fokus

Eigentore des Marketing – Grenzen der Globalisierung

Die kulturellen Werte oder die Sprache des Zielpublikums müssen in der Werbung genau berücksichtigt werden. So verkaufte sich der Ford «Nova» in Südamerika schlecht, da «no va» auf Spanisch so viel wie «geht nicht» oder «funktioniert nicht» bedeutet. Eine unglückliche Hand bewiesen auch die Übersetzer, die den Namen eines amerikanischen Softdrinks ins Chinesische so übersetzten, dass er zwar ähnlich klang, dabei aber übersahen, dass die Zeichen auch die Bedeutung «Tod durch Trinken» haben können.

Eine deutsche Faltencreme «für die Frau über 40» verkaufte sich in Spanien so gut wie gar nicht, da Spanierinnen nicht über ihr Alter sprechen wollen und der Kauf einer solchen Creme dieses gleichsam verraten würde. Und schliesslich wurde der «Marlboro-Cowboy», der in den USA und Europa für Freiheit und Abenteuer steht, in Argentinien als Tagelöhner gesehen und die Werbung hatte einen gegenteiligen Effekt.

7.2.5 Entwicklungstendenzen

Kein Ziel ...

Wenn wir uns bewusst machen, dass sich die Globalisierung aus einer Vielzahl von vereinheitlichenden und fragmentierenden Prozessen auf globaler und lokaler Ebene zusammensetzt, wird es schwierig, ein Ziel, auf das sie hinsteuert, auszumachen. Zudem ist die Globalisierung weder ein Wesen noch eine Organisation, die eigenständig handeln und Ziele formulieren bzw. anstreben könnte. Vielmehr setzt sie sich aus Millionen kleiner, alltäglicher, aber auch grösserer Entscheidungen von Regierungen und Konzernleitungen zusammen, die weder koordiniert noch zielgerichtet sein müssen.

... aber Entwicklungstendenzen

Trotzdem lassen sich Entwicklungstendenzen herausschälen, die – je nach Interesse und Einstellung – unterschiedlich (positiv oder negativ) interpretiert werden können:

- Die kapitalistische Wirtschaftsform hat sich mit dem Zusammenbruch des Ostblocks global durchgesetzt, wenn auch mit unterschiedlichen Ausprägungen.
- Damit kann auch die sich immer stärker vergrössernde Schere zwischen armen und reichen Ländern und Personen in einen Zusammenhang gestellt werden (vgl. Fokus S. 131).
- Telekommunikation und Informationsverarbeitung wurden auf einen Stand gebracht, der den Datenaustausch über grosse Distanzen hinweg ermöglicht, sodass wir (via Medien und Internet) in Echtzeit erfahren können, was sich auf anderen Kontinenten abspielt.
- Verbreitet haben sich dadurch sog. westliche – insbesondere US-amerikanische – Werte und Lebensstile.
- Die internationale Arbeitsteilung hat zugenommen und viele Produktionsketten überschreiten mehr als eine internationale Grenze (vgl. Kap. 9.2, S. 132).
- Unternehmen wollen und können die ganze Welt versorgen.

Globalität?

Es ist zu erwarten, dass sich in naher Zukunft diese Tendenzen noch verstärken werden, was jedoch nicht bedeutet, dass sie auf ein gemeinsames oder nur schon benennbares Ziel – etwa eine irgendwie geartete Globalität – zusteuern. Denn wächst die Opposition gegenüber einem oder mehreren dieser Prozesse, so können sie umgelenkt bzw. anders strukturiert werden.

Zusammenfassung

Im Gegensatz zum Alltagsverständnis von Globalisierung, wo v. a. wirtschaftliche Aspekte betont werden, analysieren wir im wissenschaftlichen Verständnis auch andere Aspekte, wie Arbeit, Politik und Kultur. Dabei wird sichtbar, wie stark diese Aspekte miteinander verbunden sind.

Bei einer Homogenisierung gleichen sich die Dinge an; dies geschieht über Standardisierungsprozesse. Die Homogenisierung kann man mit dem Kürzel «McWorld» umschreiben. Der Begriff wurde von McDonald's abgeleitet, einem Unternehmen, das weltweit mit dem gleichen Erscheinungsbild die gleichen Produkte anbietet.

Fragmentierung hingegen führt zu Abgrenzung. Sie erfolgt dort, wo man lokale Eigenheiten, wie Sprache, Traditionen oder Werte, einer Vereinheitlichung entziehen möchte, um sich (weiterhin) damit identifizieren zu können.

Wenn globale Konzepte lokal umgesetzt werden oder etwas Lokales zum globalen Begriff wird, spricht man von Glokalisierung. Sie wurde bei der Werbung für global verbreitete Produkte angewandt, um lokalen kulturellen Gewohnheiten gerecht zu werden. Dinge, wie etwa Brauchtum, die wir heute als lokal betrachten, erkennen wir durch den Blick von aussen als etwas Lokales. So werden lokale Traditionen oft als Reaktion auf den Globalisierungsprozess wieder zum Leben erweckt.

Die Globalisierung hat kein eigentliches Ziel oder ein Endstadium, das man mit Globalität bezeichnen könnte. Dennoch gibt es Entwicklungstendenzen, die zurzeit in eine bestimmte Richtung weisen, die sich aber auch wieder verändern können.

Aufgabe 37 Teilen Sie folgende Entwicklungen in homogenisierende und fragmentierende ein:

A] McDonald's eröffnet eine Filiale in Port Moresby (Papua Neuguinea).

B] Länder der EU führen den Euro ein.

C] Ein Schwarzwälder Gasthofs kauft nur noch in der Region produzierte Lebensmittel ein.

Aufgabe 38 Bei der .... werden globale Produkte und Ideen einer .... angepasst. Der .... ist ein Spezialfall der Glokalisierung, bei dem lokal verortbare Gebiete als Überbegriff .... Verwendung finden.

A] globale; B] lokalen; C] Glokalisierung; D] Kultur; E] Mekkaeffekt.

7.3 Entwicklungsphasen der Globalisierung im Überblick

Historisch gesehen durchlief die Globalisierung verschiedene Phasen, bevor sie als solche überhaupt zur Kenntnis genommen wurde und das gegenwärtige Ausmass erreicht hat. Um die heutige Situation besser verstehen zu können, ist es wichtig, die vorangegangenen sechs Phasen zu kennen, und zwar:

- Keimphase
- Anfangsphase
- Take-off-Phase
- Phase des Kampfs um die Vorherrschaft
- Unsicherheitsphase
- Konsolidierungsphase

Keimphase (15. bis 18. Jahrhundert)

Kolonisierung

Das wohl prominenteste Ereignis am Beginn der Globalisierung ist die Wiederentdeckung Amerikas durch Kolumbus, mit der die Kolonisierung von fremden Gesellschaften und die Verbreitung europäischen Gedankenguts ihren Anfang nahm.

Gleichzeitig verbreitete sich das heliozentrische Weltbild, bei dem nicht mehr die Erde, sondern die Sonne im Mittelpunkt unseres Planetensystems steht. Es trug zur Erkenntnis bei, dass die Erde nur ein kleiner Teil des Universums ist. Auch wurde der heute global gültige Gregorianische Kalender – als Ablösung des Julianischen Kalenders – eingeführt und durch die sich stark ausbreitende katholische Kirche verbreitet.

Ausserdem bildeten sich mit dem Westfälischen Frieden nach dem Dreissigjährigen Krieg (1618–1648) in Europa erste Nationalstaaten (vgl. Kap. 8.3, S. 114) heraus, die über geregelte diplomatische Beziehungen Verhandlungen führten.

Zentrum – Semiperipherie – Peripherie

Das moderne wirtschaftliche Weltsystem begann um Kernregionen, wie etwa jener um Amsterdam, das sich im 16. Jahrhundert dem französischen und habsburgischen Zugriff entziehen konnte. Die sog. Semiperipherie zu dieser Kernregion bildeten die baltischen Staaten, wo Agrargüter aus der Peripherie – zunächst Polen und später dann die Kolonien in Übersee – umgeschlagen, vorverarbeitet und zur Endverarbeitung in die niederländischen Manufakturen verfrachtet wurden.

Anfangsphase (1700 bis 1870)

Französische Revolution

Im Laufe des 18. Jahrhunderts wurden die internationalen Beziehungen mehr und mehr formalisiert und einheitliche Staaten bildeten sich heraus (was nicht bedeutet, dass es keine Konflikte mehr gegeben hätte). Durch die amerikanische Unabhängigkeitserklärung 1776 und die Französische Revolution 1789 wurden demokratisches Gedankengut und die Idee gleichberechtigter Bürger und Bürgerinnen verbreitet.

The Origin of Species

1859 veröffentlichte Charles Darwin seine berühmte Schrift «The Origin of Species» («Vom Ursprung der Arten»), in dem er das Konzept der Evolution der Pflanzen- und Tierarten und auch des Menschen vorstellte, das im Widerspruch zur christlichen Schöpfungslehre stand und zunächst stark bekämpft wurde, bevor es sich durchsetzen konnte.

Als es aber etabliert war, wurde es im Sozialdarwinismus auch auf Gesellschaften übertragen. Dabei wurde argumentiert, dass sich auch hinsichtlich gesellschaftlicher Entwicklungen die Stärkeren durchsetzen müssen, um zu überleben und die Gesellschaft weiterzubringen. Dies führte in Europa zur Ansicht, dass die Menschen in den (eroberten) Kolonien sich auf einer unteren Entwicklungsstufe befänden und deshalb als minderwertig zu betrachten wären. Mit solchem Gedankengut war es in der Folge einfacher, europäische Ausbreitungsgelüste und die Ausbeutung der Kolonien zu rechtfertigen.

Take-off-Phase (1870 bis 1925)

Überlokale Kultur

In der Zeit vor dem Ersten Weltkrieg stiegen die Handelsverflechtungen stark an (sie waren zeitweise auf dem gleichen Niveau wie Mitte der 1990er-Jahre) und zwischen den Nationalstaaten bildete sich eine Diplomatenschicht heraus, die das internationale (bald globale) Parkett beherrschte und eine eigene, überlokale Kultur bildete, in der v. a. Französisch gesprochen wurde (heute hat Englisch diese Funktion eingenommen). Diese Phase wird Take-off-Phase[1] genannt.

[Abb. 7-5]   Take-off-Phase der Globalisierung

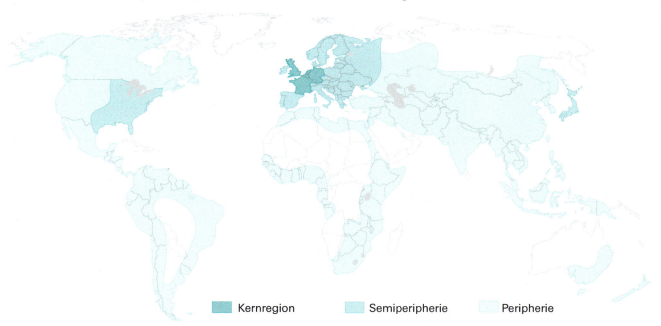

Kernregion   Semiperipherie   Peripherie

Quelle: eigene Darstellung, nach: Wallerstein, 1980, 1990, zitiert in Backhaus, 2009, S. 231.

---

[1] Engl. *take-off* «Start», «Abheben».

In der zweiten Hälfte des 19. Jahrhunderts lag die Kernregion im sich industrialisierenden Nordwesteuropa. Die Semiperipherie (also das Übergangsgebiet) lag v. a. in Süd- und Osteuropa sowie in den USA und dem sich entwickelnden Japan. Ein Grossteil des Rests der Welt – häufig noch Kolonien – bildete die Peripherie (also das Randgebiet) der Globalisierung. Kaum in das Weltgeschehen einbezogen wurden küstenferne Gebiete Afrikas und Südamerikas sowie andere, sehr schwach besiedelte Gebiete.

Nobelpreis

Um 1900 bildeten sich auch internationale Wettbewerbe heraus wie die Olympischen Spiele (seit 1896) und die Verleihung des Nobelpreises (seit 1901). Der 1914 ausgebrochene Krieg war zudem ein «Welt»-Krieg, der Gesellschaften auf dem gesamten Globus involvierte.

Kampf um die Vorherrschaft (1925 bis Ende 1960er-Jahre)

In der Zwischenkriegszeit etablierten sich mit dem Kommunismus in der Sowjetunion und dem Faschismus in Italien, Deutschland und später Spanien totalitäre Regime, die an Macht und Einfluss gewannen und mit den demokratischen Regierungen in eine Konkurrenz um die globale Vorherrschaft traten. Wirtschaftlich gesehen war der Zusammenbruch der New Yorker Börse am 25. Oktober 1929 (Black Friday) ein einschneidendes Ereignis, das sich weltweit ausbreitete und eine globale Wirtschaftskrise zur Folge hatte.

Zweiter Weltkrieg

Der Zweite Weltkrieg dürfte wohl das einschneidendste und dunkelste Kapitel des 20. Jahrhunderts gewesen sein. Er hatte zur Folge, dass der Faschismus sich v. a. durch den Holocaust selbst desavouierte und es klar wurde, dass faschistische Regime langfristig keine Chance haben gegen demokratische Regierungen. Doch der Kampf um die globale Vorherrschaft und damit um die Entscheidung über den Weg, den die Globalisierung nehmen soll, war noch nicht entschieden. Im Kalten Krieg zwischen dem sozialistisch orientierten «Ostblock» und dem demokratisch und kapitalistisch orientierten Westen wurde dieser Kampf fortgeführt.

Ost und West

Die beiden Pole Ost und West waren zudem Kristallisationspunkte, an denen sich global praktisch alle Staaten orientierten. Man entschied sich entweder für die Nähe zum einen oder zum anderen dieser Pole oder versuchte eine neutrale – oder blockfreie – Position einzunehmen. So konnte sich die sog. Dritte Welt etablieren, was auch die Unabhängigkeitsbestrebungen in den Kolonien beschleunigte. Heute werden diese Länder mehrheitlich als Entwicklungsländer bezeichnet, ein Teil von ihnen als Schwellenländer (vgl. Kap. 9.1, S. 130).

UNO und Menschenrechte

Mit der Gründung der Vereinten Nationen (UNO) 1945 (vgl. Kap. 10.3.2, S. 147) und der Erklärung der Menschenrechte (1948) wurden übernationale Gremien und Regeln ins Leben gerufen, die dazu beitragen sollten, die internationale Staatengemeinschaft zu einen und letztlich auf gemeinsame Grundsätze zu verpflichten. Durch die Möglichkeit, ab Ende der 1950er-Jahre Satelliten ins All zu schiessen, wurde das grosse Potenzial für schnelle globale Kommunikation erkannt.

Club of Rome

Die durch industrielle Produktion entstandenen Umweltgefährdungen wurden vom Club of Rome zum Thema gemacht, der 1969 «Die Grenzen des Wachstums» und 1992 «Die neuen Grenzen des Wachstums» publizierte und damit einen wichtigen Grundstein für spätere Umweltbewegungen legte. Die Mondlandung schliesslich wurde 1969 von einer halben Milliarde Menschen am Fernsehen verfolgt, die dieses Projekt v. a. als Errungenschaft der Menschheit betrachteten. Ausserdem wurden Bilder der Erde gezeigt, die unseren begrenzten Lebensraum auf einer «kleinen» Kugel verdeutlichten.

Unsicherheitsphase (1968 bis 1995)

Ölkrise

Bis in die frühen 1970er-Jahre war der Aufschwung der Nachkriegszeit ungebrochen, erst die Ölkrise 1973 liess den Wachstumsmotor ins Stottern geraten, als die Öllieferungen verknappt und teurer wurden. Zudem wurden 1975 die festen Wechselkurse der wichtigsten Währungen – allen voran des US-Dollars – freigegeben, was für den Aussenhandel viel Unruhe und Unsicherheit brachte.

Glasnost und Perestroika

Anfang der 1980er-Jahre wurde deutlich, dass die Sowjetunion wirtschaftliche Schwierigkeiten hatte. Mit Gorbatschows Glasnost[1] und Perestroika[2] 1985 wurde die Öffnung des Ostblocks eingeleitet, der 1989 mit dessen Zusammenbruch endete. Zuvor machte 1986 der Reaktorunfall von Tschernobyl innert weniger Stunden deutlich, dass Umweltverseuchungen nicht vor Landesgrenzen haltmachen und dass ähnliche Risiken nur auf internationaler Ebene gelöst werden können. Die Risikogesellschaft rückte damit auch ins Bewusstsein breiterer Bevölkerungsschichten.

Globale Marktwirtschaft

Mit dem Zusammenbruch des Ostblocks hat sich das kapitalistische Wirtschaftssystem, die Marktwirtschaft, global durchgesetzt. Es wird als solches kaum mehr angefochten, auch wenn in verschiedenen Staaten durchaus verschiedene Ausprägungen der kapitalistischen Wirtschaftsweise vorzufinden sind und wenn Ereignisse wie die Finanzkrise von 2008 Fragen aufwerfen. Auf der politischen Ebene hat der Zusammenbruch des Ostblocks zunächst jedoch auch Verunsicherung hervorgerufen, da sich ein wichtiger Pol, an dem sich viele Gesellschaften und Gruppen orientierten (sei es durch Befürwortung oder Ablehnung), auflöste und eine Neuausrichtung noch nicht absehbar war.

Zweiter Golfkrieg um Kuwait

Erste Anzeichen für eine solche Neuausrichtung lieferte der zweite Golfkrieg 1991, bei dem unter amerikanischer Führung die irakischen Invasoren aus Kuwait zurückgedrängt wurden. Dabei wurde deutlich, dass die USA eine, wenn nicht die Führungsrolle in der Welt beansprucht, aber auch, dass dies nicht ohne die Zusammenarbeit mit Europa möglich ist.

Rio 1992

Im Umweltbereich war die Umweltkonferenz in Rio de Janeiro 1992 ein Meilenstein, bei der globale Gefährdungslagen erkannt und auch Umsetzungsprogramme, die zu einer Risikominderung beitragen sollen, beschlossen wurden. Bei der Umsetzung gab es aber immer wieder Rückschläge.

Konsolidierungsphase (ab 1995)

Neoliberalismus

Parallel zu den beschriebenen Verunsicherungen setzten Konsolidierungsprozesse[3] ein, die die Rahmenbedingungen für die weiter fortschreitende Globalisierung festlegten. Dazu gehört die Ausbreitung neoliberalen[4] Gedankenguts in der Wirtschaft, das davon ausgeht, dass die ungehinderten Kräfte des Markts der beste Weg zu einer prosperierenden Gesellschaft sind (vgl. Fokus S. 152). Dies ist allerdings nicht unbestritten, da durch vermehrte Deregulierungen in bisher geschützten Branchen der Strukturwandel beschleunigt wurde, was Gewinner und Verlierer hervorbrachte. Die Finanzkrise von 2008 hat diese Frage wieder vermehrt ins Zentrum des Interesses gerückt.

---

[1] Russ. *glasnost'* «Öffentlichkeit»; gemeint war Transparenz in Bezug auf die Ziele der Regierung.
[2] Russ. *perestrojka* «Umbau»; gemeint war die Neugestaltung des sowjetischen politischen Systems.
[3] Lat. *consolidatio* «Fertigung».
[4] Griech. *néos* «neu» und lat. *liberalis* «freiheitlich».

[Abb. 7-6] Konsolidierungsphase der Globalisierung

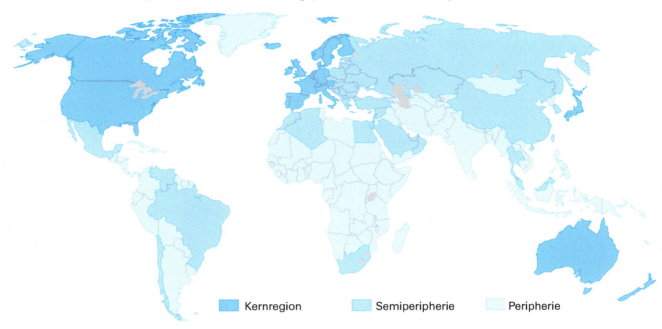

■ Kernregion ■ Semiperipherie ■ Peripherie

Die Kernregion hat sich ausgedehnt auf drei Pole – Nordamerika, Westeuropa und Japan – die sog. Triade. Die Semiperipherie bilden weiterhin die osteuropäischen Staaten sowie sog. Schwellenländer und rohstoffreiche, stark exportierende Länder. Der Rest der Welt hat peripheren Status. Eine Sonderrolle spielen Australien und Neuseeland, die aufgrund ihres Lebensstandards zur Kernregion gehören müssten, wirtschaftlich aber eher regionale Bedeutung haben. Quelle: eigene Darstellung, nach: Wallerstein, 1980, 1990, zitiert in Backhaus, 2009, S. 231.

Triade

Die wirtschaftlich mächtigen Staaten bzw. Gesellschaften kristallisierten sich in der sog. Triade, einem Dreieck gebildet aus Nordamerika, (West)europa und Japan heraus (vgl. Kap. 8.2, S. 93). Auch wenn andere Wirtschaften wie z. B. die sog. Tigerstaaten[1] in Südostasien (Südkorea, Taiwan, Hongkong und Singapur) und später China, Indien und Brasilien sehr hohe Wachstumsraten erreichten, so kamen sie an wirtschaftlicher Macht und Einfluss noch nicht an die Triade heran.

Kluft zwischen Arm und Reich

In der zweiten Hälfte der 1990er-Jahre wurde auch deutlich, dass die Globalisierung keinen Ausgleich zwischen Armen und Reichen schafft, sondern sich im Gegenteil die Kluft dazwischen vertieft (vgl. Fokus S. 131).

11. September 2001

Die Terroranschläge vom 11. September 2001 können als Krise oder Wendepunkt der Konsolidierungsphase gewertet werden. Einerseits wurden die USA durch die Anschläge aufs Empfindlichste getroffen, indem das World Trade Center – Symbol für das kapitalistische Weltsystem und die wirtschaftliche Vormachtstellung der USA – zerstört wurde. Auf der anderen Seite haben sich die unterschiedlichsten Staaten im Kampf gegen den Terrorismus, der von den USA angeführt wird, vereint und haben sich dadurch stark angenähert.

[1] Die Bezeichnung Tigerstaaten haben die aufstrebenden Länder Südostasiens erhalten, weil sie den Industrieländern durch die Herstellung günstiger Produkte zunehmend ihre wirtschaftlichen Krallen zeigen. Viele der Tigerstaaten entwickelten sich dank der Unterstützung der USA, die sie im Kalten Krieg als Bollwerk gegen den Kommunismus nutzen wollten. Als Dank für die Unterstützung durften die USA auch Militärbasen in diesen Ländern unterhalten.

[Abb. 7-7]   Zeitstrahl der Globalisierung

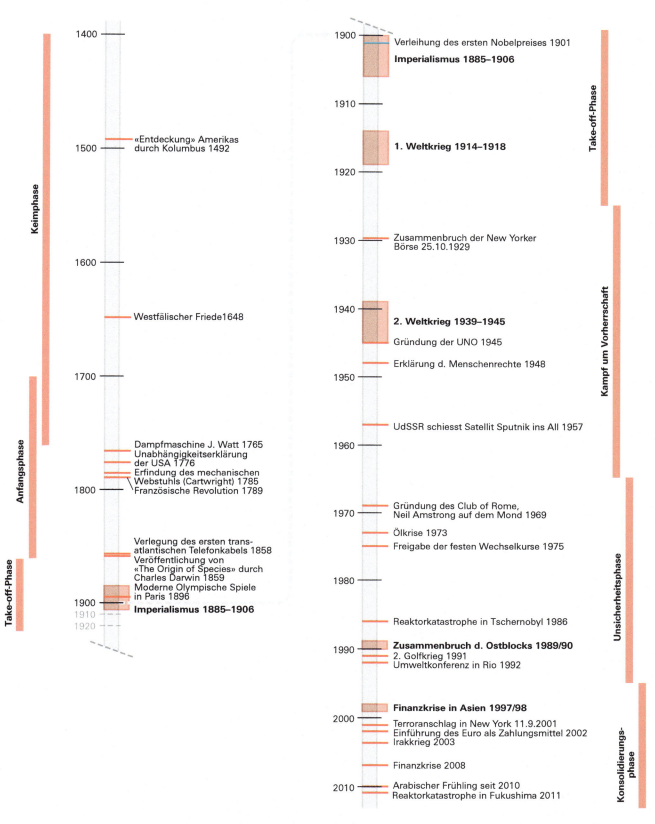

Die Globalisierung hat begonnen, lange bevor sie als solche wahrgenommen wurde. Sie verlief seit der europäischen Kolonisation in sechs Phasen. In der Abbildung sind einzelne Schlüsselereignisse in der Entwicklung der Globalisierung besonders hervorgehoben.

Irakkrieg 2003

Diese Annäherung wurde allerdings im Zusammenhang mit dem von den USA ohne Zustimmung der UNO geführten Irakkrieg von 2003 wieder infrage gestellt.

7 Globalisierung – Prozesse und Entwicklungen

Finanzkrise 2008

Eine weitere Krise in dieser Phase stellt die Finanzkrise von 2008 dar. Ausgelöst durch eine Krise im US-amerikanischen Subprime-Markt mit Hypotheken[1] kommt es zu einem immensen Wertverlust an den Börsen (der SMI, der die Entwicklung der zwanzig grössten und liquidesten Aktientitel der Schweiz widerspiegelt, büsste 2008 35% gegenüber dem Vorjahr ein) und zum Zusammenbruch einer Anzahl z.T. grosser Banken. Verschiedene Staaten organisieren Rettungspakete für ihre betroffenen Banken. Die Finanzkrise stürzt die gesamte Weltwirtschaft in eine Rezession.

Arabischer Frühling seit 2010

Im Dezember 2010 begann eine Serie von Protesten, Aufständen und Revolutionen in der arabischen Welt. Sie nahmen ihren Anfang in Tunesien und griffen auf zahlreiche Staaten im Nahen Osten über. Die Revolutionen und Regierungsumstürze richten sich gegen autoritäre Regime und politische und soziale Missstände.

Reaktorkatastrophe von Fukushima 2011

Durch ein Erdbeben kam es im März 2011 im Atomkraftwerk von Fukushima, Japan, zu einem verheerenden Reaktorunfall. 100 000 bis 150 000 mussten Einwohner evakuiert werden. Die Entsorgungsarbeiten werden voraussichtlich 30 bis 40 Jahre dauern (vgl. Kap. 5.3.3, S. 66.)

Zusammenfassung

Am Anfang der Globalisierung standen europäische Entdeckungen und erste Kolonialisierungen in Übersee. Die Erkenntnis, dass die Erde um die Sonne kreist und nicht umgekehrt, führte zur Anerkennung der Begrenztheit des Globus.

Die Französische Revolution war für die Ausbreitung der Demokratie ein Meilenstein. Die Evolutionstheorie von Charles Darwin löste später die menschliche Entwicklungsgeschichte aus dem religiösen Zusammenhang heraus, wodurch sich ihre Möglichkeit verbesserte, weltweit anerkannt zu werden.

Ende des 19. Jahrhunderts verstärkten sich die Handelsbeziehungen zwischen den Nationalstaaten stark. Internationale Wettbewerbe wie die Olympischen Spiele oder die Verleihung des Nobelpreises tragen zur Homogenisierung bei.

Der Börsencrash 1929 der New Yorker Börse löste in der ganzen Welt eine wirtschaftliche Depression aus. Der Zweite Weltkrieg ist wohl das dunkelste Kapitel der Globalisierung mit Völkermord, moderner Kampfführung bis hin zum Atombombeneinsatz und Millionen von Todesopfern. Danach zeigte sich bereits, dass demokratische Grossmächte durchsetzungsfähiger und stabiler sind als totalitäre Regime.

Die Ölkrise der 1970er-Jahre machte deutlich, wie abhängig moderne Gesellschaften von Energieressourcen sind. Zudem trug der Zusammenbruch des Ostblocks zur Verunsicherung bei, da für das «Gleichgewicht des Schreckens» noch keine stabile Alternative sichtbar war. Das neoliberale Gedankengut setzt sich – zwar nicht unwidersprochen – durch, die wirtschaftliche Vormachtstellung der Triade stabilisiert sich und die USA sind auf dem Weg, sich auf militärischer Ebene zur einzigen Grossmacht durchzusetzen.

Aufgabe 39

Wenn Sie die Karte «Staatssprachen» im SWA, S. 183 (interaktive Version http://schweizerweltatlas.ch/) betrachten, können Sie Schlüsse bezüglich der frühen Entwicklung der Globalisierung ziehen. Welche?

Aufgabe 40

Warum ist die Evolutionstheorie von Charles Darwin «globalisierbarer» als z. B. die alttestamentliche Schöpfungsgeschichte?

---

[1] Als Subprime-Markt wird der Teil des privaten Hypothekendarlehenmarkts bezeichnet, der überwiegend aus Kreditnehmern mit geringer Bonität (also schlechten Schuldnern) besteht. Übersetzt bedeutet subprime «zweitklassig».

8 Bereiche der Globalisierung

Lernziele

Nach der Bearbeitung dieses Kapitels können Sie ...

- den Unterschied zwischen «seichter» und «tiefer» Wirtschaftsintegration erklären.
- begründen, weshalb sich der Aussenhandel für Regionen und Länder lohnen kann.
- erklären, warum der Nationalstaat an Grenzen stösst.
- den Unterschied zwischen (kulturellem) Universalismus und Relativismus darlegen.

Schlüsselbegriffe

Ethnie, komparative Vorteile, liberalisierte Marktwirtschaft, Nationalstaat, Relativismus, Souveränität, Territorium, Triade, Universalismus

---

Globalisierung ist ein Bündel verschiedener Prozesse. Sie kann sowohl homogenisierend wie fragmentierend wirken. Um etwas Struktur in dieses Bündel zu bringen, kann man verschiedene Bereiche unterscheiden, in denen die Globalisierung wirkt und die stark miteinander verflochten sind.

Fünf Wirkbereiche

Der bekannteste und prominenteste Bereich ist wohl die Weltwirtschaft. Mit ihr verbunden ist die internationale Arbeitsteilung, die immer weiter fortschreitet. Das Nationalstaatensystem ist ein wichtiges Regelsystem für Kapitalflüsse, Produktionsstandorte, aber auch für den Fluss von Arbeitskräften. Mit dem Nationalstaatensystem wiederum ist die militärische Weltordnung verknüpft, die letztlich einen entscheidenden Einfluss auf die politische Stabilität von Gesellschaften hat. Und schliesslich ist die Kultur ein Bereich, der oft ausser Acht gelassen wird, dabei verändern kulturelle Entwicklungen unseren Alltag ebenso stark wie wirtschaftliche.

[Abb. 8-1]   Bereiche, in denen die Globalisierung wirkt

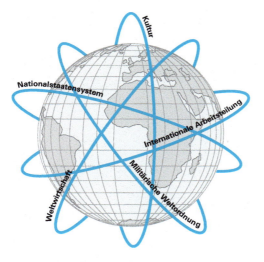

Oft wird unter Globalisierung nur die Globalisierung der Weltwirtschaft verstanden. Diese Auffassung ist zu einseitig. Globalisierung steht auch für die fortschreitende internationale Arbeitsteilung, für Veränderungen der militärischen Weltordnung und des Nationalstaatensystems sowie für den kulturellen Wandel.

8.1 Weltwirtschaft

In der Öffentlichkeit und den Medien wird Globalisierung oft gleichgesetzt mit der Ausdehnung des kapitalistischen Marktsystems. Dies ist zwar ein wichtiger Faktor, jedoch nicht der einzige, wie wir in den nachfolgenden Kapiteln noch sehen werden. Als Arbeitnehmerinnen und Konsumenten nehmen wir die Globalisierung der Wirtschaft gleichzeitig als Chance und als Einschränkung wahr. Sie ermöglicht es uns, Waren aus entfernt liegenden Herkunftsländern zu kaufen und so ganzjährig Mangos, Bananen oder Papayas zu bekommen.

Globalisierung schafft auch Arbeitsplätze, indem sich Firmen bei uns niederlassen bzw. wir in anderen Ländern Märkte finden, in denen wir unsere Produkte absetzen können. Dies kann im umgekehrten Fall Nachteile für uns haben, wenn die ausländische Konkurrenz bei gleicher Qualität günstiger produzieren kann oder wenn die Kaufkraft der Menschen, die von uns hergestellten Waren oder Dienstleistungen kaufen sollen, wegen einer Krise sinkt und so auch bei uns Arbeitsplätze gefährdet sind (vgl. Kap. 9.2.1, S. 133).

Produktion

Die Veränderung der Produktion wie bei der Industrialisierung hat stark mit dem Fortschrittsgedanken der Moderne und mit der Entwicklung der Globalisierung zu tun. Zwar gibt es auch heute noch Handwerker, die ihre Produkte von A bis Z selbst herstellen, sie sind jedoch in der Minderheit und ihre Produktion muss heute als Nischenprodukt für ein begrenztes Marktsegment bezeichnet werden.

8.1.1 «Seichte» und «tiefe» Integration

Einige Kritiker sprechen der gegenwärtigen weltwirtschaftlichen Situation die Bezeichnung Globalisierung ab, da sie vor dem Ersten Weltkrieg bereits so vernetzt war wie heute, sich also nichts Wesentliches geändert habe. Sie sprechen dann konsequenterweise von einer Internationalisierung der Wirtschaft und nicht von einer Globalisierung. Dabei wird die Tatsache übersehen, dass zwar die Handelsverflechtungen zu Beginn des 20. Jahrhunderts ebenso gross waren wie heute, dass jedoch die Produktion von Waren und Dienstleistungen heute weit stärker internationalisiert ist.

[Abb. 8-2]   Globalisierung der Produktion am Beispiel der Jeansherstellung

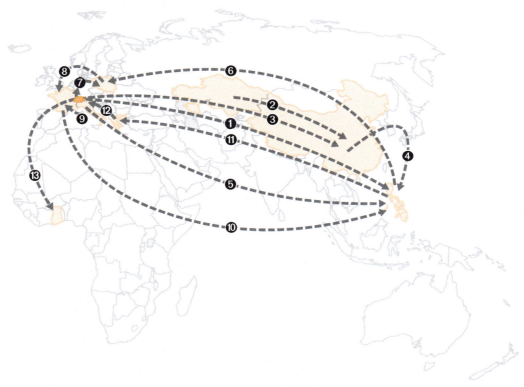

❶ Schnittmuster und Design der Hose werden von der Schweiz auf die Philippinen gemailt. ❷ Kasachische Baumwolle wird nach China geliefert, wo sie mit Ringspinnmaschinen aus der Schweiz ❸ versponnen wird. Die versponnene Baumwolle wird von China auf die Philippinen geliefert ❹, wo sie mit Indigofarbe aus der Schweiz eingefärbt wird ❺. Die gefärbte Baumwolle gelangt nach Polen ❻, wo sie mit Webmaschinen aus der Schweiz ❼ verwoben wird. Der Stoff wird nach Frankreich ❽ transportiert, wo Innenfutter und Waschzettel sowie Knöpfe aus Italien ❾ zugefügt werden. Die Materialien werden erneut auf die Philippinen ❿ gebracht, wo die Jeans zusammengenäht werden. In Griechenland ⓫ werden die Hosen mit Chemikalien bearbeitet («used look») und schliesslich in der Schweiz ⓬ verkauft und getragen. Nach Gebrauch landen sie in der Altkleidersammlung und werden in Ghana ⓭ nochmals getragen. Quelle: eigene Darstellung, nach: Gerster, Richard (2001): Globalisierung und Gerechtigkeit, Bern, h.e.p-Verlag, S. 17.

Fokus

Entwicklung des Containers

Die Erfindung des genormten Containers ermöglichte es, die Geschwindigkeit von Warentransporten bei gleichzeitiger Verbilligung zu erhöhen. Die Container können beim Produktionsort gefüllt und von dort mit Lastwagen zu einem Hafen gefahren werden, wo sie mit Kränen auf Containerschiffe geladen und später wieder gelöscht werden. Ohne die Ware umzuladen, können die Container direkt wieder auf Sattelschlepper oder die Eisenbahn geladen und so fein verteilt werden.

Ihren Ursprung hat die Erfindung in den 1930er-Jahren, als ein New Yorker Unternehmer Waren in genormten Containern transportieren liess. Als 1952 die amerikanische Marine bei Materialtransporten für den Koreakrieg (1950–1953) Engpässe beim Beladen und Löschen auf dem Dock feststellte, wurde die Idee wieder aufgegriffen.

Doch die Einführung von Containern in der zivilen Handelsschifffahrt kam erst zu Beginn der 1960er-Jahre, da sich die US-amerikanischen Gewerkschaften lange dagegen wehrten. Sie befürchteten (richtigerweise) einen Abbau vieler Arbeitsplätze. Die Reeder sahen dagegen die Möglichkeit grosser Kosteneinsparungen durch die Container. Vor ihrer Einführung beluden Teams von Hafenarbeitern die Frachter. Es waren dafür besondere Kenntnisse erforderlich, da ein falsch beladenes Schiff im Sturm schnell kentern kann. Die Arbeit in den Teams war arbeitsintensiv, abwechslungsreich und kommunikativ, aber auch körperlich sehr anstrengend. Die Häfen hatten viele kleine Docks, an denen auf der einen Seite die Frachter anlegten und sich auf der anderen grosse Lagerhäuser für den Umschlag der Waren befanden.

Nach der Einführung der Container verlor die Mehrzahl der Hafenarbeiter ihre Arbeit. Gefragt waren nur noch einige Kranführer, die weniger gute Kenntnisse über das Beladen von Schiffen benötigten. Ihre Arbeit ist körperlich weniger anstrengend, dafür auch weniger abwechslungsreich und weniger kommunikativ. Auch die Schiffe haben sich in der Folge verändert. Die kleineren Frachter wichen grösseren Containerschiffen, was auch kleinere Frachtunternehmer zur Aufgabe zwang. Die Häfen schliesslich wurden auch für die neuen Bedürfnisse umgebaut und mit grossen Docks ausgestattet, wo Platz für grössere Schiffe und viele Container ist.

[Abb. 8-3] Containerschiff

Bei den Containern handelt es sich um Normbehälter. Häufig werden sog. TEU-Container (= 20 Feet Equivalent Unit) verwendet. Ein einzelner Container kann mit mehreren Tonnen Fracht beladen werden. Grosse Containerschiffe fassen bis zu 18 000 Container. Bild: © Thorsten Nieder – Fotolia.com

Seichte und tiefe Integration der Wirtschaft

Werden Waren und Dienstleistungen v. a. innerhalb einer Nationalökonomie, also innerhalb eines Staats, produziert und dann exportiert, so spricht man von seichter Integration[1] (englisch: shallow integration) der Wirtschaft. Wird bereits international produziert, wie z. B. bei der Herstellung von Autos oder Textilien (vgl. Abb. 8-2, S. 106), so spricht man von tiefer Integration (englisch: deep integration). Letzteres ist ein Merkmal der heutigen Weltwirtschaft, die sich damit qualitativ von der Zeit zu Beginn des 20. Jahrhunderts unterscheidet, weswegen man durchaus von Globalisierung der Wirtschaft sprechen darf.

Für die Globalisierung der Märkte sind vier Indikatoren charakteristisch:

- Der Handel konnte sich v. a. durch Verbesserungen in der Telekommunikation und im Transportwesen ausdehnen (vgl. Fokus S. 107).
- Durch Telekommunikation können Kapitalströme beschleunigt werden, wodurch kurzfristige Investitionen möglich werden.
- Direktinvestitionen von multi- oder transnationalen Unternehmen in anderen Ländern setzen Nationalstaaten unter Druck.
- Durch Exporte von Schwellenländern gerieten Industrieländer unter Druck und bauen ihre Wirtschaft zugunsten von hochtechnisierten Zweigen um.

8.1.2 Asiatische Währungskrise und globale wirtschaftliche Vernetzung

Wer heute von Finanzkrise spricht, meint wohl diejenige Krise, die 2008 Banken in der ganzen Welt in Not brachte und sich zu einer eigentlichen Wirtschaftskrise entwickelte (vgl. Kap. 7.3, S. 98). Da das volle Ausmass dieser Krise aber erst rückblickend erkennbar sein wird, soll hier ein etwas weiter zurückliegendes und übersichtlicheres Ereignis, die sog. Währungskrise in Asien, beschrieben werden.

Aufschwung in Südost- und Ostasien

Obwohl sich die aufstrebenden Staaten in Südost- und Ostasien ökonomisch v. a. auf Japan und Europa ausrichteten, koppelten sie ihre Währungen an den US-Dollar. Das heisst, dass ihre Währungen mit dem Dollar stiegen oder fielen und dass 1 USD immer gleich viele thailändische Baht, indonesische Rupiah oder philippinische Peso wert war. Dies taten sie, um zu vermeiden, dass bei einer (kleineren) Abwertung der eigenen Währung die Anleger ihr Geld schnell in sichereren US-Dollars anlegen, was eine weitere Abwertung zur Folge haben würde.

Dies funktionierte so lange gut, wie der US-Dollar im Vergleich zum Yen und europäischen Währungen tief lag und somit die Produkte südostasiatischer Staaten für Europäer und Japanerinnen billig waren. Mitte der 1990er-Jahre wurde der US-Dollar aber stärker und damit wurden auch die südostasiatischen Exportprodukte in Japan und Europa teurer. Das Wirtschaftswachstum verlangsamte sich in der Folge, weil die Exportprodukte, auf deren Verkauf diese Länder stark angewiesen sind, nicht mehr so guten Absatz hatten. Gleichzeitig war Südostasien auch ein beliebtes Feld für ausländische Investitionen, die v. a. in Immobilien gesteckt wurden. Dadurch stiegen die Preise stark an. In der Folge wurde viel spekuliert und die Banken vergaben in diesem günstigen Klima leichtfertig Kredite, ohne zu kontrollieren, ob z. B. eine Liegenschaft den hohen Preis überhaupt wert war.

Die Seifenblase platzte

Die Seifenblase platzte Mitte 1997, als in Thailand viele der mittlerweile fälligen Kreditrückzahlungen ausblieben. Die Liegenschaften, auf die ein Kredit aufgenommen wurde, hatten nicht genug Wert. Deshalb konnten die Schuldner sie nicht zu einem Preis verkaufen, der es ihnen erlaubt hätte, ihre Kredite zurückzuzahlen. Das dadurch ausgelöste Schlingern vieler Banken veranlasste die thailändische Regierung, die Landeswährung Baht gegenüber dem US-Dollar abzuwerten, also gleichsam die Krise einzugestehen. In Indonesien geschah das Gleiche und viele ausländische Investoren zogen sich aus der gesamten für sie unsicher gewordenen Region zurück.

---

[1] Lat. *integratio* «Wiederherstellung eines Ganzen» bzw. lat. *integrare* «wiederherstellen», «ergänzen».

Man schätzt, dass so über 100 Mia. USD innert weniger Wochen abgezogen wurden. Dadurch wiederum bekamen auch stabilere Ökonomien wie die von Singapur und Malaysia Probleme, v. a. weil auf den Börsen spekuliert wurde, dass auch diese Währungen abgewertet würden, was dann auch eintraf.

[Abb. 8-4]   Die asiatische Währungskrise

❶ **Thailand**
2. Juli 1997: Freigabe des Bath löst asiatische Währungskrise aus.
28. Juli 1997: Thailand wendet sich an den IWF.
20. August 1997: Der IWF bewilligt Rettungspaket im Umfang von 16 Mrd. US-$.

❷ **Malaysia**
14. Juli 1997: Zentralbank stützt Ringgit nicht mehr.
1. Oktober 1997: Premier Mahatir fordert Verbot des Handels mit Währungen. Ringgit fällt wieder.

❸ **Singapur**
17. Juli 1997: Singapur-Dollar wird abgewertet.

❹ **Indonesien**
14. August 1997: Freigabe der Rupiah löst dramatische Zinserhöhung aus.
8. Oktober 1997: Regierung bittet IWF um Hilfe, dieser bewilligt Rettungsplan im Ausmass von 37 Mrd. US-$.

❺ **Hongkong**
15. August 1997: Spekulanten attackieren den Hongkong-Dollar.
20.–23. Oktober 1997: Hang-Seng-Index verliert innerhalb von vier Tagen insgesamt 23 Prozent.

❻ **Taiwan**
18. Oktober 1997: Die Krise weitet sich auf den Taiwan-Dollar aus, der um fünf Prozent fällt.

❼ **Südkorea**
21. November 1997: Südkorea bittet den IWF um finanzielle Unterstützung.
3. Dezember 1997: Der IWF gewährt ein 57-Mrd.-US-$-Rettungspaket mit strengen Auflagen für Reformen.

❽ **Japan**
3. Dezember 1997: Nach vorangegangenen Schwierigkeiten des Bank- und Finanzsektors belegen offizielle Zahlen die einsetzende tiefe Rezession.
17. Dezember 1997: Die Bank von Japan interveniert, um ein weiteres Absinken des Yen gegenüber dem US-$ zu stoppen.

ⓐ Philippinen: Aufgrund der relativ moderaten Auslandsverschuldung und der geringen innerasiatischen Exportverflechtungen blieb das Land von den schlimmsten Auswirkungen verschont.

Die Asienkrise zeigte, dass die globale Verflechtung der Weltwirtschaft keineswegs ein stabiles und sicheres Gebilde ist. Geraten einzelne Länder in eine wirtschaftliche Krise, können sie durch einen Dominoeffekt ganze Regionen mitreissen. Quelle: Brandes und Apsel, Frankfurt.

Ursachensuche

Über die auslösenden Momente der Krise ist man sich zwar weitgehend einig, nicht aber über die ihr zugrunde liegenden Ursachen und über Rezepte zur Verhinderung solcher Krisen. Verfechter einer liberalisierten[1] Marktwirtschaft sehen in jeglicher staatlicher Kontrolle eine gefährliche Verzerrung des Wettbewerbs und verlangen die völlige Öffnung der Märkte, die dann von selbst schnell genug reagieren und Krisen grösseren Ausmasses nicht entstehen lassen.

Andere sehen gerade in der bereits erfolgten Liberalisierung das Problem, weil sich aufstrebende und fragile Ökonomien nicht genügend schützen können. Ausserdem sehen sie den Staat als Garanten für einen Mindeststandard an Wohlstand, der z. B. durch Sozialleistungen oder durch Subventionierung der Grundnahrungsmittel gehalten werden kann. Den Hauptgrund für die Krise sehen sie einerseits in den amerikanischen Aktienmärkten, von denen die ganze Weltwirtschaft abhängt; anderseits in der damit verbundenen Deregulierung[2] der Märkte, die die «Schwachen» den «Starken» schutzlos ausliefert.

Abschliessend beantworten lässt sich die Frage nach den Ursachen der Krise und den Rezepten dagegen wohl nicht, da die Analyse der Situation vom jeweiligen Blick der Betrachter abhängt.

[1]   Lat. *liberalis* «freiheitlich» bzw. lat. *liber* «frei».
[2]   Lat. *de-* «weg», «ent-», «ab-» und lat. *regulare* «regeln», «einrichten».

Zusammenfassung

Wird ein Produkt v. a. innerhalb einer Nationalökonomie hergestellt und dann international gehandelt, spricht man von seichter Integration der Wirtschaft. Ist bereits die Produktion internationalisiert, so spricht man von tiefer Integration.

Die asiatische Währungskrise hat gezeigt, dass durch globale Wirtschaftsverflechtungen auch Probleme entstehen können, die eine aufstrebende Region in die Krise ziehen kann. Die Gründe für die Krise sind einerseits darin zu finden, dass Exportprodukte aus Südostasien in Japan und Europa teurer wurden, weil die an den US-Dollar gekoppelten südostasiatischen Währungen damit gegenüber den europäischen Währungen und gegenüber dem Yen an Wert gewannen.

Anderseits vergaben die Banken leichtfertig Kredite, die am «Zahltag» von den Schuldnern nicht zurückbezahlt werden konnten, was bei den Banken zu Zahlungsschwierigkeiten führte.

Beide Gründe zusammen veranlassten dann ausländische Investoren, ihr Geld aus der Region abzuziehen, was die Länder dann vollends in die Krise stürzte.

Aufgabe 41

Die indonesische Rupiah war bis 1997 an den US-Dollar gekoppelt. Was geschah nun, wenn zuvor ein Schweizer Händler für umgerechnet CHF 1 000.– indonesische Textilien bestellte und zwischen Bestellung und Fälligkeit der Rechnung der US-Dollar gegenüber dem Schweizer Franken an Wert gewonnen hatte?

8.2 Internationale Arbeitsteilung

Ein wichtiger Aspekt der kapitalistischen Weltwirtschaft ist die immer stärker werdende Internationalisierung der Arbeitsteilung. Sie basiert grundsätzlich auf verbesserten (und verbilligten) Kommunikations- und Transportmöglichkeiten, aber auch auf internationalen Handelsabkommen, wie sie z. B. die Welthandelsorganisation (WTO, vgl. Kap. 10.3.3, S. 151) beschliesst.

Es gibt immer mehr international handelbare Waren und Dienstleistungen. Wir in Europa beziehen Produkte von überall her und schicken unsere Produkte in alle Welt. Auch die Schweiz importiert und exportiert Waren und Dienstleistungen für viele Milliarden Franken.

Weshalb aber betreiben die Länder der Erde derart viel Aussenhandel? Und welche Folgen ergeben sich daraus in den Industrieländern, welche in den Entwicklungsländern? Wer gewinnt und wer verliert durch die internationale Arbeitsteilung und den Aussenhandel?

Wir wollen in diesem Kapitel nur einen Abriss der Entwicklung geben und die Frage klären, warum es überhaupt Aussenhandel gibt.

8.2.1 Historische Entwicklung der internationalen Arbeitsteilung

Kolonien

Die Arbeitsteilung zwischen Industrie- und Entwicklungsländern im grossen Stil begann mit der Kolonialisierung der Letzteren. Die Kolonien lieferten begehrte Rohstoffe in die Zentren der Industrieländer, wo sie zu Fertigprodukten verarbeitet und teilweise wieder in den Kolonien verkauft wurden. Die Kosten für die Rohstoffproduktion bzw. -extraktion konnten in den Kolonien sehr gering gehalten werden, da oftmals Zwangsarbeiter eingesetzt wurden oder sehr tiefe Löhne bezahlt wurden. Bereits damals wurden Waren über weite Distanzen transportiert, bis sie als Endprodukt an ihrem Bestimmungsort ankamen. Allerdings geschieht dies heute in weit grösserem Ausmass. Die Bestandteile eines fertigen Produkts legen heute zusammengerechnet weit grössere Distanzen in viel schnellerer Zeit zurück als früher.

Dekolonisierung

Heute gibt es keine Kolonien mehr, nur noch einige sog. Protektorate und Überseeterritorien. Im Laufe des 20. Jahrhunderts erlangten die Kolonien ihre Unabhängigkeit. Diese sog. Dekolonisierung verlief unterschiedlich. Während einige Gebiete das koloniale Joch mit Gewalt abschüttelten (wie z. B. Indonesien die niederländische Herrschaft 1945–1949), konnten sich andere relativ friedlich von ihren «Mutterländern» lösen (wie z. B. die Philippinen von den USA 1946).

Neue Industrieländer

Nach der Dekolonisierung ist die Rolle der Entwicklungsländer als Lieferanten günstiger Rohstoffe bestehen geblieben. Erst nach und nach entwickelten sich auch industrielle Produktionen in Entwicklungsländern, zunächst im Textilbereich, dann auch im Bereich der Haushaltselektronik. Regional entwickelte sich dies jedoch sehr unterschiedlich, die grössten Entwicklungssprünge machten die südost- und ostasiatischen Staaten Singapur, Hongkong, Taiwan und Südkorea, die sich im Gefolge Japans zu veritablen Industrienationen entwickelt haben.

Da das Lohnniveau vergleichsweise tief blieb, begannen diese Länder mit ihrer Industriegüterproduktion die Unternehmen in den Industrieländern zu konkurrenzieren. Konnten diese ihre Produktivität oder die Qualität ihrer Produkte nicht erhöhen, so verloren sie ihren Marktanteil. Viele Textilbetriebe – in den Kantonen Glarus oder St. Gallen – mussten so schliessen. Grössere Unternehmen haben damit reagiert, dass sie ihre Produktion teilweise oder ganz in die sich entwickelnden Länder verschoben, wo sie günstiger produzieren konnten. Die Arbeitnehmerschaft im Ursprungsland wurde ganz oder teilweise entlassen.

8.2.2 Vorteile des Aussenhandels

Länder nehmen nur miteinander Handel auf, wenn sie daraus einen Wohlstandsgewinn erzielen können. Die folgenden vier Punkte zeigen Ihnen, weshalb sich Aussenhandel für die beteiligten Länder (Volkswirtschaften) lohnen kann:

- Komparative Vorteile
- Gütervielfalt und Massengüterproduktion
- Wohlstandsgewinne durch Wettbewerb
- Wohlstandsgewinne durch grösseren Informationsfluss

Komparative Vorteile

Absolute Vorteile

Weil sich die Länder der Erde in Bezug auf Klima, Bodenschätze, Kultur und technologische Entwicklung unterscheiden, haben sie ganz unterschiedliche Möglichkeiten, Waren und Dienstleistungen zu produzieren. Deshalb verkauft die Schweiz den Japanern Wanderferien in den Alpen und importiert aus Japan Unterhaltungselektronik. In der Ökonomie nennt man derartige Standortvorteile absolute Vorteile. Ein Land hat dann einen absoluten Vorteil, wenn es fähig ist, ein Gut mit weniger Ressourcen zu produzieren als die Konkurrenz. Die Schweiz hat einen absoluten Vorteil bei Wanderferien, Japan dagegen bei Unterhaltungselektronik.

Interessanterweise importiert die Schweiz auch Waren und Dienstleistungen, die sie sehr gut selber herstellen könnte. Sie führt sogar Produkte ein, die sie bis vor wenigen Jahren selbst mit Erfolg exportiert hat. Weshalb importieren wir heute 80% unserer Kleider, während wir vor 40 Jahren noch 85% unserer Kleider selber fabrizierten? Nach einer ökonomischen Theorie lohnt sich der Aussenhandel für die Schweiz selbst dann, wenn sie bei allen Produkten leistungsfähiger wäre als die Länder, mit denen sie Handel treibt. Wie kann das gehen?

Komparative Vorteile

Betrachten wir dazu ein Beispiel mit den zwei Modellländern Gunstland und Ödland. In beiden Ländern wird Viehzucht und Ackerbau betrieben. Aufgrund äusserer Bedingungen sind in Gunstland sowohl der Ackerbau als auch die Viehzucht effektiver als in Ödland. Mit anderen Worten, Gunstland hat sowohl bei der Viehzucht als auch beim Ackerbau absolute Vorteile. Allerdings ist die Überlegenheit von Gunstland bei der Viehzucht grösser als beim Ackerbau, entsprechend geringer ist die relative Unterlegenheit Ödlands beim Ackerbau. Man sagt, Gunstland hat einen relativen, sog. komparativen Vorteil bei der Viehzucht, Ödland hingegen beim Ackerbau. Studieren Sie dazu die Tabelle 8-1.

[Tab. 8-1] Komparative Vorteile

	Gunstland	**Ödland**	**Beide zusammen**
Ohne Aussenhandel	100 Arbeitskräfte mit je 12 Kälbern = 1 200 Kälber	200 Arbeitskräfte mit je 3 Kälbern = 600 Kälber	1 800 Kälber 1 800 Getreidesäcke
	60 Arbeitskräfte mit je 20 Getreidesäcken = 1 200 Getreidesäcke	60 Arbeitskräfte mit je 10 Getreidesäcken = 600 Getreidesäcke	
Mit Aussenhandel	160 Arbeitskräfte mit je 12 Kälbern = 1 920 Kälber	260 Arbeitskräfte mit je 10 Getreidesäcken = 2 600 Getreidesäcke	1 920 Kälber (+120 Kälber) 2 600 Getreidesäcke (+800 Getreidesäcke)

Gunstland erarbeitet pro Arbeitskraft 12 Kälber und 20 Getreidesäcke. Ödland ist in der Viehzucht mit 3 Kälbern pro Arbeitskraft und im Ackerbau mit 10 Getreidesäcken pro Arbeitskraft unterlegen. Die Überlegenheit von Gunstland ist in der Kälberzucht mit 4:1 weit höher als bei der Produktion von Getreidesäcken mit 2:1. Damit hat Gunstland einen komparativen Vorteil bei der Viehzucht, Ödland hingegen beim Ackerbau. Spezialisieren sich beide auf die Produktion jenes Guts, bei dem sie einen komparativen Vorteil aufweisen, gewinnen beide.

Wie Sie der Tabelle 8-1 entnehmen, bringt der Aussenhandel den beiden Ländern Vorteile, wenn sie sich auf die Produktion jenes Guts spezialisieren, bei dem sie einen komparativen Vorteil aufweisen. Weil nun Schneider in der Schweiz nur doppelt so produktiv sind wie ihre Kollegen in Bangladesch, Schweizer Chemielaborantinnen aber vielleicht 10-mal effizienter arbeiten als jene in Bangladesch, liegen die komparativen Vorteile in der Textilbranche in Bangladesch, in der Produktion von Medikamenten hingegen in der Schweiz. Deshalb importiert die Schweiz Kleider aus Bangladesch und exportiert Medikamente nach Asien. Weil beide profitieren, entsteht Aussenhandel, v. a. dann, wenn die Transportkosten tief sind.

Gütervielfalt und Massengüterproduktion

Die Idee der komparativen Vorteile kann allerdings nicht erklären, weshalb viele Länder auch innerhalb bestimmter Produktegruppen erheblichen Handel betreiben. Weshalb exportieren wir z. B. Emmentaler und importieren Edamer Käse? Weshalb fliessen auch bei Uhren, Maschinen und Chemikalien erhebliche Güterströme zwischen der Schweiz und ihren Aussenhandelspartnern in beide Richtungen?

Auch dieser Umstand lässt sich mit einer einfachen ökonomischen Einsicht erklären. Je mehr Wohlstand wir haben, desto mehr Wünsche nach immer mehr verschiedenen Produkten wachsen in uns. Wollte nun jedes Land all die verschiedenen Produkte selbst herstellen, wäre das nur in sehr kleinen Stückzahlen möglich, was nie rentieren würde. Dank dem internationalen Handel können sich die Unternehmen eines Lands auf die Produktion weniger Güter konzentrieren und diese in grossen Stückzahlen rentabel produzieren. Wenn auch die Aussenhandelspartner gleich verfahren, erreichen alle zusammen trotz der Konzentration auf Massengüterproduktion die gewünschte Gütervielfalt. Wir Schweizer müssen deshalb genauso wenig auf Edamer und Cheddar verzichten, wie die Holländer und Briten auf Emmentaler und Tilsiter.

112   Wirtschaft, Umwelt und Raum

Wohlstandsgewinne durch Wettbewerb

Im Zuge der internationalen Arbeitsteilung wird auch der Wettbewerb globaler. Es treten neue Konkurrenten auf und es öffnen sich neue Märkte. Das macht den Wettbewerb härter. Der freie Aussenhandel erschwert die Möglichkeit von nationalen Absprachen: Anbieter aus gesprengten Kartellen und ehemalige Monopolisten müssen dank dem internationalen Wettbewerb überhöhte Preise senken und verbesserte Qualität liefern. Daraus ergibt sich ein Wohlstandsgewinn.

Wohlstandsgewinne durch grösseren Informationsfluss

Schliesslich erleichtert der internationale Handel auch den weltweiten Informationsfluss. Je mehr Menschen von Wissen und Know-how profitieren können, desto grösser wird letztlich der Wohlstandsgewinn aller. Wissen und Know-how stellen einen wichtigen Produktionsfaktor und eine wichtige Triebfeder des wirtschaftlichen Wachstums dar.

Zusammenfassung

Schon früh entstand mit der Kolonisierung eine Arbeitsteilung zwischen den heutigen Industrie- und Entwicklungsländern, bei der Letztere v. a. Rohstoffe lieferten, die in den Mutterländern verarbeitet wurden. Diese Arbeitsteilung besteht bis heute fort. Allerdings bieten die Entwicklungsländer neben günstigen Rohstoffen nun auch billige Arbeitskräfte für die Massenproduktion an. Dadurch wurden sie z. T. zu Konkurrenten von Betrieben in Industrieländern.

Ein Land hat bei der Bereitstellung jener Waren und Dienstleistungen einen komparativen Vorteil, bei denen es im Vergleich zu den Konkurrenzländern relativ die grössere Überlegenheit oder die kleinere Unterlegenheit aufweist.

Die internationale Arbeitsteilung ist eine Folge der Vorteile des freien Aussenhandels. Der Wohlstandsgewinn durch den Aussenhandel hat vier Ursachen:

- Durch die Spezialisierung der einzelnen Länder auf jene Produkte, bei denen sie komparative Vorteile aufweisen, steigt die Produktivität aller Beteiligten.
- Trotz Massenproduktion ist eine grosse Gütervielfalt möglich.
- Der harte internationale Wettbewerb erschwert nationale Monopole und Absprachen.
- Der Aussenhandel erleichtert den Austausch von Information, Wissen und Know-how.

Aufgabe 42

Betrachten Sie nochmals die beiden Länder Gunstland und Ödland. Beide Länder produzieren nicht nur Getreide und Fleischprodukte, sie fördern auch Erdöl und Bauxit.

	Gunstland	Ödland
Erdöl (Fass pro Tag)	100	60
Bauxit (Tonnen pro Tag)	40	30

A] Gibt es absolute Vorteile? Wer hat sie, bei welchen Produkten?

B] Hat ein Land gegenüber dem anderen komparative Vorteile? Welches Land? Welche?

C] Auf welches Produkt wird sich Gunstland spezialisieren, auf welches Ödland?

8.3 System der Nationalstaaten

Das Konzept des heutigen Nationalstaats geht auf den Westfälischen Frieden zurück, der 1648 das Ende des Dreissigjährigen Kriegs in Mitteleuropa markierte. Danach wurde die Souveränität über ein klar abgegrenztes Territorium definiert und es wurde begonnen, die zwischenstaatlichen Beziehungen zu formalisieren.

Heute wird praktisch jedes Territorium des Globus von einem Nationalstaat beansprucht und ist durch genaue – nicht immer unumstrittene – Grenzen definiert. Eine Ausnahme stellt die Antarktis dar, für die eine Sonderregelung gilt. Küstennahe Staaten beanspruchen auch einen Teil des Meers für sich. In der 12-Meilen-Zone (auch als «Territorialgewässer» bezeichnet) können sie gemäss internationalem Seerecht die volle Hoheit beanspruchen, in der 200-Meilen-Zone («Wirtschaftszone») haben sie heute das ausschliessliche wirtschaftliche Nutzungsrecht.

8.3.1 Souveränität des Nationalstaats

Gewaltmonopol

Der Nationalstaat beansprucht auf seinem Territorium das sog. Gewaltmonopol. Das bedeutet, dass die staatlichen Organe – über Gesetze – bestimmen, wer in welcher Form Gewalt ausüben darf. Der Staat behält sich so z. B. vor, Menschen für Verbrechen einzusperren, was Privatpersonen untersagt ist.

Im 18. und 19. Jahrhundert, als viele von Königinnen und Fürsten regierte Nationalstaaten demokratisiert wurden, wurde auch die Idee wichtiger, dass der Nationalstaat eine homogene Gesellschaft umfasst. Es wurde also versucht, spezifische Aspekte eines Staats herauszustreichen und den Menschen ein nationales Bewusstsein, eine Art Nationalstolz, zu vermitteln. Denn Angehörige derselben Nation fühlen sich, obwohl sie Fremde füreinander sind und bleiben, so weit füreinander verantwortlich, dass sie bereit sind, dafür Opfer zu bringen: z. B. Wehrdienst leisten oder Steuern bezahlen. Dies war einfacher in den bereits recht homogenen Staaten Europas als in ehemaligen Kolonien, wo die Grenzen willkürlich gezogen wurden und oft Lebensräume von Gemeinschaften durchschnitten.

Drei Säulen der Souveränität

Der Nationalstaat stützt sich prinzipiell auf die drei Säulen der Souveränität. Souveränität[1] bedeutet so viel wie Selbstbestimmung. In Demokratien ist das Volk der Souverän, der über die Regierung und damit über die Geschichte des Lands bestimmt.

- Die ökonomische Souveränität drückt sich darin aus, dass ein Staat einen eigenen Haushalt mit Budget und Rechnung besitzt. Die Einnahmen werden zum grössten Teil durch Steuern erwirtschaftet. Die Regierung eines Staats sollte es in der Hand haben, den Haushalt auszugleichen. Dies ist jedoch nicht immer der Fall. Die meisten Regierungen sind verschuldet. Die Gläubiger sind einerseits Personen und Organisationen im eigenen Land und im Ausland. Die Verschuldung wird dann problematisch, wenn die Regierung einen so hohen Schuldendienst leisten muss, dass er seine anderen Aufgaben vernachlässigt.
- Die militärische Souveränität ermöglicht es einem Staat, seine Bürgerinnen und Bürger innerhalb seines Territoriums zu schützen. Die meisten Staaten unterhalten zu diesem Zweck eine Armee und gehen i. d. R. davon aus, mit ihr die Bevölkerung gegen Angreifer auch verteidigen zu können. Zusätzlich gehen sie Militärbündnisse ein – wie z. B. die NATO (North Atlantic Treaty Organization) – bei denen man sich verpflichtet, sich im Angriffsfall gegenseitig zu unterstützen. Für die 1949 gegründete NATO trat dieser sog. Bündnisfall zum ersten Mal erst 2001 nach den Terroranschlägen des 11. Septembers auf New York und Washington ein.

---

[1] Lat. *superanus* «darüber befindlich», «überlegen», hier zu verstehen als «unumschränkt» und «uneingeschränkt».

- Erst durch die kulturelle Souveränität wird ein moderner Staat zum eigentlichen Nationalstaat. Wenn die Staatsangehörigen – über die angestammten Loyalitäten gegenüber Dorf und Familie, Landschaft und Dynastie hinaus – eine Form kollektiver Identität ausbilden, kann man von einer Nation sprechen. Der Staat wird so gleichsam zum Behälter oder Rahmen der Gesellschaft. Dieser Prozess der Einigung gegen innen kann auch problematisch sein, wenn z. B. von oben vorgeschrieben wird, wie eine solche kollektive Identität auszusehen hat und dabei Minderheiten unterdrückt werden.

Staatszugehörigkeit

Bezüglich der Staatszugehörigkeit und deren Erwerb gibt es sehr unterschiedliche Regelungen. Grundsätzlich gibt es zwei verschiedene Modelle, die auch in Kombinationen auftreten können. Beim einen erbt man die Staatszugehörigkeit der Eltern bzw. eines Elternteils, egal wo man geboren wird. Nach diesem Grundsatz wird z. B. in der Schweiz oder in Deutschland verfahren. In anderen Staaten – wie z. B. in Frankreich oder den USA – erhält man automatisch die Staatsbürgerschaft des Lands, in dem man geboren wird, oft zusätzlich zur vererbten Staatsbürgerschaft. Durch Einbürgerung kann man in den meisten Staaten eine neue Staatsbürgerschaft erwerben. Die dafür erforderlichen Bedingungen variieren jedoch stark von Land zu Land.

Verständnis von Nation

Auch bezüglich des Verständnisses von Nation gibt es unterschiedliche Ansichten. Es gibt Nationen, die sich auf eine bestimmte ethnische oder sprachliche Zugehörigkeit berufen. So gelten Sudetendeutsche oder Schlesier als Deutsche, auch wenn diese Volksgruppen vor Jahrhunderten ausgewandert sind. Andere Nationen bezeichnen sich als Willensnationen, wie z. B. die Schweiz oder die USA. Die Menschen haben sich einmal aus verschiedenen Gründen dazu entschlossen, einen Staat bzw. eine Nation zu gründen, auch wenn sie unterschiedliche Sprachen sprechen und kulturelle Unterschiede kennen.

8.3.2 Ist der Nationalstaat am Ende?

Wie wir bereits gesehen haben, überschreiten Handel und Produktion die Grenzen von Nationalstaaten in starkem Masse. Die Zahl der Firmen, die nicht nur in einem Land operieren – sog. transnationale Unternehmen (TNU) –, ist im Steigen begriffen und die Forderungen nach Abbau von Grenzkontrollen, Zöllen und anderen von Staaten durchgesetzten Schranken gelten als berechtigt. Ist der Nationalstaat also ein Auslaufmodell, das nicht mehr benötigt wird und keine Berechtigung hat?

Privatisierung?

In der Tat ist es für viele Regierungen schwierig, erstens die drei Säulen der Souveränität aufrechtzuerhalten und zweitens gleichzeitig ein wettbewerbsfähiger Standort für Unternehmen zu bleiben, ohne drittens dafür Solidarität und gesellschaftliche Freiheit zu opfern. Bei vielen Aufgaben, die bislang als Staatsaufgaben wahrgenommen wurden – wie Bildung, Sicherheit und Forschung – wird heute diskutiert, ob sie nicht besser von privaten Firmen übernommen werden sollen. Der Gedanke dahinter ist einerseits der Wunsch nach einem «schlanken» Staat, der nicht unnötig viele Aufgaben übernehmen soll, und andererseits die Annahme, dass die Konkurrenz des freien Markts zu besseren Produkten und Dienstleistungen führt.

Staaten im Wettbewerb?

Heute spricht man auch von Staaten als Wettbewerbsstandorten, die sich wie Firmen konkurrenzieren. Sie wollen möglichst viele gewinnbringende Firmen auf ihrem Territorium vereinen, da diese ein hohes Steuereinkommen und viele Arbeitsplätze versprechen. Dennoch ist es problematisch, von einem Staat wie von einer Firma zu sprechen. Denn ein Nationalstaat kann nicht Konkurs machen, er kann zwar zahlungsunfähig werden, doch kann er seine Bürgerinnen und Bürger nicht entlassen und sich auflösen.

Und zweitens sagt die Wirtschaftskraft eines Staats wenig über die dort herrschende Lebensqualität aus. So sind die USA zwar die stärkste ökonomische Macht, doch weisen sie in vielen Belangen keinen so hohen Lebensstandard aus wie viele europäische Staaten. Die Konsequenz daraus ist, dass weniger die Staaten selber als vielmehr seine einzelnen Einwohner wettbewerbsfähig gemacht werden müssen. Und hier können Staaten versuchen, Qualitätsstandards zu setzen, die nicht in erster Linie von Marktinteressen geleitet sind.

8.3.3 Transnationale Zusammenarbeit

Wenn man davon ausgeht, dass ein territorialer Nationalstaat den Bedingungen der Globalisierung nicht mehr vollumfänglich gerecht wird und ein aufgelöster Nationalstaat die Sicherheit, die für das Funktionieren einer Gesellschaft wichtig ist, nicht mehr allein gewährleisten kann, dann müssen neue Formen der Staatlichkeit gesucht werden. Im Folgenden werden drei Modelle vorgestellt, die Möglichkeiten zeigen, wie dies aussehen könnte:

- Stärkung der UNO
- Kosmopolitische Demokratie
- Europäische Union

Stärkung der UNO

Eine Möglichkeit stellt die Stärkung der UNO (vgl. Kap. 10.3.2, S. 147) dar, die neben dem bestehenden militärischen Sicherheitsrat einen neu zu schaffenden wirtschaftlichen Sicherheitsrat und einen Petitionsrat erhalten könnte. Der wirtschaftliche Sicherheitsrat soll dabei auf die Einhaltung von ethischen Grundsätzen bei Produktion und Handel achten und den Petitionsrat kann man als Bürger in letzter Instanz anrufen, um rechtliche Belange klären zu können.

Dabei müsste es z. B. möglich sein, dass der Dalai Lama, das religiöse Oberhaupt vieler Tibeterinnen und Tibeter, beim Petitionsrat ein Gesuch für die Autonomie Tibets einreichen könnte und dass – bei positiver Entscheidung des Rates – China gezwungen werden könnte, die geforderte Autonomie zu gewährleisten. Etwas, das gegenwärtig kaum möglich ist.

Kosmopolitische Demokratie

Eine etwas utopischere Variante stellt die kosmopolitische[1] Demokratie dar. Dabei sollen Organisationen mehr Gewicht erhalten, die keine territoriale Verankerung haben und bei denen Individuen Mitglieder werden können. Diese Organisationen erhalten ein Mitspracherecht in politischen Belangen und basieren auf Interessen und Betroffenheit. So könnten z. B. Greenpeace und der WWF solche Interessenverbände sein, die in naturschützerischen Belangen ein Mitspracherecht haben.

Dabei kommt es nicht auf die Staatsangehörigkeit oder den Wohnort von Mitgliedern an, sondern einzig auf die Mitgliedschaft bei der Organisation. So kann ein Individuum Mitglied verschiedenster Organisationen werden und so auf unterschiedlichen Feldern Mitsprache erhalten. Bei diesem Modell soll der eigentliche auf einem Territorium basierende Nationalstaat nach und nach aufgelöst werden. Nur noch die Gerichte sollen eine territoriale Hoheit haben.

Europäische Union

Die Europäische Union kann als Pionierin eines transnationalen Staats angesehen werden. Obwohl sie ursprünglich als Wirtschaftsunion entstand, ist sie heute mehr als das. Ihr wirtschaftliches Gewicht ist so gross, dass sie in einem späteren Kapitel (vgl. Kap. 10.3.1, S. 145) zusammen mit den anderen global wichtigen Organisationen besprochen werden soll.

---

[1] Griech. *kósmos* «Weltall», «Weltordnung» und griech. *politikós* «die Bürgerschaft betreffend», «zur Staatsverwaltung gehörend».

Zusammenfassung

Nationalstaaten gelten als selbstbestimmte – oder souveräne – politische Einheiten. Sie stützen sich auf die drei Säulen der Souveränität: ökonomische, militärische und kulturelle Souveränität. Die Staatszugehörigkeit wird entweder vererbt und / oder man erhält sie von dem Staat, in dem man geboren wird.

Durch die grosse Macht und Bedeutung transnationaler Unternehmen geraten Nationalstaaten unter Druck, da sie den TNU einerseits ein gutes Umfeld bieten wollen, damit sie sich niederlassen, Arbeitsplätze schaffen und Steuern zahlen. Anderseits wollen sie dabei nicht Solidarität und gesellschaftliche Freiheit einschränken oder opfern müssen.

Für die Zukunft immer wichtiger werdende und über einzelne Staaten hinweg greifende transnationale Zusammenarbeit gibt es verschiedene Szenarien. Eine Stärkung der UNO wäre ein Modell oder die kosmopolitische Demokratie, bei der z. B. auch nichtstaatliche Organisationen ein grösseres Gewicht erhalten.

Aufgabe 43

Die Schweiz ist eine .... politische Einheit, sie ist ein Nationalstaat. Auf ihrem Territorium beansprucht sie das .... Ein eigener Staatshaushalt mit Budget und Rechnung verleiht ihr .... Souveränität, die eigene Armee militärische .... Trotz vier unterschiedlichen Sprachen und verschiedenen kulturellen Wurzeln besitzt die Schweiz auch eine Form der kollektiven Identität, die ihr .... Souveränität verleiht. In diesem Sinne ist die Schweiz wie die .... eine ....

A] USA; B] Souveränität; C] Willensnation; D] Gewaltmonopol; E] souveräne; F] ökonomische; G] kulturelle.

8.4 Militärische Weltordnung

Die militärische Weltordnung wurde nach dem Zusammenbruch des Ostblocks oftmals als Faktor der Globalisierung vernachlässigt. Doch trägt sie entscheidend zum Gefühl von Sicherheit und Bedrohung bei und hat so grossen Einfluss auf andere Prozesse der Globalisierung.

Ost-West
Nord-Süd

Während des Kalten Kriegs, der nach dem Zweiten Weltkrieg begann und 1989 aufhörte, standen sich mit der Nato und dem Warschauer Pakt zwei grosse militärische Machtblöcke gegenüber, die auch als Kristallisationspunkte für andere Staaten dienten. Man entschied sich für den einen oder den anderen Block oder versuchte – wie die sog. Blockfreien Staaten – einen Mittelweg zu finden. Dieses Gleichgewicht des Schreckens bot eine gewisse globale Stabilität, die nach 1989 erst wiederhergestellt werden muss. Man spricht dabei von einer allmählichen Verlagerung des Ost-West-Konflikts zu einem Nord-Süd-Konflikt, also einem Konflikt zwischen Industrie- und Entwicklungsländern (vgl. Kap. 9.1, S. 130). Indizien dafür können z. B. im Golfkrieg 1991 gesehen werden.

[Abb. 8-5] UNO-Friedensmissionen

❶ Afghanistan 1988–1990, seit 2002
❷ Ägypten 1956–1979
❸ Angola 1988–1991
❹ Äthiopien 2000–2008
❺ Bosnien-Herzegowina 1995–2002
❻ Burundi 2004–2006
❼ Dominikanische Republik 1965–1966
❽ Elfenbeinküste seit 2004
❾ El Salvador 1991–1995
❿ Eritrea 2000–2008
⓫ Georgien 1993–2009
⓬ Syrien (Golanhöhen) seit 1974
⓭ Griechenland 1954–1974
⓮ Guatemala 1997
⓯ Haiti 1993–2000, seit 2004
⓰ Osttimor 2002–2012
⓱ Indien/Pakistan seit 1949
⓲ Iran/Irak 1988–1991
⓳ Irak seit 1991
⓴ (Ex-)Jugoslawien 1992–1995
㉑ Kambodscha 1991–1993
㉒ Kaschmir seit 1949
㉓ Kongo 1960–1964, seit 1999
㉔ Kosovo seit 1999
㉕ Kroatien 1991–1995
㉖ Kuwait 1991–2003
㉗ Libanon seit 1978
㉘ Liberia 1993–1997, seit 2003
㉙ Mazedonien 1995–1999
㉚ Mittelamerika 1989–1990
㉛ Mosambik 1962–1963
㉜ Naher Osten seit 1948
㉝ Namibia 1989–1990
㉞ Neuguinea 1962–1963
㉟ Pakistan 1989–1990
㊱ Ruanda 1993–1996
㊲ Sierra Leone 1999–2005
㊳ Somalia 1993–1995
㊴ Sudan 2005–2011
㊵ Südsudan/Darfur 2007–2013
㊶ Syrien seit 2012
㊷ Tadschikistan 1994
㊸ Tschad 1993–1996
㊹ Uganda 1993–1994
㊺ Westsahara seit 1991
㊻ Jemen 1963–1964
㊼ Zentralafrikanische Republik 1998–2000
㊽ Zypern seit 1964

Seit ihrer Gründung im Jahre 1945 entsandte die UNO (vgl. Kap. 10.3.2, S 147) über 800 000 Militär- und Zivilpersonen aus rund 120 Nationen für «friedenserhaltende oder friedensstiftende Missionen» in 68 Krisenherde (in einige mehrmals). Davon waren 51 Einsätze Ende 2012 abgeschlossen. In den 16 aktuellen Krisenherden (inkl. Politischer Mission in Afghanistan und Burundi) sind rund 100 000 Soldaten, Militärbeobachterinnen und Polizisten für die UNO im Einsatz.
Quelle: Der neue Fischer Weltalmanach 2013, und United Nations 2013, http://www.un.org/en/peacekeeping/about/ (31.10.2013).

Supermacht USA

Mit der Beseitigung des grossen Ost-West-Gegensatzes 1989, der den Prozessen der Globalisierung gleichsam eine Leitplanke lieferte, ging auch eine Ära der Ordnung und Stabilität zu Ende. Was folgte, war zunächst ein Prozess, der oft als unkontrolliert und selbstgesteuert bezeichnet wurde. Darin konnten die USA sich zwar als einzige Supermacht etablieren, doch gelang es ihnen damit nicht, eine Art von globaler Ordnung herzustellen, die auch global akzeptiert wird.

Stabilität als Wirtschaftsfaktor

Die Wichtigkeit politischer Stabilität, die auch eine militärische Stabilität bedingt, lässt sich auch auf staatlicher Ebene sehen. Tourismusdestinationen (vgl. Kap. 9, S. 97) z. B. verzeichneten früher während politischer und militärischer Unruhen einen drastischen und relativ lang anhaltenden Rückgang an Touristen. So gingen die Besucherzahlen auf Bali 1998 aufgrund von Unruhen in Indonesien – die jedoch Bali selbst wenig betrafen – stark zurück und erholten sich nur sehr langsam. Nach den Anschlägen von 2002 und 2005 auf Bali selbst gingen die Touristenzahlen erneut zurück. Seit der Terrorismus in neuerer Zeit aber auch Europa (Madrid 2004, London 2005, Oslo 2011) erreicht hat und Naturkatastrophen (Tsunami vom 26.12.2004 und Hurrikan-Saison 2005) sich in Tourismusregionen mehren, scheint ein gewisser «Gewöhnungseffekt» erkennbar.

Neue Bedrohungen

Nach den Terroranschlägen vom 11. September 2001 auf New York und Washington hat sich in Bezug auf die militärische Weltordnung etwas geändert. Zum ersten Mal wurde ein Nationalstaat als solcher von einer terroristischen Organisation, der Al Kaida, angegriffen, ohne dass sich diese von Anfang an dazu bekannte. Der amerikanische Präsident George W. Bush erklärte nicht nur der Organisation den Krieg, sondern auch Staaten, die terroristischen Organisationen und Bewegungen Unterschlupf gewähren, wie z. B. Afghanistan, das in der Folge bombardiert wurde.

Die «traditionelle» Kriegsführung eines Nationalstaats gegen einen anderen ist durch die Attentate infrage gestellt worden, da die Terroristen nicht von einem bestimmten Land aus operieren, sondern globale Netzwerke aufrechterhalten. Ihre Verfolgung muss sich somit auch auf mehrere Länder konzentrieren und muss deren Einwilligung haben, soll nicht ihre Souveränität verletzt werden.

Zusammenfassung

Die militärische Weltordnung ist ein entscheidender Faktor für die Sicherheit von Staaten und deren Bevölkerung. Bis 1989 bot der sog. Kalte Krieg eine Ordnung mit relativ grosser Stabilität, auch wenn diese auf einem Gleichgewicht des Schreckens basierte. Nach dem Zusammenbruch des Ostblocks hat sich die Situation verändert und es scheint so, dass sich der frühere Ost-West-Konflikt in Richtung eines Nord-Süd-Konflikts verschiebt. Dies allerdings, ohne das frühere Gleichgewicht zu erlangen.

Aufgabe 44

Die militärische Weltordnung während des Kalten Kriegs wurde von zwei oder mehr Blöcken bestimmt, sie kann als «multilateral» bezeichnet werden. Für die heutige Ordnung wird gern der Begriff des «Unilateralismus» verwendet. Was meint diese Bezeichnung und mit welcher Nation wird der Begriff in Verbindung gebracht?

8.5 Kultur

Der Austausch von kulturellen Gütern ist durch die Globalisierung massiv angestiegen. So finden wir fast in jedem Winkel der Erde Elemente einer amerikanischen Kultur wieder (z. B. Softdrinks, Fast-Food-Ketten oder Popmusik), aber wir werden auch in unserer unmittelbaren Nähe vermehrt mit sog. kulturellen «messages» (Mitteilungen, Nachrichten) fremder Herkunft und unterschiedlichster Art konfrontiert. Da sich kulturelle Aspekte sehr stark mischen, muss man sich bald fragen, was ist die eigene Kultur und was die fremde.

8.5.1 Was ist Kultur?

Werte, Normen, materielle Artefakte

Es gibt keine Gesellschaft oder Gemeinschaft ohne Kultur. Kultur ist quasi der Leim, der sie zusammenhält. Auf einen kurzen Nenner gebracht, fasst man unter Kultur[1] die Werte, Normen und materiellen Artefakte (= von Menschen kreierte materielle Güter), die Mitglieder einer Gemeinschaft teilen, zusammen. Unter Werten werden abstrakte Ideale wie Religion, Rituale, aber auch Sprache verstanden. Normen sind definitive Prinzipien oder Regeln, die in einer Gesellschaft gelten wie z. B. die Familienstruktur, das Sexualverhalten, die Art und Weise, wie man Kinder erzieht, oder das politische System. Materielle Artefakte[2] schliesslich sind z. B. Gebäude, Kleidung, aber auch Landnutzungssysteme wie Reisterrassen, Weinberge oder Bannwälder.

---

[1] Lat. *cultura* «Pflege (des Körpers und des Geistes)», «Landbau».
[2] Lat. *arte factum* «mit Geschick gemacht».

Leitplanken

Kultur wird also als etwas den Menschen Eigenes gesehen und im Zeitalter der Moderne der Natur gegenübergestellt, die als etwas vom Menschen Unberührtes verstanden wird. Kultur gibt uns somit Leitplanken für unser Handeln vor sowie für unsere Erwartungen, die wir in bestimmten Situationen haben. So wissen wir, wie wir uns in unserer Kultur begrüssen, dass wir dies i. d. R. mit einem Handschlag tun und nicht indem wir, wie (früher) in Tibet, einander die Zunge herausstrecken.

Es gibt also innerhalb einer Gesellschaft eine gewisse Einigkeit darüber, was in bestimmten sozialen Situationen geschehen kann oder soll und was nicht. Die Wahrscheinlichkeit, dass mir in der Schweiz bei der Begrüssung jemand die Hand gibt, ist somit sehr hoch, diejenige, dass mir die Zunge herausgestreckt wird, sehr gering. Kultur schränkt damit die Palette möglicher Handlungen in bestimmten Situationen ein, stellt eine Ordnung her und erleichtert uns so das Zusammenleben. Dadurch, dass wir uns bei unseren Aktivitäten selbst an kulturelle Normen halten, stabilisieren und stärken wir sie.

Die Kultur gibt uns auch Regeln für partnerschaftliches Zusammenleben vor. So ist in christlichen Kulturen aufgrund religiöser Werte die Ehe nur mit einem Partner bzw. einer Partnerin erlaubt, während dies in anderen Kulturen mit anderen Werten nicht so gesehen wird. An diesem Beispiel sehen wir aber auch, dass Kultur sich verändern kann. Denn wo es für ein Paar vor vierzig Jahren noch unmöglich war, unverheiratet zusammenzuleben, ist dies heute in den meisten europäischen Ländern kein Problem mehr.

Veränderungen können durch Einflüsse von aussen zustande kommen, durch neue Ideen, die mit anderen Menschen in die eigene Kultur getragen werden. Sie können aber auch von innen kommen, durch Menschen, die Dinge anders tun als die anderen, die Etabliertes hinterfragen und Neues ausprobieren.

8.5.2 Kultur als «Hardware» oder «Software»?

Kultur als Hardware?

In traditionellen Gesellschaften wurden wichtige Werte und Normen über Rituale in Erinnerung gerufen und weitergegeben. In Gesellschaften, die keine Schrift kannten oder diese kaum verwendeten – man spricht von oralen[1] Gesellschaften –, wurde den Ritualen eine grössere Aufmerksamkeit geschenkt als in sog. verschrifteten Gesellschaften. In Letzteren konnte man z. B. einfach auf Gesetzestexte verweisen, wenn etwas unklar war, oder über ihre spezielle Auslegung debattieren. Nur Gehörtes oder Gesehenes verflüchtigt sich schneller und kann in der Erinnerung ganz anders interpretiert werden. Deswegen war es wichtig, Rituale möglichst immer gleich oder nur mit geringfügigen Veränderungen durchzuführen.

Freilich veränderten sich die Werte und Normen auch in traditionellen Gesellschaften, nur viel langsamer, als dies in modernen Gesellschaften der Fall ist. Dies ist auch nicht verwunderlich, denn die Besinnung auf Traditionen bedeutet ja auch, dass man Dinge so tun soll und will, wie man sie schon immer getan hat. Dadurch entstand schnell der Eindruck, dass Kultur etwas Bleibendes und Unverrückbares ist, das man mit der Geburt mitbekommt und zeitlebens behält. Man könnte diese Sichtweise von Kultur mit der «Hardware» eines Computers vergleichen, die grundsätzlich unveränderbar ist, wenn man keine Teile auswechselt.

Fokus

Ethnische Gliederung in Ex-Jugoslawien

Die folgende Karte zeigt die Verzahnung der Siedlungsgebiete verschiedener Ethnien[2]. Doch auch dies ist eine grobe Verallgemeinerung, da in fast jeder Gemeinde verschiedene Ethnien leben. Durch die v. a. wirtschaftlichen und politischen Probleme, die beim Ausein-

---

[1] Lat. *os* «Mund», hier zu verstehen als «durch den Mund».
[2] Griech. *éthnos* «Volk», «Volksstamm».

anderbrechen von Jugoslawien entstanden sind, wurden ethnische Gegensätze, die früher unter der Führung von Tito unterdrückt wurden, in den Vordergrund gerückt.

Verschiedene Kriege machten es immer schwieriger, ein friedfertiges Zusammenleben zu bewerkstelligen. Es wurden Forderungen nach einheitlichen und (teilweise oder ganz) unabhängigen Gebieten, die von einer einzigen Ethnie beherrscht wird, laut. Setzt man diese Forderungen, die auch kartografisch festgehalten wurden, um, so würden viele Menschen gezwungen, umzusiedeln oder als Minderheit auf dem Gebiet einer anderen Ethnie zu leben.

[Abb. 8-6]   Ethnische Gliederung in Ex-Jugoslawien

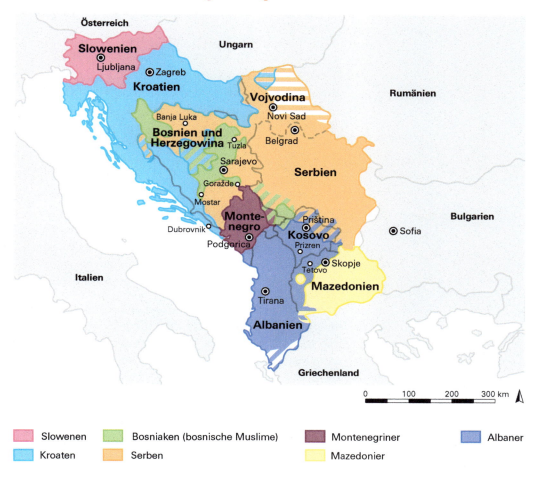

Die bewegte Geschichte des Balkans hat auf der Karte der ethnischen Gliederung Ex-Jugoslawiens deutliche Spuren hinterlassen. In vielen Regionen leben verschiedene Ethnien auf engstem Raum zusammen (zweifarbig gestreifte Regionen). Neue Grenzen trennen Regionen und schaffen neue Minderheiten. Kartengrundlage: Le monde diplomatique, National Geographic, politische Gliederung, angepasst an Stand 2013.

Bei den Konflikten wird oft vergessen, dass Ethnien nicht einfach vom Himmel gefallen sind, sondern dass sie auch Konstrukte sind, die Menschen gemacht haben und die keineswegs klar abgrenzbar sind. Die folgenden Beispiele sollen dies zeigen, ohne den Anspruch auf Vollständigkeit zu haben:

- Mazedonier stellen zwei Drittel der Bevölkerung Mazedoniens, sie sind orthodoxe Christen und sprechen Mazedonisch. Es wird von aussen kritisiert, dass diese Sprachgruppe von der jugoslawischen Regierung kreiert worden sei, um die Bevölkerung aktiv in verschiedene Gruppen zu teilen, die allein nur geringe Macht gegenüber der Zentralregierung haben. Von griechischer Seite wird kritisiert, dass Mazedonier eigentlich Griechen seien und die Bulgaren sehen sie als Bulgaren und behaupten Mazedonisch sei ein Dialekt des Bulgarischen.

- Die Albaner behaupten von sich, die letzten Illyrer zu sein, die vor der slawischen Einwanderung auf dem Balkan lebten. Durch die Grenzziehung Albaniens von 1913 kam etwa die Hälfte der Albaner ins Ausland (Kosovo und Mazedonien) zu leben, wo sie Minderheiten darstellen.
- Bosnier sind christliche Slawen, die unter der ottomanischen Herrschaft zum Islam übertraten, was ihnen damals Steuer- und Landeigentumsvorteile brachte. 1969 anerkannte der jugoslawische Staat die Bosnier als eigenständige Ethnie. In den Konflikten um Bosnien, Ende des 20. Jahrhunderts, beanspruchten jedoch sowohl serbische als auch kroatische Gruppen das Gebiet Bosnien-Herzegowinas.
- Die Serben wanderten im 6. und 7. Jahrhundert ein und konvertierten zum orthodoxen Christentum. 1389 wurden sie von den Ottomanen auf dem Amselfeld in Kosovo besiegt, weswegen der Stätte der Schlacht seitens der Serben eine grosse Bedeutung zugemessen wird.
- Die Montenegriner galten bis zum Sieg der Ottomanen über die Serben selber als Serben, die sich in das heutige Gebiet Montenegros flüchteten und bis nach dem Ersten Weltkrieg unabhängig blieben.
- Kroaten sind v. a. römisch-katholischen Glaubens und benutzen das lateinische Alphabet. Im Zweiten Weltkrieg unterstützten sie die Achsenmächte (Deutschland und Italien) und verfolgten dabei Serben, die sich gegen die Achsenmächte stellten. Diese historische Konstellation war ein wichtiges Argument im kroatisch-serbischen Krieg. Kroaten und Serben verbindet die serbokroatische Sprache, die jedoch nicht gleich geschrieben wird.

Territoriale Verortung

Diese statische Ansicht von Kultur ist oft gekoppelt mit einer territorialen Verortung[1]. Da früher die Menschen weit weniger mobil waren als heute, konnte man auch beobachten, dass die Menschen an einem Ort bestimmte kulturelle Werte und Normen haben und an einem anderen Ort etwas andere. Die Leute konnten also sagen: «Wir, die wir die Dinge so und so machen, sind hier, die anderen sind Fremde und leben woanders.»

Mit der zunehmenden Mobilität der Menschen und der gesellschaftlichen Durchmischung wurde diese Ansicht problematisch. Die (Kultur-)Fremden lebten plötzlich in der Nachbarschaft. Es wurden dann Stimmen laut, dass diese Fremden, die andere Werte und Normen haben, nicht «hierher», nicht an diesen Ort gehören, weil sie die Vorstellung hatten, dass eine Kultur nicht nur an Menschen, sondern auch an einen Ort gebunden ist. Die Konsequenzen solchen Denkens können gravierend sein. Die sog. «ethnischen Säuberungen» in Ex-Jugoslawien sind zwar ein besonders drastisches Beispiel, aber nicht das einzige (vgl. Fokus S. 120).

Kultur als Software

Mit der Globalisierung werden kulturelle Werte und Normen in weit stärkerem Masse ausgetauscht als früher, wir erfahren damit also viel mehr von anderen Menschen und Gesellschaften. Der Austausch kann über Medien stattfinden oder durch direkte Kommunikation mit Menschen mit anderem kulturellen Hintergrund, so z. B. durch Tourismus oder Einwanderung. Dadurch, dass man mit verschiedensten kulturellen «messages» konfrontiert ist, ist man gefordert, die eigenen kulturellen Werte und Normen zu hinterfragen. Man macht sich vielleicht auf einer Reise angetroffene Eigenschaften selbst zu eigen und verändert damit seine eigenen persönlichen Werte.

Dadurch wird offenbar, dass man Kultur nicht einfach in die Wiege gelegt bekommt, sondern dass man sie sich erarbeiten kann und muss. Man tut dies aktiv, indem man sich mit bestimmten Werten identifiziert. Um das Beispiel des Computers wieder aufzunehmen, würde die Kultur so eher der «Software» entsprechen, die durch die Benutzer wandelbar und anpassbar ist. Die Konsequenz daraus ist, dass in einer Gesellschaft verschiedene Werte und Normen nebeneinander existieren und es schwieriger wird zu sagen: «Die Kultur der Einwohner von XY umfasst folgende Werte und Normen.»

[1] Lat. *territorialis* «zu einem Gebiet gehörend».

8.5.3 Unterschiede zwischen den Kulturen

Wenn man davon ausgeht, dass auf unserem Planeten verschiedene Kulturen existieren, dann gibt es immer Insider und Outsider einer Kultur. Und damit gibt es mindestens zwei mögliche Interpretationen der Kultur, nämlich diejenige von innen und die von aussen. Die Humangeografie möchte möglichst nah an die Interpretation der Insider über ihre eigene Kultur herankommen, wenn wir davon ausgehen, dass diese am besten darüber Bescheid wissen.

Man darf daraus aber nicht schliessen, dass die Interpretation von aussen weniger wahr oder richtig ist. Vielfach sieht man Dinge erst, wenn sie einem von jemand Aussenstehendem gezeigt werden. Denn was man im Alltag für selbstverständlich hält, hinterfragt man oftmals nicht. Geografinnen und Geografen, die die Kultur anderer Menschen und Gesellschaften untersuchen wollen, begeben sich somit auf eine Gratwanderung zwischen Nähe – um möglichst die Kultur so zu beschreiben, wie sie von den Insidern erlebt wird – und Distanz, um auch unausgesprochene Selbstverständlichkeiten auffinden zu können.

Eine Frage ist, ob man Kulturen überhaupt vergleichen kann und ob Menschen mit unterschiedlichem kulturellem Hintergrund sich überhaupt wirklich verstehen können. Dazu gibt es prinzipiell zwei gegensätzliche Meinungen,

- den Universalismus und
- den Relativismus.

Universalismus

Alle sind gleich

Die Universalisten[1] gehen davon aus, dass alle Menschen im Grunde gleich sind und dass kulturelle Unterschiede lediglich an der Oberfläche bestehen und oft als grösser angesehen werden, als sie wirklich sind. Gemäss dieser Ansicht sollte es möglich sein, sich über alle kulturellen Unterschiede hinweg zu verständigen. Vielleicht ist dies – meist aus sprachlichen Gründen – nicht auf Anhieb möglich, doch mittels Übersetzungen schon. Diese aus einer demokratischen Grundhaltung entstandene Sichtweise geht vom Ideal der Gleichheit aller Menschen aus.

Kritik

Sie birgt damit aber auch eine Gefahr. Denn wenn man davon ausgeht, dass man sich zwischen den Kulturen ohne Weiteres verständigen kann, dann ist es auch möglich, Kulturen oder Kulturelemente miteinander zu vergleichen und die eine der anderen vorzuziehen. Ausserdem läuft man Gefahr, die eigenen Werte und Normen als allgemein gültig zu betrachten und auf andere zu übertragen. Man spricht dabei vom Ethnozentrismus[2]. Eine spezielle Form davon ist der Eurozentrismus, also der «europäische» Blick auf andere Kulturen, bei dem dann davon ausgegangen wird, dass die anderen prinzipiell die gleichen Werte haben wie wir in Europa.

Relativismus

Unüberbrückbare Unterschiede

Der Relativismus[3] stellt eine Gegenposition zum Universalismus dar. Relativisten gehen davon aus, dass zwischen Kulturen unüberbrückbare Unterschiede bestehen können. Diese können auch mit dem besten Willen von Outsidern nicht oder nur unvollständig überwunden werden. Relativisten sagen auch, dass Kulturen prinzipiell nicht vergleichbar sind und dass keine besser oder schlechter ist. Der Relativismus ist auch als Kritik am Eurozentrismus entstanden, der bei der frühen Entwicklungshilfe (in den 1960er- und 1970er-

---

[1] Lat. *universalis* «zur Gesamtheit gehörig», «allgemein».
[2] Griech. *éthnos* «Volk», «Volksstamm» und lat. *centrum* «Mittelpunkt», hier zu verstehen als «das eigene Volk in den Mittelpunkt stellend».
[3] Lat. *relativus* «sich beziehend», «bezüglich».

Jahren) gang und gäbe war, als man versuchte, «unterentwickelte» Länder und Kulturen nach europäischem Vorbild zu modernisieren.

Kritik

Auch der Relativismus birgt Gefahren. Extrem ausgelegt kann er dafür verwendet werden, Menschen mit einem anderen kulturellen Hintergrund auszugrenzen. Denn so kann z. B. eine Mehrheit sagen: «Wir anerkennen die Gleichwertigkeit der Kultur einer Minderheit an, doch wir können die Unterschiede letztlich nicht überbrücken, was ein Zusammenleben verunmöglicht.» Verdrängungen und Rückschaffungen von Menschen anderer Herkunft können dadurch legitimiert werden.

Mittelweg

In ihrer Extremform bergen beide Ansichten – Universalismus und Relativismus – Gefahren. Wir können aber von beiden lernen und versuchen, einen Mittelweg zu gehen, der uns für die Probleme des Verstehens von Menschen mit anderem kulturellem Hintergrund sensibilisiert. Dieser Mittelweg – der wiederum eine diskutierbare Ansicht darstellt – lässt uns mit der Einstellung an andere Kulturen herangehen, dass alle Menschen prinzipiell gleich oder ähnlich sind. Gleichzeitig lässt er uns wachsam sein und anerkennen, dass es Unterschiede gibt, die nur sehr schwer zu überbrücken sind, und dass man seine eigenen Werte nicht ohne Weiteres auf andere übertragen darf.

8.5.4 Kommunikation

Sprache

Kommunikation wird über Sprache abgewickelt. Dabei muss es sich nicht nur um gesprochene oder geschriebene Sprache handeln, auch Bilder können kommuniziert werden und ebenso stellt die Körpersprache und Mimik Kommunikation dar. Der Soziologe Niklas Luhmann sprach davon, dass wir im Grunde nur Kommunikation anderer Menschen wahrnehmen können. Auch wenn wir jemanden gut kennen, dann kennen wir nur das, was uns über unsere Sinne kommuniziert wurde. Kommunikation ist mit anderen Worten das Medium, mit dem Mitteilungen, Nachrichten, Meinungen, Inhalte – also Informationen im weitesten Sinne – vermittelt werden.

Wir kommunizieren in verschiedensten Sprachen miteinander. Sprache ist ein wesentlicher Bestandteil der Kultur. Und damit ist Kommunikation auch kulturell gefärbt. In traditionellen Gesellschaften beschränkte sich die meiste Kommunikation auf das nähere Umfeld, nur selten konnte man mit Fremden sprechen. In modernen Gesellschaften ist dies anders. Wir haben heute eine Vielzahl an Medien und soziale Netzwerke zur Verfügung, mit denen wir fast über den ganzen Globus kommunizieren können. Bücher, Zeitungen und Zeitschriften, Radio und Fernsehen, das Telefon und v. a. das Internet ermöglichen uns die weltweite Kommunikation.

Internet

Das Internet macht es uns einerseits möglich, aus Milliarden von Webseiten Informationen zu bekommen, und anderseits selbst Informationen ins Netz zu stellen und so einem riesigen Kreis von Menschen zugänglich zu machen. Beim Internet kommen viele Inhalte ungefiltert in Umlauf. Bei Zeitungen, Radio und Fernsehen gibt es dagegen Redaktionen, die entscheiden, welche Dinge veröffentlicht werden sollen und welche nicht.

Durch das «Surfen» auf dem Internet steuert man die verschiedensten Rechner auf der ganzen Welt an und ist so durch Aktivitäten am Bildschirm mit einem Netzwerk von weit entfernt stehenden Maschinen verbunden. Dabei ist es i. d. R. unwichtig, ob der Rechner im Keller des Nebengebäudes oder auf den Fidschiinseln steht.

Die Möglichkeit, mit dem Internet zu kommunizieren, hat sich in den letzten Jahren stark verbreitet, fast alle Länder haben heute Internetanschluss. Das bedeutet jedoch nicht, dass auch ein Grossteil der Bevölkerung Zugang zum Internet hätte oder via E-Mail kommunizieren könnte. Zwar benötigt man dafür «nur» eine Telefonleitung (die auch längst nicht überall vorhanden ist), doch muss man im Internet aktiv nach Informationen suchen, sie werden einem nicht wie beim Fernsehen oder Radio ins Haus geliefert. Ausserdem sind 90% der Seiten im Internet in englischer Sprache. Will man sie nutzen können, muss man zwangsläufig Englisch verstehen, was wiederum – in vielen Ländern – eine längere Bildungszeit voraussetzt.

Ebenfalls über das Internet wird mittels sozialer Netzwerke wie Facebook kommuniziert oder es werden E-Mails verschickt. So können Beziehungen über grosse Distanz aufrechterhalten werden, wie dies über Briefe nicht oder nur auf andere Weise möglich ist. Auch durch dieses Kommunikationsmedium schrumpfen Distanzen und werden (beinahe) irrelevant.

Zusammenfassung

Kultur definieren wir als Werte, Normen und materielle Artefakte, die sich Menschen einer Gemeinschaft teilen. Die Kultur schafft eine Ordnung des Zusammenlebens und erleichtert uns dieses. Sie ist aber nicht statisch und verändert sich im Laufe der Zeit.

Kultur ist nicht etwas, das man in die Wiege gelegt bekommt, so wie ein Computer eine Harddisk und Prozessoren eingebaut erhält. Vielmehr erlernt man Kultur durch sein Umfeld und durch Kommunikation mit Menschen. Sie kann mit einer veränderbaren Software verglichen werden, die auf die Harddisk eines Computers geladen wird.

Darüber, ob sich Menschen verschiedener Kulturen prinzipiell verstehen können oder nicht, gibt es unterschiedliche Ansichten. Beim Universalismus wird davon ausgegangen, dass die kulturellen Unterschiede grundsätzlich überwunden werden können. Diese Ansicht birgt die Gefahr der Übertragung der eigenen Werte auf andere. Beim Relativismus geht man davon aus, dass es unüberbrückbare kulturelle Unterschiede gibt, wobei die Gefahr besteht, deswegen Menschen auszugrenzen. Wir schlagen einen Mittelweg zwischen Universalismus und Relativismus vor.

Wir kommunizieren heute auf unterschiedlichste Weise und überwinden dabei grosse Distanzen in Sekundenschnelle. Über das Internet haben wir Zugang zu einer Fülle von Informationen, sodass die Kunst darin besteht, das Relevante herauszufiltern. Nicht alle können an dieser Art von globaler Kommunikation teilhaben, da sich nicht alle einen Telefon- und Internetanschluss leisten können.

Aufgabe 45

Ordnen Sie die folgenden Begriffe einer der drei Facetten von Kultur zu.

A] Monokulturen; B] Zürcher Sechseläuten; C] Schweizer Bundesverfassung; D] Fussballstadion St. Jakobspark in Basel; E] Osterfest.

Aufgabe 46

Es ist nicht ganz einfach, Kultur fassbar zu machen. Ein bildlicher Versuch vergleicht die Kultur mit der Hardware und der Software eines Computers. Entspricht die Kultur im globalisierten Lebensraum eher der Hardware oder der Software? Begründen Sie Ihre Antwort in einigen Sätzen.

Aufgabe 47

Bereits auf den ersten Blick offenbart die Abbildung 8-6, S. 121, den räumlichen Aspekt der Schwierigkeit für Ex-Jugoslawien eine stabile und zukunftsfähige Lösung zu finden. Worin besteht dieser räumliche Aspekt?

8.6 Fallbeispiel Kenia – Tourismus in Entwicklungsländern

Kenia liegt im Osten Afrikas, ziemlich genau am Äquator, und grenzt an den Indischen Ozean. Ein Teil des Ostafrikanischen Grabenbruchs verläuft durch den Turkana- oder Rudolfsee, den Mount Kenia und den Kilimandscharo. Kenia hat also ein interessantes Relief.

Entlang der wechselfeuchten Tropenklimate konzentriert sich auch die Bevölkerung (vgl. Abb. 8-7). Die höchste Bevölkerungsdichte findet sich in einem Gürtel entlang der Städte Nairobi, Nakuru und Kisumu. Ein weiteres Zentrum bildet die Küstenstadt Mombasa. Der übrige Teil des Lands ist nur dünn besiedelt.

[Abb. 8-7] Bevölkerungsverteilung in Kenia

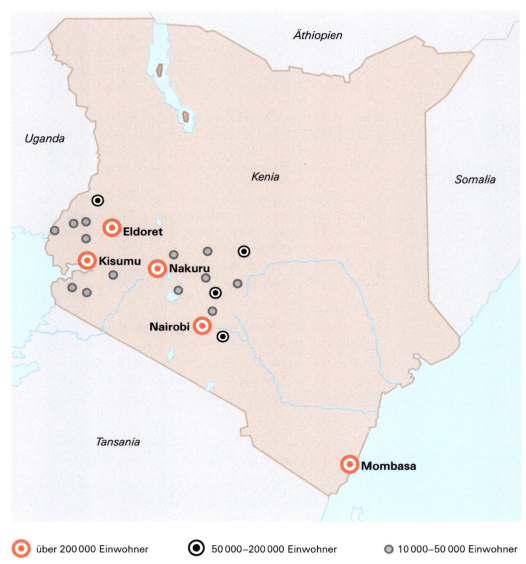

◉ über 200 000 Einwohner   ◉ 50 000–200 000 Einwohner   ● 10 000–50 000 Einwohner

[Tab. 8-2] Einwohnerzahlen der grössten Städte Kenias (Stand 2009, gerundet)

	Nairobi	Momabasa	Nakuru	Kisumu	Eldoret
Einwohnerzahl	3 133 500	915 100	286 400	259 300	252 100

Quelle: Der neue Fischer Weltalmanach 2013.

75% der Beschäftigten arbeiten im 1. Sektor, der grösste Teil davon in der Landwirtschaft, da das Land nur wenige Bodenschätze (mit Ausnahme verschiedener Salze, die aus vulkanischen Kraterseen gewonnen werden) besitzt. Nur etwa 20% der Fläche sind landwirtschaftlich nutzbar, die übrigen Gebiete lassen wegen fehlender Niederschläge oder zu karger Böden keine intensive Produktion zu. Angebaut werden für den Export Kaffee, Tee und in den letzten Jahren zunehmend Schnittblumen, daneben Mais, Getreide, Hülsenfrüchte oder Bananen für den Eigenbedarf.

Auf den kargen Böden ist jedoch die Viehhaltung von Bedeutung, in der Viehzucht erreicht Kenia einen hohen Standard.

8.6.1 Geschichte Kenias, Beginn der touristischen Entwicklung

Das Land, wo vor mehr als 4 Mio. Jahren bereits Lebewesen der Gattung Homo lebten, wurde Anfang des 20. Jahrhunderts zu einer britischen Kronkolonie und blieb in diesem Status bis 1963. Die Briten entdeckten den ausserordentlichen Reichtum an Grosswild des Lands für ihre jagdbegeisterte Oberschicht. Für Safaris und Jagden entstanden auch erste touristische Infrastrukturen.

Nach dem Zweiten Weltkrieg wurden diese Einrichtungen noch ausgebaut, regelmässige Linienflüge und Hotelbauten an den Stränden des Indischen Ozeans kamen hinzu. Die Entwicklung des Tourismus in diesem Land geht also auf die britische Kolonialmacht zurück. Auch bereits nach dem Zweiten Weltkrieg, in den Jahren 1946–1950, wurden durch die Engländer die ersten Nationalparks eingerichtet, auch dies nicht ganz uneigennützig, wollte man doch die Grosstiere auch für zukünftige Grosswildjagden erhalten.

Obwohl der Unabhängigkeit Kenias Unruhen vorausgingen, ging die Ablösung von der Kolonialmacht 1963 ruhig und unspektakulär vor sich. Lange Zeit war das Land politisch ruhig, erst Ende 2006 brachen – in Zusammenhang mit Präsidentschaftswahlen – ethnisch bedingte Konflikte auf. Diese Zeit der Ruhe und Konsolidierung war für die Entwicklung des Tourismus in Kenia sehr wichtig – ein Weg, der auch nach der Unabhängigkeit konsequent weiterverfolgt wurde.

In jüngster Zeit wirkt sich der Krieg im Nachbarland Somalia stark auf Kenia aus. Grosse Flüchtlingsströme drängen ins Land. Auch terroristische Anschläge und innere Spannungen aufgrund der Präsidentschaftswahlen 2013 bewirken eine Destabilisierung des Lands. Ein Fünftel der Bevölkerung lebt in absoluter Armut und 30% gelten sogar als unterernährt! Hoffnung auf wirtschaftlichen Aufschwung machen erste Erdölfunde.

8.6.2 Voraussetzungen zur touristischen Entwicklung

Tourismus

Jeder, der sich an einem Ort aufhält, in dem er weder wohnt noch arbeitet, ist gemäss Definition ein Tourist und wird Teil des Tourismus. Damit ein Mensch zum Touristen werden kann, sind bestimmte Voraussetzungen nötig:

- Genügend hoher Wohlstand; ein Einkommen deutlich oberhalb des Existenzminimums
- Genügend freie Zeit; geregelte Ferienzeit
- Fortschritte im Transportwesen, damit die gewünschten Fernziele auch erreicht werden können

Alle diese Punkte entwickelten sich nach der Unabhängigkeit Kenias positiv weiter. Die westlichen Industriestaaten erlebten einen starken wirtschaftlichen Aufschwung, die Löhne stiegen stetig, die Arbeitslosenrate nahm ab, immer mehr Menschen kamen in den Genuss des zunehmenden Wohlstands. Auch die Ferienansprüche der Arbeitnehmenden wurden erweitert und gesetzlich geregelt. Immer mehr Menschen der westlichen Industriestaaten waren also in der Lage, Ferienreisen zu unternehmen. Und die Transportmittel? Die regelmässigen Linienflüge nach Kenia wurden ab 1966 durch billige Charterflüge ergänzt.

Aber gehörte Kenia überhaupt zu den Reisezielen eines zunehmenden Tourismus? Mit dem steigenden Wohlstand stiegen auch die Ansprüche. Die Menschen suchten in ihrem Urlaub nach anderen Reisezielen als den europäischen Massendestinationen. Man entdeckte den «Erlebnistourismus» mit Safaris in Afrika – und Kenia stand mit entsprechender Infrastruktur bereit, die zunehmenden Touristenscharen aufzunehmen! Bis zur Ölkrise Anfang der 1970er-Jahre besuchten bis 400 000 Menschen pro Jahr das Land.

Mit der Ölkrise endete jedoch das Wachstum in den westlichen Industriestaaten, die Löhne stagnierten, die Arbeitslosenzahlen wuchsen und für viele waren Fernreisen nicht mehr möglich. Entsprechend brachen die Besucherzahlen in Kenia ein. Die Naturschönheiten Kenias blieben jedoch auf der Wunschliste der Bewohner der westlichen Industriestaaten, denn sobald die Krise vorüber war, kehrten sie in dieses Land zurück. Neu entdecken die Touristen auch die Strände am Indischen Ozean und so kombiniert der Kenia-Tourist von heute die Safari in den Nationalparks mit Badeferien.

Eine wichtige Erkenntnis konnte aus der Krise gewonnen werden: Der Tourismus ist ein heikles Geschäft, er reagiert stark auf wirtschaftliche Veränderungen, ist jedoch auch empfindlich auf politische Unruhen.

8.6.3 Wirtschaftliche Bedeutung des Tourismus

Der Tourismus bringt Devisen

Bei diesem Punkt muss man vorsichtigerweise zwischen Brutto- und Nettodeviseneinnahmen durch die Touristen unterscheiden. Touristen stellen Ansprüche, das Land muss Nahrungsmittel, Konsumgüter, Transportmittel und Ähnliches zur Verfügung stellen. Wenn zu viel davon für teures Geld eingeführt werden muss, bleibt von den Bruttoeinnahmen nicht mehr viel als Nettodeviseneinnahmen übrig, der Geldabfluss für die Importe zu Tourismuszwecken kann bis zu 80% der Einnahmen erreichen.

Kenia kann einen grossen Teil der für die Touristen benötigten Güter im eigenen Land herstellen oder zusammenbauen. Nur einige, sehr spezielle Güter wie z. B. besondere alkoholische Getränke müssen für die Bedürfnisse der Touristen eingeführt werden. In Kenia müssen daher nur etwa 30% der Einnahmen durch den Tourismus für entsprechende Importe wieder ausgegeben werden.

Der Tourismus bringt Arbeitsplätze

Die Dienstleistungen rund um Reisende sind – je nach Standard der Hotelbetriebe – recht arbeitsaufwendig. Man schätzt, dass auf 1 000 Hotelbetten 2 000 Arbeitsplätze im Tourismus kommen. Hinzugezählt werden können noch die Arbeitsplätze in tourismusverwandten Gebieten, wie der Herstellung von Waren und Andenken, oder das Transportwesen, die noch einmal etwa 1 500 Menschen pro 1 000 Hotelbetten Arbeit bringen.

Alles in allem hängen in Kenia rund eine halbe Million Arbeitsplätze vom Tourismus ab! Nicht mit eingerechnet sind die unzähligen informellen Einkunftsmöglichkeiten, wie z. B. der Strassenhändler oder Schuhputzer.

8.6.4 Einflüsse des Tourismus auf die Kultur Kenias

Welche Folgen hat das Zusammentreffen der armen Bevölkerung Kenias mit den reichen Touristen?

Eine Frage, die sich wohl jeder, der schon einmal ein Entwicklungsland bereist hat, schon gestellt hat. Der Einfluss des Tourismus auf die kulturellen Werte des Gastlands ist jedoch ausgesprochen komplex. Es gibt positive Meinungen, die davon ausgehen, dass durch das Interesse der Touristen an der Kultur des Lands diese sogar aufgewertet wird. Die Befürworter des Kontakts sind überzeugt, dass sich die einheimische Bevölkerung gegenüber fremden Einflüssen kritisch genug verhalten und nicht alles widerstandslos übernehmen wird. Sie betonen ausserdem die Chancen für die Einheimischen, durch den Kontakt mit den Fremden ihren Horizont erweitern zu können.

Die Gegner hingegen haben gerade die grosse Befürchtung, dass die reichen Touristen für die jungen Einheimischen eine Messlatte darstellen, die es zu erreichen gilt. Durch Imitation wird die Kultur der Weissen teilweise übernommen. Die einheimische Kultur dagegen verkommt zur Showeinlage, deren historischer Hintergrund kaum einer mehr kennt. Auch das «heimische Kunsthandwerk», das in Massenproduktion als Andenken für die Touristen hergestellt wird, verliert seine ursprüngliche Bedeutung. Nicht die Tradition bestimmt, was hergestellt wird, sondern die Nachfrage der Touristen.

Diesen Erscheinungen entgegenwirken will der nachhaltige Tourismus, der auf die Wertschätzung, Erhaltung und Förderung der Ressourcen Wert legt.

Zusammenfassung

Kenia hat, neben der landwirtschaftlichen Produktion, bereits zu Zeiten der britischen Kolonialherrschaft ein interessantes wirtschaftliches Ziel verfolgt: den Tourismus. Das Land bietet wenig Gelegenheit zum gewinnbringenden Anbau von Nutzpflanzen und hat nur wenige Rohstoffe, einzig die Viehzucht wird mit Erfolg betrieben.

Sein grosses Kapital sind die grossartige Natur, die Landschaft und die berühmten afrikanischen Grosstiere. Ursprünglich als Jagdziel adliger Briten, wurden die Tiere bereits Mitte des 20. Jahrhunderts in Nationalparks gehegt.

Der Tourismus ist nach wie vor ein wichtiger Wirtschaftsfaktor für Kenia. Das Land musste aber feststellen, dass Tourismus sehr heikel auf politische Unstabilitäten reagiert und durchaus auch negative Einflüsse, z. B. auf Umwelt und Kultur, haben kann.

Aufgabe 48 In England sind nur noch einige Reste der ursprünglichen Laubwaldvegetation erhalten geblieben. Diese Reste sind grösstenteils im Besitze adliger Familien. Sehen Sie einen Zusammenhang zur Bildung der Nationalparks in Kenia Ende der 1940er-Jahre?

Aufgabe 49 Uganda, ein Nachbarstaat Kenias, britische Kolonie bis 1962 und seither totalitäre Diktatur, weist ebenfalls Naturschönheiten und einen artenreichen Grosstierbestand auf. Warum entwickelte dieses Land nicht eine ähnliche touristische Infrastruktur wie Kenia? Benützen Sie zur Beantwortung dieser Frage auch die Atlaskarte im SWA S. 104 bzw. DWA S. 134/135.

Aufgabe 50 Tourismus wird oft als «zweischneidiges Schwert» betrachtet: Zum einen bringen die Touristen willkommene Einnahmen, zum anderen sind sie die Quelle vieler Belastungen.

Nennen Sie zwei mögliche negative Auswirkungen von Arbeitsplätzen im Tourismus in Kenia.

9 Verflechtungen zwischen Industrie- und Entwicklungsländern

Lernziele Nach der Bearbeitung dieses Kapitels können Sie ...

- darlegen, wie sich Industrie-, Schwellen- und Entwicklungsländer voneinander unterscheiden.
- aufzeigen, wie es zur Verschuldung der Entwicklungsländer gekommen ist und welche Folgen diese Situation hat.
- die Auswirkungen der internationalen Arbeitsteilung auf die Industrie- und die Entwicklungsländer beschreiben.
- erklären, was es mit dem Subsistenzsektor und dem informellen Sektor auf sich hat und welche Bedeutung diese Sektoren für die Menschen in Entwicklungsländern haben.

Schlüsselbegriffe Industrie-, Schwellen- und Entwicklungsland, informeller Sektor, Protektionismus, Staatsverschuldung, Strukturwandel, Subventionen

Noch deutlicher als in früheren Jahren zeigt die zunehmende Globalisierung die Verflechtung der weltweiten Staatengemeinschaft auf. Diese Verflechtungen wirken in ganz unterschiedlichen Bereichen (vgl. Kap. 8, S. 105).

In diesem Kapitel wollen wir uns noch etwas eingehender mit den wirtschaftlichen Verflechtungen zwischen Industrie- und Entwicklungsländern beschäftigen und dabei v. a. der Frage nachgehen, welche Auswirkungen diese auf die Entwicklungsländer und die Menschen in diesen Ländern hat.

9.1 Industrie- und Entwicklungsländer

Wir verwenden in diesem Lehrmittel das Begriffspaar Industrie- und Entwicklungsländer. Über diese Begriffe wurden und werden hitzige Diskussionen geführt. Dabei geht es meist um den Begriff Entwicklungsländer, der von manchen als herablassend und wertend betrachtet wird. Als Alternativen wurden und werden auch heute noch verwendet: Dritte Welt, Länder des Südens oder Trikont.[1]

Entwicklungsländer **Entwicklungsländer** sind Länder, deren Wirtschaft im Vergleich zu den Industrieländern noch wenig entwickelt ist. Es handelt sich dabei v. a. um asiatische, afrikanische und lateinamerikanische Länder. Typische Merkmale sind u. a.:

- Tiefes Pro-Kopf-Einkommen[2]
- Grosse Unterschiede im Lebensstandard zwischen Arm und Reich (vgl. Fokus unten)
- Hohe Staatsverschuldung
- Geringer Beschäftigtenanteil im tertiären Sektor
- Hohe (versteckte) Arbeitslosigkeit
- Hohes Bevölkerungswachstum
- Mangelnde medizinische Versorgung
- Schlechtes Bildungswesen

---

[1] Mehr zu dieser Diskussion erfahren Sie in unserem Buch «Anthropogeografie: Kulturen, Bevölkerung und Städte».

[2] Die tiefen Pro-Kopf-Einkommen werden durch die UNO genau definiert: Je nach BSP oder BIP pro Kopf werden bei den Entwicklungsländern LIC (Low Income Countries), MIC (Middle Income Countries) und HIC (High Income Countries) unterschieden.

Schwellenländer

Daneben gibt es aber auch Länder, die eine erstaunliche Entwicklung durchgemacht haben und an der Schwelle zu entwickelten Industrie- und Dienstleistungsgesellschaften stehen. Man nennt sie darum Schwellenländer. Dazu gehören Malaysia, Thailand, China, Brasilien, Argentinien, Indien, Chile, Mexiko, Ägypten, Tunesien oder die Türkei. Diese Länder befinden sich wirtschaftlich an der Schwelle zum Industrieland, oft gilt für sie das eine oder andere der oben genannten Merkmale von Entwicklungsländern weiterhin.

Fokus

Die Kluft zwischen Arm und Reich öffnet sich

Von der Verflüssigung der Kapital- und Finanzströme und der fortschreitenden Liberalisierung der globalen Wirtschaft können v. a. diejenigen profitieren, die Kapital zum Investieren haben. Verdienten 1960 die reichsten 20% der Weltbevölkerung 30-mal so viel wie die ärmsten 20%, verdienten sie 1980 bereits 45-mal mehr und 2000 80-mal mehr.

Auch die Unterschiede innerhalb von Staaten haben sich verschärft. Die grösste Ungleichheit zwischen Reichen und Armen finden wir in Namibia, Brasilien, Guatemala und Südafrika, die geringste in Australien, Dänemark und Belgien.

Staatsverschuldung

Die heutige hohe Staatsverschuldung vieler Entwicklungsländer (vgl. Abb. 9-1) ist eine Folge der wirtschaftlichen Verflechtungen dieser Länder mit den Industrieländern. Da sie gegenüber den Industrieländern v. a. in der Agrarwirtschaft und der Rohstoffproduktion komparative Vorteile hatten, investierten viele Staaten besonders in diese exportorientierten Branchen. Sie erhofften sich dadurch ein Anwachsen der Exporteinnahmen, was aber besonders in den 1970er- und 1980er-Jahren nicht erreicht werden konnte.

Vielmehr führte der zunehmende internationale Wettbewerb unter den rohstoffexportierenden Ländern in vielen Bereichen zu einem Verfall der Weltmarktpreise. Gleichzeitig mussten für die vorher aufgenommenen Kredite wegen der beiden Ölkrisen der 1970er-Jahre hohe Zinszahlungen aufgewendet werden. Um diese Zahlungen tätigen zu können, nahmen die Länder weitere Kredite auf und häuften so weitere Schulden auf, was zu einem Teufelskreis führte.

Als Kreditgeber tritt neben Privatbanken häufig der IWF und die Weltbank (vgl. Kap. 10.3.2, S. 147) auf, v. a. als Geldgeber für Überbrückungskredite. Für die besonders armen Länder gibt es auch die IDA (International Development Agency), die Kredite zu günstigen Konditionen vergibt. Die hohe Verschuldung (und die zu leichtfertige Vergabe von Krediten) haben schliesslich dazu geführt, dass Entwicklungsländer in die Schuldenfalle gerieten und sich als zahlungsunfähig erklären lassen mussten. Viele Entwicklungsländer müssen einen hohen Prozentsatz ihres Staatseinkommens dazu aufwenden, Schuldendienste zu leisten. Diese Gelder werden an anderen Orten, leider meist bei der Bildung und dem Gesundheitswesen, wieder eingespart.

Die Entschuldung der Entwicklungsländer ist Teil der «Milleniumsziele» der UNO. Daher wurde vor einigen Jahren an einem G-8-Gipfel (vgl. Kap. 10.3.5, S. 154) ein Schuldenerlass für einige der ärmsten Entwicklungsländer beschlossen.

[Abb. 9-1]   Meistverschuldete Länder der Welt

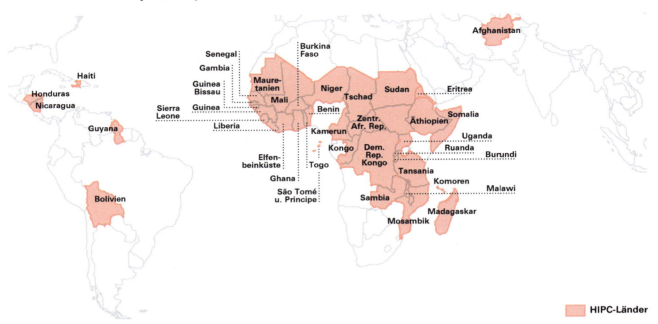

Die Bezeichnung HIPC-Länder steht für die Gruppe der ärmsten hoch verschuldeten Länder der Erde (engl. Heavily Indebted Poor Countries, HIPC). Die Karte zeigt sehr eindrücklich, dass die deutliche Mehrzahl der HIPC-Länder in Afrika zu finden ist. Quelle: Weltbank, 2013.

Zusammenfassung Durch die zunehmende Globalisierung haben sich die Verflechtungen zwischen Industrie-, Schwellen- und Entwicklungsländern weiter erhöht. Die Entwicklung ist aber nicht zum Wohl aller Seiten verlaufen. Während die Schwellenländer in vielen Bereichen den Anschluss an die Industrieländer gefunden haben, sind die Probleme für die Entwicklungsländer eher noch grösser geworden. Die Kluft zwischen Arm und Reich nimmt zwischen den Ländern, aber auch innerhalb der Länder zu. In vielen Entwicklungsländern behindert die grosse Staatsverschuldung die wirtschaftliche Entwicklung.

Aufgabe 51   Überlegen Sie sich verschiedene weiterreichende Gründe, weshalb die internationale Kluft zwischen Arm und Reich immer grösser wird.

9.2   Auswirkungen der internationalen Arbeitsteilung

Aussenhandel kann dazu führen, dass Schweizer Textilfirmen im internationalen Konkurrenzkampf Teile ihrer Produktion in Niedriglohnländer wie etwa Bangladesch auslagern. Davon betroffen sind die traditionellen Textilfirmen etwa im Zürcher Oberland (Töss- und Aatal), ihnen droht massiver Stellenabbau. Anderseits können Schweizer Chemie- und Pharmaunternehmen beträchtliche Anteile des asiatischen Markts erobern und den asiatischen Unternehmen in dieser Branche das Leben schwer machen. Durch die internationale Arbeitsteilung gibt es hüben wie drüben Gewinner und Verlierer.

9.2.1 Auswirkungen der internationalen Arbeitsteilung in den Industrieländern

Strukturwandel

Der verstärkte Aussenhandel, die internationale Arbeitsteilung und der globale Wettbewerb führen zu wirtschaftlichen Umstrukturierungen. In vielen Branchen erwächst den hiesigen Unternehmen starke Konkurrenz aus den Niedriglohnländern. Eine Näherin in Bangladesch arbeitet zu einem Bruchteil des Lohns ihrer Schweizer Kollegin. Vom Strukturwandel besonders betroffen sind Branchen mit standardisierten Produkten, die geringe Qualifikationen der Belegschaft verlangen, namentlich die Textil- und Bekleidungsbranche, das Druckgewerbe sowie die Holz- und Möbelindustrie. Diese Branchen mussten in den 1990er-Jahren viele Betriebsschliessungen und erheblichen Stellenabbau hinnehmen.

[Tab. 9-1]   Arbeitslosenquoten in den Industrieländern

Regionen	Arbeitslosenquote	
	1990	2011
Deutschland	4.8	7.1
Frankreich	8.6	9.7
Grossbritannien	6.9	8.0
Italien	8.9	8.4
Japan	2.1	4.5
Schweden	1.7	7.5
Schweiz	2.0	3.1
Vereinigte Staaten	5.6	9.0
Europäische Union	8.1	10.3

Quelle: Der neue Fischer Weltalmanach 2013

Strukturelle Arbeitslosigkeit

Die internationale Arbeitsteilung und der verstärkte Aussenhandel verlangen sowohl von den Unternehmen als auch von den Arbeitnehmenden eine hohe Anpassungsfähigkeit. Durch die Globalisierung der Wirtschaft müssen sie ständig bereit sein, auf Veränderungen zu reagieren, die irgendwo auf der Welt geschehen. Das gelingt nicht immer. Unternehmen mit zu wenig Weitsicht spezialisierten sich auf Produkte, die heute nicht mehr nachgefragt werden oder anderswo billiger hergestellt werden. Viele Arbeitskräfte sind auf Fertigkeiten und Know-how spezialisiert, das plötzlich auf dem Arbeitsmarkt nicht mehr gefragt ist, sie werden arbeitslos. Werden im Laufe des Strukturwandels Leute arbeitslos, spricht man von struktureller Arbeitslosigkeit (vgl. Fokus unten). Strukturelle Arbeitslosigkeit entsteht, wenn einzelne Branchen schrumpfen, während andere, vielleicht sogar an anderen Orten, wachsen. Es kommt zum offenen Nebeneinander von Arbeitslosigkeit und unbesetzten Stellen.

Fokus

Drei Formen der Arbeitslosigkeit

Die strukturelle Arbeitslosigkeit ist nur eine von drei Formen der Arbeitslosigkeit:

- Strukturelle Arbeitslosigkeit ergibt sich, wenn auf den Arbeitsmärkten das Angebot an Arbeitskräften mit bestimmten Qualifikationen nicht der regionalen Nachfrage entspricht.
- Konjunkturelle Arbeitslosigkeit entsteht, wenn die Gesamtnachfrage nach Gütern zurückgeht. In dem Fall ist das Produktionspotenzial fast aller Unternehmen zusammen nicht mehr ausgelastet und Arbeitsplätze gehen verloren.
- Sucharbeitslosigkeit entsteht, weil die Arbeitnehmenden beim Stellenwechsel wegen fehlender Transparenz nicht immer sofort wieder eine neue Stelle finden. Sucharbeitslos sind v. a. Personen, die in eine neue Gegend ziehen, Schulabgänger und Frauen beim Wiedereintritt ins Berufsleben.

Bildungsprogramme

Was aber passiert mit der Näherin und dem Werkzeugschlosser, die infolge des Strukturwandels ihre Arbeit verloren haben? Die Anpassung des Angebots an Arbeitnehmende mit den geforderten Qualifikationen braucht Zeit. Staatliche Bildungsprogramme versuchen, diese Entwicklung anzukurbeln. Allerdings wirken Bildungsprogramme fast nur langfristig. Auf der einen Seite sind sie häufig unspezifisch, also nicht auf bestimmte Arbeiten oder Berufe ausgerichtet, was es für die Arbeitssuchenden schwierig macht, eine neue Arbeit zu finden.

Auf der anderen Seite sind spezifische, auf bestimmte Jobs ausgerichtete Aus- und Weiterbildungen problematisch, da sich die Anforderungen des Arbeitsmarkts sehr schnell ändern können und dann plötzlich viele Arbeitssuchende mit einer Ausbildung dastehen, die nicht mehr im gleichen Masse verlangt wird wie zu Beginn der Ausbildung. Und schliesslich bestehen individuelle Grenzen der Lernbereitschaft und -fähigkeit, aus ungelernten überzähligen Textilmaschinenarbeitern können nur sehr selten gesuchte Biochemiker gemacht werden.

Einschränkungen

Es wäre allerdings verfehlt, die Arbeitslosigkeit in den Industrieländern nur der billigen Konkurrenz aus den Entwicklungs- und Schwellenländern zuzuschreiben. Der Handel der Industrieländer mit den Niedriglohnländern darf nicht überschätzt werden. Zwar beziehen wir unsere Schuhe und unsere Kleider vorwiegend aus Niedriglohnländern. Dennoch kommen bloss ca. 7% der schweizerischen Warenimporte aus Niedriglohnländern und nur ca. 10% der schweizerischen Warenexporte gehen dorthin. Auch gilt es zu beachten, dass nicht alle wirtschaftlichen Umstrukturierungen in den Industrieländern eine Folge der internationalen Arbeitsteilung sind. Der Strukturwandel wird auch angetrieben von Innovationen, veränderten Konsumwünschen und der Veränderung der Versorgungslage mit Ressourcen.

9.2.2 Auswirkungen der internationalen Arbeitsteilung in den Entwicklungsländern

Durch die Einbindung eines Entwicklungslands in die internationale Arbeitsteilung – und in Prozesse der Globalisierung generell – eröffnen sich ihm Chancen und Gefahren. Was für den Staat gilt, gilt auch für die Bevölkerung. Auch in den Entwicklungsländern gibt es Verlierer und Gewinner.

Chancen der Einbindung

Entwicklungsländer können wie die Industrieländer durch Aussenhandel zu Wohlstandsgewinn kommen (vgl. Kap. 8.2.2, S. 111). Für die einzelnen Arbeitskräfte kann sich dieser Wohlstandsgewinn wie folgt äussern:

Arbeitsplätze

Oft wird relativ arbeitsintensiv produziert, wodurch neue Arbeitsplätze geschaffen werden. Bei erfolgreicher Produktion werden Spezialisierungen möglich, wodurch das Niveau der Qualifikation der Arbeitskräfte gehoben wird, was sich auch in besseren Löhnen ausdrückt, die wiederum den Konsum beleben können.

Verminderung der Armut

Ein substanzieller Beschäftigungs- und Lohnanstieg kann zur Verminderung der Armut beitragen. Staatliche Umverteilungsmechanismen (z. B. über Steuern und Sozialversicherungen) können zusätzlich helfen, breite Bevölkerungsschichten an einem allfälligen Aufschwung teilhaben zu lassen.

Technologien

In einigen Wirtschaftszweigen kommt die Arbeiterschaft mit neuen Technologien in Berührung, wodurch sie besser qualifiziert wird. Dies wiederum kann eine Erhöhung der Löhne zur Folge haben.

Gefahren der Einbindung

Auf der anderen Seite birgt die Einbindung in den Weltmarkt einige Gefahren für die Entwicklungsländer:

Kaum zukunftsversprechende Produkte

Viele Entwicklungsländer haben sich aufgrund ihrer komparativen Vorteile auf einfache und kaum zukunftsversprechende Produkte wie Kaffee, Kakao, Erze und Erdöl spezialisiert. Die Nachfrage nach derartigen Produkten ist weltweit kaum steigerbar. Zum einen haben sich damit viele Entwicklungsländer auf die gleichen Produkte spezialisiert und konkurrenzieren sich gegenseitig. Andererseits kann mit der Herstellung derartiger Produkte wenig dazugelernt werden, es ergeben sich wenig technische und organisatorische Impulse für die Weiterentwicklung der Wirtschaft.

Ausserdem erzielen diese Produkte auf dem Weltmarkt meist nur geringe Preise, die auch noch stark schwanken. Die «Terms of Trade» dieser Produkte sind ungünstig. Das Entwicklungsland verkauft auf dem Weltmarkt ein Produkt, das nur einen geringen Gegenwert hat, und muss auf der anderen Seite Produkte einkaufen (verarbeitete Güter, Konsumgüter), die einen viel höheren Preis haben. Das Land verstärkt also seine Produktion, was zu einer Erhöhung des Angebots und, bei gleichbleibender Nachfrage, zu einer weiteren Senkung des Weltmarktpreises führt. Dies führt zu einem Teufelskreis.

Unterstützung in dieser Problematik finden die Entwicklungsländer z. B. bei Fair Trade Organisationen, die versuchen, den Produzenten höhere Preise zukommen zu lassen, indem der Zwischenhandel, der einen Grossteil der Marge verschlingt, möglichst ausgeschaltet wird.

Einseitige Produktionsstrukturen

Die internationale Arbeitsteilung kann auch zu übergrosser Abhängigkeit einer Region oder eines Lands von einem oder nur wenigen Produkten führen. Der südamerikanische Andenstaat Chile erarbeitet 45% seiner Exporteinnahmen mit Export von Kupfer. Derartig einseitige Produktionsstrukturen gehen auch auf die Kolonialzeit zurück, während der die Kolonialmächte die Kolonien v. a. als Quelle für billige Rohstoffe benutzten.

Es ist für die Entwicklungsländer allerdings schwierig, sich aus dieser Einseitigkeit zu lösen, da ihre komparativen Vorteile durchaus bei der Produktion von Rohstoffen liegen und der Rohstoffexport kurzfristig durchaus Geld einbringt. Beachten Sie: Auch in Industrieländern können Regionen gefährliche einseitige Spezialisierungen eingehen. Zum Beispiel erfuhr das Ruhrgebiet infolge der Kohle- und Stahlkrise einen grundlegenden Strukturwandel.

Landflucht

Wird eine relativ mobile und arbeitsintensive Produktion aus einem Industrieland in ein Entwicklungsland verlegt, so kann dies zur Landflucht in andere Gebiete führen. Wird dann die Produktion wiederum an einen anderen Standort verlegt, wo vielleicht noch kostengünstiger produziert wird, kann dies zu einer grossen Zahl entwurzelter Arbeitskräfte führen, die nicht ohne Weiteres in ihre Heimatregion zurückkehren können.

Umweltschutz

Der Druck, neue Arbeitsplätze zu schaffen, führt die Regierungen – angesichts der starken Konkurrenz – dazu, Firmen nur geringe Auflagen im Bereich des Umweltschutzes zu machen.

Es ist schwierig, zu entscheiden, ob eine verstärkte Einbindung der Entwicklungsländer in die Arbeitsteilung der Weltwirtschaft unter dem Strich mehr Vor- oder Nachteile bringt. Dies hängt von sehr vielen verschiedenen Rahmenbedingungen ab, die jeweils im spezifischen Fall betrachtet werden müssen.

9.2.3 Staatlicher Protektionismus

Protektionismus

Die Gefahr, sich zu einseitig und zu wenig zukunftsorientiert zu spezialisieren, veranlasst viele Staaten dazu, ihren Aussenhandel zu kontrollieren. Unter Protektionismus[1] versteht man den Schutz der eigenen nationalen Wirtschaft vor billigeren Importprodukten. Dies kann generell auf zwei verschiedene Arten geschehen.

Einfuhrzölle und Subventionen

- Entweder erhebt der Staat auf bestimmte Importprodukte, die auch im eigenen Land hergestellt werden, Einfuhrzölle. Dadurch verteuert sich das ausländische Produkt auf dem heimischen Markt und stellt keine (grössere) Konkurrenz mehr für das heimische Produkt dar.
- Die zweite Möglichkeit geht über Subventionen[2]. Der Staat subventioniert heimische Produkte, damit sie auf dem heimischen (und auf dem ausländischen) Markt gegenüber billigeren Importprodukten konkurrenzfähig bleiben.

Dadurch lassen sich zwar gefährdete Branchen schützen, doch haben Protektionismusstrategien oft Gegenreaktionen seitens anderer Staaten zur Folge. Dies schwächt dann den Exportsektor des eigenen Lands, wenn dessen Produkte im Nachbarland mit höheren Zöllen belegt werden und sie so für die dortigen Konsumenten teurer werden. Langfristig lassen sich damit also kaum Arbeitsplätze schützen, da einzelne Branchen (und deren Arbeitsplätze) nur auf Kosten von anderen vor Konkurrenz geschützt werden können.

Protektionismus kann auch als Antwort der Industriestaaten auf die Bemühungen der Entwicklungsländer verstanden werden, die Rohstoffe selber zu verarbeiten und somit einen Mehrwert zu erwirtschaften. Da die Entwicklungsländer die Waren oft billiger herstellen können, reagieren die Industriestaaten zum Schutz ihrer eigenen Wirtschaft mit Protektionismus. Und obwohl der Protektionismus im Gegensatz zu den Bestimmungen der WTO (vgl. Kap. 10.3.3, S. 151) steht, wird er von vielen Staaten v. a. in Krisenzeiten praktiziert.

Zusammenfassung

Die internationale Arbeitsteilung und der verstärkte Aussenhandel führen in den Industrieländern zu Strukturwandel. Produktionsschritte, die wenig qualifizierte Arbeitskräfte brauchen, werden zunehmend in Niedriglohnländer ausgelagert. Können sich sowohl die Unternehmen als auch die Arbeitnehmenden nicht rasch genug den Veränderungen anpassen, entsteht strukturelle Arbeitslosigkeit.

Durch die Einbindung in den Weltmarkt ergeben sich für Entwicklungsländer Chancen und Gefahren. Zu den Ersteren zählen eine Verbesserung der Exporte, eine Verbesserung der Qualifikation der Arbeitskräfte und eine mögliche Verringerung der Armut. Gefahren bestehen, wenn durch einseitige Spezialisierungen Abhängigkeiten von wenigen und kaum zukunftsversprechenden Produkten eingegangen werden, die Wohlstandsgewinne nur einen kleinen Teil der Bevölkerung begünstigen und wenn die Staaten aufgrund des Konkurrenzdrucks soziale und ökologische Mindeststandards senken.

Mit protektionistischen Massnahmen wie Einfuhrzöllen und Subventionen versuchen Staaten, ihren Aussenhandel zu kontrollieren und eigene Produktionszweige und ihre Arbeitsstellen zu schützen.

Aufgabe 52

In der Tabelle 9-1, S. 133, verzeichnen viele Industrieländer 2011 eine Arbeitslosigkeit zwischen rund 3.1% und 10.1%. Länder wie Thailand (0.7%) oder Singapur (2.0%) geben für 2011 deutlich tiefere Arbeitslosenraten an. Kommentieren Sie dieses Verhältnis.

---

[1] Lat. *protectio* «Bedeckung», «Beschützung».
[2] Lat. *subventio* «Hilfeleistung».

9.3 Beschäftigungssituation in den Entwicklungsländern

Unterbeschäftigung ≠ Arbeitslosigkeit

Die Beschäftigungssituation in den Entwicklungsländern ist meist prekärer als in den Industrieländern. Auf dem Papier sind die Arbeitslosenzahlen in vielen Entwicklungsländern allerdings gar nicht so hoch. Dies liegt aber daran, dass nur ein Teil der Unterbeschäftigten auch wirklich registrierte Arbeitslose sind. Denn als arbeitslos kann man sich nur registrieren lassen, wenn man eine Anstellung hatte oder eine Ausbildung absolviert hat (Lehre oder Hochschule) und keine Anstellung findet. Weltweit sind etwa 1 Mia. Menschen im arbeitsfähigen Alter unterbeschäftigt. Davon waren 2011 «nur» 197 Mio. registrierte Arbeitslose, v. a. in Industrieländern.[1]

Fehlende soziale Absicherung

In der Regel fehlen in den Entwicklungsländern soziale Absicherungsmechanismen (Arbeitslosenversicherung, Krankenversicherung), wodurch sich viele Arbeitnehmenden nach der Entlassung in einer äusserst prekären Situation befinden. Sie müssen dann auf Einkommensquellen zurückgreifen, der sie oftmals neben ihrer (schlecht bezahlten) Arbeitstätigkeit bereits vorher nachgegangen sind. Vielfach liegen diese im sog. Subsistenz- oder informellen Sektor.

9.3.1 Subsistenzsektor

Subsistenz[2] bedeutet so viel wie «materielle Existenz» und bezogen auf die Wirtschaft versteht man darunter die Produktion, die nicht auf den Markt gelangt. Am häufigsten betrifft dies die Nahrungsmittelproduktion zum Eigengebrauch. In traditionellen ländlichen Gemeinschaften war der Anteil dieser Produktion sehr hoch, in modernen Gesellschaften beschränkt er sich vielleicht auf ein Kräutergärtlein auf dem Balkon.

Subsistenz umfasst jedoch nicht nur die Nahrungsmittelproduktion, sondern auch Ausbesserungsarbeiten am Haus, die eigenständig vorgenommen werden. Forschungen haben ergeben, dass auch der Anteil der Subsistenzproduktion am Lebensunterhalt von in einem überfüllten Slum wohnenden Familien erstaunlich hoch sein kann. Auf engstem Raum werden Gemüse und Früchte gezogen und sogar Tiere gehalten. Vielen Arbeiterinnen und Arbeitern in den Entwicklungsländern ist es nur durch zusätzliche Subsistenzproduktion auf einem kleinen Feld oder im Hausgarten möglich, ihre Familie durchzubringen, da die Löhne oft sehr tief sind.

9.3.2 Informeller Sektor

Formelle Tätigkeiten

Um zu verstehen, worum es sich beim informellen[3] Sektor handelt, muss man zuerst wissen, was eigentlich der formelle Sektor ist. Formelle Tätigkeiten beziehen sich wiederum auf die Wirtschaft und sind solche, die entweder in einem geregelten (oder eben formellen) Arbeitsverhältnis stehen oder auf dem formellen Markt erbracht werden. Es sind dies eigentlich alle Möglichkeiten, Einkommen zu erwirtschaften, die von der Gesetzgebung erlaubt sind und die so bestimmten Regeln (Gesetzen, Richtlinien) unterworfen sind. Für den Staat geht es dabei meist um die Möglichkeit, Steuern und Sozialbeiträge zu erheben.

Informell: illegal, aber geduldet

Das Gegenteil von formellen Tätigkeiten sind eigentlich illegale Tätigkeiten, da alles, was vom Gesetz nicht erlaubt ist, illegal ist. Auch informelle Tätigkeiten sind illegal, wenn man es genau nimmt. Der Unterschied ist, dass sie mehr oder weniger geduldet werden, da entweder der Aufwand der Strafverfolgung zu hoch ist oder der Gesetzgeber sich bewusst ist, dass viele Menschen nur durch eine informelle Tätigkeit überhaupt überleben können, und er so ein Auge zudrückt. Informell sind kleine mobile Garküchen, die an Strassenrändern in vielen Städten von Entwicklungs- und Schwellenländern zur Essenszeit aufgestellt werden und die eigentlich keine Bewilligung dafür haben, oder Schuhputzer, Rikschafahrer,

---

[1] Quelle: Der neue Fischer Weltalmanach 2013, S. 617.
[2] Lat. *subsistentia* «Bestand».
[3] Franz. *informel* «formlos».

Hafenarbeiter sowie der Verkauf von kleineren Mengen von selbst gezogenen Gemüsen oder Früchten auf dem lokalen Markt.

[Abb. 9-2] Schuhputzer in Marrakesch, Marokko

Bild: © Angela Ravaioli – Dreamstime.com

Mehrere Standbeine

In einer Situation, in der es kaum eine Sicherheit des Arbeitsplatzes oder eine soziale Absicherung durch den Staat gibt, verfolgen viele eine Absicherungsstrategie durch die Kombination von Tätigkeiten in verschiedenen Sektoren. Fällt ein Standbein weg, so kann man sich auf andere abstützen und steht nicht unmittelbar vor dem Nichts.

Wachsende Bedeutung

Der informelle Sektor darf nicht als Überbleibsel vormoderner Strukturen gesehen werden, der allmählich verschwinden wird. Oft ist das Gegenteil der Fall, da er in vielen Ländern wächst, was für die Betroffenen wie für den Staat selbst nicht unproblematisch ist. Besonders gefährdet sind hier die Frauen, da sie vielfach – z. B. durch die Mechanisierung in der Landwirtschaft – aus ihren angestammten Rollen verdrängt werden und nun im informellen Sektor Einkommensquellen suchen müssen.

Fokus

Verdrängung der Frauen aus traditionellen Bereichen in Entwicklungsländern

Seit Beginn der 1980er-Jahre haben drei Entwicklungen den Verdrängungsprozess der Frauen aus den modernen, aber auch traditionellen Beschäftigungsfeldern verstärkt:

- Erstens werden im ländlichen Raum Frauen durch Intensivierungen in der Landwirtschaft um ihre Erwerbsmöglichkeiten gebracht. Denn der verstärkte Einsatz von Maschinen wird vielfach als «Männersache» angesehen, womit den Frauen kaum mehr Arbeit bleibt.
- Zweitens wurden verschuldeten Entwicklungsländern vom Internationalen Währungsfonds (IWF) und der Weltbank Strukturanpassungsprogramme auferlegt (vgl. Kap. 10.3.2, S. 147), die grosse Einsparungen an Staatsausgaben beinhalten. Dadurch verloren viele Frauen im öffentlichen Sektor ihre Arbeit oder mussten mit sehr viel geringeren Löhnen auskommen.
- Drittens lagern viele transnationale Unternehmen einen Teil ihrer Produktion mit Unterverträgen an kleine Zulieferfirmen in Entwicklungsländern aus. Diese arbeiten oft im informellen Bereich und sind billiger als formelle Betriebe, die Steuern bezahlen. Auch hier werden Frauen weit tiefere Löhne ausbezahlt als Männern.

So hat sich z. B. die Situation der Spitzenklöpplerinnen im indischen Narsapur durch die Einbindung in den Weltmarkt verändert. Früher haben die dortigen Bäuerinnen in Nebenarbeit Spitzen produziert und diese dann auf dem Markt selbst verkauft. Vom Einkauf der Baumwolle über die Produktion der Spitze bis zur Vermarktung lag also alles in der Hand dieser Bäuerinnen der Unterschicht.

In den 1970er-Jahren entdeckten westliche Händler die Spitzen und begannen sie aus Indien zu importieren. Als Händler etablierten sich die Männer der Bäuerinnen, die die Spitzen direkt an die Aufkäufer lieferten. Die Frauen gingen damit nicht mehr auf den heimischen Markt. Hinzu kam, dass sich nun Frauen der Mittelschicht, die sich früher nicht mit Klöppeln abgaben, an der Produktion beteiligten, da es ein lukratives Geschäft wurde. Da sie mehr Zeit haben als die Bäuerinnen, die ja hauptsächlich auf dem Feld arbeiten müssen, können sie mehr liefern und sich auch besser an die Wünsche der westlichen Händler anpassen.

Die Mittelschichtsfrauen klöppeln jedoch nur, mit dem Einkauf der Rohwaren und mit der Vermarktung haben sie nichts mehr zu tun. Die Unterschichtsfrauen dagegen mussten die Produktion oft gar vollständig aufgeben, da sie neben ihrer bäuerlichen Tätigkeit nicht in genügender Zahl Spitzendecken herstellen konnten.

9.3.3 Arbeitsmigration

Für viele reicht jedoch auch die Absicherung durch informelle Tätigkeiten oder durch Subsistenz nicht aus, um sich und ihre Familie zu ernähren. So suchen viele ihr Glück in Industrieländern, wo es oftmals leichter ist, eine Arbeit zu finden, als daheim. Der «Export» von Arbeitskräften ist für viele Länder ein wichtiger ökonomischer Faktor geworden, da die Arbeiterinnen und Arbeiter einen Teil ihres Lohns nach Hause schicken, um ihre Familien zu unterhalten. Nach Marokko strömen so von Arbeitsmigranten Gelder im Rahmen von fast 50% des Werts der marokkanischen Exporte. Allerdings hat dieser Export auch eine Kehrseite: die sozialen und familiären Belastungen durch die lange Abwesenheit.

Brain Drain

Oftmals kehren gerade jene Arbeitskräfte nicht mehr zurück, die ein grosses Potenzial an Wissen und Fertigkeiten haben, das so dem Heimatland entgeht. Am stärksten ausgeprägt ist dies wohl bei Akademikern, die im Ausland studieren und dann dort bleiben, weil es ihnen auch nach dem Studium bessere Karrieremöglichkeiten bietet. Der Verlust von Wissen und Kenntnissen des Heimatlands wird mit Brain Drain[1] umschrieben.[2]

Zusammenfassung

Die Beschäftigungssituation ist in Entwicklungsländern weit prekärer als in Industrieländern, weil soziale Absicherungsmechanismen – wie Kranken- und Arbeitslosenversicherung oder ein Rentensystem – weitgehend fehlen. Deswegen haben viele Arbeiterinnen und Arbeiter oder deren Familien noch ein Standbein im Subsistenzsektor (Selbstversorgung) oder im (halblegalen) informellen Sektor, um nach einer Entlassung nicht vor dem Nichts zu stehen. Viele suchen ihr Glück in der Fremde, wo sie Arbeit suchen, um einen Teil des Verdiensts nach Hause schicken zu können.

Aufgabe 53

Weshalb müsste es eigentlich im Interesse jedes Staats sein, den Anteil des informellen Sektors zu vermindern? Weshalb tolerieren aber gleichwohl viele Entwicklungsländer eine muntere Geschäftstätigkeit im informellen Sektor?

---

[1] Engl. *brain* «Hirn», «Verstand» und engl. *drain* «Ablauf», «Abzug».
[2] Mehr zum Thema Migration erfahren Sie in unserem Buch «Anthropogeografie: Kulturen, Bevölkerung und Städte».

10 Global Players

Lernziele   Nach der Bearbeitung dieses Kapitels können Sie ...

- erklären, wie sich transnationale Unternehmen der Globalisierung bedienen.
- die Entwicklungsstufen von (grossen) Unternehmen aufzählen und diesbezüglich die veränderten Interessen der Betriebsführung verstehen.
- in Stichworten die wichtigsten internationalen Organisationen charakterisieren.
- Auskunft geben über die Ziele der UNO und deren wichtigste Unterorganisationen.
- die Prinzipien des Neoliberalismus kurz erläutern und die Ziele der Welthandelsorganisation nennen.
- sich Ihrer Möglichkeiten, als Konsumentinnen und Konsumenten die Globalisierung zu beeinflussen, bewusst werden.

Schlüsselbegriffe   internationale Organisationen, Internationaler Währungsfonds (IWF), Kapitalismus, Neoliberalismus, nichtstaatliche Organisation (NGO), transnationales Unternehmen (TNU), Weltbank

In diesem Kapitel stellen wir uns die Frage, wer letztlich die Globalisierung vorantreibt, formt und sie in die Bahnen lenkt, in denen sie sich heute bewegt. Obwohl man zuweilen den Eindruck gewinnen könnte, die Globalisierung wirke von aussen auf uns ein, sind es immer Entscheidungen von Personen, die sie formen. So sind wir alle an ihren Prozessen beteiligt, doch nicht alle im gleichen Mass. Es gibt Personen und von ihnen geführte Organisationen, die grösseren Einfluss auf die Richtung der Globalisierung nehmen können als andere.

Im Folgenden erfahren Sie, welches die wichtigsten Protagonisten – eben die Global Players – in diesem «Welttheater der Globalisierung» sind. Der Begriff Global Players wurde zunächst in der Wirtschaft verwendet. Man versteht darunter die Weltkonzerne, die weltweit agieren. Wir verwenden hier für diese Firmen den Begriff transnationale Unternehmen (vgl. Kap. 10.1). Inzwischen verwendet man den Begriff Global Players aber auch in der Politik (vgl. Kap. 10.3, S. 145), in der Wissenschaft und sogar in der Musikbranche.

10.1 Transnationale Unternehmen

Bei international tätigen Unternehmen wird gemäss Kulke[1] unterschieden zwischen

- internationalen Unternehmen: Die unternehmerischen Schwerpunktbereiche (Management, Produktion, Vertrieb) befinden sich im Heimatland. Im Ausland erfolgen Verkauf und evtl. Teilschritte der Produktion.
- multinationalen Unternehmen: Das Unternehmen wird hierarchisch von einem Heimatland koordiniert. In zahlreichen Ländern befinden sich Produktionsstätten, Zweigbetriebe und Verkaufsniederlassungen.
- transnationalen Unternehmen: Das Unternehmen besitzt in mehreren Ländern Teilzentralen mit Kompetenzen und Koordinierungsaufgaben.

Transnationales Unternehmen (TNU)   Hinsichtlich der ökonomischen Veränderungen durch Globalisierung nehmen die transnationalen Unternehmen (TNU) eine äusserst wichtige Rolle ein. Ein transnationales Unternehmen ist also eine Firma, die Möglichkeiten der Kontrolle und Koordination von Operationen in mehr als einem Land hat, auch wenn sie nicht selbst im Besitz all dieser Operationen ist.

---

[1] Kulke, Elmar: Wirtschaftsgeografie, Schöning-Verlag, Paderborn, 2004.

TNU können sehr verschieden sein, einerseits hinsichtlich ihrer Produkte, anderseits auch hinsichtlich ihrer Unternehmenskultur. Die meisten TNU haben ihren Ursprung in einem bestimmten Land, wo sich oftmals ihr Hauptsitz befindet. Und obwohl sich auf globaler Ebene eine Geschäftssprache (Business-Englisch) etabliert hat, sind die Firmenkulturen oftmals recht unterschiedlich. Dies offenbart sich bei Firmenzusammenschlüssen, wenn davon gesprochen wird, dass unterschiedliche (Firmen)kulturen nur schwer zu vereinen sind.

Internationale Arbeitsteilung

Durch Verbesserungen in der Kommunikation und im Transportwesen (z. B. durch die Einführung von Containern, aber auch durch den relativ günstigen Preis von Treibstoffen) sowie durch den Abbau von Handelsschranken fiel es vielen Firmen leichter, die komparativen Vorteile anderer Länder auszunutzen. Teile der Produktion konnten in Niedriglohnländer ausgelagert oder Niederlassungen konnten in der Nähe der Absatzmärkte gegründet werden.

10.1.1 Ausweitung der Macht

Immer grösser ...

Für ein florierendes Unternehmen stellt sich im Laufe seiner Entwicklung die Frage, ob es grösser werden oder auf bestehendem Niveau weiterarbeiten soll. Eine grosse Firma akkumuliert i. d. R. mehr Kapital und verfügt über grössere Macht und Marktanteile. Ausserdem ist es für viele Firmenchefs – aus finanziellen oder Prestigegründen – verlockender, einer grossen Firma vorzustehen als einer kleinen oder mittleren. So verdiente der CEO (der «Chief Executive Officer», sprich: leitender Direktor) des Disney-Konzerns 2012 rund 40.2 Mio. USD, was nur möglich war, weil das Unternehmen floriert, gross ist und grossen Umsatz macht. Dies ist somit auch eine treibende Kraft für die Vergrösserung einer Firma.

[Tab. 10-1]   Die zehn grössten transnationalen Unternehmen 2008 (Zahlen gerundet)

Rang	Name	Unternehmenssitz	Industrie	Vermögen (in Mia. USD)		Beschäftigte	
				im Ausland	Total	im Ausland	Total
1	General Electric	USA	Elektronik	401.3	797.8	171 000	323 000
2	Royal Dutch / Shell Group	GB	Erdöl	222.3	282.4	85 000	102 000
3	Vodafone Group PLC	GB	Telekommunikation	201.6	219.0	68 750	79 100
4	BP PLC	GB	Erdöl	189.0	228.2	76 100	92 000
5	Toyota Motor Corporation	Japan	Fahrzeuge	169.6	296.2	121 760	320 810
6	ExxonMobil Corporation	USA	Erdöl	161.1	228.1	50 340	79 900
7	Total SA	Frankreich	Erdöl	141.4	164.7	59 860	96 960
8	E.On	Deutschland	Energie	141.2	218.6	57 130	93 540
9	Electricité de France	Frankreich	Energie	133.7	278.8	51 390	160 910
10	Arcelor-Mittal	Luxemburg	Metallherstellung u. -verarbeitung	127.1	133.1	239 460	315 870

Die Rangfolge der grössten TNU wird dominiert von der Elektronik, Ölindustrie, Energieversorgern, der Telekommunikation und dem Fahrzeugbau. Banken und andere Finanzdienstleister sind in dieser Rangfolge nicht berücksichtigt. Quelle: bpb Bundeszentrale für politische Bildung.

Nicht vergessen darf man, dass grosse Unternehmen den Menschen vor Ort Arbeit und Auskommen bieten und damit die individuelle und kollektive Wohlfahrt fördern, weswegen es auch den Staaten ein Anliegen ist, florierende Unternehmen auf ihrem Hoheitsgebiet zu haben. Für die Expansion über die Landesgrenzen hinweg spricht weiter, dass lokale Firmen oder lokale Angestellte in Niederlassungen den lokalen Markt, Geschäftsgepflogenheiten und die Gesetzgebung besser kennen und über ein besseres Netzwerk von Kontakten verfügen.

... und mächtiger

Die ständige Vergrösserung von TNU durch Fusionen und Firmenkäufe hat auch den Effekt, dass die Palette von Anbietern kleiner wird, was die Gefahr von monopolistischen[1] (Beherrschung des Markts durch eine Firma) oder oligopolistischen[2] (Beherrschung des Markts durch wenige Firmen) Strukturen birgt. Beispielsweise machten 1980 13 Firmen 80% des weltweiten Umsatzes mit Autoreifen, 1990 machten 6 Firmen 85% und 2000 4 Firmen gegen 90% des Umsatzes.

10.1.2 Veränderung der Unternehmensstruktur

Die Interessen von Firmen bzw. ihrer Eigentümer und Managerinnen zu benennen ist nicht immer einfach, v. a. deswegen, weil sich die Unternehmensstruktur in den letzten Jahren stark verändert hat.

Familien-Kapitalismus

Während der Gründerzeit, Ende des 19. Jahrhunderts, als die Grundsteine grosser Firmen gelegt wurden, kontrollierten die Besitzer – meist die Gründerfamilien – die Geschicke der Unternehmen selbst. Die Rockefellers, Vanderbilts oder Thyssens waren Patrons und i. d. R. stark verbunden mit der Firma, ihrer Belegschaft und dem Standort. Dies äusserte sich auch in Stiftungen zum Wohle Schlechtergestellter, die von ihnen eingerichtet wurden. Ihre Macht war jedoch so gross, dass sie sich mitunter wie Fürsten gebärden konnten, da ganze Landstriche von ihnen abhängig waren. Diese Form des Kapitalismus kann mit Familien-Kapitalismus umschrieben werden.

Manager-Kapitalismus

Das Aufkommen von Aktiengesellschaften leitete eine Trennung von Besitz und Management eines Unternehmens ein. Aktien wurden zu dem Zweck ausgegeben, mehr Kapital für Investitionen zur Verfügung zu haben. Die Aktionäre werden, bei gutem Geschäftsgang, mit einer Dividende für die Zurverfügungstellung ihres Kapitals anteilmässig belohnt. Als Geldgeber haben Aktionäre oft kein direktes Interesse an der operationellen Führung der Firma. Die Manager, die den Betrieb führen, sind eigentliche Angestellte der Aktionäre und Eigentümer und haben nicht unbedingt die gleichen Interessen wie diese. Die Trennung von Besitz und Management führt zu einer Anonymisierung, da die Geldgeber die Firmenbelegschaft nun gar nicht mehr kennen. Diese Form wird Manager-Kapitalismus genannt.

Institutioneller Kapitalismus

Die bislang letzte Form der Führung transnationaler Konzerne ist gekennzeichnet durch eine immer grösser werdende Verflechtung einzelner Konzerne, die mit der Globalisierung einhergeht. Viele Firmen besitzen nun Aktienpakete anderer Unternehmen. Dies ist auch eine Folge eines grösseren Aktienbesitzes seitens der Bevölkerung, aber auch von Pensionskassen etc. Dadurch entsteht ein Netz gegenseitiger Abhängigkeiten, das sich auch auf die Betriebsführung überträgt. Es wird vom Institutionellen Kapitalismus gesprochen. Es hat sich hier eine Schicht von Managern des oberen Kaders herausgebildet, die sehr flexibel und mobil ist. Ihre Verbundenheit mit einer Firma ist oft begrenzt, was u. a. auch daran liegt, dass sie vom Verwaltungsrat bzw. der Aktionärsversammlung schnell abgesetzt und ausgetauscht werden können.

Die Folge dieses Wechsels ist eine stärkere Orientierung an v. a. kurzfristigen Gewinnzahlen. Die Manager haben kaum Zeit, längerfristig zu planen, denn wenn sie ihr Quartalsziel nicht erreichen, könnte dies bereits ihre Absetzung (die z. T. mit grosszügigen Abgangsentschädigungen versüsst wird) zur Folge haben. Dies wirkt sich auch auf die Belegschaft aus, die ebenfalls flexibler sein muss – allerdings bei weit geringeren Gehältern.

---

[1] Griech. *monopólion* «(Recht auf) Alleinverkauf» bzw. griech. *mónos* «allein» und griech. *polein* «Handel treiben».
[2] Griech. *oligos* «wenig», «gering» und griech. *polein* «Handel treiben».

Zusammenfassung Transnationale Unternehmen gewinnen ständig an Macht hinzu. Durch Fusionen und Übernahmen werden die TNU laufend grösser, aber auch diversifizierter, sodass sie schwieriger zu kontrollieren sind. Die Struktur der Unternehmen hat sich im Laufe der Zeit stark verändert, weg vom Familienkapitalismus, hin zum Manager-Kapitalismus und zum institutionellen Kapitalismus, bei dem Grossfirmen gegenseitig Aktien voneinander besitzen.

Aufgabe 54 Als Daniel Vasella als Verwaltungsratspräsident der Novartis 2013 ausschied, erhielt er eine Abgangsentschädigung von 72 Mio. CHF. Dies ist ein Auswuchs welcher Art des Kapitalismus?

10.2 Nichtstaatliche Organisationen (NGO)

Nichtstaatliche Organisationen (NGO)

Die Rolle von nichtstaatlichen Organisationen, sog. NGO (vom englischen Non-Governmental Organisations), hat durch Prozesse der Globalisierung eine Stärkung erfahren. Sie stellen eine dritte Kraft neben Staaten und TNU bei der Ausgestaltung der Globalisierung dar. Zu den bekannteren etablierten NGO gehören z. B. Amnesty International, Greenpeace oder der WWF. Während sich die beiden letztgenannten für eine ökologische Lebens- und Wirtschaftsweise einsetzen, macht Amnesty International auf Missstände in der Justiz aufmerksam und prangert Staaten an, in denen Menschen aus politischen oder religiösen Gründen inhaftiert und gefoltert werden.

Entwicklungszusammenarbeit

Neben diesen international tätigen grossen NGO gibt es eine wachsende Zahl lokaler Organisationen, die sich auf bestimmte Themen spezialisiert haben. So stützt sich heute ein grosser Teil der Entwicklungszusammenarbeit auf solche NGO. Wo früher Experten aus Industrieländern in Entwicklungsländer entsandt wurden, um beim Aufbau und der Entwicklung zu helfen, treten sie heute nurmehr als Koordinatoren auf, die Aufträge und Mandate an lokale NGO vergeben. Für viele Hilfswerke hat dies den Vorteil, dass sie so die bürokratischen Hürden der jeweiligen Länder umgehen können, dass sie Partner haben, die über ein profundes Wissen der lokalen Situation verfügen, und dass ein grösserer Teil ihrer Mittel direkt am Ort des Geschehens eingesetzt werden kann.

Bekämpfung des MAI

Die international tätigen NGO haben sich das grosse Potenzial der Telekommunikation zu Nutze gemacht und dadurch einige Erfolge zu erzielen vermocht. Über das Internet können schnell Mitglieder oder Sympathisanten informiert und nötigenfalls für Aktionen oder Demonstrationen aufgeboten werden. Ein Paradebeispiel dafür ist die Bekämpfung des MAI (Multilateral Agreement on Investment) durch verschiedene nichtstaatliche Organisationen. Dieses Abkommen wurde Mitte der 1990er-Jahre von einigen Regierungen und Wirtschaftskreisen von Industrieländern unter Ausschluss der Öffentlichkeit – also auch der Parlamente – vorbereitet.

Zusammengefasst beabsichtigte es nichts weniger als die völlige Liberalisierung der Weltökonomie und das Recht von Firmen, Staaten anklagen zu können, wenn sie konkurrenzfähigere ausländische Firmen gegenüber inländischen benachteiligen. Was die Verabschiedung eines solchen Vertragswerks bedeutet hätte, verdeutlichen folgende Beispiele:

- Barrieren für den Fluss von Investitionen müssten in den Mitgliedstaaten des MAI abgebaut werden. Das heisst, dass man sein Geld überall anlegen dürfte, wo man wollte. Der Kapitalflucht würden Tür und Tor geöffnet und gerade Entwicklungsländern entgingen so wichtige Steuergelder. Auch könnten sie illegal oder illegitim erworbenes Geld, das von eigennützigen Staatsoberhäuptern wie Marcos, Mobutu oder Suharto ins Ausland verfrachtet wurde, nicht mehr so einfach zurückfordern.

- Firmen könnten Staaten auf Schadenersatz einklagen, wenn sie höhere Umweltstandards anwenden als andere Mitgliedstaaten des MAI. Die NAFTA (vgl. Kap. 10.3.4, S. 154), funktioniert bereits auf diese Weise. Die US-Firma Ethyl-Corporation wollte in Kanada Chemikalien produzieren, was in den USA erlaubt, aber in Kanada wegen ihrer Giftigkeit verboten war. Ethyl-Corporation klagte den kanadischen Staat auf Schadenersatz ein. Um die Schadenssumme möglichst gering zu halten, einigten sich die Parteien auf einen aussergerichtlichen Vergleich, bei dem Kanada der Firma 10 Mio. USD bezahlte.
- Subventionen jeglicher Art müssten abgebaut werden. Italien dürfte so die Autobahngebühren im Süden des Lands nicht tiefer halten, um die dortige schwache Wirtschaftsentwicklung zu stärken. Die Schweiz dürfte ihren Bergbauern keine Direktzahlungen mehr gewähren und staatliche Schulen dürften nirgendwo mehr eine vergünstigte Schulspeisung anbieten. Sie müssten dieses Feld den günstigsten Anbietern überlassen, die auch McDonald's heissen könnten.

Durch eine Indiskretion gelangten Informationen über das geplante MAI an die Öffentlichkeit. In kürzester Zeit mobilisierten verschiedene NGO eine Kampagne gegen das MAI. Dies führte zur Ablehnungsempfehlung des Europaparlaments und der vorläufige Todesstoss wurde dem MAI 1998 durch den damaligen französischen Premierminister Jospin versetzt, der es wegen seiner sozial bedenklichen Auswirkungen ablehnte.

«Globalisierungsgegner»

Die Kraft von NGO ist also nicht zu unterschätzen, was man auch bei den WTO-Konferenzen, dem World Economic Forum in Davos und den G-8-/G-20-Gipfeln (vgl. Kap. 10.3.5, S. 154) sehen kann, wo die NGO eine grosse Anzahl von Gegnern der dort zu erwartenden Beschlüsse mobilisieren kann. Der Ausdruck «Globalisierungsgegner», der in der Presse häufig verwendet wird, ist jedoch irreführend. Denn sie wenden sich nicht primär gegen die Globalisierung, sondern gegen die Richtung, in die sie von Regierungen und TNU vorangetrieben werden. In einem künftigen transnationalen Staat könnten die NGO eine wichtige Rolle spielen, indem sie spezifische Interessen der Bevölkerung bündeln und – über Parteigrenzen hinweg – zum Ausdruck bringen können.

[Abb. 10-1] «Globalisierungsgegner» demonstrieren gegen den G-8-/G-20-Gipfel in Toronto 2010

Bild: © Arindam Banerjee – Dreamstime.com

Zusammenfassung

Sogenannte NGO (Nichtregierungsorganisationen) haben durch die Globalisierung eine Stärkung erfahren. Ihnen ist es möglich, länderübergreifend auf staatliche Missstände oder Fehlleistungen von TNU aufmerksam zu machen. Einer ihrer grössten Erfolge ist die (vorläufige) Suspendierung des MAI, das TNU die gleichen Rechte wie Staaten eingeräumt hätte.

Aufgabe 55

Im Text haben Sie von der erfolgreichen Bekämpfung des MAI durch NGO gelesen. Erinnern Sie sich an weitere vergleichbare Erfolge, die NGO wie etwa der WWF, Greenpeace oder Amnesty International gegen scheinbar übermächtige Gegner errungen haben?

10.3 Internationale Organisationen

Da durch die Globalisierung staatliche Grenzen in vieler Hinsicht überschritten werden, bekommen auch internationale Organisationen (vgl. Abb. 10-2) eine grosse Bedeutung. Sie versuchen – jede auf ihre Weise – gemeinsamen Interessen einer «Weltgesellschaft» Nachdruck zu verleihen. Ihre grosse Schwäche ist oft, dass sie letztlich von Nationalstaaten abhängig sind. Ohne die Zustimmung der mächtigsten Staaten können sie nur wenig ausrichten und noch schwerer Sanktionen verhängen.

[Abb. 10-2] Die wichtigsten internationalen Organisationen nach Aufgabenbereichen

Quelle: United Nations, 2013.

10.3.1 Europäische Union (EU)

Die Europäische Union (EU) wurde 1957 als Europäische Gemeinschaft (EG) auf der Grundlage der erfolgreichen Zusammenarbeit der Beneluxstaaten und der Europäischen Gemeinschaft für Kohle und Stahl gegründet. Sie hat ihren Ursprung im Ost-West-Konflikt und sollte ein starkes Gewicht v. a. gegen den Ostblock darstellen. Sie diente aber auch dazu, Deutschland aus der Isolation nach dem Zweiten Weltkrieg herauszuführen und in eine europäische Gemeinschaft zu integrieren. Dies auch, um eine Situation wie nach dem Ersten Weltkrieg zu vermeiden, wo die Ressentiments gegen die damaligen Siegermächte in Deutschland das Aufkommen der Nazis mit ermöglichten.

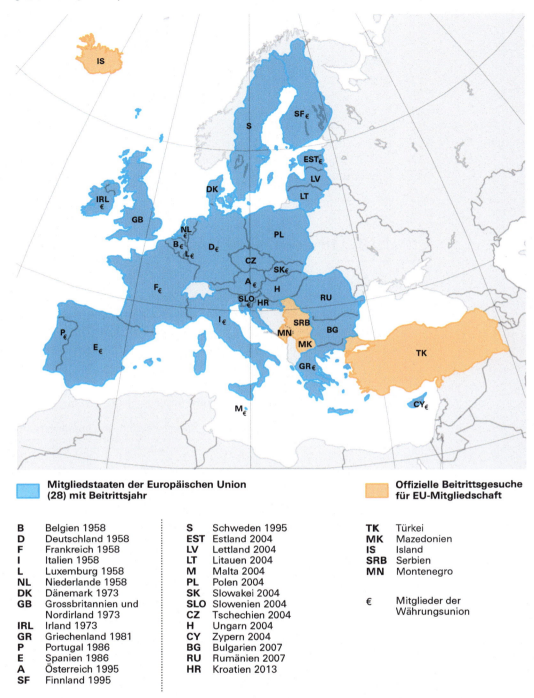

[Abb. 10-3] Europa – ein transnationaler Staat?

Mitgliedstaaten der Europäischen Union (28) mit Beitrittsjahr

B	Belgien 1958	S	Schweden 1995		
D	Deutschland 1958	EST	Estland 2004		
F	Frankreich 1958	LV	Lettland 2004		
I	Italien 1958	LT	Litauen 2004		
L	Luxemburg 1958	M	Malta 2004		
NL	Niederlande 1958	PL	Polen 2004		
DK	Dänemark 1973	SK	Slowakei 2004		
GB	Grossbritannien und Nordirland 1973	SLO	Slowenien 2004		
IRL	Irland 1973	CZ	Tschechien 2004		
GR	Griechenland 1981	H	Ungarn 2004		
P	Portugal 1986	CY	Zypern 2004		
E	Spanien 1986	BG	Bulgarien 2007		
A	Österreich 1995	RU	Rumänien 2007		
SF	Finnland 1995	HR	Kroatien 2013		

Offizielle Beitrittsgesuche für EU-Mitgliedschaft

- TK Türkei
- MK Mazedonien
- IS Island
- SRB Serbien
- MN Montenegro

€ Mitglieder der Währungsunion

Die Europäische Union (EU) hat das Ziel, in ihren 28 Mitgliedstaaten eine ausgewogene und nachhaltige wirtschaftliche und soziale Entwicklung zu ermöglichen. Dazu wurde der freie Verkehr von Waren, Personen, Dienstleistungen und Kapital eingerichtet. Zudem verfolgt die EU eine gemeinsame Sicherheits- und Aussenpolitik sowie eine enge Zusammenarbeit in Strafsachen. Quelle: Europäische Union, 2013.

Wirtschaftsunion

Seit 1971 wurde die EG zu einer Wirtschaftsunion umgestaltet, die über 75% der Wirtschaftsgesetzgebung der Mitgliedstaaten verantwortet. 1994 wurde die Freizügigkeit aller EU-Bürgerinnen und -Bürger eingeführt, was bedeutet, dass sie sich innerhalb der EU frei bewegen können und überall arbeiten dürfen. Seit 1999 existiert der Euro als Buchwährung und seit 2002 auch als reale Währung in mittlerweile siebzehn EU-Mitgliedstaaten. Zwar ist die EU immer stärker integriert, doch haben immer noch die Nationalstaaten die Oberhoheit über ihr Territorium. Zudem funktioniert die EU nur als ein nach innen integriertes Staatsgebilde, nach aussen schottet sie sich eher ab.

Für die weitere Entwicklung der EU wurden verschiedene Szenarien entwickelt:

- Das Europa der Nationen baut auf dem nationalstaatlichen Modell auf und möchte den einzelnen Staaten wieder mehr Autonomie zurückgeben. Man geht dabei davon aus, dass nationale Traditionen stärker sind als der Wunsch nach einem geeinten Europa ohne Staatsgrenzen. Entscheidungen im Ministerrat müssten in diesem Modell einstimmig gefasst werden. Vor allem Grossbritannien strebt ein solches Szenario an, so hat es auch den Euro 1999 nicht als Währung akzeptiert.
- Die Vorstellung eines Europa als Bundesstaat geht in die entgegengesetzte Richtung. Die Basis der Demokratie ist nicht mehr aus einzelstaatlichen Parlamenten gebildet, sondern aus einer EU-weit gebildeten Legislative. Einzelstaaten können nicht mehr einfach aus dem Bund ausscheren und keine eigenständige Aussen- oder Sicherheitspolitik mehr betreiben. Die EU würde dann so ähnlich funktionieren wie die USA mit ihren Bundesstaaten oder die Schweiz mit ihren Kantonen. Die Chancen für ein solches Szenario sind relativ gering, da die Nationalstaaten einen grossen Teil ihrer Souveränität aufgeben müssten.
- Das Europa der Regionen kann als Kombination der oben genannten Szenarios verstanden werden. Dabei verlieren die Nationalstaaten Bedeutung gegenüber kleineren Regionen, wie den Bundesländern in Deutschland oder den régions in Frankreich. Man geht dabei davon aus, dass sich EU-Bürgerinnen und -Bürger ihren lokal und regional gewählten Vertretern am nächsten fühlen und ihre Anliegen durch sie am besten vertreten sehen. Das Europa der Regionen versucht, die Anliegen der Regionen zu bündeln nach dem Motto «Vielfalt in Einheit». Dabei würde dem Zentralstaat der EU grösseres Gewicht zukommen.

Die Szenarien weisen in eine unterschiedliche Richtung der Entwicklung der EU. Sie zeigen die Möglichkeiten auf, die ein Nationalstaat innerhalb der Union haben kann, und es ist wichtig zu sehen, dass diese verschiedenen Szenarien diskutiert werden.

10.3.2 Vereinte Nationen (UNO)

Die Vereinten Nationen wurden als Nachfolgeorganisation des relativ schwachen Völkerbunds am 26. Juni 1945 in San Francisco gegründet, wo eine Charta verabschiedet wurde, die am 24. Oktober 1945 in Kraft trat. Ihr Ziel war es, eine Institution zu schaffen, die Konflikten vorzubeugen hilft, sodass Gräuel wie der Zweite Weltkrieg verhindert werden können.

Der Sitz der UNO ist in New York, wichtige Büros befinden sich in Genf, Wien, Rom, Paris, Nairobi und Bonn. Zurzeit sind 193 Staaten Mitglied der UNO. Das sind sämtliche Staaten der Welt mit Ausnahme von Taiwan (Republik China), Kosovo und dem Vatikan.

Das System der Vereinten Nationen besteht aus einer Vielzahl von internationalen Organisationen, den eigentlichen Kern aber bilden die fünf Hauptorgane, die bei Bedarf Neben-, Hilfs- oder Unterorganisationen einsetzen (vgl. Abb. 10-4).

[Abb. 10-4] Organigramm der Vereinten Nationen (UNO)

Vereinte Nationen

Generalversammlung
193 Mitglieder
Jährlich eine Tagung,
Sondertagungen

Nebenorgane
- Hauptausschüsse
- Andere Tagesausschüsse
- Ständige Ausschüsse und Ad-hoc-Ausschüsse
- Andere Nebenorgane

Programme und Fonds (Auswahl)
- **UNCTAD** Handels- und Entwicklungskonferenz der Vereinten Nationen
- **UNEP** Umweltprogramm der Vereinten Nationen
- **UNDP** Entwicklungsprogramm der Vereinten Nationen
- **UNFPA** Bevölkerungsfonds der Vereinten Nationen
- **UNHCR** Amt des Hohen Flüchtlingskommissars der Vereinten Nationen
- **UNICEF** Kinderhilfswerk der Vereinten Nationen
- **WFP** Welternährungsprogramm

Angeschlossene Organisationen
- **IAEO** Internationale Atomenergie-Organisation
- **WTO** Welthandelsorganisation

Sicherheitsrat
5 ständige Mitglieder:
VR China, Frankreich, Grossbritannien, Russland, USA
10 nichtständige Mitglieder
(von der Generalversammlung gewählt)

Nebenorgane
- Generalstabsausschuss
- Ständige und Ad-hoc-Ausschüsse
- Internationaler Strafgerichtshof für das ehemalige Jugoslawien
- Internationaler Strafgerichtshof für Ruanda
- Beobachtungs-, Verifikations- und Inspektionskommission der Vereinten Nationen
- Entschädigungskommission der Vereinten Nationen
- Friedenssicherungseinsätze und -missionen

Wirtschafts- und Sozialrat (ECOSOC)
54 Mitglieder:
(von der Generalversammlung gewählt)
Untersteht der GV

Fachkommissionen
- Kommission für soziale Entwicklung
- Menschenrechtskommission
- Suchtstoffkommission
- Kommission für Verbrechensverhütung und Strafrechtspflege
- Kommission für Wissenschaft und Technologie im Dienst der Entwicklung
- Kommission für Nachhaltige Entwicklung
- Kommission für die Rechtsstellung der Frau
- Kommission für Bevölkerung und Entwicklung
- Statistische Kommission

Diverse Regionalkommissionen

Sonderorganisationen
- **ILO** Internationale Arbeitsorganisation
- **FAO** Ernährungs- und Landwirtschaftsorganisation der Vereinten Nationen
- **UNESCO** Organisation der Vereinten Nationen für Erziehung, Wissenschaft und Kultur
- **WHO** Weltgesundheitsorganisation
- **WELTBANKGRUPPE**
- **IWF** Internationaler Währungsfonds
- **ICAO** Internationale Zivilluftfahrtorganisation
- **IMO** Internationale Seeschifffahrts-Organisation
- **ITU** Internationale Fernmeldeunion
- **WPV** Weltpostverein
- **WMO** Weltorganisation für Meteorologie
- **WIPO** Weltorganisation für geistiges Eigentum
- **IFAD** Internationaler Agrarentwicklungsfonds
- **UNIDO** Organisation der Vereinten Nationen für industrielle Entwicklung
- **UNWTO** Weltorganisation für Tourismus

Sekretariat
Generalsekretär,
Politische Abteilungen,
Fachabteilungen,
Sekretariate der Hilfsorganisationen und Konferenzen,
Allgemeine Dienste

Hauptdienststellen (Auswahl)
- **EOSG** Exekutivbüro des Generalsekretärs
- **DESA** Hauptabteilung Wirtschaftliche und Soziale Angelegenheiten
- **DPKO** Hauptabteilung Friedenssicherungseinsätze
- **UNOG** Büro der Vereinten Nationen in Genf

Internationaler Gerichtshof
15 Richter (von Generalversammlung und Sicherheitsrat gewählt)

Das Organigramm der Vereinten Nationen zeigt die grosse Breite der Organisation. Aus wirtschaftsgeografischer Perspektive besonders wichtige Sonderorganisationen und Programme sind farblich hervorgehoben. Quelle: Vereinte Nationen, 2013, und Der neue Fischer Weltalmanach 2013.

[Abb. 10-5] UNO-Hauptsitz in Manhattan, New York

Bild: © Mario Savoia – Dreamstime.com

Generalversammlung

In der Generalversammlung (UN General Assembly: UNGA) sind alle Mitgliedstaaten vertreten und haben je eine Stimme. In ihr werden Budget und Beitragsquoten, die die einzelnen Mitgliedstaaten zahlen müssen, festgelegt. Sie entscheidet zusammen mit dem Sicherheitsrat über die Aufnahme und den Ausschluss eines Mitglieds oder über Sanktionen, die über ein Land verhängt werden. Sie wählt – auch auf Empfehlung des Sicherheitsrats – den Generalsekretär.

Sicherheitsrat

Der Sicherheitsrat (UN Security Council: UNSC) ist das bedeutendste Organ der UNO und es ist das einzige Gremium, das verbindliche Beschlüsse fassen kann. Der Sicherheitsrat hat fünfzehn Mitglieder, fünf davon sind ständige Mitglieder: die Volksrepublik China, Frankreich, Grossbritannien, Russland (in der Nachfolge der Sowjetunion) und die USA. Die ständigen Mitglieder sind die sog. Siegermächte des Zweiten Weltkriegs und alle sind auch Atommächte. Die nichtständigen Mitglieder werden von der Generalversammlung für zwei Jahre gewählt, wobei drei aus Afrika, zwei aus Asien, zwei aus Mittel- und Südamerika und Karibik, zwei aus Westeuropa und eines aus Osteuropa sind.

Beschlüsse bedürfen der Zustimmung von mindestens neun Mitgliedern, wobei die ständigen Mitglieder ein Vetorecht haben. Dem Sicherheitsrat kommt die Hauptverantwortung für die Wahrung des Weltfriedens und der internationalen Sicherheit zu. Es ist das mächtigste Gremium der UNO. Die UN-Friedenstruppen («Blauhelme») werden für friedenserhaltende und friedensstiftende Massnahmen eingesetzt (vgl. Abb. 8-5, S. 118).

Wirtschafts- und Sozialrat

Der Wirtschafts- und Sozialrat (Economic and Social Council: ECOSOC) ist eine Lenkungs- und Koordinierungsstelle und besteht aus 54 Mitgliedern, von denen alle drei Jahre 18 neu gewählt werden. Der ECOSOC führt Untersuchungen zu wirtschaftlichen, sozialen, kulturellen und humanitären Fragen durch und gibt Empfehlungen an UN-Mitglieder und Organe ab.

IWF und Weltbank

Wichtige Unterorganisationen sind der Internationale Währungsfonds (IWF) und die Weltbank. Sie überwachen Wirtschaftsentwicklung und v. a. geldpolitische Massnahmen der Mitgliedstaaten und vergeben Kredite zur Überbrückung von Zahlungsbilanzdefiziten. Wenn z. B. ein Staat die Zinsen für seine Auslandsschulden nicht mehr bezahlen kann, kann es um einen Überbrückungskredit bitten. Dieser wird allerdings nur mit strengen Auflagen gewährt.

So müssen die Empfängerländer sog. Strukturanpassungsprogramme (SAP) durchführen, bei denen v. a. die staatlichen Ausgaben gekürzt werden und eine Liberalisierung des Markts durchgeführt werden müssen. Oft geht dies zulasten ärmerer Bevölkerungsschichten, da es relativ einfach ist, Ausgaben im Bildungs- und Gesundheitsbereich zu kürzen.

Ausserdem müssen Subventionen für die einheimische Wirtschaft gestrichen werden. Dahinter steht der Gedanke, dass durch eine liberalisierte Wirtschaftspolitik vermehrt ausländische Investitionen ins Land geholt werden können. Durch den Abbau von Subventionen soll die heimische Wirtschaft gezwungen werden, wettbewerbsfähiger zu werden, um auf dem globalen Markt bestehen zu können. Konkurrenzfähige Unternehmen leisten dann auch einen wirksamen Beitrag für die Volkswirtschaft eines Lands. Schliesslich – so die Theorie – kommt die Wertschöpfung einer effizienteren Wirtschaft auch wieder den Armen zugute.

Die SAP sind sehr umstritten. In einigen Fällen gelingt es, die Finanzen von Staaten wieder einigermassen ins Lot zu bringen. In vielen anderen jedoch leidet ein Grossteil der Bevölkerung unter den drakonischen Massnahmen, die oft nicht zu einer Verbesserung der wirtschaftlichen Lage führen. Mit dem Mittel der Kreditvergabe haben IWF und Weltbank einen grossen Einfluss auf die wirtschaftlichen Strukturen vieler Länder und sind damit einflussreiche Global Players.

Internationaler Gerichtshof

Der Internationale Gerichtshof (International Court of Justice: ICJ) ist das Hauptrechtsprechungsorgan der UNO mit Sitz in Den Haag. Er besteht aus fünfzehn Richtern fünfzehn verschiedener Staaten und seine Hauptaufgabe besteht darin, internationale Streitigkeiten zu beurteilen. Der ICJ kann aber nur tätig werden, wenn beide Parteien mit der Behandlung des Streitfalls vor dem ICJ einverstanden sind, was oftmals nicht der Fall ist. Zudem hat er nicht die Möglichkeit, seine Entscheidungen auch durchzusetzen (die internationalen Tribunale für Kriegsverbrechen unterstehen dem Sicherheitsrat und sind ebenfalls in Den Haag angesiedelt). In einer globalen Ordnung, in der die UNO mehr Gewicht haben soll, müsste auch der ICJ aufgewertet und mit Sanktionsmöglichkeiten ausgestattet werden, um voll funktionsfähig zu sein.

[Abb. 10-6] Internationaler Gerichtshof in Den Haag

Bild: © Matze – Fotolia.com

Sekretariat

Das Verwaltungsorgan der UNO ist das Sekretariat mit Büros in New York (Zentrale), Genf, Wien und Nairobi. Die Leitung liegt beim Generalsekretär, der von der Generalversammlung auf fünf Jahre gewählt wird. Seit 2007 bekleidet der Südkoreaner Ban Ki-moon das Amt. In seiner unmittelbaren Verantwortung liegt die Wahrung des Weltfriedens. Der Generalsekretär versucht dies durch Vermittlung zu erreichen, da er nur über geringe Sanktionsmöglichkeiten verfügt.

10.3.3 Welthandelsorganisation (WTO)

Abbau von Handelshemmnissen

Die Welthandelsorganisation (World Trade Organisation: WTO) hat sich zum Ziel gesetzt, verbindliche Regeln für den globalen Handel aufzustellen. Zurzeit gehören 157 Staaten der Organisation an, die 1995 als Nachfolgeorganisation des GATT (General Agreement on Tariffs and Trade) gegründet wurde.

Die Regeln des WTO bestehen im Wesentlichen aus Handelsverträgen, die von den Parlamenten der Mitgliedstaaten in Kraft gesetzt – in der Politikersprache ratifiziert – werden müssen. Die Verträge zielen auf eine Liberalisierung des Handels und damit auf einen Abbau von Handelshemmnissen wie Zölle oder Subventionen.

Ein wichtiger Punkt dabei ist die Nicht-Diskriminierung von Firmen aus anderen Ländern. Das bedeutet, dass man zum Schutz der heimischen Produktion ausländische Konkurrenz, die vielleicht billiger produziert, nicht fernhalten darf; das wäre Protektionismus (vgl. Kap. 9.2.3, S. 136). Früher schützte man so die Schweizer Weinbauern, indem man ausländischen (Weiss)wein durch Importzölle verteuerte. Heute ist dies aufgrund der Schweizer Mitgliedschaft bei der WTO nicht mehr möglich, was zu Absatzproblemen der Schweizer Winzer führt, da sie teurer produzieren als ihre ausländischen Kollegen.

Ein weiteres wichtiges Anliegen der WTO ist der weltweite Schutz des geistigen Eigentums. So soll ein in Deutschland entwickeltes und patentiertes Medikament globalen Schutz vor Nachahmung finden, genauso wie Software oder Musik auf CDs. Diese Massnahme richtet sich gegen Staaten, die nicht gegen Raubkopien vorgehen oder wo Erfindungen kopiert werden, ohne Rechte abzugelten.

Durch das Vertragswerk der WTO sind 90% des internationalen Handels geregelt, was die Bedeutung der Organisation verdeutlicht. Gemäss Vertretern der WTO dienen die Verträge auch den Entwicklungsländern. Denn einerseits hat die Stimme eines Entwicklungslands das gleiche Gewicht wie die eines Industrielands (es gilt die Regel: pro Land eine Stimme) und andererseits können sie so ihre Produkte auch besser in Industrieländern absetzen, die ihre Wirtschaft nicht mehr durch Importzölle dagegen schützen dürfen.

Fokus

Neoliberalismus

Der Neoliberalismus ist eine wirtschaftspolitische Haltung, die v. a. während der 1980er-Jahre einen Aufschwung erlebte. Sie besagt, dass der Handel und die Wirtschaft allgemein am besten funktionieren, wenn vom Staat möglichst wenig Einschränkungen oder Vorschriften gemacht werden und der Staat seine Aufgaben stark reduziert. Konsequent durchgeführt heisst dies, dass keine Mindestlöhne festgesetzt, keine Subventionen vergeben und im Extremfall keine Arbeitslosengelder verteilt werden dürften.

Anhänger des Neoliberalismus glauben daran, dass der Markt Probleme wie Arbeitslosigkeit oder mangelnde Nachhaltigkeit der Produktion lösen kann (vgl. Kap. 3.1, S. 18). Gegner befürchten damit einen Rückfall ins 19. Jahrhundert, wo die Arbeiterschaft regelrecht ausgebeutet wurde und die Entwicklung einer Zweiklassengesellschaft mit einigen Reichen und vielen Armen, denen jegliche Unterstützung fehlt. Ihr Hauptargument ist, dass der Kapitalismus (bzw. die freie Marktwirtschaft) zwar das Ziel hat, Kapital möglichst gewinnbringend anzulegen, nicht aber Armut zu bekämpfen oder einen Ausgleich zwischen Reichen und Armen zu gewährleisten, weswegen es den Staat brauche, um die weniger privilegierten Bevölkerungsschichten zu schützen.

Kritik an WTO

An der (neoliberalen) Ausrichtung der WTO wird heftig Kritik geübt. Bemängelt wird, dass sich die Industrieländer – v. a. die USA und Europa – immer wieder mit ihren Wünschen durchsetzen können, da es sich die wenigsten Entwicklungsländer leisten können, es sich mit den «Grossen» zu verscherzen. Äusserst umstritten ist auch der Patentschutz, da dieser die Industrieländer einseitig begünstigt.

Zum einen haben einige Industrieländer in der Phase ihres wirtschaftlichen Aufbaus (v. a. im 19. und beginnenden 20. Jahrhundert) rigoros Patentrechte anderer verletzt. Zum anderen ist der Patentschutz ein westliches Konzept, das sich nicht ohne Weiteres auf andere Gesellschaften übertragen lässt. Darunter leiden indigene Völker, die seit Langem eigene Heilmittel herstellen aus Pflanzen in ihrer Umgebung. Sie können Chemiemultis nicht verklagen, wenn diese ihre Medikamente nachahmen, da sie ihre eigenen Heilmittel nicht patentiert haben. Im Gegenteil, es könnte gar geschehen, dass sie schliesslich das Patentrecht des Chemieunternehmens verletzen und sich mit der Eigenproduktion ihres traditionellen Heilmittels strafbar machen.

Unterschiedliche Spiesse

Ein weiteres Beispiel dafür, dass in der WTO mit unterschiedlich langen Spiessen gefochten wird, ist der Fall von Südafrika, das in Indien Aids-Medikamente herstellen lassen wollte und damit das Patentrecht amerikanischer und europäischer Firmen verletzte. Südafrika wäre gezwungen gewesen, die weit teureren Originalmedikamente zu importieren, wodurch viel weniger Aids-Patienten hätten behandelt werden können.

Nach langem Streit durfte Südafrika aufgrund humanitärer Überlegungen die Produktion des Medikaments fortsetzen lassen. Ähnlich kündigten Kanada und die USA nach Fällen von Milzbrandanschlägen an, ein von einer deutschen Firma patentiertes Medikament gegen den Erreger in Eigenregie zu produzieren, womit geltendes Patentrecht verletzt wurde.

Die Beispiele zeigen, dass der globale Handel alles andere als ein Feld harmonischer Einigkeit ist. Dennoch muss wohl auch berücksichtigt werden, dass Handel treibende Staaten weniger Gefahr laufen, kriegerische Händel auszufechten, als wenn diese Handelsbeziehungen nicht bestehen würden.

WTO-Gegner

Die Mitglieder der WTO treffen sich in regelmässigen Abständen. Die Treffen stehen mehr und mehr auch in der Kritik von Organisationen (v. a. NGO), die die Praxis der WTO nicht gutheissen. Sie verhinderten so beispielsweise 2000 in Seattle eine weitere Liberalisierung der WTO-Verträge, indem sie durch Demonstrationen und Proteste die Positionen v. a. der ärmsten Länder zu stärken versuchten. Damit verhinderten sie auch eine Annäherung der WTO-Verträge an das noch weiter gehende MAI (vgl. Kap. 10.2, S. 143).

10.3.4 Regionale Freihandelsabkommen

Immer mehr Länder schliessen regionale oder regionenübergreifende Freihandelsabkommen ab, um die Liberalisierung des Handels zu ergänzen. Wir besprechen hier die wichtigsten drei, und zwar

- die Europäische Freihandelsorganisation (EFTA),
- die ASEAN-Freihandelszone (AFTA) und
- das Nordamerikanisches Freihandelsabkommen (NAFTA).

Europäische Freihandelsorganisation (EFTA)

Die Europäische Freihandelsorganisation (European Free Trade Association: EFTA) wurde 1960 durch Dänemark, Grossbritannien, Norwegen, Österreich, Portugal, Schweden und die Schweiz gegründet. Sie ist eine reine Freihandelsorganisation und strebt keine politische Integration zwischen den Ländern an. Der Freihandel beschränkt sich auf Industriegüter und schliesst Agrarprodukte und Fischereierzeugnisse aus.

Weil sich nach und nach ein Grossteil ihrer Mitglieder der EU angeschlossen haben, besteht die EFTA heute nur noch aus Island, Liechtenstein, Norwegen und der Schweiz (Stand Mitte 2013) und hat damit an Bedeutung verloren.

Ein wichtiger Schritt zur Verwirklichung eines gemeinsamen europäischen Binnenmarkts stellte das Abkommen für einen Europäischen Wirtschaftsraum (EWR) dar, durch das die vier Freiheiten der EU (freier Waren-, Dienstleistungs-, Personen- und Kapitalverkehr) zwischen allen EU- und EFTA-Mitgliedsländern ausgedehnt werden sollte und eine weitgehende Zusammenarbeit in den Bereichen Forschung und Entwicklung, Umwelt, Bildungswesen und Sozialpolitik verwirklicht werden sollte. In der Schweiz wurde die Beteiligung am EWR 1992 in einer Volksabstimmung abgelehnt.

Die EFTA hat für die Mitgliederstaaten heute die Funktion eines «Türöffners», da sie als Plattform für Freihandelsabkommen mit Drittstaaten verwendet wird.

ASEAN-Freihandelszone (AFTA)

Die ASEAN-Freihandelszone (ASEAN Free Trade Area: AFTA) ist ein Abkommen der ASEAN-Staaten (Association of Southeast Asian Nations: ASEAN) zur Erleichterung der wirtschaftlichen Zusammenarbeit. Es ist das älteste aussereuropäische Freihandelsabkommen und wurde 1967 gegründet. Es besteht aus den zehn Staaten Brunei, Indonesien, Kambodscha, Laos, Malaysia, Myanmar, den Philippinen, Singapur, Thailand und Vietnam und umfasst ca. 600 Mio. Menschen (Stand 2011). Einige der Länder haben in den letzten Jahrzehnten die weltweit höchsten Wachstumsraten aufgewiesen. Schon jetzt sind die Zölle zwischen den AFTA-Ländern sehr tief.

Mit Kambodscha, Laos, Myanmar und Vietnam ist es Ende der 1990er-Jahre gelungen, kommunistische, planwirtschaftliche Länder in den Verband aufzunehmen. Ob es gelingt, deren zentral gelenkte Wirtschaften und repressive Regime in das Freihandelsabkommen voll einzubinden, bleibt abzuwarten.

Nordamerikanisches Freihandelsabkommen (NAFTA)

Das Nordamerikanische Freihandelsabkommen (North American Free Trade Agreement: NAFTA) ist seit 1994 in Kraft und umfasst die USA, Kanada und Mexiko. Probleme bereiten u. a. die grossen Lohnunterschiede zwischen den USA und Mexiko. US-amerikanische Unternehmen fürchten die billige Konkurrenz aus dem Süden. Arbeitsintensive Branchen kommen unter Druck (Strukturwandel). Dagegen profitieren die Exporteure der USA vom NAFTA-Abkommen. Als Spezialität enthält die NAFTA (da sie ein relativ junges Abkommen ist) Bestimmungen zum Umwelt- und Arbeitnehmerschutz.

10.3.5 Gruppe der Acht (G-8) und Gruppe der Zwanzig (G-20)

Die G-8 entstand aus der G-6, die 1975 im Rahmen eines Kamingesprächs der Regierungschefs von Deutschland, Frankreichs, Italiens, Japan, Grossbritanniens und der USA gegründet wurde. Später kamen Kanada und Russland dazu. Die G-8 ist keine Organisation, sondern eher ein Forum. Obwohl in den G-Staaten nur ca. 15% der Weltbevölkerung leben, hat sie einen grossen Einfluss, denn in diesen Staaten werden zwei Drittel des Bruttonationaleinkommens der Welt erwirtschaftet.

Die G-20 («Gruppe der 20») wurde Ende der 1990er-Jahre als Reaktion auf die Finanzkrise in Asien (vgl. Kap. 8.1.2, S. 108) und ähnliche Krisen in anderen Regionen der Welt gegründet. Sie ist ein Zusammenschluss von Finanzministern und Präsidenten von Zentralbanken. In dieser Gruppe sind im Gegensatz zur G-8 auch Schwellenländer vertreten. Die G-20 behandelt v. a. Themen der Landwirtschaft. Die Länder der G-20 repräsentieren fast 65% der Weltbevölkerung. Neben den Staaten der G-8 gehören weiter dazu: Mexiko, Brasilien, Argentinien, Südafrika, Saudi-Arabien, Türkei, Indien, Indonesien, China, Südkorea, Australien und als 20. Mitglied die EU. Dennoch hat diese Gruppe eine geringere Bedeutung als die G-8, da sie weniger wirtschaftliches Gewicht hat.

Zusammenfassung

Die europäische Union stellt ein Beispiel transnationaler Zusammenarbeit dar.

Der UNO gehören mit drei Ausnahmen sämtliche Nationalstaaten der Welt an. Die wichtigsten Gremien der UNO sind die Generalversammlung und der Sicherheitsrat. Daneben gibt es eine Vielzahl von Neben- und Unterorganisationen. Das Ziel der Aktivitäten ist es, Konflikten vorzubeugen und Kriege zu verhindern. Die UNO selbst hat geringe Machtbefugnisse, doch stellt sie einerseits eine Plattform für Verhandlungen dar und anderseits können die Nationen vereint Sanktionen durchsetzen gegen Länder, die z. B. Menschenrechte verletzen und Krieg führen.

Die WTO arbeitet Handelsverträge aus, die von ihren Mitgliedstaaten ratifiziert werden müssen. Ihr Ziel ist es, Handelsschranken abzubauen, um so einer gerechteren Weltwirtschaft Nachdruck zu verleihen. Ihr neoliberaler Kurs wird v. a. von NGO kritisiert, da sie befürchten, dass damit die Kluft zwischen Arm und Reich grösser wird. Die wichtigsten regionalen Freihandelsabkommen sind EFTA, AFTA und NAFTA. Keine eigentlichen Organisationen, aber von grosser globaler Bedeutung sind die G-8 und (in etwas kleinerem Ausmass) die G-20.

Aufgabe 56

Die Europäische Union wird oft als Pionierin eines transnationalen Staats gehandelt. Gleichwohl ist Europa noch weit entfernt davon, ein Bundesstaat zu sein. Das bewies 2002 auch die Einführung des Euro. Erklären Sie diese letzte Aussage.

Aufgabe 57

Wählen Sie aus der unten stehenden Liste die richtigen Begriffe zur Vervollständigung des folgenden Texts.

Die UNO ist die wohl wichtigste .... Organisation zur Wahrung des Weltfriedens. Sie besteht aus unzähligen internationalen Organisationen und .... Hauptorganen. Die .... kann einzelne Länder mit Sanktionen belegen. Der .... bestimmt über den Einsatz der UN-Friedenstruppen für friedenserhaltende und friedensstiftende Massnahmen. Der .... ist die Lenkungs- und Koordinationsstelle in wirtschaftlichen Belangen. Der internationale Gerichtshof in .... beurteilt internationale Streitigkeiten.

A] überstaatlich; B] Sicherheitsrat; C] fünf; D] nichtstaatlich; E] sieben; F] Internationaler Währungsfonds (IWF); G] Wirtschafts- und Sozialrat; H] Generalversammlung; I] Sekretariat; J] Den Haag; K] Genf.

10.4 Wir, die Konsumentinnen und Konsumenten

Wir haben nun wichtige Global Players, die die Prozesse der Globalisierung beeinflussen, kennengelernt. Im wirtschaftlichen Bereich bestimmen Firmen – allen voran TNU – zusammen mit der WTO, in welche Richtung die Globalisierung gehen soll. Viele NGO geben Gegensteuer zum gegenwärtig eingeschlagenen neoliberalen Wirtschaftskurs. Auch die UNO hat als internationale Organisation in ökonomischen Belangen ein grosses Gewicht. Durch die Strukturanpassungsprogramme greift sie in die Wirtschaftspolitik von Ländern mit Zahlungsbilanzproblemen ein. Ihre Hauptaufgabe liegt jedoch im politischen – aber auch kulturellen – Bereich, wo sie versucht, Konflikte zu vermeiden helfen.

Die Konsumenten bestimmen

Einen wichtigen Bestimmungsfaktor der Globalisierung haben wir jedoch noch nicht erwähnt. Nämlich uns selbst als Konsumentinnen und Konsumenten von Waren und Dienstleistungen. Denn ohne Käufer ihrer Produkte können TNU nicht lange überleben. Die gesteigerten Ausgaben für Werbung belegen die Wichtigkeit der Kundschaft generell. Die Konsumenten bestimmen, aber nur wenn sie als Gruppe auftreten können. Im Einzelnen haben unsere Kaufentscheide zwar wenig Gewicht, doch zusammengenommen entscheiden sie darüber, ob ein Produkt Erfolg hat oder von der Bildfläche verschwindet.

[Abb. 10-7] Als Konsumentinnen und Konsumenten bestimmen wir über Erfolg oder Misserfolg eines Produkts

Bild: © Eisenhans – Fotolia.com

Produkte verkaufen Lebensstile

Da die Konkurrenz gross ist und viele Firmen eigentlich dasselbe herstellen, wird versucht, mit einem Produkt auch einen bestimmten Lebensstil zu verkaufen. Es sind somit nicht nur seine materiellen Vorzüge wichtig, sondern auch der «Lifestyle», mit dem es verbunden wird. Am stärksten zeigt sich dies in der Bekleidungsbranche, wo bestimmte Marken (oder Labels) «in» sind und man als «cool» gilt, wenn man deren Kleidung trägt. Als Konsequenz hebt die Werbung für diese Produkte nicht mehr nur deren Qualität hervor, sondern den Lebensstil, für den es stehen soll. Letztlich wird dann mit dem Produkt auch der Lebensstil verkauft.

Trends

In unserer modernen Gesellschaft können wir zwischen verschiedenen Lebensstilen wählen und können dementsprechend auch unseren Konsum steuern. Trends spielen dabei eine wichtige Rolle. Wohl können Firmen uns bestimmte Produkte und die dazu passenden Lebensstile (oder umgekehrt) anbieten, doch bestimmen, was letztlich in oder out ist, können sie nur zum Teil. Darum geben sie u. a. viel Geld aus für sog. Trendscouts aus, die auskundschaften sollen, was in naher Zukunft Trend wird und was nicht. Aus den kumulierten Handlungen und Ideen vieler – bei Modetrends v. a. junger – Leute entstehen dann Trends, deren Entstehung nur teilweise beeinflussbar ist.

Labels

Das Markenbewusstsein in der modernen Gesellschaft haben sich auch NGO zunutze gemacht, die sich für eine sozialere oder ökologischere Wirtschaft einsetzen. Sie kreierten und kreieren so Labels für «fairen Handel» und «biologischen Landbau». Damit soll die Käuferschaft auf den ersten Blick erkennen, dass das Produkt, das sie in den Händen halten, bestimmten Kriterien entspricht. Auch damit wird ein bestimmter Lebensstil verbunden. Genauso wie andere bereit sind, für einen Turnschuh oder eine Jacke mehr zu bezahlen, wenn sie von einem bestimmten Logo geziert werden, sind die Konsumentinnen und Konsumenten von «Fair-Trade-» oder «Ökolabels» bereit, für sozial und / oder ökologisch produzierte Lebensmittel oder Textilien zu bezahlen.

Boykott

Ob sich ein Produkt durchsetzt, hängt von der Bereitschaft (und Möglichkeit) der Konsumentinnen und Konsumenten ab, es in grosser Zahl zu kaufen. Durch unseren Konsum haben wir also die Möglichkeit, die Produktion von Waren und Dienstleistungen zu beeinflussen. Eine starke negative Sanktionsmöglichkeit ist dabei der Boykott von Waren oder Dienstleistungen. Dabei gibt es graduelle Unterschiede. Man kann für sich entscheiden, ein Produkt aus ideellen, ästhetischen oder ökonomischen Gründen nicht zu kaufen und stattdessen einem anderen (Konkurrenz)produkt den Vorzug zu geben. Tun es viele gleich, so wird die Firma, die es herstellt, etwas daran ändern müssen.

Ein Boykott kann jedoch auch öffentlich gemacht werden. Oft sind es NGO, die auf Missstände aufmerksam machen, die uns Konsumentinnen und Konsumenten beim Kauf eines Produkts verborgen bleiben. Ein öffentlicher Boykott wirkt auch als (negative) Werbebotschaft und kann eine Marke oder Firma nachhaltig schädigen.

Zusammenfassend können wir sagen, dass wir Konsumentinnen und Konsumenten manchmal das letzte Wort haben, wenn es darum geht, die Richtung von bestimmten Prozessen der Globalisierung zu beeinflussen. Gewicht bekommen unsere Entscheidungen allerdings nur, wenn sie von vielen anderen geteilt werden. Die Möglichkeit zu wählen kann somit gleichzeitig ein Instrument der Mitsprache und eine Bürde sein. Denn wir kommen nicht umhin, zu wählen oder zu entscheiden.

Das Bewusstsein, mit sehr vielen alltäglichen Entscheidungen aktiv in Prozesse der Globalisierung einzugreifen, kann auch fordernd und anstrengend sein, weswegen viele lieber nicht wissen wollen, unter welchen Umständen ihre Sportkleider oder ihre Vorspeise produziert wurden. Dennoch ist es wichtig, im Gedächtnis zu behalten, dass wir im grossen «Globalisierungsspiel» mitmischen können und nicht ohnmächtig von ihren Prozessen überrollt werden.

Zusammenfassung	Wir Konsumentinnen und Konsumenten sind zwar als Einzelpersonen meist nicht sehr einflussreich, doch all unsere Kaufentscheidungen zusammen haben einen grossen Einfluss auf die Weltwirtschaft. Bei unseren Entscheidungen, bestimmte Waren zu kaufen, werden wir oft von der Werbung geleitet, die uns sagt, was in oder out ist. Die stärkste Waffe der Konsumenten ist wohl der Boykott eines oder mehrerer Produkte.

Aufgabe 58   Überlegen Sie sich zwei Beispiele, wie wir mit unseren Kaufentscheiden direkt als Global Players auftreten können.

Aufgabe 59   Aus den Medien kennen Sie sicher einige Beispiele für externe Umweltschäden. Versuchen Sie Ihr Wissen gemäss der unten stehenden Tabelle zu sammeln. Achten Sie auf die Reichweiten der externen Umweltschäden.

Bereich	Externe Umweltschäden		
	Lokal	**Schweiz (regional / national)**	**Weltweit**
Landwirtschaft	....	....	....
	....	....	....
	....	....	....
Energiewirtschaft	....	....	....
	....	....	....
	....	....	....
Schwerindustrie	....	....	....
	....	....	....
	....	....	....
Verkehr	....	....	....
	....	....	....
	....	....	....

11 Raumplanung in der Schweiz

Lernziele Nach der Bearbeitung dieses Kapitels können Sie …

- erklären, was Raum-, Verkehrs- und Umweltplanung ist.
- die Ziele der schweizerischen Raumplanung nennen.
- darlegen, welches die wichtigsten Instrumente der schweizerischen Raumplanung sind, auf welchen Ebenen sie ansetzen und auf welchen gesetzlichen Grundlagen sie beruhen.
- die Rolle beschreiben, die die Raumplanung in den Bereichen Siedlungsraum, Naturlandschaft, Naturgefahren, Verkehr und Tourismus spielt.
- anhand von Beispielen aufzeigen, wie die Raum-, Verkehrs- und Umweltplanung in der Praxis arbeitet.

Schlüsselbegriffe Bauzone, Erschliessung, Kulturlandschaftswandel, Naturgefahren, Natur- und Kulturlandschaft, Nutzungsplan, Richtplan, Raumplanung, Zersiedelung, Zweitwohnungsbau

Raumplanung ist eine Sammelbezeichnung für alle planerischen Massnahmen, die zu einer geordneten Entwicklung des Raums beitragen sollen. Der Grundauftrag der Raumplanung besteht darin, die gegensätzlichen Ansprüche an den Lebensraum so aufeinander abzustimmen, dass der knappe Boden haushälterisch genutzt wird. Der Anspruch der haushälterischen Nutzung trägt der Einsicht Rechnung, dass in der dicht besiedelten Schweiz jeder Verbrauch des beschränkten Lebensraums sorgfältig bedacht werden sollte, um sich zukünftige Bedürfnisse wortwörtlich nicht zu verbauen.

11.1 Entwicklung der Raumplanung in der Schweiz

Raumentwicklung

Die Raumplanung in der Schweiz entwickelte sich zu Beginn der 1970er-Jahre aus dem Bodennutzungskonflikt, mit dem Ziel, die ausfernde Zersiedelung der Landschaft einzudämmen. Mittlerweile haben sich die Akzente verschoben hin zu einem gesamtheitlichen Bestreben nach nachhaltiger *Raumentwicklung.* Dabei werden in raumplanerischen Entscheidungen vermehrt wirtschaftliche, ökologische und soziale Überlegungen miteinbezogen, um die Raumplanung verantwortungsvoller für die Zukunft zu machen.

Durch technischen Fortschritt und Steigerung des Wohlstands in den Nachkriegsjahren wurden das Einfamilienhaus und ein eigenes Auto für viele erschwinglich. Bauern konnten ihr Land, das in Bauland umgewandelt wurde, für teures Geld verkaufen. Die Siedlungen wuchsen immer stärker in die Landschaft hinein. Die Landschaft geriet unter Druck. Dies zeigte sich besonders stark in den Jahren der Hochkonjunktur. Seit 1972 sind in der Schweiz pro Jahr 2 900 ha Land für Siedlungserweiterungen und das Verkehrsnetz verbraucht worden. Dies entspricht fast 1 Quadratmeter pro Sekunde, tagein, tagaus, Jahr für Jahr!

Zersiedelung

Die unkoordinierte Bautätigkeit der 1960er- und 1970er-Jahre führte ausserdem zu einer *Zersiedelung* der Landschaft. Neben der Verunstaltung verursachte diese ziellose Bebauung auch hohe Erschliessungskosten. So mussten die Gemeinden in die entlegensten Gebiete Strassen bauen und Leitungen für die Ver- und Entsorgung legen.

So durfte es nicht weitergehen, Stimmen wurden laut, die eine Planung der Raumnutzung forderten. Beispiele für die Zersiedelung der Landschaft finden Sie im Atlas. Die Dynamik der Vororte von Lausanne (SWA, S. 21) zeigt, wie sich ein ehemals ländlicher Raum durch den Einfluss einer städtischen Agglomeration verändert hat. Der Ort Verbier (SWA, S. 20) veranschaulicht die Siedlungsentwicklung durch den Bau von Ferienhäusern und Bergbahnen in einem Tourismusort.

[Abb. 11-1] Verbier

Das Dorf Verbier im Kanton Wallis ist durch Ferienwohnungen und -häuser verbaut worden. Bild: © Vladimir Mucibabic – Dreamstime.com

11.2   Instrumente der Raumplanung

Das Grundbestreben der Raumplanung ist in vielen Ländern vergleichbar. Gleichwohl hat jedes Land seine Spezialitäten. Was für die Schweiz besonders wichtig ist, kann in Deutschland unwesentlich sein. Raumplanung ist zudem stark an die Gesetzgebung gekoppelt. Auch wenn die gesetzlichen Strukturen in den europäischen Ländern vergleichbar sind, so sind letztlich für die konkrete Ausgestaltung und Umsetzung der Raumplanung doch immer die nationalen Gesetze ausschlaggebend. Der folgende Text orientiert sich an der Raumplanung in der Schweiz.

[Abb. 11-2] Strategien der Schweizer Raumplanung

Quelle: Vademecum Raumplanung, ARE, 1998.

In der Schweiz teilen sich Bund, Kantone und Gemeinden die Verantwortung in Raumplanungsfragen. Jede dieser drei Ebenen hat bestimmte Aufgaben und Kompetenzen. Die unteren Ebenen erlassen ihre Bestimmungen immer mit Rücksicht auf die von der nächsthöheren Instanz gesetzten Rahmenbedingungen. Diese hierarchische Steuerung der

Raumplanung ist notwendig, damit nicht jeder Kanton und jede Gemeinde seine eigene Raumordnungspolitik verfolgen kann. Gleichwohl tragen die Kantone die Hauptverantwortung der Raumplanung im föderalistischen[1] System der Schweiz. Andererseits haben die Gemeinden eine grosse Autonomie bei der konkreten Ausgestaltung, insbesondere bei der Ausscheidung von Bauzonen.

Koordination unterschiedlicher Nutzungsansprüche

Die Anliegen der Raumplanung sind in der Bundesverfassung verankert. Die Oberziele der Raumplanung sind im Bundesgesetz über die Raumplanung vom 22. Juni 1979 geregelt. Dieses Gesetz wurde zur Grundlage für einen haushälterischen Umgang mit dem in unserem Land knappen Gut «Boden». Es bildet die gesetzliche Grundlage für die Koordination der Nutzungsansprüche von Privaten und Behörden.[2]

Das Gesetz schreibt vor, dass jeder Kanton einen Richtplan und jede Gemeinde einen Nutzungsplan erarbeitet. Die kantonalen Richtpläne werden vom Bund genehmigt. Die Richtpläne beinhalten die anzustrebende räumliche Entwicklung und zeigen auf, wie die raumwirksamen Tätigkeiten aufeinander abgestimmt werden. Diese Richtpläne sollten alle zehn Jahre aktualisiert werden. Die kommunalen Nutzungspläne ordnen die zulässige Nutzung des Bodens mit parzellenscharfer Genauigkeit. So weiss jeder Grundeigentümer, in welcher Zone sein Grundstück liegt. Eine wichtige Aussage besteht darin, ob ein Grundstück überbaut werden darf, also innerhalb der Bauzone liegt, oder nicht.

Bauzonen

Die Nutzungspläne unterscheiden vorab Bau-, Landwirtschafts- und Schutzzonen. Aus raumplanerischer Sicht sollten primär solche Bauzonen überbaut werden, die bereits erschlossen sind. Ein Grundstück ist dann gut erschlossen, wenn es über eine Strassenanbindung sowie über Zugang zum Leitungssystem für die Stromversorgung sowie für die Wasserversorgung und Kanalisation verfügt.

[Abb. 11-3]   Die Instrumente der Raumplanung und deren Erarbeitung

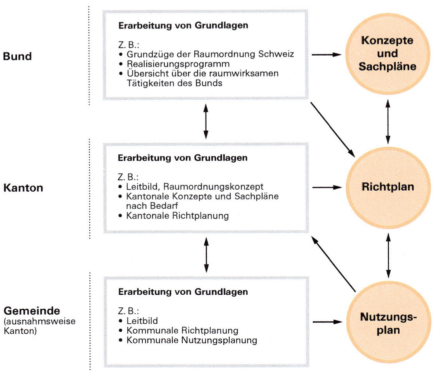

Quelle: Vademecum Raumplanung, ARE, 1998, ergänzt.

[1] Föderalistisch bedeutet das Bestreben, die Selbstständigkeit der politischen Einheiten eines Lands, wie Kantone oder Gemeinde, zu erhalten und zu stärken.
[2] Das vollständige Gesetz finden Sie unter: http://www.admin.ch/ch/d/sr/7/700.de.pdf (8.10.2013).

Arealüberbauungen

Eine besondere Form sind sog. Arealüberbauungen. Diese kommen v. a. bei grossen Bauprojekten, etwa der Umnutzung eines ehemaligen Industriegeländes, zur Anwendung. In einem Gestaltungsplan werden die zukünftigen Nutzungen festgehalten. In einem aufwendigen Verfahren wird zwischen den Grundeigentümern und den Behörden die zukünftige Nutzung ausgehandelt. Dabei kann den Grundeigentümern auch eine höhere Ausnutzung zugestanden werden, wenn sie im Gegenzug Leistungen für die Allgemeinheit erbringen, beispielsweise durch die Realisierung eines öffentlichen Parks auf ihrem Gelände. Meist muss ein Gestaltungsplan vom Gemeindeparlament oder sogar von den Stimmbürgerinnen und Stimmbürgern genehmigt werden.

Definition

Raum- und umweltplanerische Fachbegriffe

Bauzone

Eine Bauzone umfasst Land, das sich für die Überbauung eignet, bereits weitgehend überbaut ist oder voraussichtlich bald erschlossen werden muss. Bauzonen werden in den Zonenplänen der Gemeinden ausgeschieden.

Erschliessung

Die Erschliessung bedeutet die Bereitstellung der für eine Grundstücksnutzung nötigen Infrastruktur (Zufahrtsstrasse, Wasser und Abwasser, Strom, Gas, Telefon, Internet).

Konzepte und Sachpläne

Die Konzepte und Sachpläne stellen die wichtigsten Raumplanungsinstrumente des Bunds dar. Sie ermöglichen ihm, seiner Planungs- und Abstimmungspflicht im Bereich der raumwirksamen Tätigkeiten umfassend nachzukommen, und helfen ihm, den immer komplexeren räumlichen Problemstellungen bei der Erfüllung seiner raumwirksamen Aufgaben gerecht zu werden.

Landschaftsschutzzone

Geschützt werden durch diese Zone Lebensräume für Pflanzen und Tiere, besonders schöne sowie naturkundlich oder kulturgeschichtlich wertvolle Landschaften (Bäche, Flüsse und Seen und ihre Ufer).

Landwirtschaftszone

Diese Zone umfasst im Gegensatz zur Bauzone für die Landwirtschaft oder den Gartenbau geeignetes Land. Sie wird ausgeschieden, um die Ernährungsbasis, die Erholungsfunktion oder den ökologischen Ausgleich eines Lands zu sichern.

Melioration

Technische Massnahmen, die ergriffen werden, um den ökonomischen Wert eines Landschaftsabschnitts oder eines Grundstücks zu erhöhen. Der Dammbau zum Schutz vor Überflutungen bedeutet eine Melioration der betroffenen Landstriche.

Umzonung, Einzonung, Auszonung

Durch die Umzonung wird einem Grundstück eine neue Nutzungsbestimmung zugeordnet. Bei der Einzonung wird ein Grundstück der Bauzone zugeschlagen, bei der Auszonung geschieht das Gegenteil. Insbesondere Ersteres kann eine sehr lukrative Angelegenheit sein!

Quelle: Vademecum Raumplanung, ARE, 1998, ergänzt.

Von den Bauzonen zur Plafonierung

Die Gemeindeautonomie in der Schweiz ist im internationalen Vergleich sehr gross. Das betrifft auch die Raumplanung. Deshalb erstaunt es nicht, dass viele Gemeinden primär lokale Bedürfnisse befriedigen, statt sich einer regionalen Struktur unterzuordnen. An vielen Orten entstand für die überbaubaren Gebiete ein Mix aus Kernzone, Einfamilienhauszone, Mehrfamilienhauszone, Gewerbezone und vielleicht sogar Industriezone. Jede Gemeinde wollte sich ein breit gefächertes Entwicklungspotenzial sichern.

Oft waren die Kantone gezwungen, die kommunalen Vorgaben für die kantonale Richtplanung zu übernehmen. Aber auch die kantonalen Behörden, Regierungen sowie der Bund haben eigene raumplanerische Vorstellungen, und so wurden die Bauzonen für öffentliche Bauten und Anlagen wie Kantonsschulen oder Militäranlagen zusätzlich noch vergrössert.

Revision Raumplanungsgesetz 2013

Durch die zahlreichen Partikularinteressen[1] und die grosse Gemeindeautonomie verfügt die Schweiz gesamthaft über viele zu grosse Baulandreserven. Diese sind allerdings nicht gleichmässig über die gesamte Schweiz verteilt. In den meisten Agglomerationen herrscht ein Mangel an Bauland, in vielen ländlichen Gebieten dagegen ein grosses Überangebot. Gerade das Überangebot kann dazu verleiten, die Landschaft weiter zu zersiedeln. 2013 kam es deshalb zu einer Volksabstimmung über eine Revision des Raumplanungsgesetzes. Die vom Volk gutgeheissene Revision sieht vor, dass

- die Bauzonen auf den Bedarf von 15 Jahren zu begrenzen sind,
- Bauland nicht mehr gehortet, sondern im Bedarfsfall von der öffentlichen Hand aktiviert werden kann und
- Einzonungen mit einer Mehrwertabgabe von 20% belastet werden können (Geld, das für Auszonungen zur Verfügung gestellt wird).

Zusammenfassung

Die Raumplanung in der Schweiz wird zwischen dem Bund, den Kantonen und den Gemeinden aufgeteilt. Eine wichtige Aufgabe der Raumplanung ist die Unterscheidung zwischen Baugebiet und Flächen, die nicht überbaut werden dürfen. In den Boomjahren der Hochkonjunktur wurde oft konzeptlos Bauland erschlossen. Diese Fehler gilt es heute zu korrigieren.

Aufgabe 60 — Suchen Sie im Internet den Zonenplan Ihrer Wohngemeinde und den dazugehörigen Ausschnitt aus dem kantonalen Richtplan. Falls die Pläne im Internet nicht verfügbar sind, können Sie diese auf der Gemeindeverwaltung einsehen.

Aufgabe 61 — Listen Sie die Zonenarten auf, die im Zonenplan Ihrer Wohngemeinde aufgeführt sind. Gibt es ortsspezifische Zonen in Ihrer Gemeinde?

---

[1] Sonderinteressen bestimmer politischer Minderheiten.

11.3 Zweitwohnungsbau

Kalte Betten

Durch den Zweitwohnungsbau in Ferienorten entstanden regelrechte Geistersiedlungen: Zahlreiche Fensterläden bleiben während 40 oder mehr Wochen im Jahr geschlossen und nur während der Ferienzeiten kommen die Besitzer in ihre Ferienwohnungen und -häuser. Dann aber muss die Infrastruktur (Strassen, Elektrizitäts- und Wasserversorgung, Abfall- und Wasserentsorgung) mit dieser Vollauslastung zurechtkommen.

Ein weiteres Problem sind die rasant steigenden Bodenpreise, die sich die Einheimischen oft nicht mehr leisten können. Zudem kommt es zu Platzproblemen in den Bauzonen, was mancherorts durch riskante Ausdehnungen in Gefahrenzonen gelöst wurde.

Zweitwohnungs-initiative, 2012

Der Umweltaktivist Franz Weber lancierte vor diesem Hintergrund die «Zweitwohnungs-initiative», die eine Plafonierung der Zweitwohnungen bei 20% in einer Gemeinde vorschreibt. Das Schweizervolk hat zur Überraschung vieler diese Initiative am 11. März 2012, wenn auch sehr knapp, angenommen. Insbesondere für Gemeinden in Tourismusregionen, wo dieser Prozentsatz bereits erreicht oder deutlich überschritten ist, braucht es nun ein Umdenken. Statt Zweitwohnungen muss wieder vermehrt die Hotellerie gefördert werden.

Viele Zweitwohnungen sind im Besitz von Ausländern. Wie hoch darf oder soll der Anteil von Ferienliegenschaften in ausländischem Besitz sein? Diese Frage ist seit Jahren in der Politik präsent und wird weiterhin ein Konfliktpunkt bleiben, sowohl aus raumplanerischer Sicht als auch aus überfremdungspolitischen Überlegungen.

Ferienresorts

Auch die Ansprüche an einen Ferienort wandeln sich. In Andermatt entsteht in den nächsten Jahren ein Ferienresort für reiche Feriengäste, die mehrheitlich aus dem Ausland anreisen werden. Geplante Ferienlandschaften dieser Grösse sind in der Schweiz eher ein Novum. Vom Mittelmeerraum sind solche Feriensiedlungen seit Jahrzehnten bekannt. In der Schweiz wird es darum gehen, langfristige und landschaftsverträgliche Lösungen für dieses Bedürfnis zu finden.

Fokus

Andermatt: vom Militärquartier zum Tourismusresort

Durch den Wegfall des Militärs als wirtschaftlicher Faktor sind viele Gemeinden auf zusätzliche Einkünfte angewiesen. Das Beispiel Andermatt ist exemplarisch in diesem Zusammenhang. Das Dorf lebte früher, besonders in der Vor- und Nachsaison, von der starken Militärpräsenz in der Gotthardregion. Heute ist dieser Wirtschaftszweig durch Umstrukturierungen im Militär massiv geschrumpft. Viele lokale Gewerbe sind in ihrer Existenz bedroht und das Militär ist nicht mehr der wichtige Arbeitgeber schlechthin. In Andermatt stiess deshalb die Ankündigung des ägyptischen Hotelunternehmers Sawiris, ein luxuriöses Resort zu errichten, auf grosses Interesse. Nachfolgend finden Sie Zahlen und Fakten zu diesem Projekt (geplante Fertigstellung 2013/2014):

- 6 Hotels (rund 850 Zimmer)
- 42 Wohnhäuser (rund 500 Appartments)
- Rund 25 Villen
- 35 000 m² Gewerbefläche
- Schwimmhalle
- Kongresseinrichtungen für 600 Gäste
- 1 970 Parkplätze (davon 850 Garagenplätze)
- 18-Loch-Golfplatz
- Modernisierung und Erweiterung des Skigebiets
- Bahnhofsprojekt, gemeinsam mit den Matterhorn Gotthard Bahnen (MGB)
- Projektgrösse: 1.4 Mio. m² (inkl. Golfplatz)
- Investitionsvolumen: 1.8 Mia. CHF

[Abb. 11-4] Andermatt

Die Luftaufnahme von 2010 zeigt die vielen Baustellen, nach deren Fertigstellung Andermatt zu einem begehrten Ferienresort werden soll. Bild: © Schweizer Luftwaffe

Zusammenfassung   Zweitwohnungen sind ein Ausdruck unserer Freizeitgesellschaft. Chaletsiedlungen, in denen nur während weniger Wochen im Jahr Leben einkehrt, sind für viele Tourismusgemeinden zu einer Realität geworden. Durch die Zweitwohnungsinitiative soll dieser Entwicklung mit einer mengenmässigen Begrenzung bei 20% Zweitwohnungen ein Riegel geschoben werden.

Aufgabe 62   Durch den Bau von Zweitwohnungen profitiert v. a. die Baubranche. Werden statt Zweitwohnungen jedoch Hotels gebaut, ist das Potenzial grösser. Beschreiben Sie dieses Potenzial!

11.4 Raumkonzept Schweiz

Regionalpolitik

Die Kluft zwischen den Metropolitanräumen und den übrigen Landesteilen vergrössert sich. Die Zersiedelung der Schweiz schreitet voran. Die Regionalpolitik umfasst die Bestrebungen, (Chancen-)Ungleichheiten zwischen verschiedenen Teilräumen eines Lands abzubauen. So sollen sowohl den Bewohnerinnen und Bewohnern eines abgelegenen Gebirgsdorfs als auch einer Stadt im Mittelland langfristig gute Lebens- und Arbeitsbedingungen geboten werden. Aber ist dieses Ziel realistisch? Mit konzeptionellen Überlegungen muss zuerst geklärt werden, wo die räumliche Entwicklung hinführen soll. Dies ist ein Prozess, den die Raum- und Umweltplanung der Schweiz gegenwärtig sehr stark prägt.

Die Erarbeitung des Raumkonzepts Schweiz ist eine typische Aufgabe des Bunds. Viele raumwirksame Entwicklungen machen längst weder an der Gemeinde- noch an der Kantonsgrenze Halt. Die Instrumente der Raumplanung sind deshalb nur beschränkt wirksam. Das Raumkonzept Schweiz will ausgehend von dieser Erkenntnis Entwicklungsräume charakterisieren und deren Ausdehnung bezeichnen. Viele Entwicklungen greifen, dort wo die Agglomerationen grenzüberschreitend sind, in die Nachbarländer. Und durch die effizienten Verkehrssysteme mit zahlreichen Flugverbindungen und Hochgeschwindigkeitszügen ist auch die überregionale Vernetzung mit dem Ausland eine Realität. Abbildung 11-5 zeigt z. B., wie der Metropolitanraum Tessin mit der Wirtschaftsmetropole Mailand räumlich eng in Verbindung steht.

[Abb. 11-5] Raumkonzept Schweiz

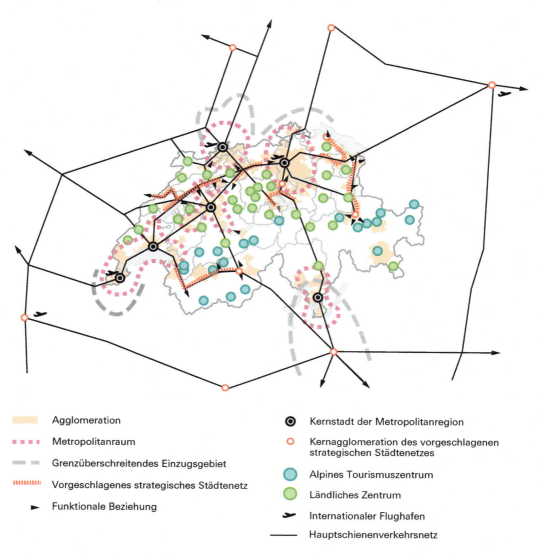

Quelle: Bundesamt für Raumentwicklung, Raumentwicklungsbericht 2005, Zusammenfassung, S. 82.

Strategische Städtenetze stärken

Das Raumkonzept Schweiz will das Potenzial der unterschiedlichen Räume erkennbar machen und so eine weitere Zersiedelung verhindern. So wurden strategische Städtenetze ausserhalb der Agglomerationen definiert. Das Potenzial dieser Klein- und Mittelstädte zwischen den Agglomerationen soll gestärkt werden. Dadurch sollen diese Städte eine eigene Identität bewahren und nicht zu Vororten der Agglomerationen werden. Das Raumkonzept zeigt, dass die Bedeutung der grossen Agglomerationen weiter zunehmen wird. Man spricht dabei auch von den sechs Metropolitanräumen Genf, Lausanne, Bern, Basel, Zürich und Tessin.

Werfen wir noch einen Blick auf den Verkehr. Regelmässig an Ostern und Pfingsten berichten die Medien über die Staus am Gotthard. Nüchtern betrachtet handelt es sich dabei lediglich um ein punktuelles Problem des Freizeitverkehrs an wenigen Tagen im Jahr. Tagtäglich verbringen aber viel mehr Menschen wesentlich mehr Zeit in Staus des Berufsverkehrs, und zwar mehrheitlich in den Agglomerationen. Mit gezielten Finanzhilfen will der Bund die Effizienz des gesamten Verkehrssystems der Agglomerationen steigern. Dabei müssen die Regionen belegen, dass sie ihre Siedlungsentwicklung und die Verkehrsinfrastrukturplanung gezielt aufeinander abstimmen.

Agglomerationspolitik

Die Finanzmittel, mit denen der Bund eine raumverträgliche Entwicklung der Agglomerationen unterstützen wird, stammen aus den Einnahmen der Mineralölsteuer und der Autobahnvignetten. So stehen für den Zeitraum 2011 bis 2018 für Projekte der Agglomerationen 3.44 Mia. CHF zur Verfügung. Gegenwärtig liegen aber bereits Gesuche aus 30 Ballungsräumen für insgesamt 17 Mia. CHF vor. Dies zeigt, wie gross der Handlungsbedarf ist.

Zusammenfassung

Mit dem Raumkonzept Schweiz soll die Raumplanung stärker auf Brennpunkte der räumlichen Entwicklung ausgerichtet werden. Dies sind v. a. die Agglomerationen mit ihren Problemen des Siedlungswachstums und der steigenden Pendlerzahlen. Durch Finanzmittel des Bunds sollen so gezielt Projekte gefördert werden.

Aufgabe 63 Benennen Sie die grenzüberschreitenden Planungsregionen gemäss Raumkonzept.

11.5 Verkehrsplanung

Verkehrszunahme

Die Zunahme des Verkehrs verlangt nach einem immer stärkeren Ausbau des Verkehrsnetzes und der Verkehrsinfrastruktur. Die Lücken im Nationalstrassennetz sollen geschlossen werden. Die Eisenbahn ist bestrebt, ihr z. T. 100-jähriges Liniennetz den Anforderungen der modernen Zeit anzupassen. Auch beim Flugverkehr gibt es sowohl in der Luft als auch am Boden Engpässe, besonders beim Flughafen Zürich. Die Projekte des Strassen-, Schienen- und Luftverkehrs stehen dabei im Konflikt zwischen der Befriedigung übergeordneter Verkehrsinteressen und den Bedürfnissen der lokalen Bevölkerung sowie dem Schutz von Natur und Landschaft.

[Abb. 11-6] Entwicklung des alpenquerenden Güterverkehrs (1981–2011)

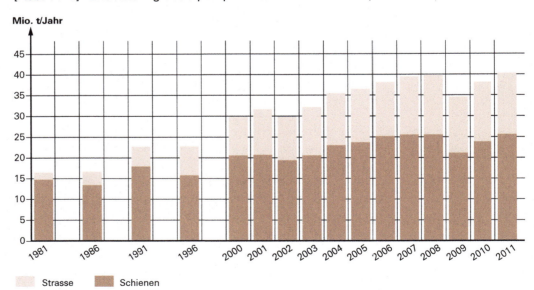

Quelle: Bundesamt für Verkehr, Güterverkehr durch die Alpen 2012, Bern, www.bav.admin.ch/verlagerung/01529/ (19.8.2013).

Nadelöhr Alpen

Der Güterverkehr über die Alpen ist eine der grössten Herausforderungen der überregionalen Verkehrspolitik. Dieser Verkehr ist seit Jahren zunehmend. Auslöser ist ein vorwiegend internationaler Gütertransport, aber die internationalen Bedürfnisse verursachen regionale und lokale Umweltbelastungen. Gleiches lässt sich bei den Flughäfen Zürich, Basel und Genf beobachten. Der Flugverkehr dient dem internationalen und interkontinentalen Passagier- und Gütertransport. Besonders die Lärmbelastung wirkt sich jedoch sehr lokal aus.

Güter auf den Zug verlagern

Um die Verlagerung des Güterverkehrs von der Strasse auf die Schiene voranzutreiben, werden u. a. folgende Strategien verfolgt:

- Durch die leistungsabhängige Schwerverkehrsabgabe (LSVA) werden Fahrten auf der Strasse finanziell belastet.
- Die «rollende Landstrasse» (RoLa) bietet die Möglichkeit, die Lastwagen auf Güterzüge zu verladen und so die Alpen auf dem Zug zu durchqueren. Die Liberalisierung des Güterverkehrs soll dieser Transportart zusätzliche Attraktivität verleihen.
- Mit der Bahn 2000, dem NEAT[1]-Netz mit zwei neuen Basistunnels am Gotthard und Lötschberg, dem Anschluss der Ost- und der Westschweiz an das europäische Hochgeschwindigkeitsbahnnetz sowie der Lärmsanierung soll die Bahn gegenüber der Strasse konkurrenzfähig gemacht werden. Die zweite Etappe von Bahn 2000 wird heute unter dem Titel «Zukünftige Entwicklung der Bahninfrastruktur» (ZEB) diskutiert. Teile dieser Projekte wie die erste Etappe der Bahn 2000, der Lötschberg-Basistunnel oder zahlreiche Sanierungen im Bereich des Lärmschutzes sind bereits realisiert und in Betrieb.

Nur wenn all diese Massnahmen wirken, kann auch lokal eine Verbesserung der Umweltsituation erwartet werden. Inzwischen zeigt sich jedoch, dass die Eisenbahninfrastruktur den zunehmenden Güterverkehr nur bedingt aufnehmen kann. Der Ausbau der Eisenbahn kostet Milliarden von Franken und dauert Jahrzehnte. Wie werden bis dann die Prioritäten für den Fernverkehr, den Regionalverkehr und den Güterverkehr festgelegt? Dies ist ein klassischer Zielkonflikt der (Verkehrs)planung.

Zusammenfassung

Der internationale Güterverkehr nimmt von Jahr zu Jahr zu. Ein Nadelöhr sind dabei die Alpen. Man spricht vom alpenquerenden Güterverkehr. Um die Umweltbelastung des ökologisch sensiblen Alpenraums zu begrenzen, sollen möglichst viele Güter mit dem Zug transportiert werden.

Aufgabe 64

Wie viele Höhenmeter muss ein Fahrzeug vom Vierwaldstättersee bis zum Tunnelportal des Gotthardstrassentunnels überwinden? Benutzen Sie dazu den Atlas oder die Website des Bundesamts für Landestopografie (http://map.geo.admin.ch/?lang=de, 19.8.2013).

Aufgabe 65

Hören Sie während einiger Tage die Verkehrsmeldungen am Radio oder rufen Sie diese im Internet ab! Wo liegen die Schwerpunkte der Verkehrsbehinderungen und was bedeuten diese für den Schwerverkehr?

11.6 Vom Kulturlandschaftswandel zur Umweltplanung

Kleinräumiges Landschaftsmuster

Im 20. Jahrhundert haben sich die Siedlungen vergrössert und viel Land «konsumiert». Auch die Landschaft ausserhalb der Siedlungen hat sich gravierend verändert. Die Veränderung der Landschaft begann allerdings schon früh. Schon im Mittelalter wurde durch

[1] Abkürzung für Neue Eisenbahn-Alpentransversale.

landwirtschaftliche Nutzung (Rodung, Bewirtschaftung der Felder) die ursprüngliche Naturlandschaft in eine Kulturlandschaft verwandelt. Es entstand ein kleinräumiges Muster aus vielfältigen Fluren mit Weiden, Magerwiesen, Hochstammobstbäumen und mäandrierenden Flüssen.

Monotone Agrarlandschaft

Diese Strukturen sind in der zweiten Hälfte des 20. Jahrhunderts sukzessive einer meliorierten, eintönigen und artenarmen Agrarlandschaft gewichen. Man nennt diesen Vorgang Kulturlandschaftswandel. Die Vielfalt an Fluren und biologischen Arten hat unter dieser Entwicklung stark gelitten. Mehr als ein Drittel der ursprünglich in der Schweiz heimischen Blütenpflanzen sind bedroht oder bereits ausgestorben. Heute laufen zahlreiche Bemühungen, diesen Prozess zu stoppen. Sowohl im Landwirtschaftsgebiet als auch im Siedlungsraum gibt es Projekte, die Artenvielfalt zu erhöhen und regionaltypische Landschaftselemente zu schützen und wieder aufzubauen. Dazu gehören Hochstammobstwiesen, wie sie im Kanton Basel-Landschaft, im Fricktal (vgl. Abb. 11-7), in der Zentralschweiz und in der Ostschweiz typisch sind, oder Steinmauern im Jura.

11.6.1 Von der Naturlandschaft zur Kulturlandschaft

Naturlandschaft stellt die ursprüngliche Form der Landschaft dar, wie sie ohne Einwirkung des Menschen an einem Ort existiert. Der Begriff Urwald bezeichnet eine solche Form von Naturlandschaft. Ohne menschliche Aktivitäten wäre der grösste Teil der Schweiz bewaldet. Kulturlandschaft entsteht durch die vorwiegend landwirtschaftlichen Eingriffe des Menschen.

Traditionelle Kulturlandschaft

Die traditionelle Kulturlandschaft kann dabei biologisch sehr interessant sein und eine grosse Artenvielfalt ermöglichen. Traditionelle Kulturlandschaften der Schweiz sind die Weidelandschaften der Freiberge, die Rebbaugebiete des Lavaux oder die Gebiete mit hochstämmigen Kirschbäumen im Baselbieter und Fricktaler Tafeljura. Oft gehören auch der Landschaft angepasste, traditionelle Bauernhaustypen zu diesen Kulturlandschaften wie Steinbauten im Tessin oder Riegelhäuser im Zürcher Weinland. Im Freilichtmuseum Ballenberg[1] wurden solche Bauernhäuser aus der ganzen Schweiz aufgebaut. Es sind alles Häuser, die am Originalstandort vom Abbruch bedroht waren.

[Abb. 11-7]   Kulturlandschaft gestern und heute

Das Bild links zeigt Wittnau (im Fricktal, AG) 1949 und das rechte Bild 55 Jahre später im Sommer 2004. Der Kulturlandschaftswandel ist deutlich in der Vergrösserung der Siedlung (in relativ kurzer Zeit gemessen am Alter des Dorfs) sowie der Verarmung der Kulturlandschaft zu sehen. Die räumliche Verbreitung der Hochstammobstwiesen hat massiv abgenommen und die Grösse der einzelnen Felder (durch Arrondierung, Melioration) zugenommen. Bilder: © Schweizer Luftwaffe

[1]   Vgl. http://ballenberg.ch/de/Map/1/ (19.8.2013).

Flächenbeiträge

Eine Flurform, die in der Schweiz stark bedroht ist, sind die Magerwiesen. Dies sind nährstoffarme («magere») Wiesen mit einer grossen Zahl an Blütenpflanzen. Solche Wiesen werden im Gegensatz zu Fettwiesen nicht intensiv gedüngt und ihr Ertrag ist deshalb quantitativ geringer. Die Magerwiesen sind in der Schweiz massiv zurückgegangen. Durch eine Änderung der Gesetzgebung erhalten Bauern seit einigen Jahren Beiträge, wenn sie Magerwiesen und andere bedrohte Fluren erhalten. Solche Beiträge werden Flächenbeiträge genannt. Sie haben einen direkten Einfluss auf das Landschaftsbild der Schweiz.

Natur- und Landschaftsschutz

Nicht immer reicht der Anreiz über Flächenbeiträge aus, um Landschaften und ihnen angepasste Bewirtschaftungsformen zu erhalten. Oft ist auch ein direkter Schutz erforderlich. So gibt es Bundesinventare für den Natur- und Landschaftsschutz, in denen Schutzobjekte aufgelistet sind. Beispielsweise Moore von nationaler Bedeutung sind inventarisiert und geschützt. Kantone und Gemeinden können in ihren Gebieten zusätzliche Schutzgebiete bezeichnen.

Auch beim Natur-, Landschafts- und Denkmalschutz existiert wie bei der Raumplanung eine dreistufige Kompetenz: Die Eidgenossenschaft scheidet Objekte von nationaler Bedeutung (Bundesinventare) aus, überlässt jedoch die Realisierung des Schutzes den Kantonen und Gemeinden. Auch die Kantone und Gemeinden scheiden Objekte von kantonaler und kommunaler Bedeutung aus und schützen sie im Rahmen der Richt- und Nutzungsplanung.

11.6.2 Gefahrenzonen

Bauen in ehemaligen Gefahrenzonen

Bei der Wahl der Siedlungsstandorte haben unsere Vorfahren sehr genau auf die Landschaft und die Natur geachtet. Nur dort, wo man seit Langem wusste, dass weder Hochwasser noch Lawinengefahr bestand und der Baugrund fest war, sind Siedlungen entstanden. Seit dem 18. Jahrhundert wurden Methoden der Melioration entwickelt, mit denen Flüsse kanalisiert und sumpfige Ebenen entwässert werden konnten. Durch die Industrialisierung sind technische Massnahmen wie Hochwasserdämme und Lawinenverbauungen hinzugekommen, mit denen auch einst gefährdete Lagen als Siedlungsgrund erschlossen werden konnten.

Durch verschiedene Katastrophen der jüngeren Vergangenheit ist bewusst geworden, dass die Naturkräfte trotz aller Technik in der Planung der Siedlungsflächen berücksichtigt werden müssen. So hat die intensive Nutzung des Bodens für die Siedlungen, den Verkehr und die Landwirtschaft der Natur immer mehr Flächen weggenommen. Früher hatte ein Fluss ein breites Bett zur Verfügung, in dem er hin und her mäandrieren konnte und in dem er sich bei Hochwasser ohne Schaden für die Siedlungen ausdehnen konnte. Das einst breite Flussbett vieler Schweizer Flüsse wurde durch Hochwasserdämme ersetzt. Somit können sich die Flüsse nicht mehr in die Breite, sondern nur innerhalb des Damms in die Höhe ausdehnen, so kommt es zwangsläufig zu Überschwemmungen.

Gefahrenkarten

In der Raumplanung muss deshalb wieder vermehrt mit Gefahren- und Risikokarten gearbeitet werden. Diese Karten dokumentieren mögliche Gefährdungen, die bei der Planung von Siedlungen und Verkehrsbauten berücksichtigt werden müssen. Beispielsweise der Kanton Graubünden hat bereits eine mindestens 20-jährige Praxis in der Ausscheidung von Gefahrenzonen im Rahmen der Ortsplanungen. Dabei werden zwei Zonentypen unterschieden, nämlich eine rote Zone mit völligem Bauverbot und eine blaue Zone, wo Auflagen an Gebäude und Anlagen (z. B. Lawinenschutz) gemacht werden. Aber auch die anderen Kantone erstellen Gefahrenkarten.

Fokus

Naturgefahren: Gefahrenkarte von Brienz (BE)

Im August 2005 wurde die Schweiz von schweren Unwettern heimgesucht. An vielen Orten traten Bäche und Flüsse über die Ufer und überfluteten Siedlungen, Strassen und Felder. In Brienz kam es gar zu einer Katastrophe: Eine Schlammlawine begrub einen Teil des Dorfs unter sich. Es waren zwei Todesopfer zu beklagen. Der Sachschaden war immens. Die Gefahrenkarte von Brienz zeigt, wo auch heute noch, trotz baulicher Schutzmassnahmen, mit Schäden bei Naturereignissen wie Unwettern oder Lawinen gerechnet werden muss:

[Abb. 11-8]   Ausschnitt aus der Gefahrenkarte von Brienz 2013

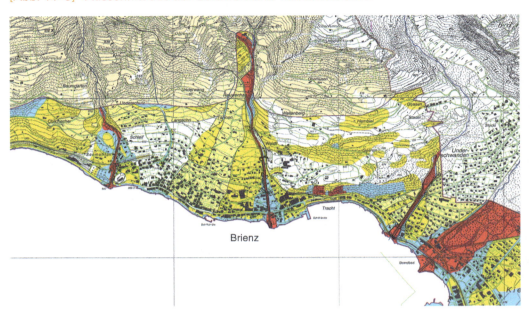

Gefahrenbereiche

- Personen sind sowohl innerhalb als auch ausserhalb von Gebäuden gefährdet. Mit der plötzlichen Zerstörung von Gebäuden ist zu rechnen oder die Ereignisse treten in schwächerem Ausmass, dafür mit einer hohen Wahrscheinlichkeit auf.

- Personen sind innerhalb von Gebäuden kaum gefährdet, jedoch ausserhalb davon. Mit Schäden an Gebäuden ist zu rechnen, jedoch sind plötzliche Gebäudezerstörungen in diesem Gebiet nicht zu erwarten, falls gewisse Auflagen bezüglich Bauweise beachtet werden.

- Personen sind kaum gefährdet. Mit geringen Schäden an Gebäuden bzw. mit Behinderungen ist zu rechnen, jedoch können erhebliche Sachschäden in Gebäuden auftreten.

- Gefährdung mit einer sehr geringen Eintretenswahrscheinlichkeit (seltener als 300-jährlich) und einer hohen Intensität (Restgefährdung).

- Nach dem derzeitigen Erkenntnisstand keine oder vernachlässigbare Gefährdung.

- Gefahrenhinweisbereich Silva Protect-CH, Gefahrenhinweisbereiche des Kantons Bern. Abgebildete Prozesse: Sturz-, Rutsch-, Lawinen- und Wassergefahren.

Kartenausschnitt: Naturgefahrenkarten der Gemeinde Brienz © Gemeinde Brienz; digitaler Übersichtsplan UP5 © Amt für Geoinformation des Kantons Bern; amtliche Vermessung Reduziert (AVR) © Amt für Geoinformation des Kantons Bern; reproduziert mit der amtlichen Bewilligung des Amts für Geoinformation des Kantons Bern vom 22.8.2013.

11.6.3   Siedlungsökologie

Die Siedlungsökologie bietet Möglichkeiten, die Verarmung der Fauna und Flora sowie die Einschränkung der natürlichen Kreisläufe auch innerhalb der Ortschaften zu bremsen. Es braucht meist das Engagement interessierter Personen oder Institutionen, dass aus Ideen auch Realität wird. Es gibt kein «Bundesgesetz für die Siedlungsökologie». Im Rahmen von Bauprojekten können die Behörden jedoch siedlungsökologische Massnahmen als verbindlich erklären (z. B. Flachdachbegrünung oder die Umgebungsgestaltung mit einheimischen Sträuchern). Zahlreiche kommunale Bauvorschriften beinhalten entsprechende Vorgaben.

[Tab. 11-1] Beispiele für siedlungsökologische Massnahmen

Bereich	Massnahmen
Förderung natürlicher Kreisläufe durch versickerungsfähige Flächen	Gestaltung von Gehwegen und Parkierungsflächen mit Mergelfläche oder Gittersteine (statt Asphalt)
Förderung standortangepasster Flora	• Aussenraumgestaltung mit einheimischen Sträuchern (statt steriler Grünflächen) • Kies auf Verkehrsinseln und sonstigen Verkehrssperrflächen (statt Asphalt oder Rasen)
Förderung vielfältiger Lebensräume	• Bau von Trockensteinmauern (Lebensraum der bedrohten Eidechse) • Freilegung eingedolter Bachläufe
Energieeffizientes Bauen	• Flachdachbegrünung (Dämmeffekt und Lebensraum für Pflanzen und Kleintiere) • Fassadenisolation • Einsatz von Solarzellen und Warmwasseraufbereitung
Natur ersetzt Technik	Badeteich statt Swimmingpool. Hier sind Pflanzen und Tiere erwünscht und sie ersetzen gleichzeitig die Kläranlage.

Pflanzen und Tiere sterben v. a. dann aus, wenn ihr Lebensraum verschwindet und sie sich nicht an neue Lebensräume anpassen können. Kulturfolger haben die Fähigkeit, sich anzupassen und eine vom Menschen geschaffene Umwelt als Lebensraum anzunehmen. Füchse, die sich in der Stadt angesiedelt haben und von Haushaltsabfällen leben, gehören dazu. Die Entwicklung der Technik im 19. Jahrhundert und zu Beginn des 20. Jahrhundert hat zu zahlreichen Eingriffen in den Naturhaushalt geführt. Dazu gehört der Umgang mit Bächen im Siedlungsraum. Viele dieser Bäche wurden eingedolt und mit der Kanalisation zusammengelegt. Die einst sichtbaren Bäche sind damit aus den Siedlungen verschwunden.

Dies führte zu einer Verarmung der Ortsbilder und der biologischen Vielfalt sowie zu einer Beeinträchtigung des Naturhaushalts. Durch den nachträglichen Bau der Abwasserreinigungsanlagen wird zudem das gesamte Bachwasser zusammen mit den Siedlungsabwässern in die Kläranlagen geführt. Dort muss die Wassermenge unter Einsatz von Energie und Geld gereinigt werden. Es liegt auf der Hand, dass dies ökologisch und wirtschaftlich nachteilig ist. In zahlreichen Orten werden deshalb eingedolte Bachläufe wieder offen gelegt und vom Siedlungsabwasser getrennt. Dadurch sinkt die Menge des zu reinigenden Wassers, was finanzielle Einsparungen bringt. Zudem bietet sich die Gelegenheit, mit den offen gelegten Bachläufen das Ortsbild aufzuwerten und zusätzlichen Lebensraum für Pflanzen und Tiere zu schaffen.

Ein weiterer wichtiger Faktor ist der Schutz vor Überschwemmungen. Die Abflussmenge in einem renaturierten Bach kann mit dem Bau zusätzlicher Rückhaltebecken vergrössert werden. Dadurch sinkt die Gefahr von Überschwemmungen in der unmittelbaren Umgebung.

Zusammenfassung

Die Topografie der Schweiz mit vielen steilen Bergflanken führt zu zahlreichen Gefahrenzonen. Siedlungen und Verkehrswege können durch Steinschlag, Erdrutsch, Murgänge und hochgehende Flüsse gefährdet werden. Gefahren- und Risikokarten sollen ein sicheres Bauen ermöglichen und es kann dadurch auch zu Bauverboten kommen.

Aufgabe 66

Beschreiben Sie die Veränderung der Besiedlung des Sarganserlands zwischen 1845 und 2007. Verwenden Sie dazu die Karte im Atlas (SWA, S. 21).

Gesamtzusammenfassung

1 Optimaler Standort – Raum und Wirtschaft

Unternehmen und Haushalte benötigen mehr oder weniger grosse Räume für ihre Tätigkeiten. Dabei versuchen sie, verschiedene Bedürfnisse bei der Wahl ihrer Standorte zu befriedigen. In der Regel wird versucht, unter möglichst geringen Kosten den grössten Nutzen zu erreichen. Die Gesamtheit der Standortentscheide vieler Unternehmen führt zur räumlichen Struktur des Wirtschaftsraums. Die räumliche Ballung ähnlicher wirtschaftlicher Aktivität bietet für ein einzelnes Unternehmen Vor- und Nachteile (Agglomerationsvorteile und -nachteile).

- Lokalisationsvorteile ergeben sich aus der Ansiedlung vieler Betriebe einer ähnlichen Branche an einem Ort durch die Konzentration von geeigneten Arbeitskräften, Ausbildungsstätten, Zuliefer- und Servicebetrieben.
- Urbanisationsvorteile entstehen durch die Ansiedlung vieler Betriebe unterschiedlicher Branchen, durch den Ausbau der Infrastruktur (Ver- und Entsorgungsnetz, Verkehrsnetz etc.).

Ab einer gewissen räumlichen Dichte wirtschaftlicher Aktivität kann die Agglomeration infolge erhöhter Umweltbelastung, chronischen Verkehrsstaus und zunehmender Gesundheitsgefährdung zu einem Nachteil werden.

2 Einteilung der Wirtschaft in Sektoren

Die Wirtschaftssektoren dienen zur Ordnung und zum Vergleich der Wirtschaftsentwicklung bestimmter Räume über längere Zeit. Es wird zwischen dem primären (Land-, Forst-, Fischereiwirtschaft und Bergbau), dem sekundären (im Wesentlichen Industrie und Gewerbe), dem tertiären (Dienstleistungen) und dem quartären Sektor (Forschung, Entwicklung, Informationsverarbeitung) unterschieden.

Das Sektor-Modell von Fourastié besagt, dass sich die Gewichtung der drei Wirtschaftssektoren mit fortschreitender wirtschaftlicher Entwicklung zwangsläufig verändert. Der primäre und sekundäre Sektor verliert rasch an Bedeutung, der Dienstleistungssektor schwingt oben auf. Die Entwicklung in der Schweiz bestätigt die Annahmen von Fourastié.

3 Wirtschaft und Ökologie

3.1 Vision der Nachhaltigkeit

Der Begriff der nachhaltigen Entwicklung entstammt der Forstwirtschaft und beschreibt das Prinzip, nur so viel Holz zu schlagen, wie durch Wiederaufforstung nachwachsen kann. Nach der heute weit verbreiteten Definition ist eine Entwicklung dann nachhaltig, wenn den Bedürfnissen der heutigen Generationen entsprochen werden kann, ohne die Möglichkeiten künftiger Generationen zu gefährden, deren eigene Bedürfnisse zu befriedigen.

Die nachhaltige Entwicklung hat drei gleichberechtigte Dimensionen. Sie strebt nach ökologischer Rücksichtnahme und Verantwortung, wirtschaftlicher Leistungsfähigkeit und gesellschaftlicher Solidarität. Eine globale Verbesserung der Lebensbedingungen unter Wahrung der Lebenschancen der künftigen Generationen kann von einzelnen Ländern alleine nicht erreicht werden.

In der Agenda 21 – einem weltweiten Aktionsprogramm zur nachhaltigen Entwicklung – bekräftigt die Weltgemeinschaft ihren Willen, in den Bereichen Umweltschutz, Klimaveränderung und Armutsbekämpfung am gleichen Strang zu ziehen.

Derartig global gedachte Initiativen müssen von den einzelnen Ländern regional und lokal umgesetzt werden. Im Rahmen von lokalen Agenda-21-Prozessen werden Lösungen für eine langfristige Sicherung der Lebensqualität erarbeitet, die von allen getragen werden. Dieser Prozess des Interessenausgleichs wird von den lokalen Behörden, Einwohnerverbänden, Wirtschaftsvertretern sowie Umwelt- und anderen Interessenvertretern bestritten.

3.2   Grundlagen der Umweltökonomie

Umweltgüter stehen meist allen zur Verfügung, niemand kann von ihrer Nutzung ausgeschlossen werden. Umweltgüter wie die frische Luft, das saubere Wasser oder die intakte Landschaft sind öffentliche Güter. Weil sich niemand für ihre Pflege und ihren Erhalt verantwortlich fühlt, werden sie übernutzt und verschwendet.

Externe Kosten entstehen in der Produktion und beim Konsum von Gütern, werden aber im vom Nutzer bezahlten Preis nicht berücksichtigt und liegen damit ausserhalb des Markts. Durch die Benützung öffentlicher Umweltgüter können Unternehmen eigene Kosten auf die Allgemeinheit und die Umwelt abwälzen – bzw. Kosten externalisieren. Durch die zu tiefen Preise werden öffentliche Umweltgüter zu stark genutzt. Der Verkehr verursacht durch Gebäudeschäden, luftverschmutzungsbedingte Gesundheitsschäden, Unfälle, Lärm und Schäden in Natur und Landschaft allein in der Schweiz jährlich etwa 9 Mia. CHF an externen Kosten.

3.3   Der Aralsee – eine anthropogen verursachte Katastrophe

Traurige Berühmtheit erlangt hat der Aralsee, der wegen massiven Bewässerungsfeldbaus kaum noch Wasser erhält und langsam austrocknet. Die meisten GUS-Staaten stehen den ökologischen Problemen hilflos gegenüber, da eine Sanierung Kosten in Milliardenhöhe verursachen würde, die die Staaten nicht aufbringen können.

4   Landwirtschaft

4.1   (Natur)räumliche Voraussetzungen

Die Landwirtschaft umfasst die Bewirtschaftung des Bodens und die Viehzucht zur Produktion von pflanzlichen und tierischen Lebensmitteln, Futtermitteln und nachwachsenden Rohstoffen für Industrie und Gewerbe. Die wichtigsten (natur)räumlichen Voraussetzungen der Landwirtschaft sind Topografie, Bodenbeschaffenheit und Klima. In Bezug auf das Wasser entsteht auf der Erde immer deutlicher eine Mangelsituation, die sogar bewaffnete Konflikte auslöst.

4.2 Bewirtschaftungsformen im Überblick

Intensive Bewirtschaftungsformen zeichnen sich durch einen hohen Arbeitskraft- und Kapitalgüteraufwand aus. Bei extensiven Bewirtschaftungsformen ist das Verhältnis umgekehrt.

Die Subsistenzwirtschaft produziert nur für die eigene Versorgung, die marktorientierte Landwirtschaft hingegen für die regionalen oder globalen Märkte.

Ackerbau wird definiert als systematischer Anbau von Nutzpflanzen auf kultiviertem Boden. Beim in den Tropen verbreiteten Wanderfeldbau werden kleine Waldstücke durch Brandrodung urbar gemacht und nach der Nutzung einer langen Brache überlassen. Der Anbau der Getreide Weizen, Reis und Mais stellt 80% der Welternährung.

Extensive Formen der Viehwirtschaft wie der Nomadismus oder das Ranching bewirtschaften futterarme Räume und brauchen deshalb viel Platz. Viel kleinere Betriebsgrössen braucht die in Europa verbreitete, intensive Viehwirtschaft auf Grünlandbasis. Weitgehend bodenunabhängig ist die kapitalgüterintensive Massentierhaltung. Sie zeichnet sich aus durch hohe Energie- und Fremdfuttereinsätze und grosse Jauchemengen.

Der spezialisierte Marktfruchtanbau produziert in Dauerkulturen zum Verkauf und Export bestimmte Produkte wie etwa Obst, Wein, Kaffee oder Zuckerrohr (Cash Crops). In einförmigen Kulturlandschaften stellen die arbeits- und kapitalgüterintensiven Plantagen hochwertige Produkte für den Weltmarkt her.

4.3 Umweltaspekte in der Landwirtschaft

Monokulturen sind Nutzungsformen, bei denen der Boden über Jahre nur durch dieselben Kulturpflanzenarten genutzt wird. Die Einseitigkeit führt zu ökologischen Problemen und zu einem hohen Betriebsrisiko, weil eine Krankheit oder ein Schädlingsbefall die gesamte Ernte zerstören kann.

Unsachgemässe landwirtschaftliche Bodennutzung führt zu Bodendegradation (Veränderung der Bodeneigenschaften), in Trockenräumen bei anhaltender Misswirtschaft gar zu Desertifikation (Wüstenbildung). Die Schadstoffanreicherung in den Böden stellt für die Zukunft ein ernsthaftes Problem dar.

Die Art der Landwirtschaft hat einen wesentlichen Einfluss auf die Qualität des Grundwassers. Nitrate, aber auch andere Stoffe, wie z. B. Pflanzenbehandlungsmittel, führen zu einer Verschlechterung der Grundwasserqualität. Die griffigste Massnahme zur Verbesserung des Grundwassers im Bereich der Landwirtschaft ist eine Produktionsweise mit angepasstem Düngereinsatz.

4.4 Die grüne Revolution in Indien

Die grüne Revolution beschreibt die Ertragssteigerung der Getreideproduktion ab den 1960er-Jahren durch den konsequenten Einsatz von Hochertragssorten, Kunstdünger, Pflanzenschutzmitteln und Bewässerungstechniken. Wohl vermochten die Massnahmen der grünen Revolution die Erträge v. a. der Weizen- und Reisproduktion erheblich zu steigern, allerdings zum Preis der Abhängigkeit von teurem Saatgut, Kunstdünger und Pflanzenschutzmitteln.

Viele Kleinbauern konnten sich den Anschluss an die grüne Revolution nicht leisten, das soziale Gefälle vergrösserte sich. Falscher Umgang mit Dünger und Pflanzenschutzmitteln sowie unsachgemässe Bewässerung führte vielerorts zu einer anhaltenden Schädigung des Bodens.

4.5 Gentechnologie

Mithilfe der Gentechnologie können Eigenschaften von Lebewesen gezielt verändert werden. In der Landwirtschaft lassen sich mithilfe von Gentech Getreidesorten herstellen, die sich mit Giften selbst gegen ihre Fressfeinde schützen oder gegen Herbizide resistent sind, besonders viele Vitamine enthalten oder besser und länger haltbar sind.

Gegner der Gentechnologie in der Landwirtschaft warnen vor ungeahnten Nebenwirkungen bei der Freisetzung gentechnisch veränderter Organismen (GVO), vor neuen Resistenzen und Superunkräutern sowie davor, sich in eine gefährliche Abhängigkeit von den Biokonzernen zu begeben.

4.6 Schweizer Landwirtschaft

In der Schweiz hat die seit 1992 laufende Agrarreform zu einer Verbesserung der Wettbewerbsfähigkeit der Landwirtschaft und zu Innovationen im Marktbereich geführt. Ökologische Leistungen haben stark zugenommen und von der Landwirtschaft verursachte Umweltbelastungen sind zurückgegangen. Der Strukturwandel wickelt sich nach wie vor weitgehend im Rahmen des Generationenwechsels ab. Die Landwirtschaft befindet sich auf dem Pfad der Nachhaltigkeit.

5 Schwerpunkt Energie

5.1 Energie – Triebfeder der Wirtschaft

Energie ist die Fähigkeit, Arbeit zu verrichten. Die physikalische Einheit der Energie ist Joule. In einem geschlossenen System kann Energie weder neu erschaffen werden noch geht sie verloren: Sie ändert nur ihre Form. Nicht erneuerbare Energieträger wie Erdöl und Kohle werden bei der Energienutzung verbraucht, ihre Ressourcen sind beschränkt. Erneuerbare Energieträger wie die Solarenergie, die Windenergie und die Wasserkraft werden bei der Energieerzeugung nicht aufgebraucht und stehen immer wieder zur Verfügung. Beim Energietransport vom Erzeuger zum Verbraucher geht Energie an die Umgebung verloren.

Die industrielle Revolution war der Beginn eines starken Wachstums der weltweiten Energienachfrage. Dieses Wachstum dauert bis heute an. Vor allem die nicht regenerierbaren Energieträger Kohle und Öl wurden und werden immer noch in riesigen Mengen verbraucht. Die Schweiz importiert den grössten Teil der Energieträger, hauptsächlich Erdöl, aus dem Ausland. Bei der Stromerzeugung beträgt der Anteil der Wasserkraftwerke 55%, die Kernenergie macht etwa 40% aus. Seit 1950 hat sich der gesamte Energieverbrauch in der Schweiz versechsfacht. Seit einigen Jahren wird der Einsatz von erneuerbaren Energiequellen gefördert.

5.2 Fossile Energieträger

Die fossilen Brennstoffe Erdöl, Erdgas, Steinkohle und Braunkohle spielen die überragende Rolle bei der Weltenergieversorgung. Mit 33% Anteil ist Erdöl der wichtigste Primärenergieträger und wird es auf absehbare Zeit auch bleiben. Erdgas hat in den letzten Jahren an Bedeutung gewonnen. Die Förderung und Verbrennung fossiler Brennstoffe schädigt die Umwelt.

Graue Energie bezeichnet alle Energie, die zur Herstellung oder zum Transport einer Ware oder einer Dienstleistung aufgewendet wurde. Die Erzeugung der grauen Energie kann mit CO_2-Emissionen verbunden sein. Diese vorgelagerten Emissionen werden in CO_2-Buchhaltungen gern übersehen.

5.3 Nutzen und Gefahren der Kernenergie

Kernkraftwerke nutzen die bei der Kernspaltung entstehende Wärmeenergie zur Produktion des elektrischen Stroms. Weltweit stammen 12% der Stromerzeugung aus der Kernenergie, wobei sich dieser Anteil beträchtlich von Land zu Land unterscheidet. Kernkraftwerke belasten die Umwelt im Normalbetrieb v. a. indirekt durch die Emission radioaktiver Stoffe bei der Brennstoffversorgung und bei der Entsorgung abgebrannter Brennelemente.

Auch die sichere Lagerung der radioaktiven Abfälle kann nicht für Jahrtausende garantiert werden. Beim Super-GAU von Tschernobyl wurde die 200-fache Menge an Radioaktivität frei wie bei den Atombombenabwürfen von Hiroshima und Nagasaki. Der radioaktive Ausfall verseuchte riesige Gebiete in der Ukraine, in Weissrussland und in Russland und erreichte weite Teile Mitteleuropas.

5.4 Umweltfreundliche Energienutzung

Energien sind dann erneuerbar, wenn sie mit oder ohne Zutun des Menschen immer oder immer wieder zur Verfügung stehen. Die wichtigsten erneuerbaren Energien bietet die Sonne, sei es direkt in Form von Strahlung oder indirekt durch die Energie des fliessenden Wassers und des Winds.

Die Wärmepumpe und die Wärme-Kraft-Koppelung sind rationelle Formen der Energienutzung. Erstere nützt Sonnenenergie und Abwärme zum Heizen, Letztere erzeugt Strom und nützt gleichzeitig die Abwärme zum Heizen. Solar- und Windkraftwerke werden noch nicht flächendeckend eingesetzt. Noch ist der Strom, den sie produzieren, zu teuer.

Die weitaus am stärksten genutzte erneuerbare Energieform ist die Wasserkraft. In Ländern mit vielen Fliessgewässern, wie der Schweiz oder Norwegen, leistet die Wasserkraft grosse Beiträge an die Stromversorgung. Auch erneuerbare Energiequellen sind nicht vorbehaltlos umweltfreundlich.

Die Wasserkraftnutzung greift erheblich in die Landschaft ein, dies mit Auswirkungen für die Menschen und die Tier- und Pflanzenwelt. Werden Solar- und Windkraftwerke im grossen Stil eingesetzt, verbrauchen sie beträchtliche Flächen und verändern das Landschaftsbild.

6 Schwerpunkt Verkehr

6.1 Gründe für wachsendes Verkehrsaufkommen

Verkehr bezeichnet die Raumüberwindung durch Personen, Waren und Nachrichten. Verkehr entsteht durch die ungleiche Verteilung von Rohstoffen und Gütern im Raum, die arbeitsteilige Produktion, das Verkehrsbedürfnis des Dienstleistungssektors, die räumliche Entmischung der Alltagstätigkeiten sowie den Mobilitätsdrang der Freizeitgesellschaft. Grundsätzlich wird zwischen motorisiertem Individualverkehr (MIV) und öffentlichem Verkehr (öV) unterschieden. Der Freizeitverkehr macht über 40% der jährlich zurückgelegten Personenkilometer in der Schweiz aus. Beim Verkehrsmittel dominiert das Auto.

Die Schweiz hat eines der dichtesten Verkehrsnetze der Welt. Von diesem Angebot machen die mobilen Schweizer auch überdurchschnittlich Gebrauch. In der Schweiz ist der öffentliche Personenverkehr in den letzten Jahren überproportional gewachsen. Beim Güterverkehr verhält es sich genau umgekehrt – bei anhaltendem Wachstum nahm der Anteil der Schiene stetig ab.

6.2 Verschiedene Verkehrsträger im Vergleich

Der Bau der Eisenbahnlinien im 19. Jahrhundert hat die heutigen Siedlungsstrukturen stark beeinflusst. Die Schweiz weist heute eines der dichtesten Bahnnetze der Welt auf. Beim Strassenverkehr kann von einem eigentlichen Siegeszug des Automobils seit dem Zweiten Weltkrieg gesprochen werden. Die rasche Zunahme der Motorisierung führte in der Schweiz zu einem zügigen Ausbau des nationalen Strassennetzes.

Der Schiffsverkehr eignet sich v. a. für den Transport von unverderblichen Massengütern und ist im Vergleich etwa zum Strassenverkehr sehr umweltfreundlich. Basel ist für den Schiffsverkehr der Schweiz das «Tor zur Welt».

Der Flugverkehr weist von allen Verkehrsarten das schnellste Wachstum auf. Obwohl für die Flughafenstandorte von erheblicher ökonomischer Bedeutung, ist das schnelle Wachstum des Flugverkehrs wegen seiner Umweltauswirkungen äusserst problematisch.

6.3 Verkehrspolitik

Mit der Umweltabgabe der leistungsabhängigen Schwerverkehrsabgabe (LSVA) bezahlt der Schwerverkehr jene Kosten, die er auch tatsächlich verursacht. Die LSVA setzt daher die Kostenwahrheit durch. Sie soll Anreize schaffen zur Verlagerung des Schwerverkehrs von der Strasse auf die Schiene.

Die beiden alpenquerenden Basistunnel der NEAT am Gotthard und am Lötschberg sind für die Verlagerung von möglichst viel alpenquerendem Güterverkehr unentbehrlich. Die NEAT ist ein wesentliches Element zur Einbindung der Schweiz ins europäische Hochgeschwindigkeitsbahnnetz. BAHN 2000 und ZEB zielen auf eine markante Attraktivitätssteigerung des öffentlichen Verkehrs durch gezielte Streckenausbauten, die Realisierung des Knotenprinzips, Taktfahrpläne mit kurzen Reise- und Umsteigezeiten sowie modernstes Rollmaterial.

Die Integration des europäischen Hochgeschwindigkeitsbahnnetzes macht die Bahn auf mittleren Distanzen gegenüber Flugzeug und Auto wieder konkurrenzfähig. Die Bahnreform führt – v. a. mit dem freien Netzzugang im Güterverkehr – Wettbewerbselemente in das System des öffentlichen Verkehrs ein. Die Bahnen sind keine Staatsbahnen mehr, sie sollen vermehrt unternehmerisch handeln, das Marktpotenzial ausschöpfen und kundengerechte Angebote bereitstellen. Das Landverkehrsabkommen setzt die vom Schweizer Volk mehrfach beschlossene umweltgerechte Verkehrspolitik konsequent fort und sichert sie gegenüber Europa ab.

7 Globalisierung – Prozesse und Entwicklungen

7.1 Eigenschaften der Globalisierung

Durch Prozesse der Globalisierung können Aktivitäten und Entscheidungen an einem Ort der Welt Auswirkungen in weit entfernten Orten haben, z. B. durch verstärkte Handelsverflechtungen oder die gleichförmigere Berichterstattung durch die Medien.

7.2 Widersprüchliche Prozesse

Im Gegensatz zum Alltagsverständnis von Globalisierung, wo v. a. wirtschaftliche Aspekte betont werden, analysieren wir im wissenschaftlichen Verständnis auch andere Aspekte, wie Arbeit, Politik und Kultur. Dabei wird klar, wie stark diese Aspekte miteinander verbunden sind.

Bei einer Homogenisierung gleichen sich die Dinge an; dies geschieht über Standardisierungsprozesse. Die Homogenisierung kann man mit dem Kürzel «McWorld» umschreiben. Der Begriff wurde von McDonald's abgeleitet, einem Unternehmen, das weltweit mit dem gleichen Erscheinungsbild die gleichen Produkte anbietet. Fragmentierung hingegen führt zu Abgrenzung. Sie erfolgt dort, wo man lokale Eigenheiten, wie Sprache, Traditionen oder Werte, einer Vereinheitlichung entziehen möchte, um sich (weiterhin) damit identifizieren zu können.

Wenn globale Konzepte lokal umgesetzt werden oder etwas Lokales zum globalen Begriff wird, spricht man von Glokalisierung. Sie wurde bei der Werbung für global verbreitete Produkte angewandt, um lokalen kulturellen Gewohnheiten gerecht zu werden. Dinge, wie etwa Brauchtum, die wir heute als lokal betrachten, erkennen wir durch den Blick von aussen als etwas Lokales. So werden lokale Traditionen oft als Reaktion auf den Globalisierungsprozess wieder zum Leben erweckt. Die Globalisierung hat kein eigentliches Ziel oder ein Endstadium, das man mit Globalität bezeichnen könnte. Dennoch gibt es Entwicklungstendenzen, die zurzeit in eine bestimmte Richtung weisen, die sich aber auch wieder verändern können.

7.3 Entwicklungsphasen der Globalisierung im Überblick

Am Anfang der Globalisierung standen europäische Entdeckungen und erste Kolonialisierungen in Übersee. Die Erkenntnis, dass die Erde um die Sonne kreist und nicht umgekehrt, führte zur Anerkennung der Begrenztheit des Globus. Die Französische Revolution war für die Ausbreitung der Demokratie ein Meilenstein. Die Evolutionstheorie von Charles Darwin löste später die menschliche Entwicklungsgeschichte aus dem religiösen Zusammenhang heraus, wodurch sich ihre Möglichkeit verbesserte, weltweit anerkannt zu werden.

Ende des 19. Jahrhunderts verstärkten sich die Handelsbeziehungen zwischen den Nationalstaaten stark. Internationale Wettbewerbe wie die Olympischen Spiele oder die Verleihung des Nobelpreises tragen zur Homogenisierung bei.

Der Börsencrash 1929 der New Yorker Börse löste in der ganzen Welt eine wirtschaftliche Depression aus. Der Zweite Weltkrieg ist wohl das dunkelste Kapitel der Globalisierung mit Völkermord, moderner Kampfführung bis hin zum Atombombeneinsatz und Millionen von Todesopfern. Danach zeigte sich bereits, dass demokratische Grossmächte durchsetzungsfähiger und stabiler sind als totalitäre Regime.

Die Ölkrise der 1970er-Jahre machte deutlich, wie abhängig moderne Gesellschaften von Energieressourcen sind. Zudem trug der Zusammenbruch des Ostblocks zur Verunsicherung bei, da für das «Gleichgewicht des Schreckens» noch keine stabile Alternative sichtbar war. Das neoliberale Gedankengut setzt sich – zwar nicht unwidersprochen – durch, die wirtschaftliche Vormachtstellung der Triade stabilisiert sich und die USA sind auf dem Weg, sich auf militärischer Ebene zur einzigen Grossmacht durchzusetzen.

8 Bereiche der Globalisierung

8.1 Weltwirtschaft

Wird ein Produkt v. a. innerhalb einer Nationalökonomie hergestellt und dann international gehandelt, spricht man von seichter Integration der Wirtschaft. Ist bereits die Produktion internationalisiert, so spricht man von tiefer Integration. Die asiatische Währungskrise hat gezeigt, dass durch globale Wirtschaftsverflechtungen auch Probleme entstehen können, die eine aufstrebende Region in die Krise ziehen kann.

Die Gründe für die Krise sind einerseits darin zu finden, dass Exportprodukte aus Südostasien in Japan und Europa teurer wurden, weil die an den US-Dollar gekoppelten südostasiatischen Währungen damit gegenüber den europäischen Währungen und gegenüber dem Yen an Wert gewannen.

Anderseits vergaben die Banken leichtfertig Kredite, die am «Zahltag» von den Schuldnern nicht zurückbezahlt werden konnten, was bei den Banken zu Zahlungsschwierigkeiten führte. Beide Gründe zusammen veranlassten dann ausländische Investoren, ihr Geld aus der Region abzuziehen, was die Länder dann vollends in die Krise stürzte.

8.2 Internationale Arbeitsteilung

Schon früh entstand mit der Kolonisierung eine Arbeitsteilung zwischen den heutigen Industrie- und Entwicklungsländern, bei der Letztere v. a. Rohstoffe lieferten, die in den Mutterländern verarbeitet wurden. Diese Arbeitsteilung besteht bis heute fort. Allerdings bieten die Entwicklungsländer neben günstigen Rohstoffen nun auch billige Arbeitskräfte für die Massenproduktion an. Dadurch wurden sie z. T. zu Konkurrenten von Betrieben in Industrieländern.

Ein Land hat bei der Bereitstellung jener Waren und Dienstleistungen einen komparativen Vorteil, bei denen es im Vergleich zu den Konkurrenzländern relativ die grössere Überlegenheit oder die kleinere Unterlegenheit aufweist. Die internationale Arbeitsteilung ist eine Folge der Vorteile des freien Aussenhandels. Der Wohlstandsgewinn durch den Aussenhandel hat vier Ursachen:

- Durch die Spezialisierung der einzelnen Länder auf jene Produkte, bei denen sie komparative Vorteile aufweisen, steigt die Produktivität aller Beteiligten.
- Trotz Massenproduktion ist eine grosse Gütervielfalt möglich.
- Der harte internationale Wettbewerb erschwert nationale Monopole und Absprachen.
- Der Aussenhandel erleichtert den Austausch von Information, Wissen und Know-how.

8.3 System der Nationalstaaten

Nationalstaaten gelten als selbstbestimmte – oder souveräne – politische Einheiten. Sie stützen sich auf die drei Säulen der Souveränität: ökonomische, militärische und kulturelle Souveränität. Die Staatszugehörigkeit wird entweder vererbt und / oder man erhält sie von dem Staat, in dem man geboren wird.

Durch die grosse Macht und Bedeutung transnationaler Unternehmen geraten Nationalstaaten unter Druck, da sie den TNU einerseits ein gutes Umfeld bieten wollen, damit sie sich niederlassen, Arbeitsplätze schaffen und Steuern zahlen. Anderseits wollen sie dabei nicht Solidarität und gesellschaftliche Freiheit einschränken oder opfern müssen. Für die Zukunft immer wichtiger werdende und über einzelne Staaten hinweg greifende transnationale Zusammenarbeit gibt es verschiedene Szenarien.

Eine Stärkung der UNO wäre ein Modell oder die kosmopolitische Demokratie, bei der z. B. auch nichtstaatliche Organisationen ein grösseres Gewicht erhalten.

8.4 Militärische Weltordnung

Die militärische Weltordnung ist ein entscheidender Faktor für die Sicherheit von Staaten und deren Bevölkerung. Bis 1989 bot der sog. Kalte Krieg eine Ordnung mit relativ grosser Stabilität, auch wenn diese auf einem Gleichgewicht des Schreckens basierte. Nach dem Zusammenbruch des Ostblocks hat sich die Situation verändert und es scheint so, dass sich der frühere Ost-West-Konflikt in Richtung eines Nord-Süd-Konflikts verschiebt. Dies allerdings, ohne das frühere Gleichgewicht zu erlangen.

8.5 Kultur

Kultur definieren wir als Werte, Normen und materielle Artefakte, die sich Menschen einer Gemeinschaft teilen. Die Kultur schafft eine Ordnung des Zusammenlebens und erleichtert uns dieses. Sie ist aber nicht statisch und verändert sich im Laufe der Zeit. Kultur ist nicht etwas, das man in die Wiege gelegt bekommt, so wie ein Computer eine Harddisk und Prozessoren eingebaut erhält. Vielmehr erlernt man Kultur durch sein Umfeld und durch Kommunikation mit Menschen. Sie kann mit einer veränderbaren Software verglichen werden, die auf die Harddisk eines Computers geladen wird.

Darüber, ob sich Menschen verschiedener Kulturen prinzipiell verstehen können oder nicht, gibt es unterschiedliche Ansichten. Beim Universalismus wird davon ausgegangen, dass die kulturellen Unterschiede grundsätzlich überwunden werden können. Dies birgt die Gefahr der Übertragung der eigenen Werte auf andere. Beim Relativismus geht man davon aus, dass es unüberbrückbare kulturelle Unterschiede gibt, wobei die Gefahr besteht, deswegen Menschen auszugrenzen. Wir schlagen einen Mittelweg zwischen Universalismus und Relativismus vor.

Wir kommunizieren heute auf unterschiedlichste Weise und überwinden dabei grosse Distanzen in Sekundenschnelle. Über das Internet haben wir Zugang zu einer Fülle von Informationen, sodass die Kunst darin besteht, das Relevante herauszufiltern. Nicht alle können an globaler Kommunikation teilhaben, da sich nicht alle einen Telefon- und Internetanschluss leisten können.

8.6 Fallbeispiel Kenia – Tourismus in Entwicklungsländern

Kenia hat, neben der landwirtschaftlichen Produktion, bereits zu Zeiten der britischen Kolonialherrschaft ein interessantes wirtschaftliches Ziel verfolgt: den Tourismus. Das Land bietet wenig Gelegenheit zum gewinnbringenden Anbau von Nutzpflanzen und hat nur wenige Rohstoffe, einzig die Viehzucht wird mit Erfolg betrieben.

Sein grosses Kapital ist die grossartige Natur, die Landschaft und die berühmten afrikanischen Grosstiere. Ursprünglich als Jagdziel adliger Briten, wurden die Tiere bereits Mitte des 20. Jahrhunderts in Nationalparks gehegt.

Der Tourismus ist nach wie vor ein wichtiger Wirtschaftsfaktor für Kenia. Das Land musste aber feststellen, dass Tourismus sehr heikel auf politische Unstabilitäten reagiert und durchaus auch negative Einflüsse, z. B. auf Umwelt und Kultur, haben kann.

9 Verflechtungen zwischen Industrie- und Entwicklungsländern

9.1 Industrie- und Entwicklungsländer

Durch die zunehmende Globalisierung haben sich die Verflechtungen zwischen Industrie-, Schwellen- und Entwicklungsländern weiter erhöht. Die Entwicklung ist aber nicht zum Wohl aller Seiten verlaufen. Während die Schwellenländer in vielen Bereichen den Anschluss an die Industrieländer gefunden haben, sind die Probleme für die Entwicklungsländer eher noch grösser geworden. Die Kluft zwischen Arm und Reich nimmt zwischen den Ländern, aber auch innerhalb der Länder zu. In vielen Entwicklungsländern behindert die grosse Staatsverschuldung die wirtschaftliche Entwicklung.

9.2 Auswirkungen der internationalen Arbeitsteilung

Die internationale Arbeitsteilung und der verstärkte Aussenhandel führen in den Industrieländern zu Strukturwandel. Produktionsschritte, die wenig qualifizierte Arbeitskräfte brauchen, werden zunehmend in Niedriglohnländer ausgelagert. Können sich sowohl die Unternehmen als auch die Arbeitnehmenden nicht rasch genug den Veränderungen anpassen, entsteht strukturelle Arbeitslosigkeit.

Durch die Einbindung in den Weltmarkt ergeben sich für Entwicklungsländer Chancen und Gefahren. Zu den Ersteren zählen eine Verbesserung der Exporte, eine Verbesserung der Qualifikation der Arbeitskräfte und eine mögliche Verringerung der Armut. Gefahren bestehen, wenn durch einseitige Spezialisierungen Abhängigkeiten von wenigen und kaum zukunftsversprechenden Produkten eingegangen werden, die Wohlstandsgewinne nur einen kleinen Teil der Bevölkerung begünstigen und wenn die Staaten aufgrund des Konkurrenzdrucks soziale und ökologische Mindeststandards senken. Mit protektionistischen Massnahmen wie Einfuhrzöllen und Subventionen versuchen Staaten, ihren Aussenhandel zu kontrollieren und eigene Produktionszweige und ihre Arbeitsstellen zu schützen.

9.3 Beschäftigungssituation in den Entwicklungsländern

Die Beschäftigungssituation ist in Entwicklungsländern weit prekärer als in Industrieländern, weil soziale Absicherungsmechanismen – wie Kranken- und Arbeitslosenversicherung oder ein Rentensystem – weitgehend fehlen. Deswegen haben viele Arbeiterinnen und Arbeiter oder deren Familien noch ein Standbein im Subsistenzsektor (Selbstversorgung) oder im (halblegalen) informellen Sektor, um nach einer Entlassung nicht vor dem Nichts zu stehen. Viele suchen ihr Glück in der Fremde, wo sie Arbeit suchen, um einen Teil des Verdiensts nach Hause schicken zu können.

10 Global Players

10.1 Transnationale Unternehmen

Transnationale Unternehmen gewinnen ständig an Macht hinzu. Durch Fusionen und Übernahmen werden die TNU laufend grösser, aber auch diversifizierter, sodass sie schwieriger zu kontrollieren sind. Die Struktur der Unternehmen hat sich stark verändert, weg vom Familienkapitalismus, hin zum Manager-Kapitalismus und zum institutionellen Kapitalismus, bei dem Grossfirmen gegenseitig Aktien voneinander besitzen.

10.2 Nichtstaatliche Organisationen (NGO)

NGO (Nichtregierungsorganisationen) haben durch die Globalisierung eine Stärkung erfahren. Ihnen ist es möglich, länderübergreifend auf staatliche Missstände oder Fehlleistungen von TNU aufmerksam zu machen. Einer ihrer grössten Erfolge ist die (vorläufige) Suspendierung des MAI, das TNU die gleichen Rechte wie Staaten eingeräumt hätte.

10.3 Internationale Organisationen

Die europäische Union stellt ein Beispiel transnationaler Zusammenarbeit dar. Der UNO gehören mit drei Ausnahmen sämtliche Nationalstaaten der Welt an. Die wichtigsten Gremien der UNO sind die Generalversammlung und der Sicherheitsrat. Daneben gibt es eine Vielzahl von Neben- und Unterorganisationen. Das Ziel ist, Konflikten vorzubeugen und Kriege zu verhindern. Die UNO selbst hat geringe Machtbefugnisse, doch sie stellt sie eine Plattform für Verhandlungen dar und die Nationen können vereint Sanktionen durchsetzen gegen Länder, die z. B. Menschenrechte verletzen und Krieg führen.

Die WTO arbeitet Handelsverträge aus, die von ihren Mitgliedstaaten ratifiziert werden müssen. Ihr Ziel ist, Handelsschranken abzubauen, um so einer gerechteren Weltwirtschaft Nachdruck zu verleihen. Ihr neoliberaler Kurs wird von NGO kritisiert, da sie befürchten, dass die Kluft zwischen Arm und Reich grösser wird. Die wichtigsten regionalen Freihandelsabkommen sind EFTA, AFTA und NAFTA. Keine eigentlichen Organisationen, aber von grosser globaler Bedeutung sind die G-8 und (in kleinerem Ausmass) die G-20.

10.4 Wir, die Konsumentinnen und Konsumenten

Wir Konsumentinnen und Konsumenten sind zwar als Einzelpersonen meist nicht sehr einflussreich, doch all unsere Kaufentscheidungen zusammen haben einen grossen Einfluss auf die Weltwirtschaft. Bei unseren Entscheidungen, bestimmte Waren zu kaufen, werden wir oft von der Werbung geleitet, die uns sagt, was in oder out ist. Die stärkste Waffe ist der Boykott eines oder mehrerer Produkte.

11 Raumplanung in der Schweiz

Die Raumplanung in der Schweiz wird zwischen dem Bund, den Kantonen und den Gemeinden aufgeteilt. Eine wichtige Aufgabe der Raumplanung ist die Unterscheidung zwischen Baugebiet und Flächen, die nicht überbaut werden dürfen. In den Boomjahren der Hochkonjunktur wurde oft konzeptlos Bauland erschlossen. Diese Fehler gilt es heute zu korrigieren.

Zweitwohnungen sind ein Ausdruck unserer Freizeitgesellschaft. Chaletsiedlungen, in denen nur während weniger Wochen im Jahr Leben einkehrt, sind für viele Tourismusgemeinden zu einer Realität geworden. Durch die Zweitwohnungsinitiative soll dieser Entwicklung mit einer mengenmässigen Begrenzung bei 20% Zweitwohnungen ein Riegel geschoben werden.

Mit dem Raumkonzept Schweiz soll die Raumplanung stärker auf Brennpunkte der räumlichen Entwicklung ausgerichtet werden. Dies sind v. a. die Agglomerationen mit ihren Problemen des Siedlungswachstums und der steigenden Pendlerzahlen. Durch Finanzmittel des Bunds sollen so gezielt Projekte gefördert werden.

Der internationale Güterverkehr nimmt von Jahr zu Jahr zu. Ein Nadelöhr sind dabei die Alpen. Man spricht vom alpenquerenden Güterverkehr. Um die Umweltbelastung des ökologisch sensiblen Alpenraums zu begrenzen, sollen möglichst viele Güter mit dem Zug transportiert werden.

Die Topografie der Schweiz mit vielen steilen Bergflanken führt zu zahlreichen Gefahrenzonen. Siedlungen und Verkehrswege können durch Steinschlag, Erdrutsch, Murgänge und hochgehende Flüsse gefährdet werden. Gefahren- und Risikokarten sollen ein sicheres Bauen ermöglichen und es kann dadurch auch zu Bauverboten kommen.

Lösungen zu den Aufgaben

1 Seite 10

A] Zum Beispiel: grosse Landflächen in der Landwirtschaftszone, gut ausgebaute Zugangswege.

B] Zum Beispiel: zentrale Lage mit einem dicht bevölkerten Einzugsgebiet, gute Anbindung an öffentlichen Verkehr, Parkplätze in unmittelbarer Nähe.

2 Seite 10

- Gute Verkehrsanbindungen
- Konkurrenzfähige Grundstückpreise im Gewerbegebiet
- Steuervergünstigungen für neu ansiedelnde Unternehmungen
- Gute öffentliche Dienstleistungen, die die Attraktivität als Wohn-/Arbeitsort fördern

3 Seite 13

- Nähe zur Universität und Forschungseinrichtungen (Lokalisationsvorteil)
- Nähe zu anderen Betrieben mit ähnlicher Ausrichtung, Möglichkeit der Zusammenarbeit (Lokalisationsvorteil)
- Nähe zu hoch qualifizierten Arbeitskräften (Lokalisationsvorteil)
- Nähe zu Kapitalgebern (Urbanisationsvorteil)
- Nähe zu hervorragender Infrastruktur, wie etwa der öffentliche Verkehr, der Flughafen (Urbanisationsvorteil)

4 Seite 13

- Zu viele gleichartige Betriebe führen zu grosser Konkurrenz.
- Konkurrenz auf dem Arbeitsmarkt treibt Löhne für qualifizierte Fachkräfte in die Höhe.
- Sättigung des Markts.
- Die Steuerlast in einem Wirtschaftszentrum kann stark erhöht sein.

5 Seite 15

A] Wirtschaftssektoren sind Teilbereiche einer Volkswirtschaft, die bestimmte Branchen zusammenfassen (primärer, sekundärer, tertiärer und quartärer Sektor).

B] Primärer Sektor: Land- und Forstwirtschaft; sekundärer Sektor: Baugewerbe, Maschinenindustrie; tertiärer Sektor: Handel, Banken; quartärer Sektor: Forschung und Entwicklung, Informatik.

6 Seite 17

Wie schon in der Aufgabenstellung erwähnt, erfolgt die Einteilung in Sektoren nicht nach dem Beruf der Arbeitnehmenden, sondern nach der Tätigkeit der Firma, bei der sie angestellt sind. So ist eine Personalverantwortliche bei Holcim (Zementfabrik) im 2. Sektor tätig, obwohl sie wohl wenig Ahnung von Zementherstellung hat.
Die Gewichtung der Erwerbssektoren in der Schweiz betrug 2008 4.1% (I) zu 22.4% (II) zu 73.5% (III).

7 Seite 24

- Umweltziel: Der artenreiche Lebensraum «See» soll für seine pflanzlichen und tierischen Bewohner erhalten bleiben.
- Wirtschaftliches Ziel: Die Fanggründe des Sees sollen langfristig als Lieferant der Ressource tierisches Eiweiss erhalten bleiben.
- Gesellschaftliches Ziel: Ein gesunder und lebendiger See soll den Bewohnern des Umlands als Naherholungsraum erhalten bleiben (oder auch: Erhaltung der Arbeitsplätze in der Seefischerei).

8	Seite 24	A] Die Verwendung von Treibstoffen aus fossilen Brennstoffen ist nicht nachhaltig. Die nicht erneuerbaren Ressourcen werden unwiederbringlich aufgebraucht und stehen damit künftigen Generationen nicht mehr zur Verfügung (vgl. Kap. 5.2, S. 58).
		B] Monokulturen in der Landwirtschaft sind nicht nachhaltig. Sie laugen den Boden einseitig aus und gefährden damit seine langfristige Fruchtbarkeit.
		C] Da durch die Niederschläge immer wieder neues Wasser zu den Kraftwerken gebracht wird, darf hier von nachhaltiger Energiewirtschaft gesprochen werden (vgl. Kap. 5.4, S. 67).
9	Seite 27	A] Falsch, nur Aussenstehende erleiden Nachteile aus externen Kosten.
		B] Falsch, externe Kosten entstehen sowohl bei der Produktion (z. B. Fabrik verschmutzt Luft) als auch beim Konsum (z. B. Skipiste beeinträchtigt Berglandschaft) von Waren und Dienstleistungen.
		C] Richtig.
10	Seite 30	In der alten Sowjetunion galt die Planwirtschaft, d. h., es wurde für jede Region von Moskau aus bestimmt, was dort zu produzieren war. Die Anrainerstaaten des Aralsees, v. a. Kasachstan und Usbekistan, wurden für den Baumwollanbau vorgesehen. Es entstand also keine differenzierte Wirtschaft. Der Zusammenbruch kam plötzlich. Jetzt sollten die Länder plötzlich eigene Einnahmen generieren! Ja, womit denn? – Mit Baumwolle! Die Staaten hatten anfangs keine Möglichkeit, den Baumwollanbau einzustellen, da die Pflanze die einzige Einnahmequelle war. Nur langsam gelingt es, weitere Wirtschaftszweige in den Ländern anzusiedeln oder weitere Rohstoffquellen zu nutzen; hier besteht aber auch ein hoher Investitionsbedarf, Geld, das diese Staaten nicht zur Verfügung haben. Noch immer ist Baumwolle eine wichtige Einnahmequelle, auf die man nicht einfach verzichten kann.
11	Seite 34	Der Colorado River wird auf der ganzen Länge mehrfach gestaut. Riesige Kraftwerke produzieren Strom für die Energieversorgung des Südwestens. Ein Grossteil des Wassers des Colorados bringt die in der Wüste gelegene Stadt Las Vegas zum Blühen oder es verdunstet. Dem Staat Mexiko verbleibt ein besseres Rinnsal.
12	Seite 39	Zuweisung der Klassen der Karte «Landnutzung und marine Primärproduktion», SWA, S. 178, zu den dominierenden Bewirtschaftungsformen:
		• Ackerbau- und Dauerkultursysteme: marktorientierter Getreideanbau, intensiver Ackerbau zur Selbstversorgung (Reis vorherrschend), intensiver Ackerbau zur Selbstversorgung (Reis unwichtig), extensiver Ackerbau zur Selbstversorgung, Wanderfeldbau
		• Viehwirtschaftssysteme: Milchwirtschaft, stationäre Weidewirtschaft, nomadische Weidewirtschaft
		• Spezialisierter Marktfruchtbau: Plantagen, Anbau von Sonderkulturen
		Mischformen: marktorientierter Ackerbau und Viehzucht, Ackerbau und Viehzucht zur Selbstversorgung, mediterrane Landwirtschaft (z. B. Italien mit Trockenfeldbau, Baum- und Strauchkulturen und extensiver Weidewirtschaft)
13	Seite 39	Die Wirtschaftsweise der Nomaden benötigt sehr grosse Räume, in denen die Nutztiere und ihre Besitzer wandern können. Die traditionellen Lebensräume der Nomaden sind gerade die Randbereiche der menschlichen Besiedlung, dort, wo sich bis anhin eine intensive Bewirtschaftung nicht lohnte. Die Ausdehnung der intensiven Landwirtschaft beschneidet diese Lebensräume der Nomaden und entzieht ihnen so die Lebensgrundlage.

14	Seite 42	Der Sempachersee war über Jahre hinweg sehr stark belastet, da seit Jahrzehnten der Raum um den See intensiv landwirtschaftlich genutzt wird und so zu viele Nährstoffe wie etwa Phosphor in den See gelangen. Als Folge davon vermehren sich Algen im Übermass, sterben ab, sinken auf den Grund. Bei ihrer Zersetzung brauchen sie allen Sauerstoff auf, der See gerät in Sauerstoffarmut. Rigorose Düngevorschriften und eine künstliche Belüftung des Sees haben die Situation verbessert. Seit 1984 ist die Phosphorkonzentration stetig zurückgegangen und liegt seit 2004 unter dem Zielwert von weniger als 30 mg Phosphor pro m³.
15	Seite 42	Die meisten von der Desertifikation bedrohten Räume befinden sich an den Rändern grosser Wüsten und Trockensteppen. Typische Beispiele finden sich am Südrand der Sahara, auf der arabischen Halbinsel, rund ums Kaspische Meer und den Aralsee sowie rund um die australischen Wüsten.
16	Seite 45	Die grüne Revolution hat aus heutiger Sicht nicht nur Vorteile gebracht. Vorteile: höhere Erträge pro Fläche, Kenntnisse von neuen Techniken. Nachteile: hohe Kosten und Folgekosten für die Bauern, Abhängigkeit von gekauften Produktionsmitteln, hoher Einsatz von Düngern und Pestiziden; Verlust von Kenntnissen des traditionellen Anbaus; Auswirkungen auf die Umwelt (Grundwasserübernutzung, Bodenversalzung).
17	Seite 45	Der erfolgreiche Einsatz der Hochertragssorten der grünen Revolution verlangt nach einem hohen Kunstdüngereinsatz, konstanter Bewässerung und u. U. maschineller Bearbeitung der Felder. Kunstdünger wird aus Erdöl hergestellt, Wasserpumpen und Traktoren brauchen Treibstoff. Als Folge der grünen Revolution gerieten viele Entwicklungsländer in eine neue Abhängigkeit vom weltweiten Erdölmarkt.
18	Seite 48	Vergleich der grünen Revolution mit den Umwälzungen der Landwirtschaft im Zuge der Gentechnik:

	Grüne Revolution	Gentechnik
A] Betroffene Räume	Vor allem Entwicklungsländer	Keine Einschränkungen
B] Entwicklung	Öffentliche und gemeinnützige Forschungsinstitute	Vornehmlich die grossen Biokonzerne
C] Abhängigkeiten	Jährlicher Neukauf des Saatguts, teurer Kunstdünger und Treibstoff	Saatgut und Zusatzstoffe wie Pflanzenschutzmittel von Biokonzernen
D] Umweltfolgen	Bodenversalzung und -auslaugung, Versumpfung, Grundwasserübernutzung, Vergiftung durch Pflanzenschutzmittel	Noch nicht bis ins Detail absehbar, befürchtet werden ungeahnte Nebenwirkungen sowie Superunkräuter und Resistenzen von Schädlingen gegen Pflanzenschutzmittel

19	Seite 51	Vorteile: Der Biolandbau bringt gesündere Nahrungsmittel hervor. Mit dem Kauf von Produkten aus dem Biolandbau unterstützen Sie eine ökologische Bewirtschaftung der Umwelt und heben so die Lebensqualität aller. Je grösser die Nachfrage nach Bioprodukten ist, desto grösser ist der Druck auf die Produzenten, sich dem Biolandbau anzuschliessen. Nachteile: Aufgrund des grösseren Aufwands bei der Hege und Pflege von Nutztieren und -pflanzen entstehen höhere Kosten, die als höhere Preise auf die Konsumenten zurückfallen.

20	Seite 51	Die Landwirtschaftspolitik vor 1992 unterstützte den Bauernstand durch produktgebundene Subventionen. Nach der heutigen Agrarpolitik hingegen erhalten die Landwirte Direktzahlungen, d. h. einen «Lohn» als Abgeltung für gemeinwirtschaftliche und ökologische Leistungen.
21	Seite 51	Die Weltlandwirtschaft hat in den letzten 50 Jahren eine Abkehr von der traditionellen Selbstversorgung hin zu einem kapitalgüterintensiven, weltmarktorientierten Wirtschaftszweig vollzogen. Als Folge davon werden heute landwirtschaftliche Produkte kreuz und quer über die Welt verschoben, immer gerade dahin, wo sie nachgefragt werden.
22	Seite 58	Am Anfang steht die den Wasserkreislauf antreibende Sonnenenergie. Die erste technische Energieform auf dem Weg zur leuchtenden Energiesparlampe ist die Primärenergie der Wasserkraft. Das Wasser hat Lageenergie. Damit diese Energie zu Ihnen transportiert werden kann, muss sie im Kraftwerk in die Sekundärenergie elektrischer Strom umgewandelt werden. Beim Transport geht ein bestimmter Anteil der Energie verloren, nur die Endenergie erreicht Ihre Steckdose. Davon nutzen Sie wiederum nur einen Teil als Licht (Nutzenergie), der Rest geht als Wärme verloren.
23	Seite 63	Die folgende Aufzählung enthält die wichtigsten Erdölproduzenten, die nicht zur OPEC gehören. Sie sind geordnet nach ihrer Fördermenge im Jahr 2006: Russland, USA, China, Mexiko, Norwegen, Brasilien, Kanada, Grossbritannien.
24	Seite 63	Bei der Förderung von Uran werden aufgrund der aufwendigen Abbaumethoden grosse Mengen an CO_2 freigesetzt. Da CO_2 sich wesentlich auf die Änderung des Weltklimas auswirkt, spielt es keine Rolle, ob das Gas bei uns oder in entfernten Ländern freigesetzt wird. Bei der Herstellung der Kernbrennstoffe für die Schweizer Kernkraftwerke fallen jährlich über 1 Mio. Tonnen CO_2 an, das sind immerhin rund 2.5% der durch die Verbrennung fossiler Brennstoffe freigesetzten CO_2-Menge. Atomkraftwerke sind – ohne die Produktion von Uran und die Erstellungsphase des Werks betrachtet – CO_2-neutral.
25	Seite 67	Italien erzeugt 80% seines Stroms mit konventionellen thermischen Kraftwerken. Dazu muss es grosse Mengen fossiler Energieträger (Erdöl, Erdgas, Kohle) verfeuern und setzt damit grosse Mengen des Treibhausgases CO_2 frei. Studieren Sie dazu die Karten im SWA, S. 74 und suchen Sie im Kartenblatt die Signaturen für Kern- bzw. thermische Kraftwerke.
26	Seite 67	Mit ca. 41% Kernenergie-Strom liegt die Schweiz deutlich über dem internationalen Mittelwert von 12%.
27	Seite 67	Verblüffend gross ist die Atomkraftwerkdichte in unserem Nachbarland Frankreich. Dann gibt es aber auch eine ganze Reihe von Atomkraftwerken in den Oststaaten. Bei einem Unfall in Frankreich wären wir aufgrund der vorherrschenden westlichen Winde sehr rasch betroffen. In den Oststaaten sind die Sicherheitsanforderungen i. d. R. wesentlich kleiner, sodass das Risiko für einen Unfall immer noch beachtlich ist. Man denke dabei an den Super-GAU von Tschernobyl.

28	Seite 73	Die folgende Liste gibt Ihnen eine Auswahl negativer Auswirkungen der Verbauung der Greina-Ebene durch einen Stausee: • Beeinträchtigung und Verlust der einzigartigen Landschaft (Mauer, See), Verlust eines attraktiven Erholungsgebiets (Wander- und Hochtourengebiet) • Überflutung der Hochebene mit besonderer Flora und Fauna • Eingriff in den Wasserhaushalt der Bäche der umliegenden Täler durch Ableitung des Wassers in den Stausee • Verkleinerung von Alpgebieten (Auswirkungen auf Berglandwirtschaft)
29	Seite 73	Das Solarkraftwerk auf dem Mont-Soleil erzeugt im Jahr auf einer Fläche von 20 000 m^2 0.55 Mio. KWh. Für 1 Million KWh brauchte es somit 36 363.60 m^2 = 0.036 km^2. Hochgerechnet auf die 26 000 Mio. KWh ergibt sich eine Fläche von 936 km^2. Dies entspricht in etwa der Hälfte der Fläche des Kantons Zürich.
30	Seite 77	Wohl kosten die Bauvorhaben der NEAT viele Millionen Franken. Aber damit liegen die Investitionen für den öffentlichen Verkehr immer noch deutlich unter den Investitionen für den Strassenverkehr, der während Jahrzehnten riesige Geldsummen verschlang.
31	Seite 83	Weine aus Übersee sind zwar meist schmackhaft und günstig, allerdings zum hohen ökologischen Preis des umweltschädigenden Flugfrachttransports.
32	Seite 83	Sowohl Vater als auch Tochter belasten mit ihrem Verkehrsverhalten die Umwelt. Besonders gern verdrängt wird die extreme Umweltbelastung einer langen Flugreise.
33	Seite 89	Durch die Verkürzung der Reisezeiten in die umliegenden europäischen Grossstädte wird die Bahn wieder zur Alternative zum Flugverkehr. Das entlastet die lärmgeplagten Flughafenanwohner und verbessert die Luftqualität.
34	Seite 89	A] Weil der Schwerverkehr i. d. R. nur einen Teil der Kosten trägt, die er verursacht, herrscht keine Kostenwahrheit. Mobilität ist generell zu günstig. B] Die leistungsabhängige Schwerverkehrsabgabe (LSVA) setzt im Schwerverkehr das Verursacherprinzip und damit die Kostenwahrheit durch.
35	Seite 91	Ausbreitung und Intensität.
36	Seite 91	Es kommt auf unsere Machtausstattung an, wie stark wir in die Prozesse eingreifen können, doch bereits viele Tätigkeiten unseres Alltagslebens haben einen Einfluss auf die Globalisierung.
37	Seite 98	Homogenisierend: A], B]; fragmentierend: C].
38	Seite 98	C], B], D], E], A].
39	Seite 104	Die europäischen Kolonialmächte haben durch ihre Okkupation auch ihre Landessprachen in die Gebiete gebracht. Noch heute, nach der De-Kolonialisierung haben viele Ex-Kolonien die Sprache der ehemaligen Kolonialmacht als Amts- bzw. Staatssprache. So spricht man in Brasilien Portugiesisch, in Nigeria (auch) Englisch, in Surinam Niederländisch und im Tschad Französisch.

40	Seite 104	Durch die Lösung von der Religion und das Abstellen auf die wissenschaftliche Beobachtung war die Theorie einerseits vereinbar mit dem Fortschrittsgedanken, anderseits bestand nur so die Chance, dass die Theorie auch von Gesellschaften mit nicht alttestamentlichem Hintergrund beachtet wurde.
41	Seite 110	Da die Rupiah mit dem US-Dollar, an den sie gekoppelt war, stieg, muss der Händler entweder mehr für die Ware bezahlen oder mit einer geringeren Menge an Textilien vorliebnehmen.
42	Seite 113	A] Gunstland hat gegenüber Ödland sowohl beim Erdöl als auch beim Bauxit absolute Vorteile. B] Beim Bauxit ist Ödland allerdings mit einem Verhältnis von 3:4 = 75% gegen über Erdöl mit 3:5 = 60% relativ gesehen weniger im Nachteil, hat darin also einen komparativen Vorteil. Gerade umgekehrt verhält es sich für Gunstland, das beim Erdöl komparative Vorteile hat. C] Gunstland wird sich auf die Förderung von Erdöl spezialisieren, Ödland auf Bauxit.
43	Seite 117	E], D], F], B], G], A], C].
44	Seite 119	Im Gegensatz zum «bilateralen», zweiseitigen Kräftegleichgewicht während des Kalten Kriegs, gibt es heute auf der Welt nur noch eine Supermacht, die USA. Vielfach wird den USA vorgeworfen, sie würden eine Sicherheitspolitik des Unilateralismus betreiben, eine Sicherheitspolitik also, die nur im Eigeninteresse handelt und sich nicht um eine Abstimmung der Interessen mit den übrigen Ländern bemüht.
45	Seite 125	Die drei Facetten von Kultur sind Werte B], E], Normen C] und materielle Artefakte A], D].
46	Seite 125	Kultur ist eher mit der Software eines Computers zu vergleichen. Wir alle erlernen Kultur durch unser Umfeld, indem wir mit anderen Menschen sprechen, Bücher lesen, Yoga lernen oder Salsa tanzen. Wir alle erarbeiten uns unsere Kultur aktiv, indem wir uns mit bestimmten Werten und Normen identifizieren.
47	Seite 125	Die Abbildung zeigt sehr eindrücklich, wie stark die Siedlungsgebiete der verschiedenen Ethnien verzahnt sind. Vielerorts leben auf engstem Raum Ethnien zusammen, deren Verhältnis durch die Jahre des Kriegs stark belastet ist. Neue und alte Grenzen trennen Menschen von ihren Verwandten und schaffen Minderheiten auf dem Gebiet anderer Ethnien. Der Flickenteppich der Ethnien in Ex-Jugoslawien birgt ein erhebliches Konfliktpotenzial.
48	Seite 129	Die Jagd ist eine grosse Leidenschaft des Adels in England. Doch das jagdbare Wild braucht einen gewissen Lebensraum, damit es sich vermehren kann. So gehören die wenigen noch erhaltenen Waldgebiete Englands adligen Familien, dort befindet sich ihr Jagdrevier. Aus ähnlichen Gründen wurden in Kenia die ersten Nationalparks errichtet.
49	Seite 129	Uganda eignet sich aufgrund der klimatischen Verhältnisse besser zum Anbau von Cashcrops wie Kaffee, Zuckerrohr oder Baumwolle. Daher hatte die Kolonialmacht weniger Interesse an einem Aufbau touristischer Infrastruktur. Auch sind die politischen Verhältnisse Ugandas sehr unstabil und der Tourismus reagiert stark auf unsichere Verhältnisse. Uganda hat sich deshalb touristisch noch nicht etablieren können.

50	Seite 129	Kenia gehört zu den Niedriglohnländern. Arbeitszeiten und Entlöhnung sind in vielen Fällen nicht geregelt. Es besteht die Gefahr der (auch sexuellen) Ausbeutung weiblicher Arbeitskräfte oder Kinder.
51	Seite 132	• Regierungen aus Industrieländern stützen ausbeuterische Diktaturen und entwicklungshemmende Strukturen. • In Zusammenarbeit mit abhängigen Regierungen und bestochenen Offiziellen werden natürliche Ressourcen geplündert. • Nach den heutigen Regeln können wichtige Umweltressourcen weltweit gratis genutzt und zerstört werden. Darum ist es möglich, dass zwar die Menschen in den reichen Ländern einen grösseren Beitrag zu den globalen Umweltverschlechterungen leisten – die Menschen in den armen Ländern aber wohl stärker davon betroffen werden. • Oft werden die Spielregeln des ungehinderten internationalen Markts beklagt, die die ärmeren Länder benachteiligen. Wo hingegen die Entwicklungsländer aus dem freien Handel profitieren könnten, v. a. bei Textil- und Agrarexporten, wird er eingeschränkt. • Gewinne in armen Ländern werden illegal in reiche Länder transferiert. • Ärmere Länder werden durch riesige Schulden abhängig gemacht. Die Industrieländer haben die Macht, ihre Schulden auch einzutreiben.
52	Seite 136	Die Dunkelziffer in Entwicklungs- und Schwellenländern der Beschäftigten im Subsistenzsektor und im informellen Sektor ist sehr gross. Sie erscheinen in keiner amtlichen Statistik über Arbeitslosigkeit.
53	Seite 139	Auf den wirtschaftlichen Aktivitäten im informellen Sektor kann der Staat keine Steuern erheben. Ihm entgehen auf diese Weise beträchtliche Einnahmen. Andererseits sind in vielen Entwicklungsländern viele Menschen auf ihre Beschäftigung im informellen Sektor angewiesen und der Aufwand der Strafverfolgung wäre zu hoch, weshalb der Staat nicht eingreift.
54	Seite 143	Institutioneller Kapitalismus.
55	Seite 145	• Greenpeace bewegt den Konzern Nestlé 2010 dazu, ab sofort kein Palmöl mehr von Lieferanten zu beziehen, die den indonesischen Urwald zerstören. • Die Etablierung des FSC-Labels zur nachhaltigen Nutzung des Walds wurde lanciert von der NGO des Weltforstrats, Forest Stewardship Council.
56	Seite 154	Nach wie vor ist das Beharren vieler europäischer Staaten auf einer eigenen Souveränität grösser als der Wunsch nach einem europäischen Bundesstaat. Die Einführung des Euro machte dies deutlich, indem die EU-Länder Grossbritannien, Schweden und Dänemark die neue Währung nicht akzeptierten.
57	Seite 155	A], C], H], B], G], J].
58	Seite 157	In der Landwirtschaft gibt es verschiedene Labels, die Produkte kennzeichnen, die nachhaltig produziert wurden. In der Forstwirtschaft begegnet man dem FSC-Label für Holz aus nachhaltiger Produktion. Mit dem Kauf derartiger Produkte bzw. mit dem Boykott anderer Produkte können Sie direkt auf die Entwicklung der Angebotsseite des Weltmarkts für Land- oder Forstwirtschaftprodukte Einfluss nehmen.

59	Seite 157	Bei dieser Aufgabe kommen Sie vielleicht auf andere Lösungen. Hier ging es um die Umweltproblematik aus einer integrierenden Perspektive. Vergegenwärtigen Sie sich, welchen Umweltproblemen des wirtschaftenden Menschen Sie schon begegnet sind. Die folgende Liste gibt Ihnen einige mögliche Lösungen vor.

Bereich	Externe Umweltschäden		
	Lokal	**In der Schweiz (regional / national)**	**Weltweit**
Landwirtschaft	• Überdüngung eines Gewässers durch zu viel Dünger auf den Feldern.	• Ausgewaschenes Nitrat aus gedüngten Acker- und Weideböden belastet das Grundwasser und damit die Qualität des Trinkwassers.	• Einsatz gentechnisch veränderter Organismen birgt unbekannte Umweltrisiken sowie die Gefahr von Herbizidresistenzen.
Energiewirtschaft	• Stauseebau überflutet wertvolle Hochmoorlandschaft. • Tankerkatastrophe verschmutzt Strände.	• Treibstoffe des motorisierten Verkehrs bilden sauren Regen und verursachen Waldsterben.	• Verbrennung fossiler Brennstoffe führt zu Klimaänderung.
Schwerindustrie	• Schwermetalle und andere Stoffe vergiften die Böden altindustrieller Standorte.	• Fabriken belasten die Luft.	• Lösungsmittel gelangen in die Atmosphäre und tragen zum Klimawandel bei.
Verkehr	• Lärm und Atemnot verschlechtern die Lebensqualität von Anwohnern (z. B. PM10). • Gebäudeschäden durch Schadstoffe in der Luft.	• Sommer- und Wintersmog belasten die Umwelt und die Menschen ganzer Landstriche. • Abgase des motorisierten Verkehrs bilden sauren Regen und verursachen Waldsterben.	• Internationaler Flugverkehr lädt Abgase direkt in der empfindlichen Stratosphäre ab und trägt damit erheblich zum anthropogenen Klimawandel bei.

60	Seite 162	Individuelle Lösungen.

61	Seite 162	Beispiel 1: die Zonen in der Stadt Zürich

- Zweigeschossige Wohnzone
- Dreigeschossige Wohnzone
- Viergeschossige Wohnzone
- Fünfgeschossige Wohnzone
- Fünfgeschossige Zentrumszone
- Sechsgeschossige Zentrumszone
- Siebengeschossige Zentrumszone

- Industriezone
- Industriezone mit Handels- und Dienstleistungsbetrieben
- Zonen für öffentliche Bauten
- Quartiererhaltungszonen
- Kernzonen
- Erholungszonen
- Freihaltezonen
- Landwirtschaftszone
- Reservezone

Quelle: http://www.stadt-zuerich.ch/internet/as/home/inhaltsverzeichnis/7/700/100/1335537301141.html
PDF: 700.100_BZO 12Okt V6.pdf (1.7.2013).

Beispiel 2: die Zonen in der Gemeinde Weggis

- Kernzone
- Kernzone Rigi Kaltbad
- Dorfzone 1
- Dorfzone 2
- Dreigeschossige Wohnzone A
- Dreigeschossige Wohnzone B
- Zweigeschossige Wohnzone A
- Zweigeschossige Wohnzone B
- Landhauszone Rigi Kaltbad West
- Dreigeschossige Arbeits- und Wohnzone
- Zone für öffentliche Zwecke
- Zone für Bahnanlagen (Rigi Kaltbad)
- Zone für Sport- und Freizeitanlagen
- Bootshafen
- Grünzone
- Grünzone (Rigi Kaltbad)
- Grünzone Röhrli
- Sonderbauzone Röhrli
- Kur- und Hotelzone Rigi Kaltbad
- Kur- und Hotelzone

Quelle: http://www.gemeinde-weggis.ch/documents/Zonenplan.pdf (1.7.2013).

Die zwei Beispiele Zürich und Weggis zeigen, dass die Anzahl der Zonen nicht mit der Grösse einer Gemeinde zusammenhängt, sondern mit den spezifischen Planungsbedürfnissen eines Orts. Grössere und komplexe Projekte können in Zürich über das Instrument der Arealüberbauung geplant werden. Bei Weggis kommt die topografische Lage zwischen See und Bergen in der Zonenordnung zum Ausdruck.

62	Seite 164	Hotels bieten zusätzlich langfristige Arbeitsplätze in der Hotellerie und der Gastronomie an und generieren Jobs in der Tourismuswerbung. Auch das Angebot für Tagesgäste steigt i. d. R. durch Hotels (Restaurants).
63	Seite 166	• Agglomeration Basel • Agglomeration Genf-Lausanne • Tessin • Schaffhausen-Ostschweiz
64	Seite 167	Der Vierwaldstättersee liegt auf 434 m, das Tunnelportal auf 1 106. Die Differenz beträgt demnach 672 m.
65	Seite 167	Insbesondere während der Stosszeiten liegen die Verkehrsstaus in den Agglomerationen oder im schweizerischen Mittelland. Nur während der Ferienzeiten staut sich der Verkehr auch an den Alpenübergängen, und dies häufig an den Wochenenden. Die berüchtigten Staus am Gotthard und an anderen Alpenübergängen während der Ferienzeit stellen demnach für den Schwerverkehr keine grosse Beeinträchtigung dar.
66	Seite 171	1845 wurde an den Hängen am Rande der Ebene gesiedelt. Die Ebene selbst war sumpfig und konnte nur beschränkt landwirtschaftlich genutzt werden. Durch die Gewässerkorrektur (Schutz vor Überschwemmungen durch die Kanalisierung des Rheins) und die Entwässerung der Ebene konnten sich die Siedlungen in die Ebene ausdehnen und die Landwirtschaft gewann zudem Kulturland. Durch ausgesiedelte Landwirtschaftsbetriebe wurde die Bewirtschaftung dieses Kulturlands optimiert.

Glossar

Agenda 21
An der Welt-Umweltkonferenz in Rio de Janeiro 1992 beschlossener weltweiter Aktionsplan zur Lösung im 21. Jahrhundert anstehender Umwelt- und Entwicklungsprobleme. Sie formuliert Strategien und Lösungsvorschläge zu Armutsbekämpfung, Bevölkerungspolitik, zu Handel und Umwelt, zur Abfall-, Chemikalien-, Klima- und Energiepolitik, zur Landwirtschaftspolitik sowie zur finanziellen und technologischen Zusammenarbeit zwischen Entwicklungs- und Industrieländern.

Agglomerationseffekte
Kostenvorteile oder -nachteile, die ein Unternehmen aus der räumlichen Konzentration mit anderen Unternehmen an einem Standort erfährt. Agglomerationsvorteile werden auch Fühlungsvorteile genannt (vgl. → Lokalisationsvorteile und → Urbanisationsvorteile).

Arbeitskraft
Der Produktionsfaktor Arbeitskraft umfasst jede an der Bedürfnisbefriedigung und Überwindung der Knappheit orientierte bewusste Tätigkeit des Menschen. Zum Produktionsfaktor Arbeitskraft zählt man auch das Wissen, das Know-how, das sich die Arbeitskräfte angeeignet haben.

Bauzone
Eine Bauzone umfasst das Land, das sich für die Überbauung eignet, bereits weitgehend überbaut ist oder voraussichtlich bald erschlossen werden muss. Bauzonen werden in den Zonenplänen der Gemeinden ausgeschieden.

Bewirtschaftungsform
Art und Weise, wie der Boden durch die Landwirtschaft bewirtschaftet wird. Es gilt die → Intensive Landwirtschaft und die → Extensive Landwirtschaft zu unterscheiden. Ferner kann die Landwirtschaft marktorientiert oder der Selbstversorgung dienen. Die Grundtypen landwirtschaftlicher Bewirtschaftungsformen sind der Ackerbau, die Viehzucht und der spezialisierte Marktfruchtbau.

Biodiversität
Auch Artenvielfalt: Vielfalt des Lebens auf der Erde, von der genetischen Vielfalt über die Vielfalt aller Tier- und Pflanzenarten bis hin zur Vielfalt der Lebensräume (Ökosysteme).

Biolandbau
Naturnahe Produktion von landwirtschaftlichen Produkten durch naturnahe Tierhaltung und unter Verzicht auf künstliche Zusatzstoffe und Gentechnologie. Der Biolandbau untersteht strengen Richtlinien und darf seine Produkte unter dem Bio-Zeichen vermarkten.

Biotechnologie
Die gezielte Nutzung von Lebewesen oder ihrer Bestandteile in der Medizin, der Landwirtschaft und zur Lebensmittelherstellung.

Boden
Der Produktionsfaktor Boden beinhaltet alle von der Natur bereitgestellten Produktionsfaktoren. Er umfasst die bebaubare Erdoberfläche und die Bodenschätze.

Bodendegradation
Verschlechterung des landwirtschaftlich genutzten Bodens infolge unsachgemässer Bewirtschaftung, meist durch Erosion durch Wasser und Wind.

Bruttoinlandsprodukt
BIP (engl. gross domestic product, GDP). Indikator für die volkswirtschaftliche Gesamtleistung. Das BIP beschreibt den Wert aller innerhalb eines Jahrs von einer Volkswirtschaft für den Endverbraucher erstellten Waren und Dienstleistungen.

Bruttosozialprodukt
BSP (engl. gross national product, GNP). Indikator für die volkswirtschaftliche Gesamtleistung. Das BSP beschreibt den Wert aller von den Bürgern eines Staats erwirtschafteten Waren und Dienstleistungen. Das BSP setzt sich zusammen aus dem → Bruttoinlandsprodukt und dem von Inländern im Ausland erwirtschaftetem Einkommen, abzüglich dem von Ausländern im Inland bezogenen Einkommen.

Deindustrialisierung
Bezeichnet den Verlust von Arbeitsplätzen im industriellen Sektor (→ Sekundärer Sektor) im Verhältnis zu den anderen Wirtschaftssektoren.

Desertifikation
Ausbreitung von Wüsten in Trockengebieten infolge natürlicher klimatischer Veränderungen und menschlicher Einflüsse durch Über- und Fehlnutzung.

Dienstleistungssektor
Umfasst alle Dienstleistungen, die in eigenständigen Unternehmen oder durch den Staat sowie in anderen öffentlichen Einrichtungen erbracht werden (Banken, Versicherungen, Tourismus, Verkehr, Schulen).

Direktzahlungen	Staatliche Beiträge an die Landwirte. Über diesen «Lohn» gilt der Staat die gemeinwirtschaftlichen (Landschaftsgestaltung und -pflege) und ökologischen Leistungen (naturnaher Landbau) der Landwirtschaft ab.
Dritte Welt	Im allgemeinen Sprachgebrauch eine andere Bezeichnung für die Entwicklungsländer. Der Begriff entstammt der Einteilung in Erste (westliche), Zweite (östliche) und Dritte (südliche) Welt. Die an Rohstoff- und Energiereserven armen Entwicklungsländer werden häufig auch als Vierte Welt bezeichnet. → Entwicklungsland
Energieträger	Alle Rohstoffe, die in Energie umgewandelt werden können: Unterscheidung in fossile Energieträger (Kohle, Erdöl, Erdgas), regenerative Energieträger (Wasser-, Erdwärme, Sonnenenergie, Biomasse) und Kernenergieträger (Uran).
Entwicklungsland	Land, das im Vergleich zu einem → Industrieland als wirtschaftlich relativ wenig entwickelt betrachtet wird. Es zeichnet sich aus durch tiefes Pro-Kopf-Einkommen, grosse Unterschiede zwischen Arm und Reich, hohe Staatsverschuldung, geringen Beschäftigtenanteil im tertiären Sektor, hohe (versteckte) Arbeitslosigkeit, hohes Bevölkerungswachstum, mangelnde medizinische Versorgung und schlechtes Bildungswesen.
Erneuerbare Energien	Energieträger, deren Vorräte sich ständig wieder ergänzen oder in den von Menschen fassbaren Zeiträumen vermehrbar sind.
Erschliessung	Die Erschliessung bedeutet die Bereitstellung der für eine Grundstücksnutzung nötigen Infrastruktur (Zufahrtsstrasse, Wasser und Abwasser, Strom, Gas, Telefon).
Ethnie	Mitglieder einer Ethnie haben ein Zusammengehörigkeitsgefühl. Mitglieder einer Ethnie teilen gemeinsame kulturelle Werte und Normen.
Extensive Landwirtschaft	Landwirtschaftliche Bewirtschaftung des Bodens mit wenig Arbeitskraft- und Kapitalgütereinsatz.
Externe Kosten	Kosten, die in der Produktion oder beim Konsum entstehen, im Marktpreis aber nicht enthalten sind und somit von den Verursachern nicht abgegolten werden und auf die Allgemeinheit oder die Umwelt abgewälzt werden.
Fossile Energieträger	In Jahrmillionen entstandene Brennstoffe aus der Biomasse abgestorbener Tiere und Pflanzen (Erdöl, Erdgas, Braunkohl, Steinkohle).
Fragmentierung	Fragmentierung beschreibt den Prozess, wenn etwas in kleinere Teile zerbrochen oder zerlegt wird. In Bezug auf die Globalisierung heisst dies, dass es Prozesse der Globalisierung gibt, die teilend wirken, die auseinanderbrechen lassen, was zuvor zusammen war. Das Gegenteil von Fragmentierung ist die → Homogenisierung.
Fundamentalismus	Fundamentalisten beziehen ihre Überzeugungen aus Wahrheiten, die sie als unumstösslich richtig halten und zu denen sie keine Alternative sehen oder gelten lassen. Sie lehnen Andersdenkende ab, was sich im besten Fall durch Ignoranz, im schlimmsten Fall durch Gewalt gegenüber Andersdenkenden äussert.
Gentechnologie	Verfahren, bei denen die Erbsubstanz eines Lebewesens gezielt verändert wird, also ein neues, verändertes Lebewesen geschaffen wird. Lebewesen können so verändert werden, dass sie Eigenschaften haben, die unter natürlichen Bedingungen oder durch Zucht unmöglich wären.
Gesellschaft	Mitglieder einer Gesellschaft haben ihr Denken und Handeln bezüglich ihrer Regeln des Zusammenlebens planmässig aufeinander abgestimmt und verfolgen damit den Zweck, ihre Ideen zu verwirklichen. Dies ist ein fortlaufender Prozess und nicht eine einmal abgegebene Erklärung, die dann für immer Bestand hat. Die Gesellschaft wird der Gemeinschaft gegenübergestellt, die organisch gewachsen ist und deren Mitglieder ein gemeinsames Gedächtnis haben.

Globales Dorf	Der Begriff wird verwendet, um damit auszudrücken, dass die Menschen durch die Globalisierung so nah zusammengerückt sind, als würden sie im gleichen Dorf leben. Damit ist auch gemeint, dass eine Person ihr Beziehungsnetz durchaus über den ganzen Globus verteilt haben kann, so wie man früher dieses Netz im eigenen Dorf hatte.
Globalisierung	Globalisierung ist die Konsequenz von Handlungen, deren Auswirkungen sich in ganz anderen Teilen der Welt manifestieren. Sie besteht aus einem Bündel widersprüchlicher Prozesse und einem Teil unseres Alltagslebens.
Glokalisierung	Von Glokalisierung spricht man, • wenn globale Konzepte oder Ideen lokal umgesetzt werden (z. B. Schweizer Käsewochen mit McFondue, McVacherin, McRaclette, McGruyere in der Fast-Food-Kette mit dem Doppelbogen) oder • wenn etwas Lokales zum globalen Begriff oder zum globalen Allgemeingut wird (z. B. Flims wird gerne als das «Mekka» der Snowboarder bezeichnet).
Graue Energie	Vorgelagerter Energieverbrauch, der für die Herstellung und die Bereitstellung von Waren und Dienstleistungen benötigt wird, z. B. beim Bau von Häusern, der Produktion von Maschinen u. a.
Grüne Revolution	Grundlegender Wandel der Landwirtschaft nach dem Zweiten Weltkrieg durch speziell für tropische Räume entwickelte Agrartechnologien, die mithilfe hochertragsreichen Saatguts, künstlicher Bewässerung, erhöhtem Einsatz von Dünge- und Schädlingsbekämpfungsmitteln überdurchschnittlich hohe Produktionssteigerungen erzielten.
Homogenisierung	Homogenisierung bedeutet Vereinheitlichung. Vielfach wird die Globalisierung nur als homogenisierender Prozess wahrgenommen, bei dem (v. a. amerikanische) kulturelle Werte über den ganzen Globus verbreitet werden, ihre fragmentierenden Prozesse werden häufig übersehen (→ Fragmentierung).
Industrialisierung	Bezeichnet die Ausbreitung von Industrie und Gewerbe in einer Volkswirtschaft auf Kosten der Landwirtschaft und des Handwerks.
Industrieland	Land, das im Vergleich mit einem → Entwicklungsland als wirtschaftlich relativ hoch entwickelt gilt. Es zeichnet sich aus durch hohes Pro-Kopf-Einkommen, eine bedeutende eigene industrielle Produktion von Gütern sowie einen gut entwickelten Dienstleistungssektor.
Industrielle Revolution	Bezeichnet den durch technologische Innovationen ausgelösten gesellschaftlichen und wirtschaftlichen Wandel in Landwirtschaft, Gewerbe, Industrie und Handel gegen Ende des 18. Jahrhunderts in Europa.
Informeller Sektor	Im Gegensatz zum formellen (Wirtschafts)sektor wird der informelle nicht staatlich erfasst und es können dadurch auch keine Steuern erhoben werden. Genau genommen sind die Tätigkeiten, die informell verrichtet werden, illegal, doch für viele Menschen in Entwicklungsländern ist eine Tätigkeit im informellen Sektor (über)lebenswichtig, sodass der Staat nicht (stark) dagegen einschreitet. Vielfach hat der Staat auch nicht die Mittel, um gegen den z. T. sehr bedeutenden informellen Sektor vorzugehen.
Infrastruktur	Notwendiger Unterbau, den es zur wirtschaftlichen Entwicklung eines Wirtschaftsraums braucht. Infrastrukturen sind oft → Öffentliche Güter. Zur Infrastruktur gehören das Verkehrswesen (Schiene, Strasse), das Kommunikationswesen, die Versorgung mit Strom, Gas und Wasser, die Abfallentsorgung usw.
Innovation	Technologische Neuerung. Die Wirtschaftsgeografie interessiert sich v. a. für raumwirksame Innovationen.
Integrierte Produktion (IP)	Die integrierte Produktion sucht den Mittelweg zwischen der herkömmlichen Landwirtschaft und dem → Biolandbau. In der integrierten Produktion sind künstliche Zusatzstoffe wie Kunstdünger oder Pflanzenschutzmittel erlaubt, allerdings so wenig wie möglich und gerade so viel wie nötig.

Intensive Landwirtschaft	Landwirtschaftsform mit grossem Einsatz von Kapitalgütern (Dünger, Geräte, Maschinen) und / oder Arbeitskraft; z. B. Weinbau, intensive Viehmast etc.; das Gegenteil ist die → Extensive Landwirtschaft.
Internationale Organisation	Zusammenschluss von mindestens zwei Staaten, der auf Dauer angelegt ist. Die Organisation betätigt sich über nationale Grenzen hinweg und widmet sich überstaatlichen Aufgaben. Wesentliches Merkmal einer solchen Organisation ist, dass sie mindestens ein Organ hat, durch das sie handelt. Beispiele für internationale Organisationen sind die EU und die UNO.
Internationaler Währungsfonds (IWF) und Weltbank	Der IWF ist zusammen mit der Weltbank Teil einer Unterorganisation der UNO. Er vergibt Kredite an Länder mit Zahlungsschwierigkeiten. Oft werden die Kreditvergaben mit strengen Auflagen verbunden, die recht umstritten sind und unter denen oft gerade die ärmere Bevölkerung leidet.
Kalter Krieg	Als kalter Krieg wurde die Konfrontation zwischen Ost und West bzw. zwischen den Staaten des Warschauer Pakts (WAPA) und der NATO nach dem Zweiten Weltkrieg bis 1989 bezeichnet. Kalt, weil es kein Krieg war, der mit Panzern und Kanonen geführt wurde. Krieg, weil er ein Wettrüsten beinhaltete und verschiedentlich nahe an einer atomaren Eskalation stand.
Kapitalgüter	Kapitalgüter sind Güter, die hergestellt wurden, um damit weitere Güter zu produzieren. Beispiele sind Maschinen, Produktionsgebäude oder Zufahrtsstrassen.
Kapitalismus	Kapitalismus kann auch mit Marktwirtschaft bezeichnet werden. Es geht dabei darum, das Kapital, über das eine Person oder eine Firma verfügt, so einzusetzen, dass es den grösstmöglichen Gewinn erzielt. Die kapitalistische Wirtschaftsweise hat sich mit dem Zusammenbruch der planwirtschaftlich geführten Länder 1989 als alleinige Wirtschaftsweise durchgesetzt.
Kernenergie	Im physikalischen Sinne bezeichnet die Kernenergie die Bindungsenergie eines Atomkerns. In der Frage nach den Energieträgern für die Wirtschaft meint der Begriff die in einem Kernkraftwerk bei der Kernreaktion frei werdende und nutzbare Energie.
Komparative Vorteile	Ein Land hat bei der Bereitstellung jener Waren und Dienstleistungen einen komparativen Vorteil, bei denen es im Vergleich zu den Konkurrenzländern relativ die grössere Überlegenheit oder die kleinere Unterlegenheit aufweist.
Kostenwahrheit	Kostenwahrheit im Verkehr herrscht dann, wenn die Verkehrsträger im Rahmen des Verursacherprinzips sämtliche von ihnen verursachten Kosten (inkl. → Externe Kosten) decken.
Kultur	Werte, Normen und materielle Artefakte, die sich Menschen einer Gemeinschaft teilen. Die Kultur schafft eine Ordnung des Zusammenlebens und erleichtert dieses. Sie ist aber nicht statisch, sie verändert sich im Laufe der Zeit.
Kulturlandschaft	Im Gegensatzpaar Naturlandschaft–Kulturlandschaft diejenige Landschaft, die stark von der menschlichen Nutzung geprägt ist und ihre ursprüngliche, natürliche Ausgestaltung weitgehend verloren hat.
Kulturverlust	Verlust oder Veränderung der lokalen Kultur. Dies kann Folge touristischer Erschliessung sein, aber auch der zunehmenden globalen Kommunikation und der Medien, die v. a. die westliche Kultur in den letzten Winkel der Welt bringen.
Label	Labels sind Produkte-Kennzeichnungen oder Marken, die die Konsumenten über besondere Merkmale oder Qualitäten der Produkte informieren. Labels sind verbreitet zur Kennzeichnung von Produkten aus naturnahem oder biologischem Landbau. Wer Produkte unter einem bestimmten Label vermarkten will, muss sich an bestimmte Bedingungen der Produktion halten.
Landwirtschaft	Die Landwirtschaft umfasst die Bewirtschaftung des Bodens und die Viehzucht. Ihre Produkte sind pflanzliche und tierische Nahrungsmittel, Futtermittel sowie Rohstoffe für Gewerbe und Industrie.
Landwirtschaftszone	Im Gegensatz zur Bauzone, umfasst die Landwirtschaftszone für die Landwirtschaft oder den Gartenbau geeignetes Land. Diese Zonen werden ausgeschieden, um die Ernährungsbasis, die Erholungsfunktion oder den ökologischen Ausgleich eines Lands zu sichern.

Leistungsabhängige Schwerverkehrsabgabe (LSVA)	Seit dem 1. Januar 2001 erhobene, vom Transportgewicht, der Transportdistanz und dem Schadstoffausstoss abhängige Abgabe des Schwerverkehrs für die Benützung des Schweizer Strassennetzes. Die LSVA realisiert die → Kostenwahrheit nach dem Verursacherprinzip.
Liberalisierte Marktwirtschaft	Liberalisiert heisst hier, dass die Marktwirtschaft von staatlichen Einschränkungen (Subventionen, Protektionen und nicht marktkonformen Sozial- und Umweltabgaben) befreit ist.
Lokalisationsvorteile	Kostenvorteile, die sich aus der Ansiedlung vieler Betriebe einer ähnlichen Branche an einem Ort durch die Konzentration geeigneter Arbeitskräfte, Ausbildungsstätten, Zuliefer- und Servicebetriebe ergeben (→ Urbanisationsvorteile).
Massentierhaltung	Bodenunabhängige, energie- und futterintensive Viehwirtschaft mit der Konzentration von sehr hohen Tierbeständen und der Reduktion der menschlichen Arbeitskraft durch einen hohen Kapitaleinsatz.
Massentourismus	Das konzentrierte Auftreten von Touristen in einer Region. Hat negative Folgen für die Zielregion, entweder ökologischer oder kultureller (→ Kulturverlust) Art. Entwickelte sich als Folge des wirtschaftlichen Aufschwungs nach dem Zweiten Weltkrieg.
Mobilität	Bezeichnet die Fähigkeit und die Bereitschaft des Menschen zur Veränderung (der Position im Raum), beweglich zu sein, Orte frei aufsuchen zu können. Neben dieser räumlichen Mobilität gibt es in der Geografie des Menschen auch die soziale Mobilität. Sie beschreibt Veränderungen der Position des Einzelnen in der Gesellschaft.
McWorld	Die McWorld steht in Benjamin Barbers Theorie für die homogenisierenden Kräfte der Globalisierung. Der Ausdruck wurde von McDonald's abgewandelt, einem Konzern, der global die gleichen Produkte in gleich aussehenden und funktionierenden Restaurants feilbietet.
Monokultur	Eine Monokultur ist eine landwirtschaftliche Nutzungsform, bei der der Boden über Jahre durch dieselbe Kulturpflanzenart genutzt wird. Als Nutzpflanzen kommen sowohl einjährige (Tabak, Weizen, Reis, Mais, Hopfen) als auch Dauerkulturen infrage (Wein, Fichten in der Forstwirtschaft).
Nachhaltige Entwicklung	Engl. sustainable development: steht für eine Entwicklung, die gewährleistet, dass die Bedürfnisse der heutigen Generation befriedigt werden, ohne die Möglichkeiten künftiger Generationen zur Befriedigung ihrer eigenen Bedürfnisse zu beeinträchtigen. Die Anliegen der Umwelt, der Wirtschaft und der Gesellschaft bilden die drei gleichberechtigten Dimensionen der Nachhaltigkeit.
Nachhaltiger Tourismus	Tourismus, der in sozialer, kultureller, ökologischer und wirtschaftlicher Art auf Langfristigkeit ausgerichtet ist und die Ressourcen der Zielregion schont.
Nationalstaat	Ein Nationalstaat ist ein eigenständiges, politisches Gebilde mit festgelegtem Territorium, eigener Gesetzgebung und eigenem Gewaltmonopol. Bürger eines bestimmten Nationalstaats haben eine eigene Staatsbürgerschaft.
Naturlandschaft	Vom Menschen nur schwach oder gar nicht veränderte Landschaft. Ihr wird meist die Kulturlandschaft gegenübergestellt.
Neue Eisenbahn-Alpentransversale (NEAT)	Grossprojekt zur Erneuerung der alpenquerenden Schieneninfrastruktur bestehend aus den beiden Alpen-Basistunnel Gotthard und Lötschberg sowie deren Zufahrten.
Neoliberalismus	Der Neoliberalismus ist eine wirtschaftspolitische Haltung, nach der die Marktwirtschaft am besten funktioniert, wenn sie von staatlichen Eingriffen (wie Zöllen, Subventionen, Mindestlöhnen, Umweltauflagen etc.) so weit als möglich befreit ist.
Nicht erneuerbare Energien	Energieträger, die sich in geologischen, Jahrmillionen dauernden Zeiträumen gebildet haben und heute aus ihren erschöpflichen geologischen Lagerstädten gefördert werden. Beispiele: die fossilen Energieträger Erdöl und Erdgas sowie Kernbrennstoffe.

Nichtstaatliche Organisation (NGO)	Nichtstaatliche oder Nichtregierungsorganisationen sind Verbände, die unabhängig vom Staat Ziele verfolgen, die nicht profitorientiert sind. Sie sind v. a. im humanitären, Entwicklungs- und Umweltbereich tätig. Sie machen einerseits auf Missstände aufmerksam und schlagen anderseits Lösungen dafür vor. Sie arbeiten oft länderübergreifend und haben durch die Globalisierung grössere Bedeutung erhalten. Bekannte grosse NGO sind z. B. der WWF, Greenpeace, Amnesty International oder Médecins sans frontières.
Nomadismus	Zyklische Wanderbewegung entlang einer Anzahl vorbestimmter Orte, z. B. zwischen Weideplätzen für die Wanderviehwirtschaft.
Öffentliche Güter	Güter, von deren Nutzung niemand ausgeschlossen werden kann und die der Öffentlichkeit Nutzen stiften, ohne dass jemand bereit wäre, für ihre Bereitstellung und Erhaltung zu bezahlen.
Peripherie und Semiperipherie	Periphere Gebiete sind Randgebiete. Im wörtlichen Sinne sind es Gebiete, die schwer erreichbar sind. Man verwendet den Begriff aber auch für Gebiete, die wirtschaftlich am Rande stehen, wie z. B. gewisse Bergregionen in der Schweiz oder auf globaler Ebene die Entwicklungsländer. Periphere Gebiete dienen häufig nur als Rohstofflieferanten und sind wirtschaftlich abhängig von den ökonomischen Zentren. Die Semiperipherie ist ein Bindeglied zwischen der Peripherie und den Zentren. Vielfach werden in der Semiperipherie Zwischenprodukte aus den Rohstoffen der Peripherie gefertigt, die dann in den Zentren zu Fertigprodukten verarbeitet werden.
Primärenergie	Die in der Natur in ihrer ursprünglichen, also nicht umgewandelten Form vorkommende Energie, z. B. Steinkohle, Sonnenenergie, Wind, fliessendes Wasser.
Primärer Sektor	Umfasst die Arbeitskräfte, die sich mit der direkten Nutzung der natürlichen Ressourcen beschäftigen (→ Landwirtschaft).
Produktionsfaktoren	(= Ressourcen) Mittel zur Produktion von Konsumgütern (Waren und Dienstleistungen). Die vier Produktionsfaktoren sind der → Boden, die → Arbeitskraft und das Wissen, die → Kapitalgüter und die → Umweltgüter.
Protektionismus	Unter Protektionismus versteht man den Schutz der eigenen nationalen Wirtschaft vor billigen Importprodukten. Dazu kann der Staat einerseits Einfuhrzölle erheben oder die heimischen Produkte subventionieren (→ Subventionen).
Quartärer Sektor	Wirtschaftssektor, der Wissen und Informationen schafft und Güter verwaltet und tauscht.
Raumplanung	Raumplanung ist eine Sammelbezeichnung für alle planerischen Massnahmen, die zur Entwicklung des Raums in ganz bestimmte Richtungen beitragen sollen. Der Grundauftrag der Raumplanung besteht darin, die gegensätzlichen Ansprüche an den Lebensraum so aufeinander abzustimmen, dass der knappe Boden haushälterisch genutzt wird und eine geordnete Besiedlung des Raums entsteht.
Rekultivierung	Planmässige Wiederherstellung der Landschaft nach einer wirtschaftlichen Nutzung. Abgeräumte Bergbaustätten wie etwa Kiesgruben können durch die Rekultivierung wieder in intakte, z. B. landwirtschaftlich nutzbare Landschaften verwandelt werden.
Relativismus	Der kulturelle Relativismus geht davon aus, dass zwischen Kulturen unüberbrückbare Unterschiede bestehen können. Der Relativismus birgt die Gefahr, deswegen Menschen auszugrenzen.
Schwellenland	Ein Land, das an der Schwelle zur Industrialisierung steht, wird Schwellenland oder «Newly Industrialising Country (NIC)» genannt. Es sind Länder, die in den letzten Jahrzehnten eine starke Industrialisierung erfahren haben und die in ökonomischer Hinsicht bald an Industrieländer herankommen. Beispiele sind Malaysia, Thailand, Brasilien oder Mexiko (das diesen Titel schon lange trägt und deswegen «ewiges Schwellenland» genannt wird).
Sekundärer Sektor	Umfasst die Arbeitskräfte, die die Verarbeitung von Waren bewältigen (Industrie und Gewerbe).

Skaleneffekte	(Ökonomische) Skaleneffekte werden dann erzielt, wenn man die Produktion eines bestimmten Guts erhöhen kann, ohne dass die Produktionskosten im gleichen Masse steigen. Dies geschieht meist durch den Einsatz von Maschinen und / oder standardisierten Fertigungsschritten. Je mehr Produkte so produziert werden, desto geringer werden die Kosten für ein einzelnes Produkt.
Souveränität	Souveränität heisst Selbstbestimmung. Ein Nationalstaat ist souverän, wenn er in den wesentlichen Belangen eigenständig entscheiden kann. Der Souverän ist dabei die Körperschaft, die die letzte Entscheidungsinstanz ist. In Monarchien ist dies der Monarch oder die Monarchin, in Demokratien ist das Volk der Souverän.
Staatsverschuldung	Verschuldung eines Staats bei seinen Gläubigern. Viele Staaten weisen heute eine recht hohe Staatsverschuldung auf. Problematisch wird diese aber bei wirtschaftlich schwachen Ländern (Entwicklungsländern), weil die benötigten Mittel für die fälligen Zinszahlungen eine Entwicklung des Lands behindern oder sogar verunmöglichen.
Standort	In der Wirtschaftsgeografie bezeichnet der Standort denjenigen Ort, an dem ein Unternehmen tätig ist. Unternehmen wählen Standorte aufgrund von Kostenvorteilen, die sich gerade dort aufgrund bestimmter → Standortfaktoren ergeben.
Standortfaktoren	Einflussfaktoren, die die Eignung eines Orts als → Standort für ein Unternehmen beschreiben.
Strukturwandel	Grundsätzlich bezeichnet der Begriff eine langfristige und grundsätzliche Änderung der Struktur der Wirtschaft. Von Strukturwandel spricht man sowohl innerhalb bestimmter Teilbereiche der Wirtschaft (z. B. Hinwendung der Schweizer Landwirtschaft zum Biolandbau) als auch mit Blick auf die ganze Volkswirtschaft (→ Tertiärisierung).
Subventionen	Subventionen sind staatliche Unterstützungszahlungen für schwache Wirtschaftszweige. Sie sichern den Betroffenen ein Einkommen, auch wenn sie aus bestimmten Gründen nicht konkurrenzfähig sind. Die Schweizer Landwirtschaft ist ein stark subventionierter Sektor, da v. a. Klein- und Bergbauern mit ihren schwierigen Bedingungen ohne Subventionen auf dem Weltmarkt nicht bestehen könnten. Die WTO möchte Subventionen abbauen, da sie marktverzerrend wirken, den Wettbewerb behindern und damit Innovationen verhindern.
Territorium	Ein Territorium ist ein bestimmter Ausschnitt der Erdoberfläche. Der Begriff wird meist im Zusammenhang mit Besitzansprüchen verwendet. So beanspruchen Nationalstaaten ein genau definiertes (und manchmal umstrittenes) Territorium, über dem ihre Gesetze Geltung haben.
Tertiärer Sektor	Vgl. → Dienstleistungssektor.
Tertiärisierung	Übergang von einer industriell geprägten zu einer dienstleistungs- und technologieorientierten Volkswirtschaft.
Tourismus	Gesamtheit der Beziehungen und Erscheinungen, die sich aus der Reise und dem Aufenthalt von Personen ergeben, für die der Aufenthaltsort weder hauptsächlicher und dauernder Wohn- noch Arbeitsort ist.
Tradition	In vormodernen Gesellschaften haben Traditionen eine wichtige Rolle. Sie verbinden die Vergangenheit mit der Gegenwart und der Zukunft. Indem man sich daran erinnerte, wie bestimmte Dinge früher gemacht wurden und sich daran hielt, wurden Traditionen stabilisiert. In wichtigen Belangen geschah dies durch Rituale, die auch die Funktion des sozialen Zusammenhalts haben. Auch in modernen Gesellschaften gibt es Traditionen, doch haben sie nicht mehr so grosse Bedeutung, sie wurden von Routinen des Alltags abgelöst, die unser Leben strukturieren und an die wir uns halten.
Transnationales Unternehmen (TNU)	Ein Unternehmen, das nicht nur in einem Land eine Niederlassung bzw. Operationen betreibt, ist ein transnationales Unternehmen. Die grossen TNU haben durch ihre transnationale Vernetzung grosse Flexibilität erreicht und sind zu einem wichtigen Träger der Globalisierung geworden.

Treibhauseffekt	Der natürliche Treibhauseffekt ist die Eigenschaft der Atmosphäre, die Erdoberfläche wie in einem Glastreibhaus zu erwärmen. Kurzwellige Sonnenstrahlung durchdringt das «Glas» des atmosphärischen Treibhauses und erwärmt die Erdoberfläche. Die langwellige Wärmestrahlung wird ihrerseits nun von der Atmosphäre zurückgehalten. Mit dem vermehrten Ausstoss von Treibhausgasen, durch das Verbrennen fossiler Energieträger seit Beginn der Industrialisierung, verstärkt der Mensch den natürlichen Treibhauseffekt. Umgangssprachlich wird oft fälschlicherweise nur diese anthropogene Verstärkung des Treibhauseffekts mit «Treibhauseffekt» bezeichnet.
Triade	Mit Triade werden die drei (darum «tri») industrialisierten Grossräume Nordamerika, Japan und Europa zusammengefasst. Sie verfügen über die grösste Wirtschaftsmacht der Welt und kontrollieren auch den grössten Teil der Produktion, des Handels und der Finanzströme.
Umweltabgaben	Abgabe für den Verbrauch oder die Verschmutzung von Umweltgütern.
Umweltgüter	Einer der → Produktionsfaktoren. Umfassen sauberes Wasser, frische Luft, eine intakte Landschaft sowie die wilde Tier- und Pflanzenwelt. Die Umweltgüter unterscheiden sich vom Produktionsfaktor → Boden dadurch, dass es für sie i. d. R. keine Eigentumsrechte gibt.
Umweltökonomie	Zweig der Wirtschaftswissenschaften, der einerseits die Entstehung von Umweltproblemen aus einem ökonomischen Blickwinkel erklärt und andererseits vornehmlich marktwirtschaftliche Lösungen für die Umweltprobleme anbietet.
Umzonung	Durch die Umzonung wird einem Grundstück eine neue Nutzungsbestimmung zugeordnet. Bei der Einzonung wird ein Grundstück der Bauzone zugeschlagen, bei der Auszonung geschieht das Gegenteil.
Universalismus	Der kulturelle Universalismus geht davon aus, dass alle Menschen im Grunde gleich sind und dass kulturelle Unterschiede grundsätzlich überwunden werden können.
Urbanisationsvorteile	Kostenvorteile, die durch die Ansiedlung vieler Betriebe unterschiedlicher Branchen an einem Standort durch den Ausbau der → Infrastruktur, des Ver- und Entsorgungsnetzes, des Verkehrsnetzes etc. entstehen.
Verkehrspolitik	Planungen und Massnahmen des Staats zur Förderung und Gestaltung der Verkehrswirtschaft.
Welthandelsorganisation (WTO)	Die WTO ist als Nachfolgeorganisation des GATT 1995 ins Leben gerufen worden und hat ihren Sitz in Genf. Ihr Ziel ist es, verbindliche Regeln für den globalen Handel aufzustellen und dabei v. a. Handelsschranken abzubauen, aber auch dem geistigen Eigentum (Urheberrecht) weltweit Nachdruck zu verschaffen. Die neoliberale Ausrichtung der WTO wird von vielen NGO als nicht sozial- und umweltverträglich kritisiert.
Wirtschaftssektor	Teilbereich einer Volkswirtschaft, der bestimmte Branchen zusammenfasst (vgl. → Primärer Sektor → Sekundärer Sektor → Tertiärer Sektor → Quartärer Sektor → Informeller Sektor).
Zentrum	Im ökonomischen Sinne sind die Zentren des Wirtschaftsgeschehens die Industrieländer, wo Endprodukte aus Rohstoffen (aus der Peripherie) oder Halbfertigprodukten (aus der Semiperipherie) hergestellt werden bzw. die Kontrolle über den Herstellungsprozess ausgeübt wird. In den Zentren befinden sich also auch die Schaltzentralen der globalen Wirtschaft. Praktisch alle grossen → Transnationales Unternehmen (TNU) haben ihre Hauptsitze in Industrieländern bzw. im Zentrum oder anders ausgedrückt in Ländern der → Triade.

Stichwortverzeichnis

A

Absolute Vorteile 111
Ackerbau 35
AFTA 153
Agenda 21 21
Agglomerationseffekte 12
Agglomerationsnachteile 10, 11
Agglomerationsvorteile 10
Allmende-Problem 25
Alpenschutz-Artikel 88
Aralsee 27
Arbeitslosigkeit 133
Arbeitsmigration 139
Arealüberbauungen 161
ASEAN 153
Aussenhandel 111
Auszonung 161

B

B. t.-Mais 46
BAHN 2000 86
Bahnreform 88
Bali 92
Basistunnel 85
Bauzone 161
Bewirtschaftungsform 34
Binnenverkehr 77
Biodiversität 62
Biogasanlage 71
Biolandbau 50
Biotechnologie 45
Bodendegradation 41
Boykott 156
Brain Drain 139
Brundtland-Kommission 19
Bundesinventare für den Natur- und Landschaftsschutz 169

C

Cash Crops 34, 39
Club of Rome 100

D

Dekolonisierung 111
Deregulierung 109
Desertifikation 41
Dienstleistungssektor 14
Direktzahlungen 49
Dritte Welt 100

E

EFTA 153
Einfuhrzölle 136
Einzonung 161
Elektrischer Strom 54
E-Mail 125
Endenergie 53
Energieträger 56
Energieverbrauch 56
Entwicklungsländer 130
Erdgas 59
Erdöl 58
Erdwärme 69
Erneuerbare Energie 54, 68
Erschliessung 161
Ethnie 120
Ethnozentrismus 123
Europäische Freihandels-
 organisation 153
Europäische Union (EU) 145
Eurozentrismus 123
Extensive Landwirtschaft 34
Externalisierung von Kosten 25
Externe Ersparnisse 11
Externe Kosten 25

F

Familien-Kapitalismus 142
Finanzkrise 104
Flächenbeiträge 169
Food Crops 34
Fossile Energieträger 58
Fotovoltaik-Anlagen 70
Fracking 59
Fragmentierung 95
Freizeitgesellschaft 75
Fühlungsvorteile 11
Fundamentalismus 95

G

G-20 154
G-8 154
Gefahrenkarten 169
Gefahrenzonen 169
Gentechnisch veränderte
 Organismen (GVO) 46
Gentechnologie 45
Gentranfer 47
Geografische Informationssysteme (GIS) 12
Geomarketing 12
Gesellschaft 19
Gestaltungsplan 161
GIS 12
Global Players 140
Globalisierung 90
Globalisierungsgegner 144
Globalität 97
Glokalisierung 96
Graue Energie 62
Grundversorgung 84
Grüne Revolution 43
Güterverkehr 76
GVO 46

H

HIPC-Länder 132
Hochdruckkraftwerk 71
Homogenisierung 93
Horizontaler Gentransfer 47

I

Informeller Sektor 137
Institutioneller Kapitalismus 142
Integrierte Produktion (IP) 50
Intensive Landwirtschaft 34
Internationale Organisationen 145
Internationaler Gerichtshof 150
Internationaler Währungsfonds
 (IWF) 150
Interne Ersparnisse 11
Internet 124
IP 50
IWF 150

J

Joule 53

K

Kalter Krieg 100
Kapitalismus 142
Kenia 126
Kernenergie 63
Kernkraftwerk 63
Knotenprinzip 86
Kohle 59
Kolonien 110
Kolonisierung 98
Kombinierter Verkehr 79
Kommunikation 124
Komparative Vorteile 112
Konjunkturelle Arbeitslosigkeit 133
Konzept 161
Kosmopolitische Demokratie 116
Kostenwahrheit 85
Kultur 119
Kulturfolger 171
Kulturlandschaftswandel 168

L

Label 50, 156
Landschaftsschutzzone 161
Landwirtschaft 31
Landwirtschaftszone 161
Langsame Verkehrsmittel 75
Laufwasserkraftwerk 71
Leistungsabhängige Schwer-
 verkehrsabgabe 85
Liberalisierte Marktwirtschaft 109
Lokale Agenda 21 21
Lokalisationsvorteile 11
Lokalisierung 96
LSVA 85

M

Magerwiesen 169
MAI (Multilateral Agreement on Investment) 143
Manager-Kapitalismus 142
Massentierhaltung 38
McWorld 95
Melioration 161
Mobilität 25, 74
Monokultur 39, 40
Motorisierter Individualverkehr (MIV) 75

N

NAFTA 154
Nationalstaat 114
NATO 114

Natur- und Landschaftsschutz 169
NEAT 79, 85
Neoliberalismus 152
Neue Eisenbahn-Alpen-
 transversale 79, 85
NGO 143
Nicht erneuerbare Energie 54
Nichtstaatliche Organisationen 143
Niederdruckanlagen 71
Nomadismus 37
Nordamerikanisches Freihandels-
 abkommen 154
Nord-Süd-Konflikt 117
Nutzenergie 53
Nutzungsplan 160

O

Öffentliche Güter 24
Öffentlicher Verkehr (öV) 75
Organisation Erdöl exportierender
 Länder (OPEC) 58
Ost-West-Konflikt 117
ÖV 75

P

Pendlerverkehr 74
Peripherie 98
Personenverkehr 76
PM10 80
Primärenergie 53
Primärenergieträger 56
Primärer Sektor 14
Private Güter 24
Protektionismus 136
Pumpspeicherkraftwerk 71

Q

Quartärer Sektor 14

R

Raumentwicklung 158
Raumkonzept Schweiz 164
Raumplanungsgesetz 162

Regionalpolitik 164
Relativismus 123
Richtpläne 160

S

Sachplan 161
Schwellenland 131
Schwerverkehr 85
Schwerverkehrsabgabe 85
Seichte Integration 108
Sektor-Theorie 15
Sekundärenergie 53
Sekundärer Sektor 14
Semiperipherie 98
Siedlungsökologie 170
Skaleneffekte 11
SKE 53
Solarkraftwerk 70
Sonnenenergie 68
Souveränität 114
Sozialdarwinismus 99
Soziale Netzwerke 125
Speicherkraftwerk 71
Sprache 94, 124
Staatsverschuldung 131
Städtenetze 165
Standards 94
Standort 8
Standortfaktoren 8
Steinkohleeinheiten 53
Strom 54
Strukturelle Arbeitslosigkeit 133
Strukturwandel 48, 133
Subsistenzsektor 137
Subventionen 49, 136
Sucharbeitslosigkeit 133

T

Territorium 114
Tertiärer Sektor 14
Thermisches Kraftwerk 54, 63
Tiefe Integration 108
Tigerstaaten 102
TNU 140
Tourismus 127

Transnationale Unternehmen
 (TNU) 115, 140
Treibhauseffekt 60
Trittbrettfahrer 24

U

Überlokale Kultur 99
Umweltökonomie 24
Umzonung 161
Universalismus 123
UNO 100, 147
UNO-Generalversammlung 149
UNO-Sicherheitsrat 149
Unterbeschäftigung 137
Urbanisationsvorteile 11

V

Vereinte Nationen (UNO) 100, 147
Verkehr 74
Verkehrspolitik 83
Verursacherprinzip 85

W

Wanderfeldbau 35
Wärme-Kraft-Koppelung 69
Wärmepumpe 69
Wasserkraftwerk 54, 71
Weltbank 150
Welthandelsorganisation (WTO) 151
Wiederaufbereitung 65
Windkraftwerk 70
Wirtschafts- und Sozialrat 150
Wirtschaftssektoren 15
Wohlfahrtsverlust 25
WTO 151

Z

Zentrum 98
Zersiedelung 158
Zukünftige Entwicklung der
 Bahninfrastruktur (ZEB) 167
Zweitwohnungsbau 163
Zweitwohnungsinitiative 163

Bildungsmedien für jeden Anspruch
compendio.ch/geografie

Geografie

Das Ende dieses Buchs ist vielleicht der Anfang vom nächsten. Denn dieses Lehrmittel ist eines von über 250 im Verlagsprogramm von Compendio Bildungsmedien. Darunter finden Sie zahlreiche Titel zum Thema Geografie. Zum Beispiel:

Geologie
Grundlagen Geografie: Aufgaben des Fachs, Erde als Himmelskörper und Kartografie
Globale Klimatologie: Meteorologie, Wetterinformation und Klimatologie
Anthropogeografie: Kulturen, Bevölkerung und Städte
Wirtschaftsgeografie und globalisierter Lebensraum

Geografie bei Compendio heisst: übersichtlicher Aufbau und lernfreundliche Sprache, Aufgaben mit Lösungen, je nach Buch auch Glossar oder Zusammenfassungen für den schnellen Überblick.

Eine detaillierte Beschreibung der einzelnen Lehrmittel mit Inhaltsverzeichnis, Preis und bibliografischen Angaben finden Sie auf unserer Website: compendio.ch/geografie

Nützliches Zusatzmaterial

**Professionell aufbereitete Folien
für die Arbeit im Plenum**

Zu den Lehrmitteln im Bereich Naturwissenschaften sind separate Foliensätze erhältlich. Sie umfassen die wichtigsten Grafiken und Illustrationen aus den Büchern und sind so aufgebaut, dass sie auch unabhängig von den Compendio-Lehrmitteln eingesetzt werden können. Alle nötigen Informationen finden Sie unter compendio.ch/geografie

Alle Lehrmittel können Sie via Internet sowie per Post, E-Mail, Fax oder Telefon direkt bei uns bestellen:
Compendio Bildungsmedien AG, Neunbrunnenstrasse 50, 8050 Zürich
Telefon +41 (0)44 368 21 14, Telefax +41 (0)44 368 21 70, E-Mail: bestellungen@compendio.ch, www.compendio.ch

Bildungsmedien für jeden Anspruch
compendio.ch/verlagsdienstleistungen

Bildungsmedien nach Mass
Kapitel für Kapitel zum massgeschneiderten Lehrmittel

Was der Schneider für die Kleider, das tun wir für Ihr Lehrmittel. Wir passen es auf Ihre Bedürfnisse an. Denn alle Kapitel aus unseren Lehrmitteln können Sie auch zu einem individuellen Bildungsmedium nach Mass kombinieren. Selbst über Themen- und Fächergrenzen hinweg. Bildungsmedien nach Mass enthalten genau das, was Sie für Ihren Unterricht, das Coaching oder die betriebsinterne Schulungsmassnahme brauchen. Ob als Zusammenzug ausgewählter Kapitel oder in geänderter Reihenfolge; ob ergänzt mit Kapiteln aus anderen Compendio-Lehrmitteln oder mit personalisiertem Cover und individuell verfasstem Klappentext, ein massgeschneidertes Lehrmittel kann ganz unterschiedliche Ausprägungsformen haben. Und bezahlbar ist es auch.

Kurz und bündig:
Was spricht für ein massgeschneidertes Lehrmittel von Compendio?

- **Sie wählen einen Bildungspartner mit langjähriger Erfahrung in der Erstellung von Bildungsmedien**
- **Sie entwickeln Ihr Lehrmittel passgenau auf Ihre Bildungsveranstaltung hin**
- **Sie können den Umschlag im Erscheinungsbild Ihrer Schule oder Ihres Unternehmens drucken lassen**
- **Sie bestimmen die Form Ihres Bildungsmediums (Ordner, broschiertes Buch oder Ringheftung)**
- **Sie gehen kein Risiko ein: Erst durch die Erteilung des «Gut zum Druck» verpflichten Sie sich**

Auf der Website www.bildungsmedien-nach-mass.ch finden Sie ergänzende Informationen. Dort haben Sie auch die Möglichkeit, die gewünschten Kapitel für Ihr Bildungsmedium direkt auszuwählen, zusammenzustellen und eine unverbindliche Offerte anzufordern. Gerne können Sie uns aber auch ein E-Mail mit Ihrer Anfrage senden. Wir werden uns so schnell wie möglich mit Ihnen in Verbindung setzen.

Modulare Dienstleistungen
Von Rohtext, Skizzen und genialen Ideen zu professionellen Lehrmitteln

Sie haben eigenes Material, das Sie gerne didaktisch aufbereiten möchten? Unsere Spezialisten unterstützen Sie mit viel Freude und Engagement bei sämtlichen Schritten bis zur Gestaltung Ihrer gedruckten Schulungsunterlagen und E-Materialien. Selbst die umfassende Entwicklung von ganzen Lernarrangements ist möglich. Sie bestimmen, welche modularen Dienstleistungen Sie beanspruchen möchten, wir setzen Ihre Vorstellungen in professionelle Lehrmittel um.

Mit den folgenden Leistungen können wir Sie unterstützen:

- **Konzept und Entwicklung**
- **Redaktion und Fachlektorat**
- **Korrektorat und Übersetzung**
- **Grafik, Satz, Layout und Produktion**

Der direkte Weg zu Ihrem Bildungsprojekt: Sie möchten mehr über unsere Verlagsdienstleistungen erfahren? Gerne erläutern wir Ihnen in einem persönlichen Gespräch die Möglichkeiten. Wir freuen uns über Ihre Kontaktnahme.

Compendio Bildungsmedien AG, Neunbrunnenstrasse 50, 8050 Zürich
Telefon +41 (0)44 368 21 11, Telefax +41 (0)44 368 21 70, E-Mail: postfach@compendio.ch, www.compendio.ch